부정 적발 애널리틱스

조직 내 부정 위험 관리를 위한 데이터 과학 지침서

이 도서의 국립중앙도서관 출판예정도서목록(CIP)은 서지정보유통지원시스템 홈페이지(http://seoji.nl.go.kr)와
국가자료종합목록 구축시스템(http://kolis-net.nl.go.kr)에서 이용하실 수 있습니다.
(CIP제어번호 : CIP2019019872)

조직 내 부정 위험 관리를 위한 데이터 과학 지침서

부정 적발 애널리틱스

바르트 바선스·베로니크 판 블라셀라르·바우터 베르베케 지음

김성수·김정훈 옮김

한울

아카데미

FRAUD ANALYTICS USING DESCRIPTIVE, PREDICTIVE, AND SOCIAL NETWORK TECHNIQUES:
A Guide to Data Science for Fraud Detection (9781119133124/ 1119133122)
by Bart Baesens, Véronique Van Vlasselaer and Wouter Verbeke

나의 아름다운 아내 카트린(Katrien)과
나의 아이들 안소피(Ann-Sophie), 빅토르(Victor), 하넬로르(Hannelore).
나의 부모님과 처부모님

나의 남편이며 소울메이트인 닐스(Niels)의 끊임없는 지원,
나의 부모님, 시부모님, 시동생에게

뤼트(Luit)와 티튀스(Titus)에게

이 책을 바칩니다.

차례

표 차례

그림 차례

추천사

부정은 항상 우리 곁에 있다. 부정은 조직범죄 및 테러리즘과도 연관되어 있고 대규모 경제적 피해를 발생시키기도 한다. 부정을 저지르는 이들은 부정을 막으려는 이들을 피해 호시탐탐 기회를 노린다. 특정한 종류의 부정을 예방하더라도 부정을 저지르는 이들은 시스템 내 새로운 취약점이나 새로운 방법을 찾아 전술을 바꿔서 시도한다. 우리의 사회적 및 재무적 시스템이 계속 발전하므로 항상 새로운 부정이 발생할 기회가 존재한다.

이 책은 최신 부정 적발 및 예방 방법론을 알기 쉽게 풀이하였다. 부정 적발을 위한 기초 데이터 애널리틱스에서부터 고도의 패턴 인식 기술 및 최첨단 소셜 네트워크 분석을 통한 부정조직의 적발까지, 독자들이 이해할 수 있도록 부정 적발을 위해 필요한 데이터를 기술하였다.

부정을 완벽하게 막을 수 없다면, 이 책 내용을 이해함으로써 부정의 범위를 줄이고 범죄자들이 정직한 이들을 이용하기 어렵게 만들 수 있다. 독자가 속한 조직이 공공기업이든 사기업이든 간에 이 책에 기술된 전략들을 실행한다면 더욱 보호될 것이다. 간단히 말해 이 책은 우리 사회와 그 구성원들에게 소중한 자산으로 가치 있는 공헌이 될 것이다.

데이비드 J. 핸드

임페리얼 칼리지 런던 교수

옮긴이의 글

조직 내 부정은 늘 존재하며, 이를 적절하게 관리하는 것은 매우 중요하다. 특히 부정 삼각형 중 합리화는 조직 내 부정에 대한 문화를 결정짓는 요소이므로 더더욱 중요하게 관리되어야 한다. 오랫동안 뛰어난 성과를 내오던 엔론이나 월드컴과 같은 글로벌 기업들도 제대로 부정 위험을 관리하지 못해 빠르게 무너지는 것을 우리는 쉽게 접할 수 있었다. 이렇듯 조직 내 부정 위험은 상존하고, 이러한 위험이 기업의 존폐를 가르는 아주 중요한 사실임에도, 이를 관리하는 기업의 자원에는 한계가 있다. 따라서 제한된 자원을 제대로 활용하여 최대한 효과적으로 부정 위험 관리를 하는 것이 기업의 목표일 것이다.

몇 년 전에 우리나라 굴지의 회사로부터 부정 위험 관리에 대한 의뢰를 받아 프로젝트를 수행한 적이 있다. 조직 내 부정 위험을 뿌리 뽑겠다는 목표하에 진행되었으나, 부정이 전혀 발생하지 않도록 관리하는 것은 불가능할 뿐만 아니라 설사 무결점으로 관리한다 하더라도 이에 대한 비용이 엄청나게 들 것이다. 과거 제보 혹은 수작업 방식으로 부정 위험을 관리하는 경우에는 특히 더 그렇다. 하지만 이제는 많은 기업이 시스템을 통해 업무를 수행하고 있고, 그 시스템 내에는 임직원들이 업무를 하면서 남긴 '흔적'이 곳곳에 데이터 혹은 로그상태로 남아 있다. 만일 완벽히 시스템을 통해서만 업무를 수행하고 이러한 흔적들을 의미 있는 정보로 활용할 수 있는 기술을 접목하여 그 의미를 제대로 이해할 수만 있다면, 이론적으로 그 회사가 목표로 했던 무결점 부정 위험 관리는 가능할 수도 있을 것이다.

이 책은 기업 내에 존재하는 수많은 흔적들을 다양한 통계적 기법이나 각종 기술들을 활용하여 부정 위험 관리를 할 수 있는 방안을 생생히 제시해 주고 있다. 기업은 정보의 홍수와 급변하는 경영환경 속에 직면해 있으며, 이러한 환경하에서 이 책에서 제시하는 통찰을 기반으로 기업에 맞는 부정 위험 관리 방식을 새롭게 정립하고 제대로 구축 및 운영함으로써 이 책을 읽는 독자들이 부정 위험을 관리하는 데 길잡이가 되고, 업무를 변화시키는 데 도움이 되었으면 한다.

이 책이 번역이 되어 출간되기까지 많은 분들의 도움이 있었다. 먼저, 바쁘신 가운데에도 훌륭한 조언과 자문을 해주시고 이끌어주신 전상훈 파트너님과 오창택 파트너님께 감사드린다. 일상적인 업무 수행으로 많이 바쁜데도 평소 부정 위험 관리라는 어젠다를 함께 고민했던 김동호, 김진욱, 김희진, 김경현, 강서윤 컨설턴트와 그 외 많은 분들께도 감사드리며, 또한 와일리 출판사와 협의하고 번역이 마무리되어 출간될 수 있을 때까지 기다려주시고 함께 고민해주신 한울엠플러스(주)의 임직원분들과 기획실 윤순현 차장, 그리고 편집부 편집자들께도 무한한 감사를 드린다.

2019년 6월

옮긴이들

시작하는 글

부정으로 인한 전통적인 기업조직의 손해는 매년 매출의 5% 정도인 것으로 추산된다. 이 책은 최근의 기술적이고 예측적인 분석 및 소셜 네트워크 분석이 어떻게 과거의 데이터에서 부정 패턴을 학습하여 부정에 맞서 싸우는지를 보여준다.

이 책은 수학이나 이론이 아닌 실무적인 적용에 초점을 맞춘다. 공식이나 수식의 경우 실무적 관점에서 반드시 필요하다고 여기는 경우에만 포함되어 있다. 또한 기존에 개발되어 있는 모든 분석 기술이 아닌 부정 적발 시 실무적으로 도움이 되는 것을 위주로 짚고 넘어가고자 한다.

이 책은 우선 경영 전문가를 대상으로 하기 때문에 주요 내용 위주로 축약되어 있다. 필요한 사전 지식으로는 기술통계학(descriptive statistics, 예: 평균, 표준편차, 상관관계, 신뢰구간, 가설검정), 데이터 처리(예: Microsoft Excel, SQL 등), 데이터 시각화(예: 막대 그래프, 원형 차트, 히스토그램, 산포도 등) 등이 있다. 논의 전반에 걸쳐 보험부정, 탈세, 신용카드 부정과 같은 다양한 실제 부정 사례가 포함될 것이다. 또한 다양한 장에 걸쳐 저자들의 연구결과 및 컨설팅 경험을 통합할 것이다. 이 책은 이 분야를 탐구하기 시작하는 데이터 분석가, 데이터 과학자, 컨설턴트, 애널리틱스 실무자, 연구자(박사과정 학생)들을 돕기 위해 쓰였다.

제1장은 부정의 적발, 예방, 애널리틱스를 위한 도입부로서, 부정에 대한 정의부터 시작하여 적발 및 예방에 대해 살펴본다. 이후 빅데이터가 부정 적발에 끼친 영향과 부정 애널리틱스 처리 모형에 대해 설명한다. 이 장은 부정 데이터 과학자(fraud data scientist)에게 요구되는 주요 역량을 요약하면서 마무리된다.

제2장은 모든 부정 애널리틱스 모형의 기본 요소인 데이터에 대한 폭넓은 설명을 제공한다. 여러 종류의 데이터 원천과 데이터들의 병합 및 표본화하는 방법에 대해 소개한다. 이어서 데이터 요소의 다른 유형, 시각적 탐색(visual exploration), 벤포드의 법칙(Benford's law)과 기술통계학에 대해 논의한다. 이러한 것들은 이용 가능한 데이터의 특징과 한계의 이해를 시작하기 위한 모든 필수적인 도구이다. 결측값(missing values) 처리, 이상치(outlier) 적발 및 처리, 이상징후(red flags)의 정의, 데이터 표준화, 변수 범주화, 증거력 코딩(weight of evidence code)의 가중치, 변수 선택과 같은 데이터 전처리 작업(data preprocessing activity) 또한 광범위하게 다루어진다. 또한 입력 데이터의 차원 수 축소 기술인 주성분 분석(principal component analysis: PCA)이 설명되며, 이는 리디트(RIDIT) 및 프리디트(PRIDIT) 분석으로 실증된다. 제2장은 세분화(segmentation)와 그에 따른 위험요소에 대한 검토로 끝이 난다.

제3장은 부정 적발에 사용되는 기술적 애널리틱스(descriptive analytics)에 대한 설명으로 시작된다. 여기서 아이디어는 부정이 포함된 데이터 집합에서 비정상적인 패턴이나 이상치들을 발견하는 것으로, 도표 및 통계상의 이상치 적발 절차에 대해 우선 검토한다. 이후 중단점 분석(break-point analysis), 동료집단 분석(peer group analysis), 연관 규칙(association rules), 군집화(clustering), 단일 등급 서포트 벡터 머신(one-class SVMs)에 대한 개요를 제공한다.

제4장은 부정 적발을 위한 예측적 애널리틱스(predictive analytics)에 대해서 다룬다. 개별 거래가 이분법적(binary, 예: 부정 관련성 유무) 혹은 연속적(continuous, 예: 부정으로 인한 피해금액)으로 표시되어 있는 데이터 집합으로부터 예측 모형을 만들기 위해 필요한 선형 회귀분석(linear regression), 로지스틱 회귀분석(logistic regression), 의사결정나무(decision tree), 신경망(neural networks),

서포트 벡터 머신(support vector machines), 앙상블 기법(ensemble methods), 다등급 분류(multiclass classification)와 같은 분석 기술들에 대해 논의한다. 이어서 예측 모형의 성능을 측정하기 위해 데이터 집합을 나누는 방법과 조치에 대한 설명이 이어진다. 또한 등급 불균형(class imbalance) 문제가 광범위하게 설명되며, 일부 성능 벤치마크(performance benchmark)에 대한 내용으로 마무리된다.

제5장은 독자들에게 소셜 네트워크 분석(social network analysis)이 어떻게 부정 적발에 이용되고 있는지에 대해 소개한다. 부정에 대한 경향은 종종 사회의 주변환경에 의해 영향을 받기 때문에 사람 대 사람 간 관계의 주요 요소들을 설명하고 사회적 관계 내에서 어떻게 거래 데이터의 출처가 변형될 수 있는지를 보여준다. 그다음 네트워크에서 의미 있는 특성들을 추출해 내는 특성화(featurization)에 대해 설명한다. 우리는 이러한 특성들을 근접 지표(neighborhood metrics), 중심점 지표(centrality metrics), 집합 추론 알고리즘(collective inference algorithms)의 세 가지 주요 유형으로 구분한다. 그 후 네트워크 내 서로 밀접하게 연결되어 있는 부정 관련자들을 찾아내는 커뮤니티 마이닝에 대해 살펴본다. 다중 그래프(multipartite graph)에 대한 소개로 부정은 복수의 서로 다른 요인에 의해 영향을 받으며, 해당 요인들을 기준으로 부정에 대한 더 나은 이해와 적발이 가능한 점이 기술된다. 그리고 실제 사회보장 부정 사례를 예시로 끝을 맺는다.

제6장은 부정 애널리틱스 모형의 후처리(postprocessing)에 대해 다루는데, 이는 분석적 부정 모형 주기(analytical fraud model lifecycle)에 대한 개요로 시작된다. 또한 인기 있는 모형표시 방법인 신호등 지표(traffic light indicator) 접근법과 의사결정 테이블(decision table)을 논의하고 조사 대상 샘플 선정과 관련된 가이드라인, 경고 및 부정발생 시 대처(case management) 등에 대해 설명하며 시각적인 애널리틱스가 후처리 작업에 어떻게 기여할 수 있는지를 보여준다. 데이터와 모형의 안정성(stability), 그리고 모형 보정(model calibration)을 통해 분석적인 부정 모형의 평가(backtest) 방법을 설명한다. 이 장은 모형의 설계

와 문서화에 대한 가이드라인을 제공하며 마무리된다.

제7장은 부정 애널리틱스에 대한 더 넓은 시야를 갖기 위해 데이터 품질 문제에 대한 인지 및 관리 가이드라인, 프라이버시와 내/외부 데이터에 대한 접근권한 설정에 대한 다양한 방법에 대해 논의한다. 또한 애널리틱스 부정 추정치가 기대하거나 기대하지 못한 손실을 산출하는 데 어떻게 사용될 수 있는지에 대해 논의하는데, 이는 충당금 및 자본금 확충(provisioning and capital buffer)에 대한 의사결정에 도움을 줄 수 있다. 부정 애널리틱스와 관련된 총소유비용(total cost of ownership)과 투자 대비 효익, 분석 모형의 내부개발 대비 아웃소싱에 대한 논의가 이어진다. 추가로 예상(forecasting) 및 텍스트 애널리틱스(text analytics)와 같은 모형의 확대 및 부정 애널리틱스를 위한 IoT(internet of things)의 활용가능성과 위험성을 설명한다. 마지막 장은 기업의 부정을 관리하기 위한 지배구조의 권고로 마무리된다.

감사의 글

이 책을 쓰는 데 공헌한 다양한 동료, 친구들 및 동료 분석 애호가들의 도움에 대해 대단히 감사하게 생각한다. 이 책은 애널리틱스, 위험 관리 및 부정에 대한 수년간의 연구 및 교육의 결과이다. 우리는 1년 전에 우리의 책 제안을 수락한 존 윌리 & 손스(John Wiley & Sons) 출판사에 먼저 감사의 말을 전한다.

우리는 다양한 사용자 포럼, 블로그, 온라인 강의 및 자습서를 제공해 주신 적극적이고 활발한 애널리틱스 및 부정 적발 커뮤니티에 감사드리며 매우 도움이 되었음을 말씀드린다.

우리는 또한 지난 몇 년 동안 함께 협력한 많은 동료, 동료 교수, 학생, 연구원 및 친구들의 직·간접적인 공헌에 대해 인정한다.

마지막으로 파트너들, 부모님과 가족들이 보여준 사랑, 지원 및 격려에 감사드린다.

우리는 이 책을 되도록 완전하고 정확하며 즐겁게 만들려고 노력했다. 물론 정말로 중요한 것은 당신, 즉 독자가 그렇게 생각하는 것이다. 우리에게 당신의 관점에 대해 연락해서 보내주시면 저자는 모든 의견을 환영한다. 주저하지 말고 귀하의 의견을 알려주시길 바란다!

제1장

부정

적발, 예방, 그리고 애널리틱스!

1. 서론

제1장에서는 기술적(descriptive), 예측적(predictive) 기법 및 소셜 네트워크(social network) 기법들을 이용한 부정 애널리틱스를 소개한다. 부정의 정의와 특징에 대한 설명을 시작으로 다양한 종류의 부정에 대해 논의한다. 이어서 부정이 미치는 영향과 발생 건수를 줄이기 위한 부정 적발 및 예방에 대해 논의한다. 빅데이터와 애널리틱스는 기업의 부정 적발 시스템을 향상시킬 수 있는 강력한 도구를 제공한다. 이러한 도구들이 어떻게 그리고 왜 전통적인 전문가 기반의 부정 적발 접근법들을 보완하는지를 자세히 살펴본다. 그다음 데이터 기반의 부정 적발 시스템을 개발하고 실행하는 단계들의 높은 수준의 개요를 설명하는 부정 애널리틱스 처리 모형이 소개된다. 제1장은 이 주제에 대한 과학적인 시각과 훌륭한 부정 데이터 과학자에게 요구되는 특징과 기술들을 언급하며 마무리된다.

2. 부정!

심오한 논의와 조사에 들어가기 위해서는 논의하고자 하는 대상에 대한 정확한 정의가 우선 필요하다. 따라서 제1장은 부정(fraud)을 정의하고 부정의 몇 가지 중요한 특징에 대해 짚고 넘어가려고 한다. 그 후, 설명적이고 개념적인 모형을 통해 부정을 저지르는 사람들의 동기에 대한 깊은 통찰을 제공할 것이다. 어떤 환경이나 주제에 관해서라도 애널리틱스가 성공적으로 적용되기 위해서는 전문지식은 기술만큼이나 중요하다. 문제에 대한 전문지식 혹은 식견을 가지면 분석가는 적합한 지식을 올바른 방법으로 수집하고 사용할 수 있다. 또한 전문지식은 분석가가 분석기법에 사용될 데이터들을 필요에 따라 조정할 수 있게 함으로써 부정행위를 더 용이하게 적발해 낼 수 있도록 한다.

*옥스포드 사전*에서는 부정을 다음과 같이 정의한다:

금전적이거나 사적 이득을 목적으로 행해지는 올바르지 않거나 범죄적인 속임수(Wrongful or criminal deception intended to result in financial or personal gain).

옥스포드 사전의 정의는 부정의 본질을 꿰뚫고 있고 이 책에서 언급될 다양한 종류의 부정을 포함하지만, 부정의 성격과 특징에 대한 정확한 설명이나 부정 적발 시스템의 필수 조건들에 대한 방향성을 명확하게 제시하지는 못한다. 더 유용한 정의는 다음에 이어진다.

부정은 현대 사회에서만 찾을 수 있는 최근의 현상도, 인류에게서만 찾을 수 있는 독특한 것도 아니다. *부당하다*든가 *범죄적*이라는 개념은 동물에게는 직접적으로 적용되지 않고 인류에게만 해당되는 범주이므로 우리는 카멜레온, 대벌레, 유인원과 같은 동물들의 행동을 부정행위가 아닌 *교활한 행동*(manipulative behavior)으로 있는 그대로 받아들여야 하지만, 동물들도 사실은 *부정*을 저지른다고 볼 수 있다. 사실 특정 행동이 *부당*하거나 *범죄*인지를 결정하기 위해서는 행위를 부정이라고 분류할 수 있기 위해 요구되는 명확하고 공식적인 규정이나 법규에 의존한다.

부정에 대한 다각화된 현상의 심오하고 자세한 특징들은 판 블라셀라르 등(Van Vlasselaer et al., 2015)에 의해 정의되었다:

부정은 일반적이지 않고, 충분히 연구되며, 은밀하고, 시간이 지남에 따라 발전하는 다양한 형태의 조심스런 계획 범죄이다.

이 정의는 이 책의 주제인 부정 적발 시스템을 개발하는 경우 겪게 되는 난관들과 관련된 다섯 가지 특징을 나타낸다. 처음 강조된 특징과 관련된 도전은 부정의 일반적이지 않다는 사실과 관련되어 있다. 정확한 환경이나 적용과는 무관하게 특정 상황에 연관된 사람들 중 소수만이 부정과 관련이 있고, 그중 더 소수의 사람만이 부정과 직접적인 관련이 있다. 따라서 부정 사례는 다른 사건들에 가려져 적발하기가 어렵다. 또한 이용 가능한 사례가 적은 수만 존재하기 때문에 과거의 사건들로부터 교훈을 얻어 강력한 부정 적발 시스템을 만드는 것도 어렵다.

사실 부정 관련자(fraudsters)는 발각되지 않고 숨기 위해 일반인(non-fraudsters)과 섞여서, 다르게 행동하지 않기 위해 노력한다. 실제로 부정 관련자는 부정을 저지르기 전에 충분히 연구하고 계획해서 성공적으로 감추기 때문에 적발을 하기란 어렵다. 그들의 행동은 충동적이거나 즉흥적이지 않으며, 만일 충동적이거나 즉흥적이었다면 부정을 적발하기란 훨씬 더 수월했을 것이다.

또한 그들은 적발을 피하기 위해 상황에 맞게 방법들을 잘 조정한다. 부정 적발 시스템은 사례들을 통해 배우고 발전한다. 부정 적발 체계를 앞지르기 위해 부정 관련자들의 속임수나 기술 또한 시간이 지남에 따라 발전한다. 부정 관련자와 부정 적발 시스템의 잡고 잡히는 싸움(cat-and-mouse play)은 끝나지 않을 게임처럼 보일 수도 있지만 지금은 다른 뾰족한 대안이 없다. 더 뛰어난 부정 적발 및 예방 체계를 지속적으로 발전시키고 도입함으로써 기업은 더 쉬운 기회와 상황을 엿보는 부정 관련자들로부터 손실을 줄일 수 있다. 그렇기에 더 강력한 적발 시스템을 만드는 것이 전혀 의미 없는 노력은 아니다. 하지만 이 싸움은 끝이 없는 노력을 요구한다는 사실 또한 받아들여야 한다.

부정은 조심스럽게 조직화된 범죄로서 이는 부정 관련자가 독자적으로 움직이는 경우가 드물다는 의미이며, 그들을 도와주는 공범과 모방범이 있을 수 있다. 더욱이 자금 세탁(money laundering)이나 회전목마형 부정(carousel fraud)처럼 일부 부정 유형은 조직적인 형태로 복잡하고 교묘한 체계로 이루어져 있다. 그러므로 부정은 하나의 독자적인 사건이 아니며, 부정을 적발하기 위해서는 전후 사정과 맥락이 고려되어야 한다(예: 부정 관련자의 소셜 네트워크). 판 블라셀라르(Van Vlasselaer)의 기업 탈세 혐의 사례 연구(2015)에서 볼 수 있듯이 일반적인(부정을 저지르지 않는) 기업과 비교했을 때 부정을 저지르는 기업들은 다른 부정 연관 기업들과 연계되어 있을 확률이 더 높다. 제5장에서 언급되었듯이 소셜 네트워크 분석은 부정을 식별해 내는 데 쓰이는 강력한 도구로서, 한 독립체 혹은 기업의 네트워크나 환경에 대해 설명해 주는 전후 사정과 맥락을 통해 도출된 정보를 현명하게 사용하게 해준다.

판 블라셀라르 등(Van Vlasselaer et al., 2015)이 설명하는 부정의 마지막 특징은 부정의 다양한 형태이다. 다시 말하자면 부정 관련자들에게는 다양한 기술과 접근법이 있고 세상에는 부정에 취약한 환경들이 많이 존재한다는 뜻이다. 표 1.1은 *중요한* 부정 유형들을 간단하게 설명하고 있다 — 여기서 '*중요*'란 부정의 발생빈도와 연관된 총재무적인 가치로 정의된다.

표 1.1 부정 범주 및 유형 목록

신용카드 부정(Credit card Fraud)	신용카드 부정은 타인의 신용을 무단 사용하는 것이다. 일반적인 신용카드 부정 유형에는 신용카드 위조, 분실 및 도난카드 사용 혹은 우편을 통한 신용카드 부정 취득이 있다. 볼턴과 핸드(Bolton and Hand, 2002)가 설명한 것처럼 두 가지 하위 유형이 있다. ① 신청 부정(Application fraud)으로 거짓정보를 사용해 카드발급사로부터 신규발급을 받은 후, 짧은 시간동안 최대한 많이 사용하는 것을 포함한다. ② 행위 부정(Behavioral fraud)으로 정상적으로 작동하는 신용카드의 세부사항을 부정하게 획득하여 카드소지자 몰래 사용하는 것을 포함한다. 이는 반드시 물리적으로 카드를 훔칠 필요는 없고 단지 카드 정보(Credential)만 훔치는 것이다. 행위 부정이 대부분의 신용카드 부정과 관련이 있다. 또한 체크카드 부정은 발생이 드물고, 신용카드 부정은 아래에서 설명된 바와 같이 신분도용의 한 형태이다.
보험 부정(Insurance Fraud)	보험계약의 구매자 또는 판매자 양측에 대한 모든 유형의 보험과 관련된 광범위한 범주별 부정으로 판매자 보험 사기로는 존재하지 않는 회사의 보험 판매, 보험료 지급 실패, 더 많은 수수료 창출을 위한 전환 정책 등이 포함된다. 구매자 부정에는 과대청구(부동산 보험: 파괴된 재산보다 더 많은 지급 요청), 의료이력 위조(의료 보험: 거짓부상), 사후 정책, 위장 사망, 납치 또는 살인(생명 보험 부정), 위조 피해(자동차 보험: 추돌사고)가 포함된다.
부패(Corruption)	부패는 사적 이익을 위해 위임된 권력(유산, 교육, 결혼, 선거, 임명 등에 의한)을 남용하는 것이다. 이 정의는 일전에 논의된 옥스포드 사전이 제공한 부정 정의와 유사한데, 목적은 개인의 이득으로 위임된 권력의 남용에 초점을 맞춘다는 점에서 다르다. 이 정의는 정치인이나 공무원의 부패뿐 아니라 기업의 CEO나 CFO, 공증인, 사업장의 팀 리더, 관리자와 사립 학교/병원/축구 팀의 감독 등의 승인 관리자(admission-officer) 부패도 포함한다.
위조(Counterfeit)	모조품은 부정 또는 거짓으로 진품과 동일한 것처럼 전달되도록 할 의도가 있다. 일반적으로 위조는 가치 있는 물건, 신용카드, 신분증, 유명 제품, 돈 등에 관한 것이다.

제품 보증 부정 (Product warranty Fraud)	제품 보증은 제조업체 또는 이와 유사한 당사자가 제품의 상태에 대해 행하는 보증의 한 유형으로 제품이 원래 의도한 대로 또는 정의된 대로 작동하지 않는 경우 수리 또는 교환을 해주는 조건을 의미한다. 제품이 설명한 기능을 제공하지 못하는 것으로 고객의 오용의 결과가 아닌 생산 공정의 결과로 변형 특성이나 행동을 나타내는 경우에 제조자나 공급자에게 보상이 청구될 수 있다. 고객이 제품을 사용하여 제품의 조건이 변경되었다면 보증이 적용되지 않는다. 제품 보증에 기초하여 보상 또는 보상금을 의도적으로 잘못 청구하는 것을 제품 보증 부정이라고 한다.
의료 부정 (Healthcare Fraud)	의료 부정은 이득을 얻을 목적으로 하는 부정직한 의료 보험 청구가 포함된다. 실제로는 다음과 같은 것이 포함된다: 불필요한 보조금을 받거나 완전히 보험 처리된 처방약을 얻은 후 암시장에서 이윤을 목적으로 판매, 제공되지 않은 진료비 청구, 동일 서비스에 대한 중복 청구, 미제공 서비스 청구, 의료 기록 수정 등이 있다. 회원들은 프로그램이나 서비스 신청 시 허위 정보를 제공하거나, 처방약을 위조 또는 판매하거나, 타인의 보험 카드를 대여 또는 사용하는 등 의료 부정을 저지를 수 있다.
통신 부정 (Telecom-munications Fraud)	통신 부정이란 통신 서비스의 도난(전화, 휴대 전화, 컴퓨터 등) 또는 다른 형대의 부정을 저지르기 위한 통신 서비스 사용을 말한다. 그 중요한 예는 부정 복제(즉, 부정 관련자에 의한 전화번호 및 관련 통화기록 복제)로, 이는 부정 사용이 합법적 계정 사용에 중복(추가)되는 중복 부정의 예이다.
자금 세탁 (Money laundering)	범죄 행위의 수익을 가져와서 합법적으로 보이게 하는 과정으로 자금 세탁은 범죄자들이 불법적으로 획득한 수익을 합법적으로 보이는 자금으로 전환할 수 있도록 한다. 전 세계적인 문제로 미국에서 매년 3000억 달러로 추산된다.
클릭 부정 (Click Fraud)	클릭 부정이란 웹 사이트의 클릭 검색 광고(배너 광고 또는 유료 텍스트 링크)를 클릭하여 광고주에 대한 유료 클릭 수를 증가시킬 때 발생하는 불법 행위이다. 불법 클릭은 사람이 광고 하이퍼링크를 수동으로 클릭하거나 프로그램된 자동 소프트웨어 또는 온라인 봇(online bot)을 사용하여 불법 클릭을 수행할 수 있다.
신분 도용 (Identify theft)	거래나 구매를 위해 그 사람의 이름이나 신원을 추정하기 위한 목적으로 다른 사람의 개인 또는 금융 정보를 얻는 범죄행위로 일부 신분 도용자들은 은행 계좌와 신용카드 명세서를 찾기 위해 쓰레기통을 뒤지고, 다른 첨단 기술로는 고객 명단을 훔치기 위해 회사 데이터베이스에 접근하는 것이다.
탈세 (Tax evasion)	탈세는 소득세, 고용세, 판매세 및 소비세, 기타 연방, 주 및 지방세와 관련하여 기업에서 세금 탈루가 발생할 수 있는 불법 행위 또는 관행이다. 탈세로 간주되는 관행의 예로는 고의로 소득을 신고하지 않거나 과소 신고소득(즉, 특정 원천에서 실제로 받은 소득보다 적게 청구)을 포함한다.
표절 (Plagiarism)	표절은 *웹스터*의 온라인 사전에서 문학적 도둑질을 하거나 기존 출처에서 도출된 생각이나 산출물을 새롭고 독창적인 것처럼 제시하기 위해 다른 사람의 생각 또는 말 등을 훔쳐서 자신의 것으로 사용하거나 원본의 출처를 언급하지 않고 사용하는 것으로, 나중에 그것에 대해 거짓말을 하는 것을 포함한다.

그림 1.1 부정 삼각형

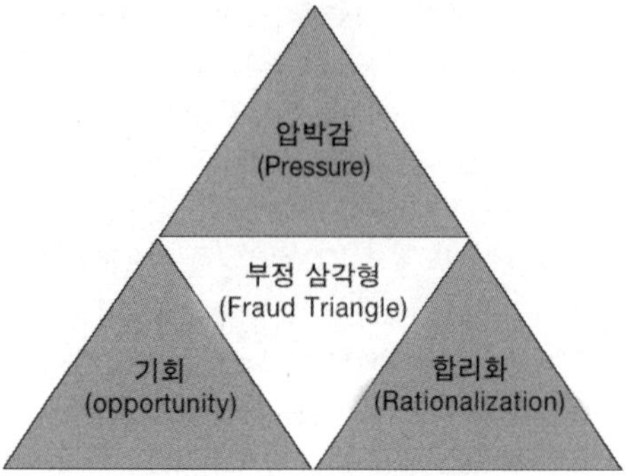

끝으로, *옥스포드 사전*에서 강조되었듯이 부정행위들은 부정 관련자들의 이득 혹은 효익을 위해 이루어진다. 대부분의 경우 잠재적인 금전, 이득 또는 효익이 부정의 근본적인 동기가 된다.

소위 부정 삼각형(fraud triangle)을 보여주는 그림 1.1은 부정의 근본적인 동기 혹은 유인을 구체적으로 설명해 주고 있다. 부정 삼각형은 도널드 크레시(Donald R. Cressey)가 1953년에 쓴 책 *Other People's Money: A Study of the Social Psychology of Embezzlement* 에서 유래되었다.

> 신뢰가 있는 사람은 그들이 공유할 수 없는 재무적인 문제를 가지고 있고, 이러한 문제가 재무적인 신뢰의 위치를 위반함으로써 비밀리에 해결될 수 있다고 인지하고 있으며, 그들 자신을 위탁된 자금이나 재산의 사용자로서 신뢰할 수 있는 사람이라는 생각으로 조정이 가능하게 되었을 때 신용 위반자가 된다.

이 기본적인 개념은 개인이 업무적인 부정을 저지르는 동기와 그 동기를 부여하는 요소들을 설명함으로써 부정의 현상을 더 넓은 시야로 바라볼 수 있게 하는 유용한 통찰력을 제공한다. 이 모형은 부정행위를 이끌어내는 세 가지 요인에 대해 설명한다.

① 압박감(Pressure): 부정을 저지르게 되는 주된 동기에 대한 설명이다. 올바른 방법으로는 해결되거나 경감될 수 없는 금전적·사회적 혹은 특정 영역에서의 압박감 또는 문제를 경험하고 있기 때문에 부정을 저지르게 된다.
② 기회(Opportunity): 모형의 두 번째 동기로서, 부정을 저지르게 되는 사전조건과 관련이 있다. 부정행위는 개인이 현재 경험하고 있는 압박감이나 문제를 은닉 또는 숨길 수 있는 방식으로 해결하거나 완화할 수 있는 기회가 있는 경우에만 행해진다.
③ 합리화(Rationalization): 심리적인 작용으로서, 왜 부정 관련자들이 부정을 저지르는 것에 대해 망설이지 않고 스스로의 행동을 용인하는지에 대해 설명한다.

두피엘과 그라보스키(Duffiel and Grabosky, 2001)가 쓴 논문은 부정의 기본적인 동기에 대해 심리학적 관점에서 심도 있게 탐구하였다.

이 논문은 부정을 저지르는 사람들에게는 몇 가지 심리적 요인이 있지만 이러한 요인들은 온전히 정당한 사람의 활동과도 관련이 있다고 결론을 낸다. 그렇기 때문에 심리적인 특징이나 패턴으로는 부정 관련자와 일반인을 구별할 수 없다.

부정이란 피해자들이 치르는 값으로 인해 부정 관련자들이 잠재적 효익을 얻는 사회적 현상이다. 피해자들은 개인, 기업, 혹은 정부이며 사회 전체가 될 수도 있다. 최근의 통계들은 부정의 재무적 영향에 대한 대략적인 크기를 제시하고 있다:

- 전형적인 기업은 매년 부정으로 인해 총매출의 5%를 손해본다(www.acfe.com).
- 미국에서 매년 보험 부정(건강보험 제외)에 의한 손해는 400억 달러가 넘는 것으로 추정된다(www.fbi.gov).
- 영국에서는 부정으로 인해 매년 730억 파운드의 비용이 발생한다(National Fraud Authority).

- 신용카드 기업들은 "부정으로 인해 100달러마다 약 0.07달러의 손해를 입는다"(Andrew Schrage, Money Crashers Personal Finance, 2012).
- 2000년의 공식적인 GNI 수치에 기반을 둔 지하 경제의 크기는 평균적으로 개발도상국가는 41%, 과도기 국가는 38%, OECD 국가들은 18%이다 (Schneider, 2002).

이 수치들은 정확한 측정결과가 아닌 대략적인 추정치임에도 증거에 기반을 두고 있으며, 부정 현상의 중요성과 영향에 대해 기관들이나 정부가 그들이 갖고 있는 모든 것을 동원해서 부정과 적극적으로 싸우고 예방할 필요가 있음을 인지시켜 준다. 마지막 장에서 더 구체적으로 논의하겠지만, 위 수치들은 재무적인 투자수익을 줄 수 있는 부정 적발과 예방 시스템에 투자할 만한 가치가 있음을 보여준다.

표 1.1에서 보이듯이, 다른 산업과 상품 및 서비스 부문에서 광범위하게 발생하는 다양한 형태나 유형의 부정행위로 인해 효과적인 부정 적발 및 예방 시스템의 중요성과 필요성은 더욱더 주목받고 있다. 넓은 범주를 간단히 정리한 표 1.1은 더욱더 세분화될 수 있지만 그러면 각 형태의 특이점에 대해 독자들이 빠져들 수 있기 때문에 이 책에서는 다루지 않는다. 각 부정의 형태에 대해 전문적으로 분석해 놓은 참고자료는 이 책의 맨 마지막 장을 참고하면 된다. 특정한 형태의 부정에 대해서는 이 책에서 실제 사례들을 예로 들어 더 탐구하게 될 것이다.

3. 부정 적발 및 예방

부정과 효과적으로 맞서 싸우기 위한 전략에서 필수적인 두 가지 요소는 *부정의 적발과 예방*이다. 부정 적발은 부정과 관련된 행위들을 인지하거나 발견하는 능력을 의미하고 예방은 부정을 피하거나 줄일 수 있는 방안을 의미한다.

이 두 가지 차이점은 분명하다: 적발은 사후적 접근법이고, 예방은 사전적 접근법이다. 두 가지 모두 공유된 목적인 *부정의 감소*를 추구하며 상호 보완적인 역할을 한다.

그러나 좀 더 자세하고 심도 있는 토론으로써 부정을 예방하기 위한 행동들은 부정 전략을 바꾸고, 결과적으로 적발 능력에 영향을 미칠 것이다. 적발 시스템을 도입하면 부정 관련자들은 새로운 상황에 적응할 수 있도록 변화할 것이고 따라서 해당 시스템은 무용지물이 될 것이다. 이와 같이 상호 보완적으로 쓰인다고 하더라도 적발과 예방은 독립적이지 않기 때문에 전체적으로 고려되고 조정되어야 한다.

부정 적발의 고전적인 접근법은 전문가와 그의 경험에 기반을 둔 접근법(expert-based approach)이다. 이는 부정 분석가의 경험, 직감, 그리고 비즈니스 또는 특정 분야의 지식을 기반으로 한다. 이 접근법은 의심이 되는 상황 — 예를 들어 일반적인 고객은 하지 않는 거래 건에 대해 항의를 하는 경우 —을 수작업으로 직접 조사하는 것이다. 그러한 분쟁의 여지가 있는 거래는 부정 관련자가 발견했거나 개발한 새로운 부정 메커니즘을 의미할지 모르기 때문에 조직이 새로운 메커니즘을 이해하고 접근하기 위해서 자세한 조사가 이루어져야 할 필요가 있다.

부정의 원리구조나 패턴에 대한 이해를 기반으로 새로 적발된 방식을 규칙 기반 혹은 엔진(engine)에 추가함으로써 IF - THEN 규칙에 의해 실행되는 부정 적발과 예방 체계의 범위를 확장시킬 수 있다. 기존에 적발된 부정 패턴들을 설명해 주는 규칙들과 새로 포함된 규칙들은 미래의 사건 혹은 거래에 적용되어 부정 적발 시 위험 경보나 신호를 알려준다. 간단하지만 매우 효과적인 부정 적발 규칙의 예시로는 아래와 같은 보험금 청구 부정에서의 부정 적발 규칙이 있다:

IF:

- 한도를 넘어서는 금액 청구
- 경찰조서가 없는 심각한 사고
- 진단서가 없는 심각한 부상

➲ 청구인이 동일 사고를 여러 번 당한 경우

➲ 복수의 증빙 제출 건

THEN:

➲ 의심스러운 청구 건으로 표기하고

➲ 부정 조사 담당자에게 경고

하지만 이런 전문가 접근법(expert approach)에는 단점이 많다. 규칙 기반 혹은 엔진은 실력이 뛰어난 부정 전문가들이 수동으로 입력해야 하기 때문에 비용이 많이 들고 유지·관리를 하기 어렵다. 또한 규칙들이 늘 갱신되어야 한다. 사람이 직접 후속조치와 조사를 해야 하기 때문에 실제 부정 사례에만 반응하거나 혹은 대부분인 경우에 반응을 할 수 있도록 해야 한다. 그렇기 때문에 규칙 기반 혹은 엔진의 가장 어려운 점은 규칙 기반을 간결하되 효과적으로 유지하고 관리하는 것이며, 이는 어떤 규칙들을 언제 추가·제거·갱신 또는 취합할지를 결정하는 것이다.

부정 관련자들 또한 여러 가지 시도와 실수를 통해 그들을 막거나 노출시키는 비즈니스 규칙들을 배우고 해결방안을 고안해 낸다는 사실을 깨닫는 것도 중요하다. 규칙 기반 적발 시스템(rule-based detection system) 내 저장되어 있는 규칙들은 과거의 경험을 기반으로 하기 때문에 새로운 부정 패턴에 대해서는 자동적으로 표시되거나 신호를 보내지 않는다. 부정은 역동적인 현상이고, 그렇기 때문에 꾸준한 추적이 필요하다. 결과적으로 부정 적발과 예방 시스템이 효과적이기 위해서는 이를 꾸준히 관찰하고 향상시키며 업데이트해야 한다.

전문가 기반 부정 적발 시스템은 전문 인력의 입력·평가·모니터링에 의존하며 고강도의 노동력을 요구한다. 부정 적발 시스템을 만들고 유지하는 것을 자동화한다면 노동력을 적게 요구하면서도 더 효과적이고 효율적인 시스템을 구축할 수 있다. 이 장의 다음 절에서는 더욱 자동적이며 효율적인 방법으로 고성능의 부정 적발시스템을 발전시키고 관찰하며 업데이트하기 위해 최근 적은 비용으로 방대한 양의 데이터를 모으고 처리할 수 있는 전문적 부정 적발

■ 예시 사례

보험 청구 처리 과정에서의 내부 부정 적발에 대한 전문가 기반 접근법

그림 1.2 화재사고 청구 처리 절차

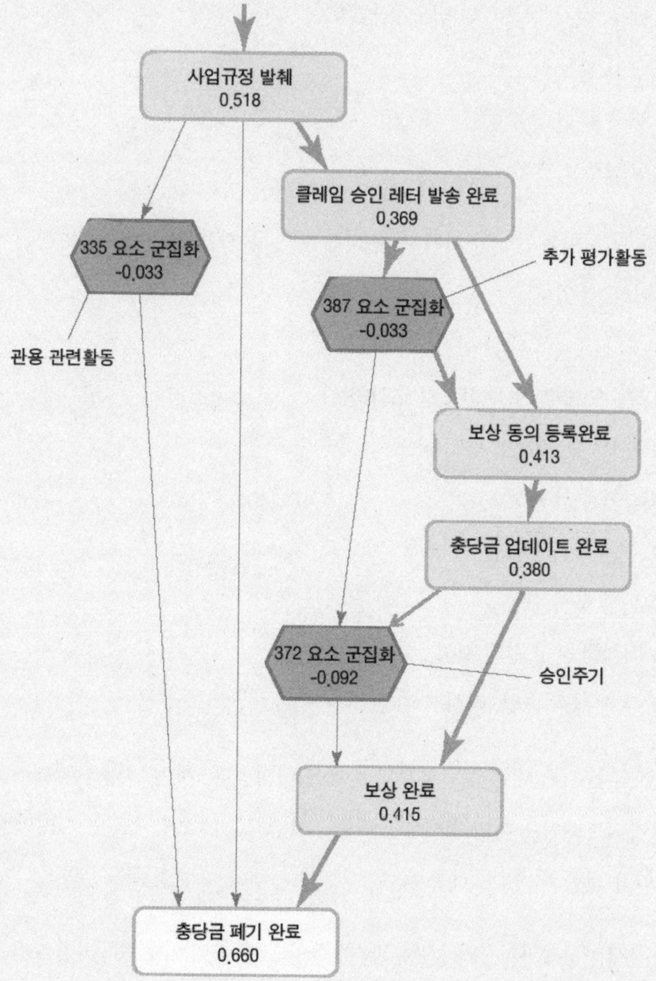

그림 1.2에서는 신체 상해(사망 포함)를 입지 않은 화재 사건 청구를 처리하는 보험 청구 관리자들의 부정행위 가능성을 전문가적 접근법으로 적발 및 예방하는 과정을 보여준다(Caron et al., 2013). 해당 절차에는 다음과 같은 행동이 포

함된다:

- 행정 활동
- 평가 관련 활동
- 내부 외부 전문가의 심도 있는 평가
- 승인 활동
- 관용 관련 활동
- 부정조사 활동

이러한 활동과 관련하여 여러 가지 피해를 끼치는 절차 미준수와 관련된 위험을 확인할 수 있다:

- 조항 폐기에 대한 망각
- **복수의 부분 보상(한도를 초과하는)**
- **관리자와 전문가 간의 공모**
- **승인 주기 결여**
- 차선의 업무 배정
- 부정 조사 활동들
- **거절된 청구 건의 처리**
- 강제 청구 승인, 적시의 기본 평가 부재

고딕체로 표시된 미준수는 부정의 존재를 나타낸다. 사업 규정을 채택하고 절차와 가이드라인을 미리 정해놓음으로써 보험사들은 보험 청구를 처리할 때 위험부담을 낮출 수 있다. 예를 들어:

사업 규정 1(고객관계관리(CRM) 관련): 만일 보험 가입자가 즉각적인 도움을 요구한다면(예: 추가적인 손상이나 피해를 막기 위해서), 부분적 보상 금액을 지급할 수 있다(기대되는 최대 보상금액의 *x*%)

- 잠재적 위험: 미리 지급된 부분적 보상금액이 실제 지급 대상 금액을 초과할 수 있음

사업 규정 2(금전적인 손해 회피): 합의에는 승인이 필요하다.

➲ 잠재적 위험: 합의 초안 작성자와 보험 가입자 간 공모

사업 규정 3(금전적인 손실 회피): 합의 제안과 승인은 업무분장되어 서로 다른 사람에 의해 이루어져야 한다.

➲ 잠재적 위험: 동일인이 팀장과 정보 시스템 전문가 직위를 가질 가능성

사업 규정 4(금전적인 손실 회피): 합의 혹은 지급거절 결정은 번복할 수 없다.

➲ 잠재적 위험: 결정을 번복하는 직원과 고객의 공모 가능성

➲ 잠재적 위험: 지급거절 된 청구 건이 추가적으로 검토될 위험

특정 사업 규정을 기반으로 한 부정을 적발하는 것은 부정 유형에 대한 사전 지식을 요구한다. 그렇기 때문에 부정 발생이 존재한다는 것은 다음의 직접적인 결과로 볼 수 있다:

➲ 부적절한 내부 통제 시스템(부정 예방에서의 통제 실패) 혹은

➲ 경영진이 허용한 위험부담(예방 혹은 교정 통제 부재)

사업 규정과 절차를 벗어나는 건들로부터 도출되어 부정 적발 규칙 엔진에 포함될 수 있는 부정 적발 규칙의 예시들은 다음과 같다:

사업 규정 1:

➲ 단일 청구건에 대해 복수의 선지급건이 있다면 의심스러운 사례

사업 규정 2:

➲ 지급 전 합의승인이 이루어지지 않았다면 의심스러운 사례

사업 규정 3:

➲ 동일인이 합의를 제안하고 승인하였다면 의심스러운 사례

사업 규정 4:

➲ 합의가 승인되고 이후에 변경되었다면 의심스러운 사례

➲ 청구가 지급거절 되고 이후에 처리가 되었다면 의심스러운 사례(합의 제안, 지급 등 관련 활동 확인 필요)

시스템에 대한 몇 가지 대안적인 접근법에 대한 소개가 이어진다. 효율적인 시스템을 만들기 위한 대안적인 접근법들의 경우에도 전문적인 지식과 노력이 필요하다.

4. 부정 적발을 위한 빅데이터

부정 의심행위가 적발되고 부정이라는 점이 확인되면, 일반적으로 다음 두 가지 후속조치를 취하게 된다:

① **교정조치**(Corrective Measures): 발생한 손실에 대한 배상 또는 보상과 같이 부정을 해결하고 잘못된 결과를 바로잡는 것을 목표로 한다. 교정조치는 기업 내 부정 적발 예방 시스템의 허점을 이용한 유사한 부정 사례들을 소급적으로 적발하고 바로잡는 행위를 포함한다.

② **예방조치**(Preventive Measures): 적발된 부정 관련자를 통해 미래의 부정을 예방(예: 해당 고객과 계약을 종료하거나 다른 사람에 의한 동일한 유형의 부정을 방지)하는 것과 다른 이들에 의해 벌어질 수 있는 같은 부정수법을 예방하는 것을 모두 포함한다. 전문가 기반 접근법을 사용할 때, 예방조치의 예로는 발견되지 않은 부정 메커니즘들을 적발하고 예방할 수 있는 추가적인 규칙들을 통합함으로써 규칙 엔진을 확장시키는 것이다. 부정의 근본적인 방식을 알아내어 전문 지식을 확장하고, 동일 유형의 부정 재발을 예방하기 위해서 부정은 빈틈없이 조사되어야 한다. 또한 기업이 더 굳건해지고 부정 피해를 감소시킬 수 있도록 적발 예방 시스템을 손봐야 한다.

일반적으로, 빠른 교정조치를 통해 적시에 부정을 적발할수록 더 효과적으로 손해를 방지할 수 있다. 반면에 부정은 시간이 지날수록 적발하기 더 쉬운데, 이는 몇 가지 이유가 있다.

부정방식이나 *경로*가 존재한다는 것은 적발 예방 시스템에 허점이 있다는 것이고 부정 관련자들은 허점을 이용하게 되는데, 시간이 지남에 따라 이러한 방법이나 경로는 더 빈번하게 사용될 것이다. 통계적으로 본다면 특정 부정을 저지르는 방법이 많이 사용될수록 적발하기가 더 쉬워진다. '*한번 도둑은 영원한 도둑*'이라는 표현처럼 부정 관련자들은 허점을 반복적으로 이용하는 경향이 높다. 또한 부정을 저지르는 방법은 개인 사이에서 혹은 관리자끼리의 지식 공유를 통해 발견될 수도 있다. 부정 적발을 위한 소셜 네트워크 분석에 대해서는 제5장에서 언급되겠지만 확실히 일부 유형의 부정은 바이러스처럼 퍼지고 소셜 네트워크 효과라고 불리는 것을 보여준다. 이는 관련자들 간에 부정을 저지르는 방법을 공유한다는 사실을 증명한다. 동일한 방식의 부정이 더 자주 발생한다는 점은 관점에 따라 더 높은 위험이지만 더 높은 확률로 적발할 수 있는 기회이기도 하다.

특정 형태의 부정 사례가 밝혀지는 경우, 과거에 유사하거나 동일한 방식으로 행해진 다른 부정 사례들이 노출된다. 보통 과거 사례를 검토하는 것은 새로 적발된 부정의 규모 및 영향을 측정하거나 가능한 한 많은 부정 사례를 해결하기 위해서 이루어진다. 시간이 지남에 따라 비슷한 부정이 더 많이 일어나서 특정 부정 유형을 밝혀낼 확률과 비슷한 부정을 반복해서 저지르는 부정 관련자들의 개별적인 노출 위험도 높아지기 때문에 부정은 시간이 지날수록 적발이 쉬워진다. 부정 관련자들이 기본적으로 같은 이유에 따라 부정을 저지르기 때문에 개별적인 노출 위험은 증가할 것이다: 주의를 끌 가능성이 더 커지는 것이다.

시간이 지날수록 부정 적발이 더 쉬워지는 마지막 이유는 더 나은 적발 기술이 개발되고 있고, 이를 이용하기가 더 수월해졌으며, 더 많은 기업들이 이를 구축하여 사용 중에 있기 때문이다. 적발 기술 발전을 촉진하는 중요한 요인은 *데이터의 이용 가능성이 높아지고 있기* 때문이다. 대부분의 사회에서 정보화와 디지털화가 이루어졌고 풍부한 데이터에 접근할 수 있다. 일명 빅데이터는 아주 낮은 비용으로 부정 적발을 포함한 다양한 목적을 위해 탐구되고 이용될 수 있다(Baesens, 2014).

5. 데이터를 기반으로 한 부정 적발

고전적인 전문가 기반 부정 적발 접근법은 현재에도 많이 사용되고 있고 기업에서 효율적인 부정 적발 및 예방 시스템을 만들 때 유용한 도구이지만 점점 더 데이터 혹은 통계학을 기반으로 한 부정 적발로 변화하는데, 이에는 명백한 세 가지 이유가 있다:

① **정확성**(Precision): 통계학이 기본이 되는 부정 적발 방법은 고전적인 전문가 기반 접근법에 비해 강화된 적발 능력을 제공한다. 방대한 양의 정보를 처리함으로써 사람의 눈으로는 확인하기 어려운 부정 패턴을 밝혀낸다. 수작업 처리 방식 대비 데이터 기반 접근법의 향상된 이점은 신용등급을 매기거나 고객 이탈을 예측하는 등에 적용할 때 관찰될 수 있다. 대부분의 기업은 어떠한 사례가 부정과 관련되었는지 효과적으로 확인하기 위해 실제 부정 여부를 점검할 수 있는 인력을 제한적으로만 유지할 수 있다. 부정 적발 시스템의 목적은 제한된 이용 가능한 조사 역량을 최적화하거나 혹은 조사된 사례 중에서 부정 비율을 극대화하는 것이다(그리고 추가적으로 부정 적발 금액도 가능). 데이터 기반 방법론을 통해 높은 정확도를 확보한 시스템은 조사건수 대비 높은 실제 부정 건수의 적발로 이어진다.

② **운영 효율성**(Operational Efficiency): 특정 조건에서는 분석대상 건수가 너무 많아 데이터 기반의 부정 적발 방식을 통한 자동화 처리가 요구되며, 일부는 운영 요구사항이 있어 사건 처리 시 시간 제약이 따르는 경우도 있다. 예를 들어 부정 위험이 있는 신용카드 거래를 평가하는 경우 거래 승인 또는 거부에 대한 결정이 즉각적으로 이루어져야 한다. 또 다른 예로는 제한적인 시간 내에 컨테이너 선착을 허용해 주거나 지연이 되더라도 추가적으로 검문을 해야 할지를 결정해야 하는 항구 세관이 있다. 자동화된 데이터 중심 접근법은 이러한 기능을 제공하며 엄격한 운영 요구사항을 준수할 수 있다.

③ **비용 효율성**(Cost Efficiency): 위에서 언급했듯이 효과적이면서 군더더기가

없는 전문가 기반의 부정 적발 시스템을 개발하고 관리하는 것은 까다롭고 노동 집약적이다. 데이터 기반 방법론에 의해 제공되는 부정 적발 시스템을 개발하고 유지 관리하기 위해서는 보다 자동화되고 효율적인 방법이 선호된다. 제6장과 제7장에서 데이터 기반의 부정 적발 모형의 비용 효율성과 투자 대비 이점에 대해 배워볼 것이다.

향상된 부정 적발 기술의 발전을 부추기는 또 다른 요소는 부정 적발에 대한 대중과 미디어, 정부와 기업의 높아지는 관심이다. 이러한 관심 증가는 아마도 부정의 대규모 부정적인 사회적 및 재무적 영향 때문일 것이다. 그리고 이러한 관심은 학계, 산업, 정부 차원의 연구투자 비용을 증가시켰다.

지난 몇 년간 통계학의 힘을 빌리고 많은 양의 정보를 분석하여 부정 패턴과 방식을 알아내면서, 부정 적발 접근법은 큰 힘을 얻었다. 하지만 아직도 부정은 적발하기 쉽지 않다. 요구되는 노력의 양과 부정 적발의 어려움은 요구되는 노력 대비 부정 적발의 어려움 측면에서 파레토 법칙(Pareto principle)을 따르는 것으로 보인다: 수익 감소의 원칙은 요구되는 노력 등과 관련이 있는 것으로 보인다. 문제의 *어려움*과 복잡함을 설명하기 위해서는 부정이 역동적인 현상임을 인지하는 것이 중요한데, 이는 부정의 본질이 시간이 지남에 따라 변화한다는 뜻이다. 부정 적발 방식만 진화하는 것이 아니라 부정 관련자들 또한 그들의 방식을 상황에 맞게 변화시키므로 더 정교하고 적발하기 어려운 새로운 방식들을 창조해 낸다. 부정 관련자들은 부정 적발 예방 시스템의 기능을 이해하고 약점을 파악하기 위해 조사하여 그들의 방식과 전략을 조정해 간다.

6. 부정 적발 기술

실제로, 부정 관련자들은 눈에 띄는 것을 피하기 위해 그들의 흔적을 현명하게 덮을 수 있는 진화된 전략들을 발전시킨다. 눈에 띄는 것을 피하기 위해 부

표 1.2 고객 구독에서 의심스러운 활동(특정 시점에 시작된 벗어난 행위)을 나타내는 이상치가 있는 고객의 통화 세부 기록(Fawcett and Provost, 1997)

날짜	시각	요일	소요시간	발생지	이주지	부정
1/01	10:05:01	월	13분	뉴욕 브루클린	코네티컷 스탠퍼드	
1/05	14:53:27	금	5분	뉴욕 브루클린	코네티컷 그리니치	
1/08	09:42:01	월	3분	뉴욕 브롱스	뉴욕 화이트플레인스	
1/08	15:01:24	월	9분	뉴욕 브루클린	뉴욕 브루클린	
1/09	15:06:09	화	5분	뉴욕 맨해튼	코네티컷 스탠퍼드	
1/09	16:28:50	화	53초	뉴욕 브루클린	뉴욕 브루클린	
1/10	01:45:36	수	35초	매사추세츠 보스턴	매사추세츠 첼시	해당
1/10	01:46:29	수	34초	매사추세츠 보스턴	매사추세츠 요커	해당
1/10	01:50:54	수	39초	매사추세츠 보스턴	매사추세츠 첼시	해당
1/10	11:23:28	수	24초	뉴욕 화이트플레인스	뉴욕 콩거스	
1/11	22:00:28	목	37초	매사추세츠 보스턴	매사추세츠 동보스턴	해당
1/11	22:04:01	목	37초	매사추세츠 보스턴	매사추세츠 동보스턴	해당

정 관련자들은 주변 환경과 최대한 섞일 수 있도록 노력하는 경향이 있다. 이러한 접근법은 군대 또는 카멜레온이나 대벌레 같은 동물이 사용하는 위장 기법을 연상시킨다. 이는 분명히 우연한 부정은 아니며, 철저하게 계획된 것이다. 이는 언뜻 보기에는 정상적인 행동으로 보이지만 실제로는 부정 관련 행위를 부추기는 패턴을 적발하여 해결할 수 있는 새로운 기술을 필요로 한다.

비지도 학습 기법(unsupervised learning techniques)이나 기술적 분석(descriptive analytics)을 기반으로 하는 적발 방식은 제3장에서 보여주듯이 주로 *정상적인* 행위에서 *벗어나는* 행위, 즉, 비정상적인 행위를 적발하는 것을 목적으로 한다. 이러한 기법들은 과거의 관찰을 통해 배운다. 그리고 관찰치가 부정 관련성이 있는지 없는지에 대한 분류를 요구하지 않기 때문에 비지도(非指導, unsupervised)라고 불린다. *정상적인 행위*에서 벗어나는 예로는 표 1.2(Fawcett and Provost, 1997)에 기술된 특정 고객의 거래 내역과 통신 기록을 통해 적발할 수 있는 통신비 부정 사례가 있다. 부정이라고 판정이 난 통화들은 그 자체만으로는 의심스럽지는 않다. 하지만 해당 건들이 이 특정 고객의 정상적인 행위에서 벗어난다는 것을 생각했을 때에는 충분히 의심스러울 수 있는 것이다.

이상치 적발 기술(outlier-detection techniques)은 훌륭한 가치가 있으며 부정 관련성을 띠는 사례를 적발하는 데 큰 기여를 한다. 특히 이상치 적발 기술은 과거의 부정 사례들과는 성격상 다른 부정, 즉 새롭고 알려지지 않은 메커니즘을 사용하는 부정을 적발하도록 도와준다. 이러한 *새로운 부정 패턴*은 전문가 시스템에 의해서는 밝혀지지 않기 때문에 기업이 전문가와 규칙 기반의 부정 적발 시스템을 향상시키기 위해 채택하는 도구이다.

그러나 기술적(descriptive) 기법들은 이미 논의된 위장 방식에 의한 속임수에는 기만당하기 쉽다. 그렇기 때문에 적발 시스템은 위장 같은 방식들을 채택한 부정 관련자들도 적발해 낼 수 있는 도구들이 보완됨으로써 더 발전할 수 있다.

제4장에서는 두 번째 유형의 기술이 소개될 것이다. 지도 학습 기법(supervised learning techniques) 또는 예측적 분석(Predictive analytics)은 정상적인 행위와 부정 관련 행위 간의 차이를 구별해 낼 수 있는 패턴을 찾아내기 위해 과거의 정보들 또는 관찰치들로부터 학습하는 것을 목적으로 한다. 이러한 기법들은 부정 관련자들이 숨길 수 없었던 흔적의 일부인 무음의 경보를 찾아내는 것이 목표이다. 지도 학습자(supervised learners)들은 부정을 예측하거나 잡아내는 것뿐만 아니라 부정 관련 금액을 추정하는 경우에도 적용할 수 있다.

예측적 분석(predictive analytics)에도 다른 것들과 마찬가지로 제약사항이 있다. 가장 중요한 제약사항은 학습을 위해서는 과거의 사례들이 필요하다는 것이다(예: 과거에 발견된 부정행위들을 분류해 놓은 자료). 아직 적발된 적이 없어서 과거자료에서 찾을 수 없는 새로운 방식이나 현저하게 다른 유형의 부정을 적발할 수 있는 능력은 저하된다. 앞서 언급했듯이 적어도 *정상적인* 행동에서 벗어나는 새로운 형태의 부정 메커니즘을 적발하는 데에는 기술적 분석(Descriptive analytics)의 성능이 더 좋을 수도 있다. 이는 더 강력한 부정 적발 예방 시스템을 만들기 위해서는 지도 학습과 비지도 학습이 상호 보완하는 것이 필요하다는 것을 의미한다.

세 번째 도구는 연결된 조직의 네트워크를 통해 부정 관련 행위의 특징을 학습하고 적발함으로써 부정 적발 시스템의 능력을 더 확장시켜 주는 소셜 네트워크 분석(social network analysis)이다. 소셜 네트워크 분석은 부정과 싸우는 다른 도구들에 비해서 비교적 최신 도구로 제5장에 나올 실제사례 연구에서 증명되었듯이 강력한 도구이다. 소셜 네트워크 분석은 조직 간의 관계 같은 추가적인 정보들을 분석에 사용하여 부정을 알려주는 특정 패턴을 밝혀내는 데 기여할 수 있게 한다.

이 세 종류의 기법은 부정에 대한 서로 다른 분야에 집중하므로 독점적인 대안으로 간주되어서는 안 되기 때문에, 서로를 보완할 수 있다는 점을 강조하는 것이 중요하다. 효과적인 부정 적발 및 예방 시스템은 서로 다른 다양한 가능성과 한계를 지닌 도구들을 함께 사용하고 결합할 때 서로를 보완할 수 있다. 부정 적발 시스템을 개발할 때, 기업은 다음과 같은 순서로 다른 도구들을 사용할 확률이 크다: 첫 번째로는 전문성이 기반이 된 규칙 엔진(Rule Engine)을 개발하고, 두 번째로는 기술적 애널리틱스로 보완하며, 그 후에 예측적 애널리틱스와 소셜 네트워크 분석으로 보강할 것이다. 부정 적발 시스템을 이 순서로 개발한다면 기업이 전문성과 통찰력을 단계적으로 얻음으로써 다음을 위한 발판을 제공해 준다. 하지만 기업이 직면한 부정의 형태나 특징에 따라 도구의 사용 순서는 바뀔 수도 있다.

7. 부정 주기

그림 1.3은 부정 주기(Fraud Cycle)를 소개하며 네 가지 주요 활동을 보여준다:

- 부정 적발: 새롭고 처음 알게 된 관찰치에 대해 적발 모형들을 적용하고 각 관찰치에 부정 위험을 지정한다.
- 부정 조사: 부정의심 사례로 표기된 건들의 모호성과 복잡성으로 전문가의 조사가 종종 요구된다.

그림 1.3 부정 주기

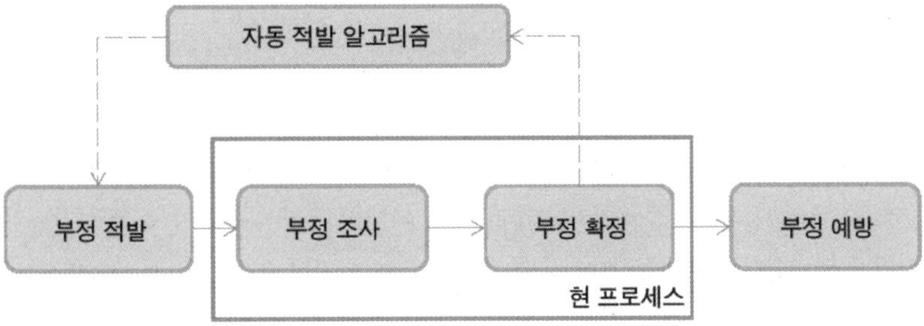

- 부정 확정: 부정 의심 사례 중 진짜 부정을 식별하므로 실제 현장 조사가 필요할 수 있다.
- 부정 예방: 미래에 일어날 수도 있는 부정을 예방하는 것으로 1956년에 발행된 필립 딕(Philip K. Dick)의 과학소설 『마이너리티 리포트(Minority Report)』의 전제처럼 사람이 부정을 저지를 것임을 본인이 알기도 전에 부정을 적발하는 것도 가능하다.

그림 1.3에서, 부정 확정에서 부정 적발 단계로 되돌아가는 것을 주목해 보자. 새로 적발된 사례들을 최대한 빨리 과거의 부정 사례 데이터베이스에 추가함으로써 적발 모형이 새로 학습하고 인지할 수 있도록 해야 한다. 새로운 사례가 확인될 때마다 부정 적발 모형이 새로 재교육되지 못할 수도 있다. 하지만 부정의 동적 특성과 신속한 부정 적발의 중요성을 고려할 때 주기적인 업데이트는 필요하다. 재교육 혹은 업데이트의 주기는 아래의 몇 가지 요인에 따라 결정한다:

- 부정행위의 변동성.
- 현재 모형의 적발 능력으로, 이는 부정행위의 변동성과 관련된다.
- 데이터베이스에서 활용 가능한 이미 (유사한) 확정된 사례 양.
- 새로운 사례들이 확정되는 비율.
- 모형 재교육에 요구되는 노력.

예시 사례

신용카드 부정 적발을 위한 지도 및 비지도 학습

신용카드사들은 부정과 맞서 싸우기 위한 효과적인 부정 적발 예방 시스템을 만들기 위해 빅데이터 접근법을 조기에 도입했다. 일반적으로 신용카드 거래는 거래 세부사항을 설명하는 수백 가지 이상의 특징이 신용카드 회사 시스템에 등록된다. 아래 표 1.3이 몇 가지 특징을 알기 쉽게 보여준다(Hand, 2007).

표 1.3 신용카드 거래 데이터 항목 예시

거래 ID	거래 유형	거래날짜
거래 시간	금액	통화
현지통화	판매자 ID	상품 카테고리
카드 발행자 ID	ATM ID	수표계좌 정보

이러한 정보들은 오랜 시간에 걸쳐 기록되면서 기술적 분석을 적용할 수 있는 데이터 집합을 생성한다. 이러한 기술에는 비정상적이고 이례적인 행위나 특징들을 적발해 낼 수 있는 이상치 적발 기술이 포함된다. 소위 이상치들은 의심스러운 행위들을 가리키는 것으로, 데이터 항목 수준 혹은 데이터 집합 수준에서 발생할 수 있다.

그림 1.4는 데이터 항목 수준에서의 이상치의 예로, 고객의 정상적인 행위를 벗어난 거래를 보여준다. 아래 산포도(scatter plot)는 특정 고객의 거래를 시간과 공간으로 구분하여 빈번하게 일어나는 세 가지의 군집을 보여주는데, 일반적이지 않은 두 거래는 검은 점으로 표시되어 있다. 이 이상치들은 의심스럽고 아마도 부정거래와 관련이 있으므로 사람이 직접 더 조사해 볼 수 있도록 조치되어야 한다.

데이터 집합 수준에서의 이상치란 전반적인 행동에서 벗어나는 사람의 행동이나 사례를 의미한다. 그림 1.5는 신용카드 신청 시 제공되는 고객의 나이와 소득 특징을 나타낸다. 2개의 이상치는 검은 점으로 표시되어 있고, 나이 및 소득 모두 평균치에서 강하게 벗어나므로 정상적인 행위에서 벗어난다고 볼 수 있으며, 가입 부정을 의미한다(표 1.1에서 신용카드 부정의 정의 참조).

거래의 부정 여부를 나타내는 사용 가능한 거래 데이터 집합에 필드를 추가하면 예측적 분석을 적용하여 부정과의 관련 여부를 예측하거나 분류할 수 있

그림 1.4 데이터 항목 수준에서 이상치 적발

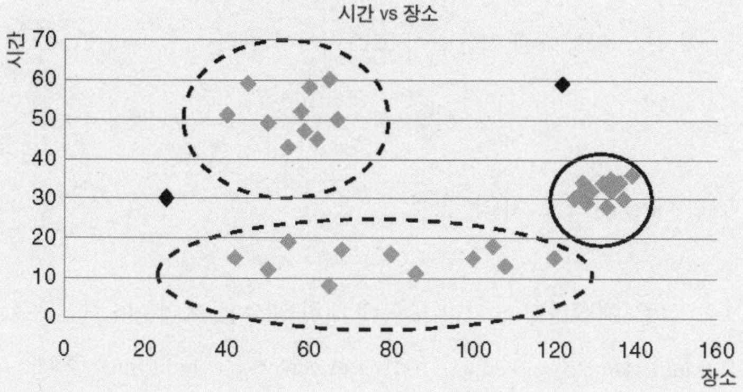

그림 1.5 데이터 집합 수준에서 이상치 적발

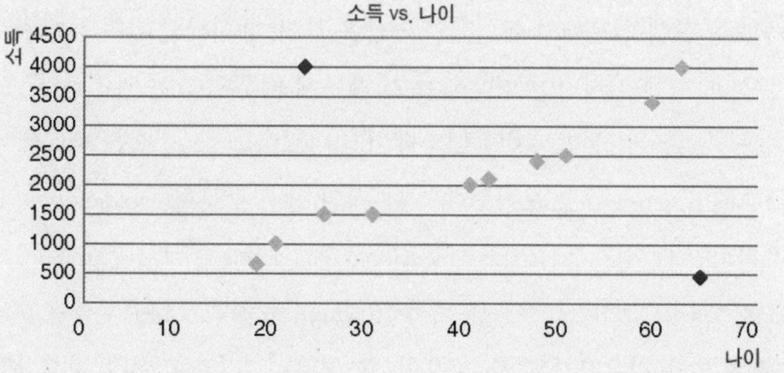

게 된다. 다음 절과 제4장에서 더 설명이 되겠지만 이러한 모형은 거래의 부정 여부를 예측하기 위해 기본적인 신용카드 부정행위 패턴을 이해하는 것으로 해석될 수 있다. 해당 패턴으로는 다음이 있을 수 있다.

- 소액 구매 건 후의 큰 금액의 거래
- 단기간 내 대량의 온라인 구매
- 최단기간 내 최다금액 사용
- 시간에 걸쳐 나누어 소액 사용

이러한 패턴들을 부정 관련자가 적발을 회피하기 위해 이용할 수 있기 때문에 적발이 어려워질 수 있다.

위 요인들에 의해(그리고 추가적인 요인들에 의해) 적발 모형 재교육의 필요성이 결정이 되는데, 최신 사례들을 학습함으로써 끊임없이 업데이트를 하는 강화학습과 같은 자동화된 접근법이 고려되어야 한다.

8. 부정 애널리틱스 처리 모형

그림 1.6은 애널리틱스 처리 모형에 대한 개요를 보여준다(Han and Kamber, 2011; Hand, Mannila, and Smyth, 2001; Tan, Steinbach, and Kumar, 2005). 첫 번째 단계로 분석을 통해 해결하기 위한 비즈니스 문제의 철저한 정의가 필요하다. 다음은 향후 관련성이 있을 수 있는 모든 원천 데이터를 식별해야 한다. 데이터는 모든 분석 업무에서 핵심적인 역할을 하며, 데이터의 선택은 이후 만들어질 분석 모형에 결정적인 영향을 주기 때문에 매우 중요한 과정이다. 모든 데이터는 작업을 위한 임시저장소인 데이터 마트(data mart) 혹은 데이터 웨어하우스(data warehouse)로 모아진다. 기본적인 탐색적 분석(exploratory analysi)은 다차원적인 데이터 분석(multidimensional data analysis, 예: 롤업(roll-up), 드릴다운(drill down), 슬라이싱(slicing), 다이싱(dicing))을 하는 OLAP(온라인 분석 처리, 제3장 참조)와 같은 도구들을 사용할 수 있다. 그리고 데이터 정제작업(data-cleaning)을 통해 결측값(missing value)이나 중복 데이터(duplicate data)처럼 불필요한 정보를 제외한다. 이산화(Binning), 글자와 숫자가 섞인 데이터의 숫자코딩(alphanumeric to numeric coding), 지리적 통합(geographical aggregation) 등의 추가적인 변형 또한 고려될 수 있다. 분석 단계에서는 분석 모형은 전(前)처리 및 변형된 데이터로 추정되며, 이 단계에서 실제 부정 적발 모형이 만들어지는 것이다. 마지막으로, 모형이 만들어지면 부정 전문가들에게 평가를 받아야 한다.

예를 들어 전문가에 의한 규칙과 유사하게 모형에 의해 적발될 수도 있는 사소한 패턴들은 모형의 유효성을 입증시켜 줄 수 있기 때문에 흥미롭다. 하지만

그림 1.6 부정 애널리틱스 처리 모형

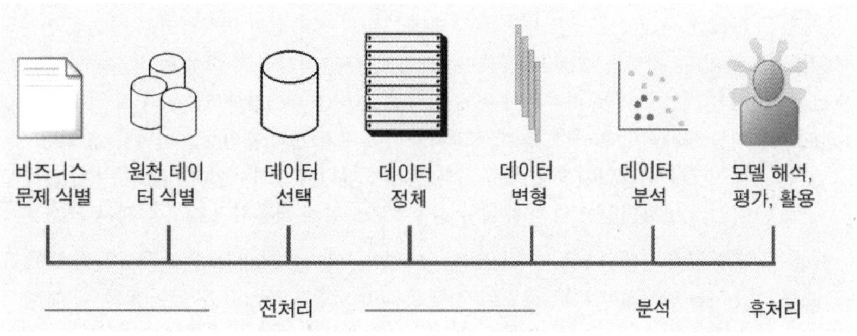

주요 이슈는 아직 알려지지 않았지만 통찰력과 적발 가능성을 높여주는 흥미진진하고 실행 가능한 패턴들(종종 지식 다이아몬드라고 언급됨)을 찾아내는 것이다. 분석 모형이 적절하게 검증 및 승인을 받고 난 이후에는 분석 애플리케이션(예컨대 의사결정지원시스템, 스코어링 엔진)으로 사용될 수 있다. 여기서 중요한 점은 어떻게 모형의 산출물들을 사용자에게 손쉽고 익숙하게 표현할 것인지, 어떻게 다른 응용 프로그램(예를 들어 적발 예방 시스템, 리스크 엔진)과 통합할 것인지, 그리고 분석 모형이 사용되는 동안 어떻게 모니터링 및 평가(backtest)를 할 것인지를 고려하는 것이다. 이러한 이후의 처리 단계들은 제6장에서 더 자세히 설명할 것이다.

그림 1.6에서 모형은 실행 중에 이전 단계들로 되돌아갈 수도 있는 본질적으로 반복적인 성질을 띤다는 점에 유의해야 한다. 예를 들어 분석 단계에서 추가 데이터가 필요하다는 것이 확인되었을 때 추가적인 정제 및 변형 등의 작업이 요구될 수 있다. 가장 시간이 많이 소비되는 단계는 보통 데이터 선택과 전처리 단계인데, 이는 보통 분석 모형을 만드는 데 들어가는 전체 시간의 80%를 차지한다.

부정 적발 모형은 실제로 도입되어 사용되기 전에 심도 있는 검토를 필요로 한다. 모형의 정확한 환경과 사용용도에 따라 모형의 시행 여부를 적합하게 평가하는 동안 다양한 측면의 평가가 요구된다. 표 1.4는 정확한 애플리케이션에

표 1.4 성공적인 부정 애널리틱스 모델의 주요 특징

통계적 정확도 (Statistical accuracy)	플래그 사례에서 적발 능력과 통계적 모형의 정확성이 의심스러운 것으로 언급되어 있다. 적중률, 리프트 곡선, AUC 등과 같은 다양한 통계적 평가 기준이 존재하며 이러한 측면을 평가하기 위해 적용될 수 있다. 제4장에서는 다수의 적절한 측정치를 상세히 논의한다. 통계적 정확도는 또한 통계적 유의성을 나타낼 수 있다. 즉, 데이터에서 발견된 패턴이 우연의 결과가 아니라 실제여야 한다는 뜻이다. 즉, 모형이 일반화되었고 과거 데이터 집합에 과도하게 적용되지 않도록 해야 한다.
해석 가능성 (Interpretability)	적발된 부정행위 패턴을 더 깊이 이해해야 하는 경우(예: 모형을 사용하기 전에 유효성을 검사해야 하는 경우) 부정행위 적발 모형을 해석할 수 있어야 한다. 해석 가능성은 사용자의 지식에 의존하므로 일정 수준의 주관적 측면을 수반한다. 모형의 해석 가능성은 그 형식에 따라 달라지며, 이는 채택된 분석 기법에 의해 결정된다. 사용자가 모형이 의심스럽다는 신호를 보내는 근본적인 이유를 이해할 수 있도록 하는 모형을 화이트 박스 모형이라고 하는 반면, 이해하기 어려운 복잡한 수학 모형을 종종 블랙박스 모형이라고 한다. 대부분의 환경에서 어느 정도의 이해와 해석 가능성에 의해 촉진되는 사실 입증 측면에서 경영진의 신뢰 확보와 효과적인 운영이 요구되지만, 블랙박스 모형이 부정 적발 환경에서는 잘 받아들여질 수 있다.
운영 효율성 (Operational Efficiency)	운영 효율성이란 모형을 평가하는 데 필요한 시간, 즉 사례가 의심스러운지 아닌지를 평가하는 데 요구되는 시간을 말한다. 예를 들어 신용카드 부정의 가능성을 알리기 위해 실시간으로 사례를 평가해야 하는 경우, 운영 효율성은 매우 중요하며 모형 성능 평가 시 주요 관심사이다. 운영 효율성에는 데이터 수집 및 전처리, 모형 평가, 모형 모니터링 및 평가와 필요 시 재추정에 필요한 노력도 수반된다.
경제적 비용 (Economical Cost)	부정 적발 모형을 개발하고 구현하는 데에는 상당한 비용이 수반된다. 총비용에는 데이터 수집, 전처리 및 분석 비용과 분석 모형을 실행하기 위한 비용도 포함된다. 추가로 인력과 컴퓨팅 리소스뿐 아니라 소프트웨어 비용도 고려해야 한다. 이용 가능한 사내 데이터를 풍부하게 하기 위해 외부 데이터도 구입해야 할 수 있으며, 프로젝트 시작 시 비용-편익 분석을 통해 첨단 부정 적발 시스템을 구축하기 위한 투자수익의 구성요소를 파악하는 것이 중요하다.
규정 준수 (Regulatory compliance)	상황에 따라 모형의 개발 및 적용에 적용되는 내부 또는 조직별, 외부 규정 및 법률이 있을 수 있다. 명백히 부정행위 적발 모형은 사생활, 웹 브라우저에서의 쿠키 사용 등과 같은 모든 해당 규제와 법률을 준수해야 한다.

따라 적용될 수도 있고 적용되지 않을 수 있는 성공적인 부정 애널리틱스 모형의 주요 특징들에 대해 정리하고 있다.

부정 적발 모형을 개발하고 구현할 때 표 1.4에 나와 있는 특징으로 표현된 목적을 달성하기 어려운 여러 가지 특정 난관이 발생할 수 있다. 첫 번째 핵심

과제는 부정의 동적 특성에 대한 것이다. 부정 관련자들은 새로운 방식과 방법을 개발해 내어 적발 예방 시스템을 이기려고 끊임없이 노력한다. 그래서 부정을 최대한 빨리 적발하고 해결하기 위해 적응 분석 모형(adaptive analytical model)과 적발 예방 시스템이 반드시 필요하다. 부정을 최대한 빨리 적발하는 것은 앞서 언급되었듯이 매우 중요하다.

분명한 것은, 되도록 부정을 보다 정확하게 적발하는 것과 보다 많은 부정 사건, 특히 금액이 크거나 재무적인 영향이 큰 부정을 놓치지 않는 것이 중요하다는 점이다. 부정 사례나 부정 메커니즘을 놓쳤을 때 발생하는 비용은 심각할 수 있다. 훌륭한 적발 능력과 낮은 오경보(False alarm)율을 가진 분석 모형을 개발할 때 추가적인 어려움은 데이터의 왜곡과 관련이 있고 이는 우리가 전형적으로 과거의 부정이 아닌 사례를 많이 가지고 있지만, 부정의 경우는 제한된 수만을 가지고 있다는 것을 의미한다.

예를 들어 신용카드 거래는, 보통 0.5%보다 적은 수의 거래가 부정 연관성을 갖고 있다. 이는 종종 모래사장에서 바늘 찾기(needle-in-a-haystack problem)라고 불리는데, 분석 기술들이 정확한 모형을 학습하는 것을 어렵게 한다. 데이터의 왜곡문제를 해결하기 위한 많은 접근법은 제4장에서 논의될 것이다.

적용상황에 따라 운영 효율성 또한 핵심 요구사항일 수 있다. 부정 적발 시스템은 의사결정에 도달하고 거래의 허용 여부를 판단하는 데까지 용인된 시간이 제한적이다. 예를 들어 신용카드 부정 적발 여건에서 결정을 내리기까지 주어진 시간은 8초 이내이다. 이러한 요구사항은 운영상의 IT 시스템이나 분석 모형을 설계할 때 큰 영향을 미친다. 분석 모형을 평가하는 데에 장시간을 빼앗겨서는 안 되며, 정보나 값을 수집하고 계산하는 데에 오랜 시간이 걸려서도 안 된다. 예를 들어 실시간으로 추이 변수들을 분석하고자 한다면 너무 많은 시간이 소요되기 때문에 운영적인 관점에서는 실현 가능성이 없다. 이는 이용 가능하고 처리되어야 하는 방대한 양의 데이터를 다룰 때 발생하는 마지막 과제와 관련이 있다.

9. 부정 데이터 과학자

앞서 훌륭한 부정 적발 모형의 특징에 대해 언급했으나, 이제는 훌륭한 부정 데이터 과학자의 주요 특징에 대해 설명해 보겠다. 이는 저자들의 컨설팅 경험, 연구 경험, 그리고 빅데이터, 애널리틱스, 부정 적발을 주제로 전 세계 다양한 기업과 협력하여 진행한 컨설팅 및 리서치 경험을 바탕으로 한다.

1) 부정 데이터 과학자는 정량적 분석능력을 가져야 한다

부정 데이터 과학자는 충분한 통계학, 기계 학습, 그리고/혹은 데이터마이닝에 대한 철저한 배경이 있어야 한다. 해당 지식들의 경계선은 점점 더 흐려지고 있기 때문에 사실 이 중 무엇이 되었든 별 상관은 없다. 이들 모두 부정 적발과 같은 특정 상황에서 정량적 방법으로 데이터를 분석하고 비즈니스 관련 정량적인 패턴을 찾는 법을 제공한다. 데이터 과학자는 어느 방법이 언제 어떤 방법으로 적용되어야 하는지를 알고 있어야 한다. 데이터 과학자는 근본적인 수학적 세부사항들에 집중하기보다는 어떤 방법이 분석 문제를 해결하는지, 그리고 어떻게 결과물들을 해석해야 하는지를 잘 이해하고 있어야 한다. 이 맥락에서 컴퓨터 과학 및/또는 비즈니스/산업공학 분야의 엔지니어 교육은 이러한 기술의 사용과 새로운 시도가 가능한 비즈니스 통찰력과 함께 통합적이고 다양한 관점을 가질 수 있도록 해야 한다. 또 중요한 것은 데이터가 (의도적으로) 잘못 제시되거나 겉으로는 그럴듯하게 보이는 연관관계들에 집중하는 데이터 조작(data massage) 혹은 데이터 고문(data torture)을 피하기 위해서 분석결과를 충분히 검토하고 확인하는 시간을 가져야 하는 것이다. 최선의 정량적인 방법을 선택할 때, 부정 데이터 과학자는 부정 적발 적용의 상황과 문제 및 부정 적발 적용의 특수성에 대해 고려해야 한다. 부정 적발 모형의 일반적인 요구사항은 앞서 언급되었고 부정 데이터 과학자는 이러한 모든 것에 대한 기본적인 이해와 감을 갖고 있어야 한다. 이러한 요구사항들을 바탕으로 데이터 과학자는 비즈니스 문제를 해결하기 위한 최고의 분석기술을 고를 수 있어야 한다.

2) 부정 데이터 과학자는 좋은 프로그래밍 능력을 가져야 한다

정의에서 알 수 있듯이 데이터 과학자는 데이터를 갖고 일을 한다. 이는 표본 추출과 데이터 전처리, 모형 측정과 후처리(예: 민감도분석, 모형 배포, 모형 검증) 같은 많은 일을 포함한다. 최근에 많은 사용하기 쉬운 소프트웨어 도구들이 이러한 작업을 자동화하고 지원하기 위해 시장에 나왔지만, 특정 비즈니스 문제와 상황을 특수하게 다루기 위해서 모든 분석은 각자에 맞는 단계들을 필요로 한다. 성공적으로 이 단계들을 실행하기 위해서는 프로그래밍이 반드시 필요하다. 그렇기 때문에 훌륭한 데이터 과학자는 견실한 프로그래밍 기술들(예: SAS, R, Python 등)을 갖추고 있어야 한다. 프로그래밍 언어의 종류는 데이터 과학자가 프로그래밍의 기본적인 개념에 대해 익숙하고 반복적인 작업을 자동화하거나 특정한 규칙적인 일을 수행하는데 이들을 사용하는 방법을 알고 있는 한 그렇게 중요하지 않다.

3) 부정 데이터 과학자는 의사소통 및 표현력이 뛰어나야 한다

좋든 싫든, 분석은 기술적인 훈련이다. 지금 이 순간, 분석 모형과 사용자들 사이에는 큰 간극이 있다. 이 간극을 좁히기 위해서는 의사소통과 시각화를 가능하게 하는 기능들이 중요하다. 그렇기 때문에 데이터 과학자들이 신호등 접근법(traffic-light approaches), OLAP(online analytical processing), IF-THEN 비즈니스 규칙 등을 이용해 사용자 친화적으로 분석 모형들과 그에 관련된 통계 및 보고서를 표현하는 방법을 알아야 한다. 모형의 성공적인 전개를 방해하는 통계 같은 어려운 세부사항으로 빠지지 않고 올바른 양의 정보를 전달할 수 있어야 한다. 그럼으로써 사용자들은 그들의 빅데이터의 특징과 성향을 더 잘 이해할 수 있게 되고, 더 수월하고 포용적으로 분석 모형의 결과를 받아들일 수 있게 된다. 많은 학위 과정 속에서 학생들은 분석적인 지식이나 실용적인 지식 어느 한쪽으로 너무 치우치게 되기 때문에 교육기관들은 균형을 맞추는 법을 익혀야 할 것이다.

4) 부정 데이터 과학자는 비즈니스에 대한 철저한 이해가 있어야 한다

명백해 보일 수도 있겠지만 너무 많은 데이터 과학 프로젝트가 분석가의 비즈니스 문제에 대한 근본적인 이해 부족으로 실패하는 것을 우리는 자주 목격했다. 여기서 '비즈니스'라고 칭하는 것은 모형이 응용되기 위한 실제 분야를 뜻한다. 부정 적발 기술의 응용 분야에서 부정 적발 기술의 그러한 몇 가지 적용 예가 앞의 표 1.1에 요약되어 있다. 각 분야는 그들만의 중요한 특징을 갖고 있는데, 그 특징들은 부정 데이터 과학자들이 회사에 맞는 부정 적발 시스템을 설계하고 작동시키기 위해 필요한 중요한 정보이다. 적발 시스템이 놓인 환경에 보다 더 정렬할수록 앞서 언급된 각 차원의 평가처럼 성능은 더 향상될 것이다.

5) 부정 데이터 과학자는 창의적이어야 한다

데이터 과학자는 최소 두 가지 면에서 창의적이어야 한다. 첫 번째로는 기술적인 면으로 특성 선택(feature selection), 데이터 변환 및 정제를 하기 위해서는 창의적인 것이 중요하다. 이러한 표준 애널리틱스 과정의 단계들은 각 특정 응용분야에 맞게 변경되어야 하는데, '올바른 추측(right guess)'은 종종 큰 차이를 만들어낸다. 두 번째, 빅데이터와 애널리틱스는 빠르게 진화하는 분야로서 새로운 문제, 기술, 그리고 그에 상응하는 난관이 끊임없이 나타나며, 부정 관련자들 또한 매우 창의적이고 그들의 기술을 상황에 맞게 끊임없이 변경시킨다. 그러므로 부정 데이터 과학자들이 새로운 변화와 기술을 끊임없이 습득하고 충분한 창의력으로 새로운 기회를 만들어내는 자세는 매우 중요하다.

그림 1.7 부정 데이터 과학자의 프로파일

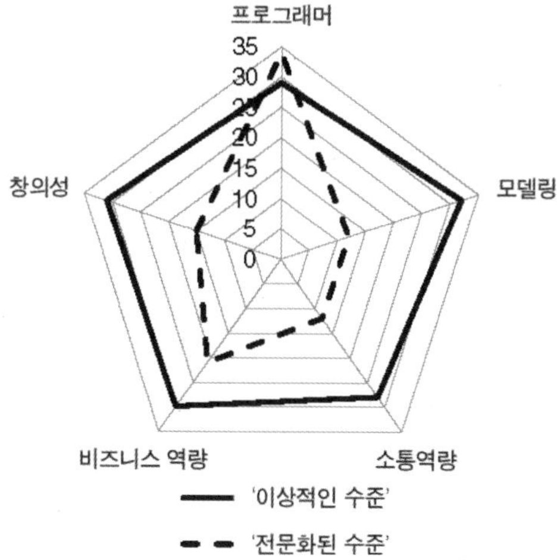

그림 1.7은 이상적인 부정 데이터 과학자 프로필의 특징과 강점에 대해 요약하고 있다.

10. 부정에 대한 과학적 관점

이 장을 마무리 짓기 위해 부정에 관한 연구에 대한 과학적인 관점을 조금 나누어보고자 한다. 그림 1.8은 1994년도에서 2014년 사이에 '*부정*(fraud)'이 주제인 과학 관련 출판물을 찾았을 때의 웹 오브 사이언스(Web of Science) 통계 스크린샷이다. 이 그림은 매해 출판된 논문의 총수, 인용구의 수, 그리고 제일 많이 인용된 다섯 가지 논문을 보여준다.

이로부터 몇 가지 결론을 낼 수 있다:

➲ 부정에 관한 과학적인 논문이 보고된 기간 사이에 6174개가 출판되었다.

➲ h-index는 44개로, 부정을 주제로 적어도 44개의 논문에서 44개의 인용구를 썼다.

그림 1.8 1996년부터 2014년까지의 부정의 과학적 출판에 대한 과학 통계량 화면 그림

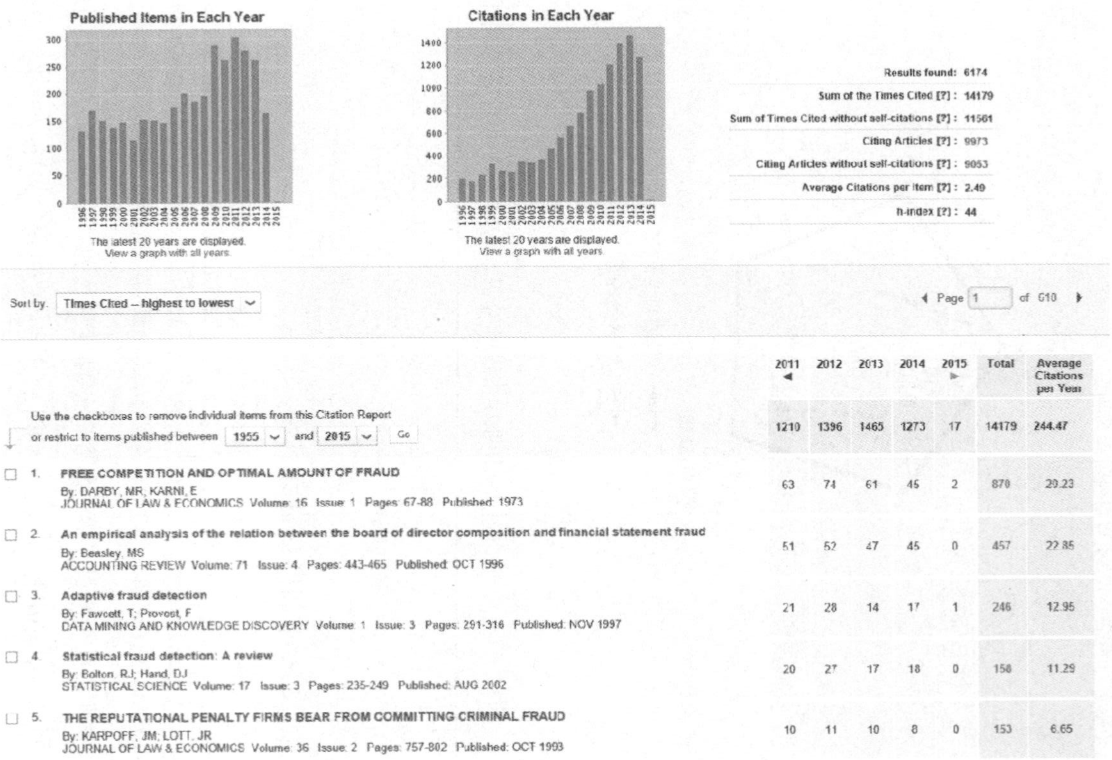

➲ 부정에 대한 학계와 연구의 관심이 증가하고 있다는 증거로 논문의 출판 수는 꾸준히 증가하고 있다.

➲ 기하급수적으로 증가하는 인용 수는 증가하는 논문과 관계가 있다.

➲ 데이터 기반의 접근법에 대한 증가하는 관심의 명백한 증거로 5개 논문 중 2개가 부정 적발 애널리틱스의 사용을 연구에서 언급하고 있다.

참고문헌

Armstrong, J. S. (2001). Selecting Forecasting Methods. In J.S. Armstrong, ed. *Principles of Forecasting: A Handbook for Researchers and Pactitioners*. New York: Springer Science + Business Media, pp. 365-386.

Baesens, B. (2014). *Analytics in a Big Data World: The Essential Guide to Data Sciecne and Its Applications*. Hoboken, NJ: John Wiley & Sons.

Bolton, R. J., & Hand, D. J. (2002). Statistical Fraud Detection: A Review. *Statistical Science, 17* (3): 235-249.

Caron, F., Vanden Brouke, S., Vanthienen, J., & Baesens, B. (2013). Advanced Rule-Based Process Analytics: Applications for Risk Response Decisions and Management Control Activites. *Expert Systems with Applications*, Submitted.

Chakraborty, G., Murali, P., & Satish, G. (2013). *Text Mining and Analysis: Practical Methds, Examples, and Case Studies Using SAS*. Cary, NC: SAS Institute.

Cressey, D. R. (1953). *Other People's Money: A Study of the Social Psychology of Embezzlement*. New York: Free Press.

Dufield, G., & Grabosky, P. (2001). The Psychology of Fraud. In *Trends and Issues in Crime and Criminal Justice, Australian Institute of Criminology* (199).

Elder IV,, J., & Thoman, H. (2012). *Practical Text Mining and Statistical Analysis for Non-Structured Text Data Applications*. New York: Academic Press.

Fawcett, T., & Provost, F. (1997). Adaptive Fraud Detection. *Data Mining and Knowledge Discovery 1-3* (3): 291-316.

Grabosky, P., & Duffield, G. (2001). Red Flags of Fraud. *Trends and Issues in Crime and Criminal Justice, Australian Institue of Criminology* (200).

Han, J., & Kamber, M. (2011). Data Mining: Concepts and Techniques. Third Edition: Morgan Kaufmann.

Hand, D. (2007, September). *Statistical Techniques for Fraud Detection, Prevention, and Evaluation*. Paper presented at the NATO ASI: Mining Massive Data sets for Security, London, England.

Jamain, A. (2001). *Benford's Law.* London: Imperial College.

Junque de Fortuny, E., Martens, D., & Provost, F. (2013). Predictive Modeling with Big Data: Is Bigger Really Better? *Big Data 1* (4): 215-226.

Little, R. J. A., & Rubin, D. B. (2002). *Statistical Analysis with Missing Data* (2nd ed.). Hoboken, NJ: Wiley.

Maydanchik, A. (2007). *Data Quality Assessment.* Bradley Beach, NC: Technics Publications.

Navarette, E. (2006) Practical Calculation of Expected and Unexpected Losses in Operational Risk by Simulation Methods (Banca & Finanzas: Documentos de Trabajo, *1* (1): pp. 1-12).

Petropoulos, F., Makridakis, S., Assimakopoulos, V., & Nikolopoulos, K. (2014). "Horses of courses" in demand forecasting. *European Journal of Operational Research, 237* (1): 152-163.

Schneider, F. (2002). Size and Measurement of the Informal Economy in 110 Countries around the World. In *Workshop of Australian National Tax Centre, ANU,* Canberra, Austraia.

Tan, P.-N. N., Steinbach, M., & Kumar, V. (2005). *Introduction to Data Mining.* Boston: Addison Wesley.

Van Gestel, T., & Baesens, B. (2009). *Credit Risk Management: Basic Concepts: Financial Risk Components, Rating Analysis, Models, Economic and Regulatory Capital.* Oxford: Oxford University Press.

Van Vlasselaer, V., Eliassi-Rad, T., Akoglu, L., Snoeck, M., & Baesens, B. (2015). Gotcha! Network-based Fraud Detection for Social Security Fraud. *Management Science,* Submitted.

Verbeke, W., Dejaeger, K., Martens, D., Her, J., & Baesens, B. (2012). New Insights into Churn Prediction in the Telecommunnication Sector: A Profit Driven Data Mining Approach. *European Journal of Opreational Research* 218: 211-229.

제2장

데이터 수집, 표본 추출, 전처리(前處理)

1. 서론

데이터는 어느 분석에나 중요한 재료이다. 그렇기 때문에 분석을 시작하기 전에 관련된 모든 데이터나 도움이 될 수 있는 데이터를 세밀하게 검토하는 것이 매우 중요하다. 각기 다른 분야에서의 많은 연구와 포괄적인 경험은 데이터를 많이 갖고 있을수록 좋다는 것을 보여준다(Fortuny, Martens, & Provost, 2013 참조). 하지만 현실에서의 데이터는 대부분 일관적이지 않고, 불완전하며, 중복되거나, 반복되는 등의 문제들로 정제되어 있지 않다. 그렇기 때문에 분석 모형 단계들을 거치는 동안 관리할 수 있는 적합한 크기의 데이터로 축소시키고 정제하는 데이터 여과 작업이 필요하다. 쓰레기 데이터는 쓰레기 분석 모형만을 낳는다는 GIGO(garbage in, garbage out) 법칙을 기억해 두면 좋겠다. 모든 데이터는 분석단계로 넘어가기 전인 전처리 단계에서 확실하게 정당화되고 실행되며 검증되고 문서화되는 것이 가장 중요하다. 사소한 실수라도 데이터를 효력 없고 쓸모없게 만들 수 있다. 그러므로 이 장에서는 부정 적발 모형을 만들기 위한 분석 모형화 과정에서 가장 중요한 데이터 전처리 단계들에 대해 설명할 것이다. 하지만 우선 어떤 데이터를 수집해야 하는지에 대해 공부해 보자.

2. 데이터 원천의 유형

데이터는 다양한 출처에서 비롯될 수 있고 부정 적발에 유용한 다른 유형의 정보를 제공할 수 있다. 보통 필요로 하는 대부분의 중요한 데이터 출처나 정보의 종류는 나열되어 있지만, 모든 데이터의 출처나 정보의 종류들이 포함된 것도 아니고 범주들 사이에도 겹치는 점이 있을 가능성도 있다는 의미에서, 데이터의 출처와 종류에 대한 논의는 *광범위하고 완벽하지 않으며 상호 배타적이지 않은* 분류라는 점에 주목해야 한다.

거래 정보 혹은 거래 데이터는 중요한 첫 번째 데이터 출처이다. 이는 고객 거래의 중요한 특징을 잡아내는 체계적이고 자세한 정보를 갖고 있다(예: 구매, 청구, 현금이체, 신용카드 사용). 이 정보는 주로 거대한 OLTP(online transaction processing: 온라인 거래 처리) 관련 데이터베이스에 저장되어 있다. 이 데이터는 장시간에 걸쳐 평균, (절대적인 혹은 상대적인) 추이, 최댓값 혹은 최솟값 등으로 합쳐진 요약된 정보를 알려줄 수도 있다. 부정 적발 설정에 중요한 통합 거래 정보는 '최신성(*R*ecency)', '빈도(*F*requency)', '금액(*M*onetary)' 정보를 나타내는 *RFM*(recency, frequency, and monetary) *변수들*이다. 제3장에서 논의될 부정 적발에서의 RFM 변수는 주로 값들을 모아주는 역할을 하는데, 제4장에서 논의될 것처럼 지도학습 환경에서도 유용하게 쓰인다. RFM 변수들은 원래 마케팅 환경에서 사용되었으나(Cullinan, 1977), 부정을 적발하는 데에도 유용하게 쓰인다.

RFM 변수들은 여러 방법으로 운용될 수 있다. 신용카드 부정 적발을 예로 들어보자. '최신성'은 최근의 거래로부터 얼마나 시간이 많이 경과되었는지 또는 지난 하루, 한 주, 한 달 등의 거래가 있었는가와 같은 이진방식(binary way)으로 측정할 수 있다. '빈도'는 하루, 한 주, 한 달 등 안에 일어난 거래의 숫자같이 정량화될 수 있다. 비슷하게, '금액' 변수 또한 최솟값, 최댓값, 평균, 중간값, 혹은 최근 거래의 값과 같이 정량화될 수 있다. 이 변수들이 하나씩 개별적으로 해석될 때 의미가 있을 수도 있지만(예: 부정 관련자들은 부정과 관련이 없는 일반인보다 거래빈도수가 더 높다) 값들의 상호 작용도 부정 적발에 아주 유용하게 쓰일 수 있다. 예를 들어 신용카드 부정 관련자들은 종종 큰 액수로 구매하기 전에 훔친 신용카드의 사용 가능 여부를 보기 위해 적은 액수의 거래를 시도해 보는데, 이는 금전적 가치가 낮은 최근 거래 이후에 금전적 가치가 높은 최근 거래가 이어지는 것을 의미한다. RFM 변수들은 자금 세탁 방지에서도 '최신성', '빈도', 그리고 계좌 간에 거래된 '돈(현금)'을 고려함으로써 자금 세탁의 패턴을 읽어내는 데에 빛을 발한다. RFM 변수들의 마지막 예시로는 이전 청구 이후 *시간, 지난 12개월 동안의 청구 횟수, 그리고 보험계약 가입 이후의 총청구 금액*과 같은 값들을 설정함으로써 보험 청구 부정 적발에 사용할 수 있다.

계약(Contractual), **가입**(Subscription), **혹은 계정**(Account) **데이터**는 계약관계가 존재하는 경우 거래 데이터를 보완한다. 이는 주로 가스, 전기, 통신과 같은 유틸리티에 대한 경우이다. 가입 데이터의 예로는 관계 시작 일자와 구독 갱신 정보 및 가입 특징(서비스나 제공대상 제품의 종류, 서비스 수준, 서비스 비용, 제품 보증과 보험 등)이 있다. 고객이 서비스를 가입하는 순간 기업에는 고객을 알 수 있는 특별한 기회가 제공된다. 여기서 특별함이란 얼굴을 마주하거나 전화나 온라인을 통해 직원과 고객 사이에 직접적인 연락을 하는 유일한 시간이고 계약과는 관련이 없지만, 기업이 마케팅이나 부정 적발을 목적으로 하는 추가적인 정보를 수집할 수 있는 기회라는 의미이다. 이런 정보들은 주로 계정 관리 또는 고객관계관리(CRM) 데이터베이스에 저장되어 있다.

일반적인 가입 혹은 등록 절차는 신분확인을 필요로 하기 때문에 가입 데이터는 **사회인구학적 정보**의 출처가 될 수도 있다. 사회경제적 특징의 예로는 개인의 *나이, 성별, 기혼 여부,* 소득*, 교육수준, 직업, 종교* 등이 있다. 매우 진보적이거나 어려운 측정치는 아니지만 사회인구학적 정보는 부정 관련 행위와 매우 중요한 연관성이 있다. 예를 들어 성별과 나이 모두 한 사람이 부정을 저지를 가능성과 높은 연관성이 있다: 여성이거나 나이가 많은 사람일수록 남성이나 젊은 사람보다 부정을 저지를 가능성이 낮다. 부정 적발 대상이 개인이 아니라 회사나 기구일 때에도 비슷한 특징은 발견될 수 있다. 이러한 상황에서 누군가는 잘 변하지 않는 느린 데이터 차원들(slow-moving data dimensions), 사실적 데이터 혹은 정적인 특징들에 대해 말한다. 예로는 주소, 창립 연도, 산업 분야, 활동유형 등이 있다. 이러한 정보들은 회전율, 상환 능력, 직원 수 등과 같은 특징처럼 시간이 지난다고 해서 변하지 않는다. 앞에 언급된 변수들은 행동학적 정보(behavioral information)라고 불리는 예이다. 사회인구학적 혹은 사실적 데이터는 위에서 얘기한 가입 데이터 또는 아래에서 설명한 리서치 사이트, 설문조사 데이터 또는 공개적으로 사용 가능한 데이터 원천을 포함한 여러 가지 데이터 원천을 통해 얻을 수 있다.

근래에 들어 **리서치 사이트**들은 현업에서의 중요성이 더욱 커지고 있다. 익스피리언(Experian), 에퀴팩스(Equifax), CIFAS, 덩크브래드스트릿(DunkBradstreet), 톰슨 로이터스(Thomson Reuters) 등이 그 예이다. 이러한 기업들의 주요 사업은 특정 상황에서 특수한 목적(예: 부정 적발, 신용위험평가, 마케팅)을 위한 데이터(예: 사회인구학적 정보)를 수집하고 수집한 데이터들을 더 풍부하게 하거나 확장시키려는 고객에게 그 데이터를 판매하는 것이다. 데이터 판매와 더불어, 이런 리서치 사이트는 일반적으로 자체적인 예측 모형을 만들어서 위험점수(risk score)와 같은 예측 모형의 결과물을 판매한다. 신용위험에서는 보편적인 사례로, 예를 들어서 미국의 FICO 점수(FICO score)는 가장 중요한 세 곳의 신용 리서치 사이트 혹은 신용조사기관(Experian, Equifax, Transunion)에 의해 300점과 850점 사이에서 평가받는 신용점수이다. 고객에게 신용을 주는 많은 금융기관과 상업 제조업체는 신용을 평가하는 최종 내부 모형이나 내부적으로 개발된 신용평가시스템의 약점을 이해하고 벤치마킹을 하기 위해서 FICO 점수를 사용한다. 이 포괄적이고 사전 정의된 부정 위험점수의 사용은 아직은 아니지만 아마도 가까운 미래에는 보편화될 것이다.

설문조사는 또 다른 데이터 출처이다. 설문조사 데이터는 목표 집단에게 *오프라인*(편지, 메일 등)이나 *온라인*(전화나 인터넷을 통해 조직의 웹사이트나 온라인 헬프데스크, 페이스북(Facebook), 링크드인(LinkedIn), 트위터(Twitter) 같은 소셜 미디어 프로필 등 다양한 연락망을 제공) 조사를 통해 수집된다. 설문조사는 사회인구학적인 데이터를 수집하는 것이 목적이지만, 행동학적인 정보를 수집하는 것이 목적이 될 수도 있다.

행동학적 정보는 연구 중에 있는 특정 상황하에서 개인 또는 개체의 행동을 설명하는 어떤 정보와 관련된다. 이러한 데이터들은 고속데이터(fast-moving data) 혹은 동적 특징(dynamic characteristic)이라고 불린다. 행동학적 변수의 예로는 고객의 취향, 사용통계, 이벤트 빈도, 추세 변수 등에 대한 정보가 있다. 기업을 대상으로 할 때의 행동학적 특징이나 동적 특징의 예로는 *회전율, 상환능력, 직원 수* 등이 있다. 마케팅 데이터는 목표 집단에 대한 마케팅의 영향을 모니터링하고 특정 유형의 행동학적 정보를 고려함으로써 얻을 수 있다.

텍스트 문서(예: 이메일, 웹 페이지, 청구서)나 멀티미디어에 삽입된 **비정형 데이터**(unstructured data)를 분석하는 것도 흥미로울 수 있다. 하지만 이러한 텍스트 문서나 비정형 데이터는 보통 분석 작업에 포함되기 전에 심도 있는 전처리 과정을 거쳐야 한다. 텍스트 데이터를 분석하는 것은 특정 애널리틱스 분야의 목표이며, 텍스트 애널리틱스라고 불린다. 맨 마지막 장에서 간단히 소개는 하겠지만 높은 수준의 전문성을 요구하는 관계로 이 책에서는 텍스트 마이닝 기법(text mining technique)에 대해 깊이 들어가지는 않을 것이다. 더 공부를 하고 싶다면 이와 관련된 전문서적을 참고할 것을 추천한다(Chakraborty, Murali, & Satish, 2013).

비정형 데이터의 두 번째 유형은 **맥락과 관련된 혹은 네트워크 정보**로, 특정 개체의 맥락을 의미한다. 맥락과 관련된 정보의 예로는 한 개체와 다른 개체(동종 혹은 이종)들 사이에 존재하는 특정 유형의 관계와 관련이 있다. 이러한 정보를 수집, 묘사, 사용하는 방법은 부정 적발을 위한 소셜 네트워크 분석(social network analytic)에 주목하는 제5장에서 자세하게 설명할 것이다.

또 다른 데이터 출처는 **정성적 전문가 기반 데이터**(qualitative, expert-based data)이다. 전문가는 특정 상황에서 관련 주제에 관한 상당한 양의 전문성을 가지고 있는 사람을 뜻한다. 전문성은 상식과 비즈니스 경험에서부터 나오는 것으로, 분석 모형 구축 연습을 시작하기 전에 이러한 지식들을 최대한으로 끌어내는 것이 중요하다. 이는 모형을 올바른 방향으로 이끌어주고 올바른 관점으로 분석할 수 있도록 도와줄 것이다. 전문가 기반 유효성 검사 적용의 유명한 예로는 회귀모형의 단변량 부호(univariate sign)를 확인하는 것이다. 앞서 언급된 예시처럼 고령자는 부정을 저지를 확률이 더 낮다. 결과적으로, 개인이 부정을 저지를 확률을 계산하는 부정 예방 모형에 나이 값을 포함하는 것은 음(−)의 부호를 기대할 수 있다. 어떠한 이유(예: 쓸모없는 데이터의 사용, 다중공선성)에 의해서 결과가 기대와 다르다면, 전문가 혹은 사용자는 기존 예측을 벗어나는 이 분석 모형을 사용할 이유가 없을 것이다.

마지막 정보의 출처는 **외부정보**를 제공해 주는 **공개적으로 이용 가능한**

(publicly available) 공공 데이터 출처이다. 이는 특정 개체에 얽매이지 않는 맥락과 관련된 정보로 거시경제 데이터(GDP, 인플레이션, 실업률 등)와 같은 정보들을 포함한다. 이러한 정보들로 데이터를 풍부하게 함으로써, 경제상태에 대한 함수로서 모형과 모형의 결과물이 달라질 수 있는지를 볼 수 있다. 과학적인 증거(혹은 그 증거에 대한 반대증거)가 없음에도 부정 비율과 부정행위의 합계는 경기하강 시기에 더 높아질 가능성이 크다. 페이스북, 트위터, 링크드인과 같은 곳에서 얻은 소셜미디어 데이터와 공개적으로 가능한 데이터 또한 중요한 정보가 될 수 있다. 하지만 이러한 데이터를 수집하고 사용할 때 현지와 국제 개인정보 보호법을 어기지 않도록 조심해야 한다. 데이터 애널리틱스에서 개인정보 보호에 대한 관심은 마지막 장에서 설명할 것이다.

3. 데이터의 병합

기술적 분석과 예측적 분석을 적용하는 경우, 모든 데이터를 체계적이고 구조적인 방식으로 단일의 테이블에 잘 정리해 놓아야 한다. 체계적이고 구조적인 데이터 테이블을 사용하면 처리과정과 분석을 간단하고 명확하게 할 수 있다. (정규화된 테이블을 병합하지 않고 연관성 있는 데이터 베이스들로부터 직접적으로 학습하는, 즉 관계가 있는 다수의 테이블로부터의 학습은 관계형 학습이라고 불리는 데이터 마이닝 분야의 특정 방식으로서, 제5장에서 언급되듯이 소셜 네트워크 분석과 같은 기술과 접근법을 공유한다.)

일반적으로 데이터 테이블의 행(行)은 분석이 적용되는 기본적인 개체들(예: 고객, 거래, 기업, 청구, 예시)을 표시한다. 행은 사례(instances), 관찰(observations), 선(lines) 같은 것들로 언급된다. 열(列)은 데이터 테이블에서 기본적인 개체들의 정보를 담고 있다. 데이터 테이블의 열을 칭하는 이름은 변수(variables), 필드(fields), 특징(characteristics), 속성(attributes), 지표(indicators), 특성(features) 등으로 무수히 많다.

그림 2.1 정규화된 데이터 테이블의 비정규화된 데이터 테이블로의 통합화

거래		
ID	일자	금액
XWV	2/01/2015	52€
XWV	6/02/2015	21€
XWV	3/03/2015	13€
BBC	17/02/2015	45€
BBC	1/03/2015	75€
VVQ	2/03/2015	566€

고객 데이터		
ID	나이	시작일자
XWV	31	1/01/2015
BBC	49	10/02/2015
VVQ	21	15/02/2015

비정규화된 데이터 테이블				
ID	일자	금액	나이	시작일자
XWV	2/01/2015	52€	31	1/01/2015
XWV	6/02/2015	21€	31	1/01/2015
XWV	3/03/2015	13€	31	1/01/2015
BBC	17/02/2015	45€	49	10/02/2015
BBC	1/03/2015	75€	49	10/02/2015
VVQ	2/03/2015	566€	21	15/02/2015

추가분석을 용이하게 하기 위해 비정규화된 데이터 테이블로 통합하려면 가끔 여러 개의 정규화된 원천 데이터 테이블들을 병합해야 한다. 테이블들의 병합은 여러 테이블에서 개별 개체에 관한 필요한 정보들을 선택하고 집계되고 있는 데이터 테이블에 복사하는 작업을 의미한다. 그 개별 개체는 키(key) 값들(한 개체가 다른 출처들로부터 식별되고 관찰치들을 연관 지을 수 있게 하기 위한 특징)을 이용해 여러 테이블에서 채택될 수 있다. 그림 2.1은 거래 테이블의 관찰치를 고객 테이블의 관측치와 연결할 수 있는 키(key) 속성 ID를 사용하여 거래 데이터와 고객 데이터를 하나의 비정규화된 데이터 테이블로 병합하는 과정을 보여준다. 같은 방식으로 다른 필요한 테이블들을 합칠 수 있지만, 명백한 것은 병합 시에는 테이블이 많을수록 결과 테이블 안에 겹치는 데이터들이 더 많이 포함된다는 것이다.

데이터 테이블들을 병합할 때 중요한 것은 오류를 범하지 않는 것으로, 결과 테이블을 통제하기 위해서는 점검이 필요하고 모든 정보가 올바르게 통합되었는지 확인하는 것이 중요하다.

4. 표본 추출

표본 추출(sampling)의 목적은 과거 데이터(예: 과거 거래내용)에서 부분집합을 추출하여 분석 모형을 만드는 데 활용하는 것이다. 표본 추출을 하기 전에 목표가 확실해야 한다. 우리는 고성능 컴퓨팅 기능(예: 그리드 컴퓨팅, 클라우드 컴퓨팅)의 존재로 데이터 집합 전부를 직접 분석할 수 있게 되었다. 하지만 훌륭한 표본의 핵심적인 요구 사항은 분석 모형이 작동될 미래 개체들을 대표할 수 있어야 한다는 것이다. 예를 들어 오늘의 거래는 어제의 거래보다는 내일의 거래와 더 비슷하기 때문에 시간 측면에 대한 고려는 더욱더 중요해지고 있다. 표본의 최적 시간대를 결정하는 것은 (더 견고한 분석 모형을 줄 수 있는) 많은 양의 데이터와 (더욱 대표성이 있을지 모르는) 최근의 데이터 사이에서의 균형을 요구한다. 표본은 목표 집단과 가능한 더 정확한 그림을 얻기 위해서는 평균적인 영업기간으로부터 얻어져야 한다.

표본 추출 편향(sampling bias)은 되도록 피해야 한다. 하지만 그러기란 말처럼 쉽지 않다. 예를 들어 많은 양의 데이터를 필요로 하는 신용카드 데이터 분석의 경우 특정 월의 신용카드 데이터를 입력정보로 사용할 수 있다. 하지만 특정 월이 미래를 대표할 수 있는가? 명백히, 고객의 신용카드 사용은 12월에는 크리스마스 선물 구입에 영향을 받을 수 있다. 이 사례를 더 자세히 들여다보자면 우리는 두 가지 편향 혹은 *정상적인* 영업기간에서 벗어나는 모습을 발견할 수 있다. 카드 사용자는 이 기간 동안 신용카드를 전반적으로 사용하거나 어떤 상품을 구매하기 위해 더 사용할 수도 있다. 추가적으로 다른 종류의 상품들을 고객이 평소에 자주 방문하는 다른 가게에서 구매할 수도 있다.

계절적 영향 혹은 편향에 대한 다른 답들도 있겠지만, 확실한 2개의 답을 고려해 보자. 모든 월은 사실 평상시(평균이라고 정의)와 다를 수 있기 때문에 다른 월 혹은 *동일한* 기간에 대한 분리된 모형을 만드는 것이 더 상식적이다. 여러 개의 모형 개발, 운영, 유지, 모니터링을 요구하는 이 방법은 운영적인 관점으로 볼 때 복잡하고 요구사항이 많은 해결책이다.

대안으로는 한 번의 비즈니스 주기가 관측되는 표본 관찰치로부터 표본을 수집하는 것이다. 그러면 오직 단일 모형만 개발, 운영, 유지, 모니터링을 해야 하는데, 이는 특정 시간대에 맞춰진 경우가 아니기 때문에 부정 적발 능력이 저하될 수 있으나, 명백히 덜 복잡하고 운영 측면에서 효율적일 것이다.

표본 추출 편향에 대한 두 가지 해답 중 어느 방법을 사용하느냐에 따라 어떤 표본을 수집할지가 결정된다. 이는 표본 추출의 직접적인 영향과 중요성에 대해서 보여주는 예시로서, 수집된 표본에 의해 만들어진 모형의 성능(예: 부정 적발 능력)에 직접적으로 미치는 영향에 대해 보여준다.

층화 추출법(stratified sampling)에서는 미리 정의된 계층에 따라 표본을 추출한다. 부정 적발의 경우 데이터 집합들은 보통 한쪽으로 매우 치우쳐 있다(예: 99%의 부정과 관련이 없는 거래와 1%의 부정과 관련이 있는 거래). 목표 부정 지표(targct fraud indicator)에 따라 계층화할 때 표본은 정확히 원래 자료와 같은 비율의 부정 거래를 갖고 있을 것이다. 예측변수의 경우에도 추가적인 계층화를 적용할 수 있다. 예를 들어, 여러 제품 범주에 걸친 관찰치의 수가 실제 제품의 거래 분포와 매우 유사하게 할 수 있다. 그러나 예측변수의 표본과 관찰된 분포와 관련하여 큰 편차가 존재하지 않는 한 일반적으로 목표변수에 대해서만 계층화를 제한하는 것으로도 충분하다.

5. 데이터 요소 유형

분석을 시작할 때 다른 종류의 데이터 요소들을 적절하게 고려하는 것은 중요하다. 다음과 같은 유형의 데이터 요소가 고려될 수 있다:

➲ 연속형 데이터(Continuous Data)

- 구간에 따라 정의되는 데이터 요소로 제한적이거나 무제한적일 수 있다
- 자연 제로 값(Natural zero value)을 갖거나 갖지 않는 연속데이터와 *비율*(예: 양) 및 *간격* 데이터(예: 섭씨도와 화씨도)로 구별된다. 후자의 경우, 0의

값이 의미가 없어서 두 값을 비율로 표현할 수 없기 때문에 "이번 달은 지난달보다 두 배로 덥네요"와 같은 표현법을 쓸 수 없다. 따라서 비율데이터는 자연 제로 값을 가진 하나의 규모에서 데이터들이 측정되는 것을 뜻한다. 부정 적발 상황에서 대부분의 연속 데이터는 '양(amounts)'을 다루기 때문에 비율데이터 사용을 고려한다.

- 예: 거래 금액, 저축계좌 잔고금액, 유사성/비유사성 지수

➲ 범주형 데이터(Categorical Data)

- 명목형 자료(Nominal)

  의미 있는 순서가 없이 값들의 제한적인 집합에 대해서만 취해질 수 있는 데이터 요소

  예: 결혼 여부, 지불 유형, 국적

- 순서형 자료(Ordinal)

  순서가 의미 있는 값들의 제한적인 집합에 대해서만 취해질 수 있는 데이터 요소

  예: 청년, 중년, 노년으로의 코딩된 나이

- 이원형 자료(Binary)

  2개의 값 중 하나에 대해서만 취할 수 있는 데이터 요소

  예: 낮 시간 거래 여부(예/아니요), 온라인 거래 여부(예/아니요)

데이터를 분석도구로 가져올 때 이러한 다른 데이터 요소들을 적절하게 구별하는 것은 분석을 시작할 때 중요하다. 예를 들어 만일 기혼 여부가 연속 데이터 요소로서 잘못 명시된다면 소프트웨어는 그 평균값이나 표준편차와 같은 의미 없고 분석에 혼동만 주는 값을 계산하게 될 것이다.

6. 시각적 데이터 탐색 및 탐색적 통계 분석

시각적 데이터 탐색은 사용하고자 하는 데이터를 형식에 얽매이지 않는 방법으로 잘 이해할 수 있도록 돕는 중요한 부분이다. 시각적 데이터 탐색은 데이터에 대한 초기 통찰력을 얻을 수 있도록 하는데 이는 모형화 단계에서 매우 유용하게 사용될 수 있다. 시각적 데이터 탐색에서는 그림과 그래프가 유용하게 쓰일 수 있다. 원형 차트(pie chart)는 변수의 분포를 원 모양 안에 나타내는데, 각 조각들은 해당 변수 값들이 전체에서 차지하는 크기를 보여준다. 그림 2.2는 *신용카드*, *체크카드*, *혹은 수표*와 같은 다양한 *지불 유형*에 대한 원형 차트이다. 부정 관련자와 부정 무관련자에 대한 각각의 원형 차트는 지불 종류 중 *수표*가 상대적으로 더 부정의 발생빈도가 높다고 알려주며, 이는 매우 유용한 초기 통찰력이 될 수도 있다. 막대 그래프는 각 값들의 발생빈도를 막대값(절댓값 혹은 상댓값)으로 나타내 준다. 다른 유용한 시각적 도구로는 히스토그램(histogram)과 산포도(scatter plot) 등이 있다. 히스토그램은 중심 집중 경향을 시각적으로 쉽게 알아볼 수 있게 하고 데이터의 가변성 혹은 분포를 정할 수 있게 돕는다. 또한 관찰결과와 알려진 표본의 분포도(예: 정규 분포)를 비교할 수 있게 한다. 산포도는 사용자들에게 어떤 변수가 다른 변수들과 비교해서 데이터와 어떤 특별한 상관관계 유형을 갖고 있는지를 시각적으로 보여준다. 또한 OLAP 기반 다차원 데이터 분석은 데이터의 패턴을 탐구하는 데 매우 유용하게 쓰일 수 있다(제3장에서 더 자세히 설명한다).

시각적 분석 이후 단계는 평균값, 표준편차, 최솟값, 최댓값, 백분위수, 신뢰구간과 같은 기본적인 통계수치들을 조사하는 것이다. 어떤 흥미로운 패턴의 존재(예: 부정 관련자들은 정말 부정 무관련자에 비해 연령대가 낮은가?) 유무를 확인하기 위해 기본적인 통계 측정값들을 각 목표집단(예: 부정 관련자 vs. 부정 무관련자)에 대해 개별적으로 계산할 수 있다.

그림 2.2 탐색적 데이터 분석을 위한 원형 차트

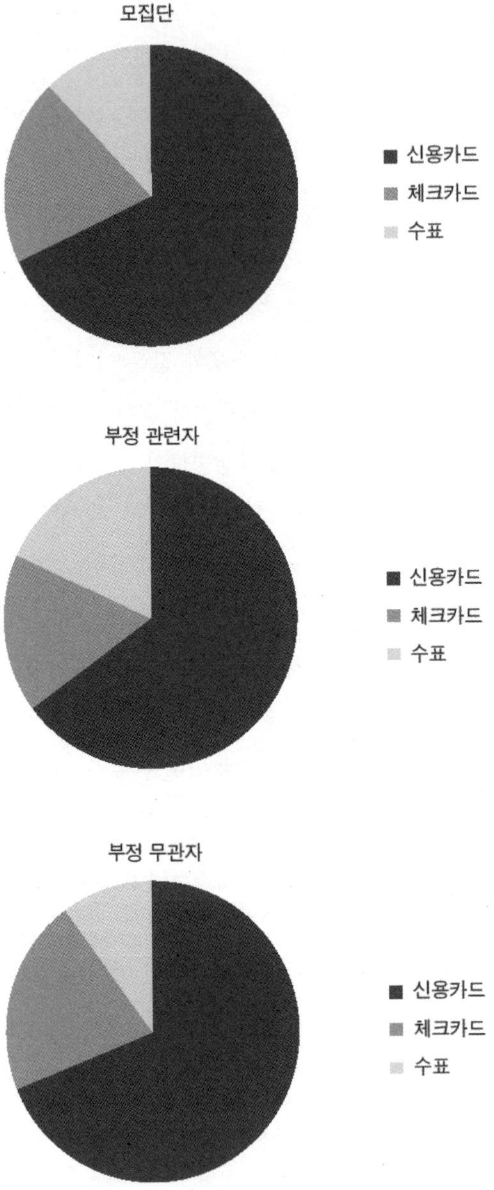

7. 벤포드의 법칙

부정 적발 상황에서 특별히 흥미로운 시각적 데이터와 숫자로 나타낸 데이터 탐색 기술은 모두 벤포드의 법칙(Benford's Law)과 관련이 있다. 이 법칙은 그림 2.3에서도 볼 수 있듯이 수많은 현실 데이터 집합에서 첫 번째 자릿수의 빈도분포(frequency distribution)를 보여준다. 벤포드의 법칙을 따르는 예상 분포를 데이터 집합의 관찰된 분포와 비교할 때 예상 분포를 크게 벗어나는 경우에는 데이터가 조작되었을 가능성을 제기하고 정확성에 대한 의구심을 준다. 예를 들어 정부 보조금 혹은 지원을 받을 자격을 갖추기 위해서는 보통 일정 기준 이하의 소득과 같은 정해진 자격조건에 부합해야 한다. 따라서 지원조건에 부합하기 위해 데이터를 조작하는 경우가 발생할 수도 있다. 조작되거나 만들어진 수치들은 예상된 관찰 분포를 따르지 않기 때문에 이와 같은 부정행위는 벤포드의 법칙을 이용해 적발하기 쉽다.

벤포드의 법칙을 설명하는 수학적 공식은 첫 번째 자릿수 d가 일어날 확률 $P(d)$을 다음과 같이 정의한다:

$$P(d) = \log_{10}\left(1 + \frac{1}{d}\right)$$

그림 2.3 첫 번째 자릿수의 빈도 분포에 대한 벤포드 법칙

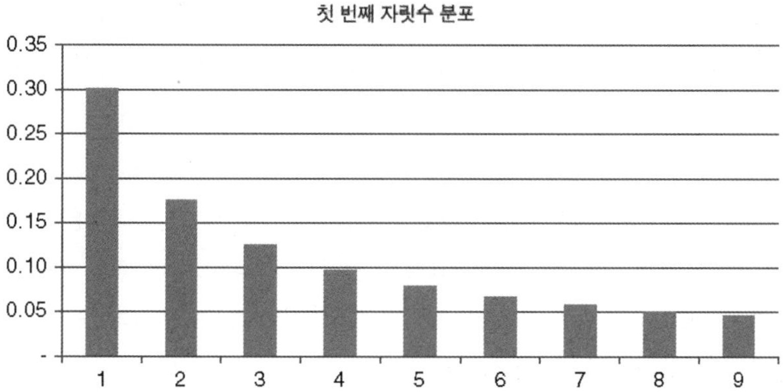

벤포드의 법칙은 부정 적발을 심사하는 도구로 사용될 수 있다(Jamain, 2001). 벤포드 법칙은 많은 다른 규칙들과 마찬가지로 *부분적 거부 규칙*(partially negative rule)이다. 벤포드의 법칙이 성립되지 않을 경우 사용된 데이터는 *조작* 가능성이 존재하며 따라서 조사 혹은 검사가 필요하다. 반대로, 데이터 집합이 벤포드의 법칙을 따른다고 해도 여전히 부정의 가능성은 있다. 벤포드의 법칙은 데이터 집합에 적용된다는 것을 명심해야 하는데 이는 벤포드의 법칙이 의미가 있기 위해서는 개별 사례와 관련이 있는 충분한 양의 수치가 수집되어야 한다는 뜻이며, 예를 들어 재무제표를 다루는 경우에 일반적으로 그렇다.

벤포드의 법칙을 벗어난다는 것이 데이터가 무조건 조작되었다는 뜻은 아니다. 이는 분석가가 여러 데이터 집합을 단일의 구조화된 데이터 테이블로 만들면서 생겨난 중복 데이터 등과 같은 데이터 품질에 대한 문제에 관심을 갖도록 한다. 그렇기 때문에 데이터 전처리 단계에서 벤포드의 법칙을 따를 수 있게 통제하는 것은 몇 가지 목적으로 볼 때 가치가 있다.

8. 기술 통계량

벤포드의 법칙과 유사하게, 그리고 준비를 위한 시각적 데이터 탐색에 추가적으로 몇 가지 기술 통계량(Descriptive Statistics)은 데이터에 대한 기본적인 통찰력 혹은 *감*을 제공하도록 계산될 수 있다. 수많은 기술 통계량은 데이터의 특정한 특징에 대해 요약하거나 정보를 제공하기 위해서 존재하는데, 그렇기 때문에 기술 통계량은 다른 것들을 지원하고 보완하는 의미에서 함께 측정되어야 한다.

기본적인 기술 통계량으로는 연속 변수의 평균값과 중간값이 있다(중간값은 극단값에 덜 민감하지만 전체 분포에 대한 정보를 충분히 제공하지 못한다). 평균값을 보완하는 것으로 표준편차나 변동폭은 데이터가 평균값에서부터 얼마나 퍼져 있는지에 대한 통찰력을 제공한다. 마찬가지로 백분위수 값 또한 분포도에 대한 더 많은 정보를 제공하며 중간값을 보완하는 역할을 한다.

왜도 측정치(skewness measure)나 *분포의 첨도측정치*(kurtosis measure)와 같은 특정 기술 통계량은 분포의 대칭 혹은 비대칭을 표현하기 위해 존재한다. 하지만 이 측정치들의 정확한 값들은 평균값과 표준편차보다 분석하고 이해하기에는 더 어려워 그들의 실제 사용을 매우 제한한다. 대신에 포함된 변수들에 대한 분포의 시각적 그림을 통해 보다 쉽게 분포의 대칭이나 비대칭을 설명할 수 있다.

범주형 변수(categorical variable)들을 다룰 때에는 평균값과 중간값보다는 최빈값(mode, 제일 빈번하게 발생하는 값 혹은 제일 흔한 값)을 구해야 한다. 여러 값이 같은 최고의 빈도를 가질 수도 있기 때문에 최빈값은 유일하지는 않다.

9. 결측값

결측값(missing value)은 여러 가지 이유로 발생할 수 있다. 정보가 적절하지 않은 경우에 생겨날 수도 있다. 예를 들어 사용자에 대한 부정 금액을 모형화할 때, 이러한 정보는 부정 관련성이 없는 계정에는 적용할 수 없기 때문에 부정 관련성이 있는 계정에만 이용할 수 있으나 정보는 공개되지 않을 수도 있다. 예를 들어 고객이 본인의 소득을 사생활 보호 차원에서 공개하길 원하지 않을 수도 있다. 결측값은 데이터를 결합하면서 생기는 실수(예: 이름이나 ID를 옮겨 적을 때 오타)에 의해서도 생길 수 있다.

어떤 분석 기술[예: 의사결정나무(decision trees)]은 결측값을 바로 다룰 수 있다. 다른 기술들은 추가적인 전처리가 필요하다. 아래는 결측값을 다루는 데 가장 인기 있는 방법들이다(Little and Rubin, 2002).

➲ 교체(Replace[대체(Impute)])

결측값을 이미 알고 있는 값으로 대체하는 것을 의미한다. 예를 들어 표 2.1를 살펴보자. 비어 있는 신용조회점수(Credit Bureau Score)에 이미 알고 있는

표 2.1 결측값 처리

ID	나이	소득	결혼 여부	신용도	부정
1	34	1,800	?	620	○
2	28	1,200	미혼	?	×
3	22	1,000	미혼	?	×
4	60	2,200	사별	700	○
5	58	2,000	기혼	?	×
6	44	?	?	?	×
7	22	1,200	미혼	?	×
8	26	1,500	기혼	350	×
9	34	?	미혼	?	○
10	50	2,100	이혼	?	×

평균값 또는 중간값을 대신 넣을 수 있다. 기혼 여부(Marital Status)에는 최빈값을 사용할 수 있다. 또한, 회귀 모형이 이용 가능한 다른 정보(예: 나이, 소득)를 기반으로 목표변수(예: 신용조회점수)를 모델링하는 회귀 기반 대체(regression-based imputation)를 적용할 수 있다. 경험적 관점(예: 모형성능 관점)에서의 부가 가치가 미심쩍기는 하지만 후자가 더 정교한 방법이다.

➲ 삭제(Delete)

가장 간단하고 단순한 방법으로, 많은 결측값을 갖고 있는 관찰결과나 변수들을 제거하는 것이다. 정보가 무작위로 존재하지 않고 목표에 대한 의미 있는 해석이나 연관성이 존재하지 않는다고 가정하는 것이다.

➲ 유지(Keep)

결측값들이 의미 있을 수 있다. 고객이 지금 실직을 했기 때문에 소득을 공개하지 않은 경우가 그러하다. 실직을 한 사실은 부정과 관련이 있을 수 있고 독립된 범주로 취급되어야 한다.

실용적으로는 우선 비어 있는 정보들이 목표변수와 연관성이 있는지 없는지(예를 들어 카이 제곱 검정(Chi-squared test)과 같은 방법을 사용하여. 85쪽 범주화

절 참조)에 대해 통계적으로 확인을 해야 한다. 만일 연관성이 있다면 유지하고 그것만을 위한 독립된 범주를 만들어야 한다. 연관성이 없다면, 주어진 관찰치의 수에 따라 제거할지 대체할지를 결정할 수 있다.

10. 이상치 적발 및 처리

이상치(Outlier)란 모집단과는 매우 다른 극단적인 관찰치이다. 이상치는 두 종류로 고려해 볼 수 있다:

- 유효한 관찰치(Valid Observations). 예를 들어 상사의 월급이 100만 미 달러이다.
- 유효하지 않은 관찰치(Invalid Observations), 예를 들어 나이가 300살이다.

1차원에서 벗어나 있다는 의미에서 둘 다 단변량 이상치(univariate outlier)이다. 그러나 이상치는 데이터의 1차원 관점에서 숨어 있을 수 있다. 다변량 이상치들은 다차원에서 동떨어진 모습으로 발견된다. 그 예로 그림 2.4에서 소득과 나이의 차원 모두를 고려했을 때 2개의 벗어난 관찰치를 찾을 수 있다.

이상치를 다루는 데에서 두 가지 중요한 단계는 적발과 처리이다. 각 데이터들의 최솟값과 최댓값을 구하는 것이 이상치를 확인하는 제일 우선적이고 분명한 방법이다. 여러 가지 그래픽 도구 또한 이상치를 적발해 내는 데 쓰일 수 있다. 첫 번째로 히스토그램을 살펴보자. 나이 분포를 보여주는 그림 2.5에서 동그라미가 있는 부분은 이상치들을 분명하게 나타내 주고 있다.

상자그림(Box plot) 또한 유용한 시각적 장치이다. 상자그림은 데이터에 대한 세 가지의 주요 사분위수를 보여준다: 제1사분위수(25%의 관찰치가 보다 낮은 값을 갖고 있음), 중간값(50%의 관찰치가 보다 낮은 값을 갖고 있음), 제3사분위수(75%의 관찰치가 보다 낮은 값을 갖고 있음)의 세 가지 사분위수 모두 박스로 표현된다. 최솟값과 최댓값이 상자의 가장자리에서 너무 떨어진 값만 아니라면 추

그림 2.4 다변량 이상치

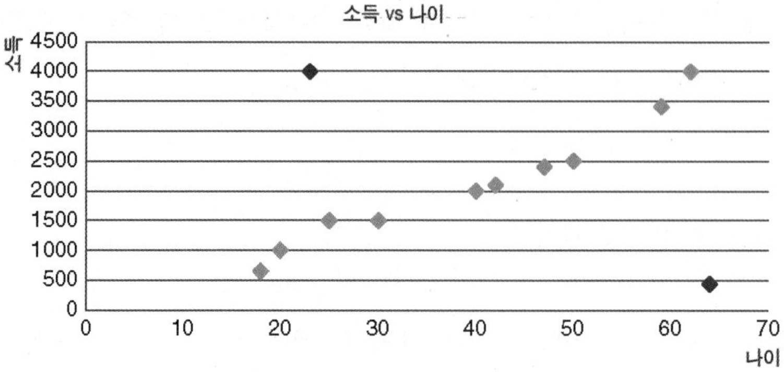

그림 2.5 이상치 적발을 위한 히스토그램

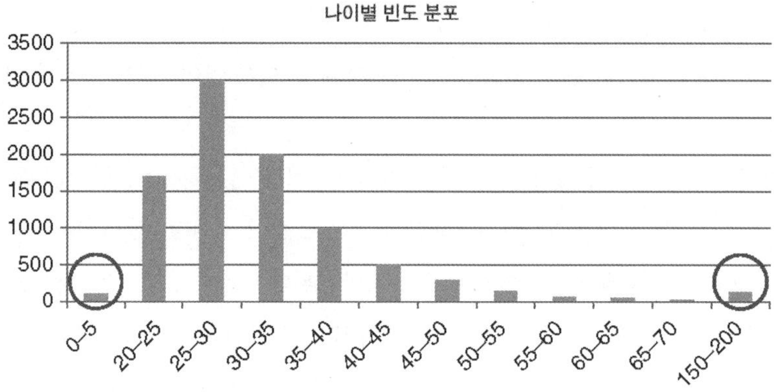

그림 2.6 이상치 적발을 위한 상자그림

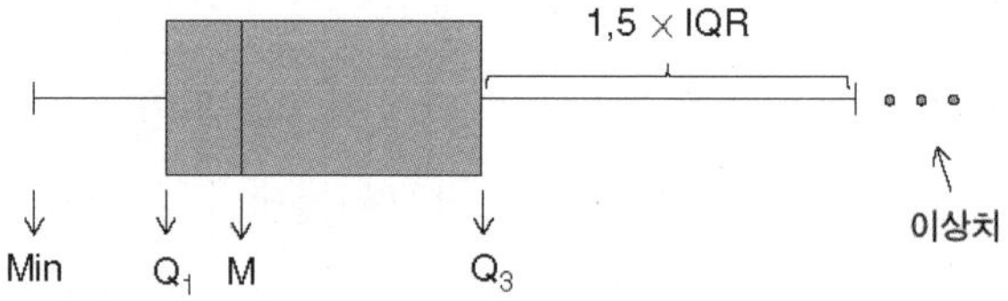

가된다. 너무 떨어진 값이란 1.5 × 사분위수범위(IQR = Q_3-Q_1)보다 큰 값을 의미한다. 그림 2.6은 이상치가 3개 있는 상자그림의 예를 보여준다.

다른 방법은 z 점수를 계산하는 것으로 평균으로부터 관찰치가 얼마나 많은

표 2.2 이상치 적발을 위한 z 점수

ID	나이	z 점수
1	30	(30−40) / 10 = −1
2	50	(50−40) / 10 = +1
3	10	(10−40) / 10 = −3
4	40	(40−40) / 10 = 0
5	60	(60−40) / 10 = +2
6	80	(80−40) / 10 = +4
…		
	μ = 40 σ = 10	μ = 0 σ = 1

표준편차만큼 떨어져 있는지를 다음과 같이 측정하는 방법이다:

$$z_i = \frac{x_i - \mu}{\sigma},$$

μ는 변수들의 평균을 뜻하고 σ는 표준편차를 의미한다(표 2.2 참조). 정의에 따라서 z 점수는 평균이 '0'이고 단위 표준편차를 가질 것이다.

경험적으로(rule of thumb) z 점수의 절댓값 $|z|$가 3보다 클 경우를 이상치로 정의한다. z 점수는 정규분포라는 가정하에 성립된다는 것을 기억해야 한다.

이 방법들은 모두 단변량 이상치에 주목한다. 다변량 이상치들은 회귀선을 설정하고 오류가 큰 관찰치들을 검사(예: 잔차도를 이용)함으로써 적발될 수 있다. 혹은 마할라노비스 거리(Mahalanobis distance)를 계산하거나 군집화(clustering)와 같은 대안이 있다. 하지만 주목해야 할 것은, 다변량 이상치 적발은 유용할 수도 있지만 모형의 성능에 미치는 영향이 작기 때문에 다수의 모형을 실행할 때는 전형적으로 고려되지 않는 경우가 많다는 점이다.

특정 분석 기술들(예: 의사결정나무, 신경망, SVMs)은 이상치의 영향을 많이 받지 않는다. 하지만 다른 기술들(예: 선형 회귀, 로지스틱 회귀)은 이상치에 더 민감하다. 이상치를 다루기 위한 여러 전략들이 존재하지만 이는 이상치가 유효

그림 2.7 트렁케이션(truncation)을 위한 z 점수 사용

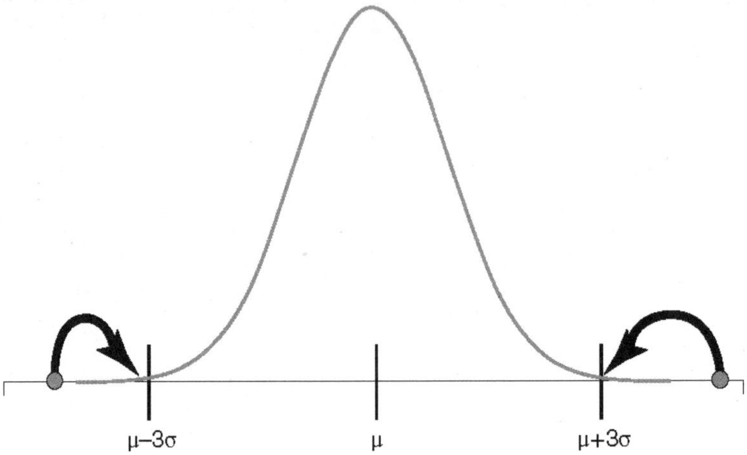

한 관찰치인지 아니면 유효하지 않은 관찰치를 의미하는지에 달려 있다. 유효하지 않은 관찰치(예: 나이가 300살이다)의 경우, 이상치는 앞서 언급된 방법 중 하나를 사용해 결측값으로 다뤄져야 한다. 유효한 관찰치(예: 소득이 100만 미 달러이다)의 경우에는 다른 전략이 필요하다. 인기 있는 전략으로는 트렁케이션(truncation), 캐핑(capping), 윈저라이징(winsorizing)을 꼽을 수 있다. 변수별로 상한(upper limit)과 하한(lower limit)을 정해놓고 그 한계를 넘어서는 값에 대해서 상한값과 하한값을 부여하는 것이다. 상한값과 하한값은 z 점수(그림 2.7)나 IQR(z 점수보다 더 강건함)을 이용해 계산될 수 있다:

상/하한 = $M \pm 3s$, M= 중간값, s = IQR/(2 × 0.6745)(Van Gestel and Basesens, 2009) 0과 1 사이에서의 S자형 변환은 다음과 같이 캐핑(capping)으로 사용될 수 있다:

$$f(x) = \frac{1}{1 + e^{-x}}$$

추가적으로, 경영 지식과 경험에 의한 전문성을 기반으로 하는 한계 값을 적용할 수도 있다.

이상치에 관해서 주목해야 하는 것은 유효하지 않은 값들이 항상 동떨어져

있지는 않다는 사실로 자세히 들여다보지 않는다면 발견되지 않을 수도 있다는 점이다. 예를 들어 *성별은 '남자'* 이면서 *임신 여부는 '예'* 인 고객이 있다면 성별의 값이 유효하지 않은 것인지 아니면 임신 여부가 유효하지 않은 것인지에 대한 판단이 불가능한 것과도 같다. 그렇기 때문에 조심하지 않으면 분석 중에 상반되는 값에 의해 일어나는 갈등은 해결되지 않고 그냥 묻혀버릴 수도 있다. 이러한 특정 유효하지 않은 조합을 적발해 내기 위해서는 전문지식과 경험을 기반으로 공식화된 일련의 규칙들을 구성하여 문제를 확인하고, 동시에 발견된 문제에 대한 주의를 주기 위해 데이터에 적용된다. 이런 특정 상황에서는 변수 값의 조합과 그 결과물에 적용되는 제약, 그로 인해 추가되는 규칙을 나타내는 변수의 네트워크 표현이 규칙들을 만들고 변수들 사이에 존재하는 관계 성립의 이유를 밝히는 데 사용될 수 있다.

11. 위험신호

특별히 부정 적발 환경에서 이상치를 다루는 방법에 대한 중요한 내용이 이어진다. 도입부에서 논의된 것처럼 부정 관련자들은 속임수가 적발되지 않도록 잘 숨기기 때문에 주로 미세하지만 부정과 무관한 자들의 행동과 다르거나 보편적인 것에서 벗어나는 행동을 할 경우에 적발될 수 있다. 이런 '*정상*'에서의 이탈을 부정의 *위험신호*(red flags)라고 부르고, 이는 아마도 부정을 적발하기 위해 가장 성공적이고 널리 사용되는 도구일 것이다. 그라보스키와 두피엘드(Grabosky and Duffield, 2001)가 언급했듯이 넓은 의미로 부정의 위험신호는 '비정상(anomaly)'이다. '비정상'이란 예측 가능한 행동의 유형에서 벗어나는 것, 또는 단순히 어색해 보이는 것들이다. 위험신호의 예를 살펴보자:

탈세 관련 부정 위험신호:

➲ 동일한 재무제표. 즉, 탈세하는 회사는 그렇지 않는 회사의 재무제표를 복사하여 의심스럽지 않게 위장하기 때문임.

➲ 존재하지 않는 회계사일 가능성이 있으므로 독특한 회계사 이름.

신용카드 부정 위험신호:

➲ 부정 관련자들은 부정을 저지르기 전에 카드가 유효한지 확인하는 절차를 거치므로 소액 사용 이후 고액 사용.

➲ 통상적인 소액 지불, 즉 주목을 받지 않기 위한 기법.

통신 관련 부정 위험신호(Grabosky and Duffield, 2001):

➲ 수신자부담으로 걸려오는 해외전화.

➲ 이용 중지 전 단기간 내 대량 사용.

➲ 여러 건의 통화가 연속적으로 이어지는 경우.

➲ 청구금액 미납.

제1장에서 언급되었듯이 이러한 위험신호 활동들은 보통 전문적인 규칙으로 전환되어 규칙 엔진(Rule Engine)에 포함되어 있다. 위험신호와 전문적인 규칙들이 정의되면, 의심스럽다고 여겨지는 이유들을 조사자들에게 알려주어 조사를 더 집중적으로 할 수 있게 하기 위해 위험신호나 규칙의 이유가 문서화되어야 한다.

부정과 관련하여 미세하거나 복잡한 이탈행위들을 적발하는 것을 목적으로 하는 몇 가지 접근법을 포함하여, 기술적 또는 비지도 학습 기술은 제3장에서 논의될 것이다. 앞서 언급된 조치 방법들을 이용해 데이터 집합의 유효한 이상치를 다룰 때 이례적인 부정 패턴의 발견에서 기술적 분석의 기능을 손상시킬 수도 있다. 그렇기 때문에 비지도 학습 기법을 적용해 부정 적발 모형을 만들 경우에는 특히 더 조심해서 유효한 이상치들을 다뤄야 한다. 이는 단변량 이상치를 처리하는 경우에도 마찬가지이다. 이는 부정 적발을 위해 단변량 이상치들도 다변량의 형태로 다른 변수들과 조합될 수 있기 때문이다. 반면, 유효하지 않은 이상치들은 무효 또는 값의 공백에 대한 지표를 포함함으로써 즉시 결측값으로 다뤄질 수 있다. 이로써 사용자들이 유효하지 않은 값과 부정의 사이에 어떤 연관성이 있는지를 확인할 수 있게 한다.

12. 데이터 표준화

데이터 표준화(standardizing data)는 변수들을 비슷한 범위로 조정하는 것을 목표로 하는 데이터 전처리 작업이다. 성별(0과 1로 코드화됨)과 소득(0~100만 미달러)의 두 변수를 예로 들어보자. 이 정보들을 이용해 로지스틱 회귀 모형을 만들 때 소득의 계수는 아주 작아질 수도 있다. 따라서 두 가지 성별과 소득을 유사한 규모로 맞추는 것이 더 상식적인 과정이다. 다음 표준화 방법을 사용할 수 있다:

➲ 최소/최대 표준화

$$X_{new} = \frac{X_{old} - \min(X_{old})}{\max(X_{old}) - \min(X_{old})}(newmax - newmin) + newmin$$

newmax와 newmin은 새롭게 부과된 최대 및 최소(예를 들어 1과 0)

➲ z 점수 표준화

z 점수 계산(이전 절 참조).

➲ 소수자리 조정

다음과 같이 10의 제곱으로 나누기: $X_{new} = \dfrac{X_{old}}{10^n}$,

n은 최대 절댓값의 자릿수

데이터 표준화는 회귀 기반의 접근법일 때 특히 유용하지만 의사결정나무에는 필요 없다는 것을 명심해야 한다.

13. 범주화

범주화(coarse-classification, classing, grouping, or binning이라고도 알려져 있음)는 여러 목적을 갖고 수행될 수 있다. 범주형 변수들을 위해서는 범주의 수를 줄일 필요가 있다. 50가지의 다른 값을 갖고 있는 원산지라는 변수를 예로 들

그림 2.8 부정 위험 vs. 나이

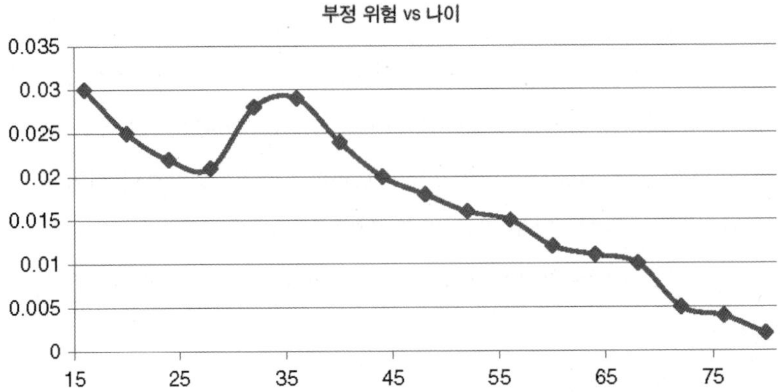

어보자. 이 변수가 회귀 모형에 입력되기 위해서는 49개의 임시변수(공선성으로 인해 50−1개)가 필요한데, 단 1개의 변수를 위해 49개의 매개변수 추정을 필요로 하게 된다. 범주화를 한다면 변수를 범주로 구분해줌으로써 더 적은 수의 매개변수만 추정하게 되며 더 견고한 모형이 만들어질 수 있다.

연속형 데이터(continuous data)에도 범주화는 매우 유용할 수 있다. 그림 2.8에서 보이듯이 나이 변수와 밝혀진 부정 건수를 고려해 보자. 나이와 부정 위험 사이에는 단조롭지 않은 연관성이 명백하게 존재한다. 만약 비선형 모형(예: 컴퓨터 신경망, SVMs)이 사용된다면 비선형성은 완벽하게 모델링될 수 있다. 하지만 만일 회귀 모형이 사용된다면(회귀 모형의 해석 능력 때문에 보통 더 자주 쓰인다), 오직 선형에만 적합할 수 있기 때문에 비단조성(nonmonotonicity)에 대해서는 놓치게 된다. 변수를 범위로 범주화하면 비단조성의 일부가 회귀식으로 설명될 수 있다. 그렇기 때문에 연속형 변수들의 범주화는 비선형 효과를 선형모형으로 모델링하는 데 유용하다.

범주화에는 여러 가지 방법이 있다. 2개의 가장 기본적인 방법은 등간격 이산화(equal interval binning)와 등빈도 이산화(equal frequency binning)이다. 예를 들어 소득의 값이 1000, 1200, 1300, 2000, 1800, 1400이 있다고 하자. 등간격 이산화는 값 사이의 간격이 같은 2개의 통(bin)을 만드는 것이다: 통 ①: 1000,

표 2.3 제품 유형 변수 분류

고객 ID	나이	제품 유형	…	부정
C1	44	의류		×
C2	23	서적		×
C3	58	음악		○
C4	26	의류		×
C5	30	전자		○
C6	32	게임		×
C7	48	서적		○
C8	60	의류		×
…				

표 2.4 제품 유형 변수를 분류한 피벗 테이블

	의류	서적	음악	전자	게임	…
좋음	1,000	2,000	3,000	100	5,000	
나쁨	500	100	200	80	800	
확률	2	20	15	1.25	6.25	

1500과 통 ②: 1500, 2000. 반면에 등빈도 이산화는 같은 수의 관찰치를 갖고 있는 2개의 통을 만드는 것이다: 통 ①: 1000, 1200, 1300과 통 ②: 1400, 1800, 2000. 하지만 두 방법 모두 상당히 기본적이고 목표변수(예: 번호이동, 부정, 신용 위험)를 고려하지 않는다.

많은 분석 소프트웨어가 카이 제곱 분석(Chi-squared analysis)을 사용해 범주화를 시키기 위한 내장 기능을 보유하고 있다. 간편하고 간단한 접근법(Microsoft Excel에서 사용 가능)으로는 피벗 테이블(pivot table) 사용이 있다. 표 2.3과 2.4의 예시들을 살펴보자.

그러면 피벗 테이블을 만들고 다음과 같이 확률을 계산한다:

그 이후 비슷한 확률을 토대로 값들을 분류한다 — 예: 범주 1(의류, 전자용품), 범주 2(게임), 범주 3(책, 음악).

표 2.5 제품 유형 변수 분류

속성	의류	서적	음악	전자	게임	영화	총합
비(非)부정(No-fraud)	6,000	1,600	350	950	90	10	9,000
부정(fraud)	300	400	140	100	50	10	1,000
비부정 : 부정	20 : 1	4 : 1	2.5 : 1	9.5 : 1	1.8 : 1	1 : 1	9 : 1

표 2.6 제품 유형 분류에 대한 실증 빈도 옵션 1

속성	의류	서적, 음악	기타	총합
비(非)부정(No-fraud)	6,000	1,950	1,050	9,000
부정(fraud)	300	540	160	1,000
총합	6,300	2,490	1,210	10,000

표 2.7 제품 유형 분류에 대한 독립 빈도 옵션 1

속성	의류	서적, 음악	기타	총합
비(非)부정(No-fraud)	5,670	2,241	1,089	9,000
부정(fraud)	630	249	121	1,000
총합	6,300	2,490	1,210	10,000

카이 제곱 분석은 더 정교한 범주화 방식이다. 변수를 *제품 유형*으로 분류하는 표 2.5를 참고하자.

3개의 범주를 원한다는 가정하에 다음과 같은 옵션을 고려해 보자:

- 옵션 ①: 의류; 책과 음악; 기타
- 옵션 ②: 의류; 전자용품; 기타

두 가지 옵션 모두 카이 제곱 분석을 통해 조사할 수 있다. 여기서 목적은 경험적인 관찰과 독립적인 빈도수를 비교해 보는 것이다. 옵션 ①에 대한 경험적인 관찰 빈도가 표 2.6에 나와 있다.

독립적인 빈도수는 다음과 같이 계산할 수 있다. 전체 모집단에서 확률이 같다고 할 때 부정이 아닌 관찰치 수는 6,300/10,000 × 9,000/10,000 × 10,000 = 5,670이다. 그 결과는 표 2.7에 정리되어 있다.

두 표의 값이 다를수록 독립성은 낮아지고 따라서 의존도는 높아지며 범주화가 더욱 잘 된다. 공식적으로 카이 제곱 거리는 다음과 같이 계산된다:

$$➲\ \chi^2 = \frac{(6000-5670)^2}{5670} + \frac{(300-630)^2}{630} + \frac{(1950-2241)^2}{2241} + \frac{(540-249)^2}{249} + \frac{(1050-1089)^2}{1089} + \frac{(160-121)^2}{121} = 583$$

마찬가지로 옵션 ②의 계산도 다음과 같다:

$$➲\ \chi^2 = \frac{(6000-5670)^2}{5670} + \frac{(300-630)^2}{630} + \frac{(950-945)^2}{945} + \frac{(100-105)^2}{105} + \frac{(2050-2385)^2}{2385} + \frac{(600-265)^2}{265} = 662$$

카이 제곱 값에 따라 옵션 ②가 더 나은 범주형이다. 주의해야 할 것은 값 비교 시 특성 값이 k개일 때 $k-1$만큼의 자유도를 가진 카이 제곱 분포와 비교해야 한다는 것이다.

14. 증거력 코딩

범주화는 범주형 변수들에 대한 범주의 개수를 감소시킨다. 연속형 변수의 경우, 범주화를 하면 새로운 변수들이 추가된다. 나이(4개의 범주, 그러므로 3개의 매개변수)와 제품 유형(5개의 범주, 4개의 매개변수) 특징들에 관한 회귀 모형을 고려해 보자. 모형의 수식은 다음과 같다:

$$Y = \beta_0 + \beta_1 Age_1 + \beta_2 Age_2 + + \beta_3 Age_3 + \beta_4 \mathrm{P}rod_1 + \beta_5 \mathrm{P}rod_2 + \beta_6 \mathrm{P}rod_3 + \beta_7 \mathrm{P}rod_4$$

표 2.8 증거력(WOE) 계산

나이	개수	개수 분포율	비(非) 부정	비부정 분포율	부정	부정 분포율	증거력 (WOE)
누락	50	2.50%	42	2.33%	8	4.12%	−57.28%
18~22	200	10.00%	152	8.42%	48	24.74%	−107.83%
23~26	300	15.00%	246	13.62%	54	27.84%	−71.47%
27~29	450	22.50%	405	22.43%	45	23.20%	−3.38%
30~35	500	25.00%	475	26.30%	25	12.89%	71.34%
35~44	350	17.50%	339	18.77%	11	5.67%	119.71%
44+	150	7.50%	147	8.14%	3	1.55%	166.08%
	2,000		1,806		194		

두 가지 특징만 갖고 있음에도 모형은 총 8개의 매개변수를 추정해야 한다. 단조변환을 통해 $f(.)$를 사용하면 다음과 같이 작성할 수 있다:

$$Y = \beta_0 + \beta_1 f(Age_1, Age_2, Age_3) + \beta_2 f(\mathrm{P}rod_1, \mathrm{P}rod_2, \mathrm{P}rod_3, \mathrm{P}rod_4)$$

단조변환은 Y와의 관계가 단순히 증가하거나 혹은 감소해야 한다. 증거력(Weights Of Evidence: WOE) 코딩은 이 목적을 위해 사용할 수 있는 한 가지 예이다. 이는 표 2.8에 나와 있다.

증거력(WOE)은 ln(비부정분포율/부정분포율)으로 계산된다. 로그 변환 때문에 양(+)의 증거력은 비부정분포율 > 부정분포율이고, 음(−)의 증거력은 비부정분포율 < 부정분포율이다. 따라서 WOE 변형은 목표변수에 대한 단순변형을 시킨다. 모형은 다음과 같이 새로 공식화된다:

$$Y = \beta_0 + \beta_1 WOE_{age} + \beta_2 WOE_{product-type}$$

이로 인해 처음에 소개된 모형보다는 더 간결하고 정확한 모형을 갖게 된다. 하지만 모형의 해석 능력은 *WOE* 변수가 사용되면서 덜 뚜렷해진다.

표 2.9 변수 선택을 위한 필터

	연속형 타겟(예: CLV*, LGD**)	범주형 타겟(예: 이탈률, 부정, 신용위험)
연속형 변수	피어슨 상관관계(Pearson correlation)	피셔 점수(Fisher score)
범주형 변수	피셔점수 / ANOVA(분산분석)	정보 가치(Information value) 크레이머의 V(Cramer's V) 개선(Gain) / 엔트로피(entropy)

15. 변수 선택

분석 모형은 수많은 변수를 갖고 시작하는 경우가 많다. 하지만 이 중 목표 변수를 예측하는 데 실질적인 기여를 하는 것은 소수이다. 예를 들어 부정 적발을 하는 평균적인 부정모형은 변수를 10~15개 갖고 있다. 여기서 중요한 질문을 이 변수들을 어떻게 찾느냐는 것이다. 필터는 아주 유용한 변수 선택 방법이다. 필터는 각 변수와 목표변수 사이의 단변량 상관관계(univariate correlation)를 측정한다. 그러므로 어떤 변수가 추가 분석을 위해 남아야 하는지 빠르게 검토한다. 다양한 필터 측정 방법이 문헌에서 제시되고 있다. 표 2.9가 분류해 놓은 것을 참고하자.

피어슨 상관관계(Pearson correlation, ρ_p)는 다음과 같이 계산된다:

$$\rho_p = \frac{\sum_{i=1}^{n}(X_i - \overline{X})(Y_i - \overline{Y})}{\sqrt{\sum_{i=1}^{n}(X_i - \overline{X})^2}\sqrt{\sum_{i=1}^{n}(Y_i - \overline{Y})^2}}$$

---

* CLV(Customer Lifetime Value): 고객생애가치 – 소비자가 평생에 걸쳐 구매할 것으로 예상되는 이익 흐름에 대한 현재가치를 말하며, 장기적인 관점에서 판매자가 수익성을 극대화하기 위해 사용하는 개념.

** LGD(Loss Given Default): 부도 발생 시의 손실률 – 바젤 II에서 경제적 자본 또는 규제자본 산출 시 이용하는 신용리스크 측정모형의 주요 요소(Parameter)의 하나.

표 2.10 정보 가치 필터 측정치 계산

나이	개수	개수 (분포율)	비(非) 부정	비부정 (분포율)	부정	부정 (분포율)	증거력 (WOE)	정보 가치(IV)
누락	50	2.50%	42	2.33%	8	4.12%	−57.28%	0.0103
18~22	200	10.00%	152	8.42%	48	24.74%	−107.83%	0.1760
23~26	300	15.00%	246	13.62%	54	27.84%	−71.47%	0.1016
27~29	450	22.50%	405	22.43%	45	23.20%	−3.38%	0.0003
30~35	500	25.00%	475	26.30%	25	12.89%	71.34%	0.0957
35~44	350	17.50%	339	18.77%	11	5.67%	119.71%	0.1568
44+	150	7.50%	147	8.14%	3	1.55%	166.00%	0.1095
정보 가치								0.6502

이는 두 변수 사이의 선형 의존성(linear dependency)을 측정하고 항상 −1과 +1 사이에서 존재한다. 이 필터를 적용하기 위해서는 피어슨 상관관계의 P - 값이 '0'과 통계적으로 유의하거나 $|\rho_p| > 0.50$인 모든 변수를 선택해야 한다.

피셔 점수(Fisher score)는 다음과 같이 계산된다:

$$\frac{|\overline{X_G} - \overline{X_B}|}{\sqrt{S_G^2 + S_B^2}}$$

여기서 $\overline{X_G}(\overline{X_B})$는 부정과 관련이 없는 자들에 대한 변수의 평균값을 의미하며, $S_G^2(S_B^2)$는 이에 상응하는 분산값을 의미한다. 또한 $\overline{X_B}$는 부정 관련자들에 대한 변수의 평균값을 의미하며, S_B^2는 이에 상응하는 분산값을 의미한다. 높은 피셔 점수는 예측변수를 알려준다. 이를 필터로 적용하기 위해서는 상위 10%를 유지해야 한다. 피셔 점수는 변수가 여러 범주를 갖고 있는 케이스에서 잘 알려진 ANOVA(분산분석표)로 보편화한다는 점에 유의하길 바란다.

정보 가치(information value: IV) 필터는 증거력에 기반을 두며 다음과 같이 계산된다:

$$IV = \sum_{i=1}^{k} (Dist\ Good_i - Dist\ Bad_i) \times WOE_i,$$

표 2.11 온/오프라인 대비 비부정/부정에 대한 분할표

	비부정	부정	총합
오프라인	500	100	600
온라인	300	100	400
총합	800	200	1,000

여기서 *k*는 변수의 범주 수를 의미한다. 표 2.10에서 언급된 예시에서 계산은 다음과 같다.

다음과 같은 경험법칙(rules of thumb)이 정보 가치에 적용된다:

- < 0.02: 예측력 없음
- 0.02 − 0.1: 예측력 약함
- 0.1− 0.3: 예측력 중간
- +0.3: 예측력 강함

정보 가치는 변수들이 범주화되었다는 가정하에 적용된다는 점을 기억해야 한다. 이는 실제로 범주를 조정하거나 바꾸는 데 쓰임으로써 정보 가치를 최적화시킨다. 많은 소프트웨어 도구들은 이를 실행하기 위한 상호 작용 지원을 제공하여 모형 제작자가 범주들을 조정하고 정보 가치에 미치는 영향을 판단할 수 있게 한다.

이를 필터로 적용시키기 위해서는 모든 (범수형) 변수의 정보 가치를 계산하고 정보 가치 > 0.1인 것들만 보유하거나 상위 10%의 값들만 보유해야 한다.

크레이머의 *V*(Cramer's *V*)는 카이 제곱 분석을 기반으로 하는 또 다른 필터 측정방법이다. 표 2.11에 온라인/오프라인 거래 대비 비부정(nonfraud)/부정에 대한 분할표(contingency table)를 예시로 고려해 보자.

범주에 대한 부분에서 언급된 사례들과 비슷하게 독립성을 위한 카이 제곱 값은 다음과 같이 계산된다:

$$\chi^2 = \frac{(500-480)^2}{480} + \frac{(100-120)^2}{120} + \frac{(300-320)^2}{320} + \frac{(100-80)^2}{80}$$

$$= 10.41$$

이는 자유도가 $k-1$개이고 k개의 특성들의 등급 수를 가진 카이 제곱 분포를 따른다. 크레이머의 V는 다음과 같이 계산된다:

$$Cramer's\ V = \sqrt{\frac{\chi^2}{n}} = 0.10,$$

여기서 n은 데이터 집합의 관찰치 수를 의미한다. 크레이머의 V는 항상 0과 1 사이에 있으며, 높은 값은 더 정확한 예측능력을 나타낸다. 경험법칙에 의해 보통 0.1이 컷오프(cut-off)로 채택된다. 그 후 크레이머의 V가 0.1보다 큰 모든 변수를 선택하거나 상위 10%를 고려한다. 정보 가치와 크레이머의 V는 같은 특징들을 가장 중요하게 고려한다.

필터들은 분석작업의 초반에 데이터 집합의 차원수를 감소시키는 역할로 인해 매우 유용하다. 그러나 필터들의 주요 단점은 그들이 일률적으로 작동하고 전형적으로 각 차원들 사이에 존재하는 상관관계를 개별적으로 고려하지 않는다는 것이다. 따라서 모형화하는 동안 후속적으로 입력정보를 선택하는 단계는 특성들을 더 잘 다듬기 위해 필요하다. 사생활 보호 문제라든가 규정준수 등의 다른 기준들 또한 변수를 선택하는 데 영향을 미칠 수 있다. 지역마다 적용되는 규정이 다르기 때문에 사전에 확인하는 것은 반드시 필요하다. 운영문제들 또한 고려될 수 있다. 그 예로 추세 변수(trend variable)는 매우 예측적일 수는 있지만 계산하기 위해 시간을 너무 많이 소모시킨다.

16. 주성분 분석

입력정보 혹은 변수 선택의 또 다른 대안은 주성분 분석으로서, 이는 기존 변수들의 선형 복합체인 새로운 변수들을 만들어서 데이터의 차원 수를 줄이

그림 2.9 2차원 데이터 집합에서의 주성분 분석 그림

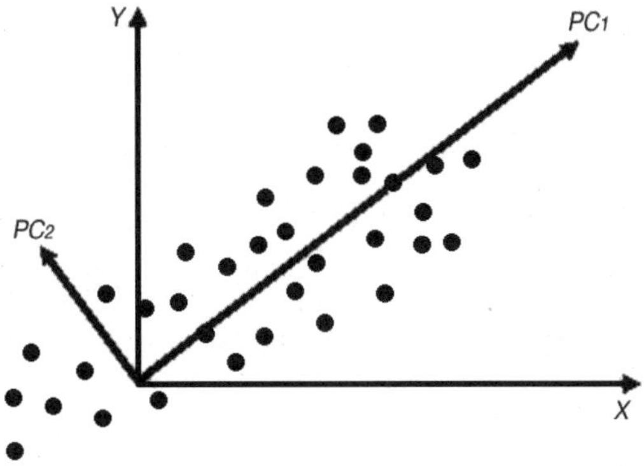

는 기술이다. 새로운 변수들은 기존 데이터 집합에 존재하는 주요 요소나 차원들을 설명한다. 주요 차원들은 도입된 측정 차원(measurement dimension)들과는 다를 수도 있는데, 측정 차원이란 차원들의 선형 결합으로 얻어진다. 그림 2.9는 이것의 2차원적인 그림을 제공한다. *X*축과 *Y*축으로 표현된 2개의 측정을 위한 차원은 데이터에 존재하는 실제 차원이나 요인을 적절하게 담아내지 못한다. 실제 차원들은 *X* 차원과 *Y* 차원에서부터 45도에 위치하고 2개의 주요 요소 PC_1와 PC_2에 의해 설명된다.

원래의 데이터에서 형성되거나 얻을 수 있는 새로운 변수의 최대치는 기존의 변수의 개수(예: 주성분의 개수)와 일치한다. 기존의 변수집합 안에 대부분의 분산은 제한적인 주성분들에 의해서만 설명되기 때문에, 단지 데이터를 축소시키는 것이 목표일 경우에는 축소된 주성분 집합은 기존의 큰 변수 집합을 대신하기에 충분하다. 다시 설명하자면, 기존의 큰 변수집합이 갖고 있던 정보는 보통 적은 수의 새로운 변수들에 의해 요약될 수 있다는 뜻이다. 기존의 데이터 집합의 분산에 대해서 다 설명하자면 완전한 주성분 집합이 필요하다. 하지만 주성분 집합은 분산에 대한 아주 작은 부분만을 설명하고 버려지는 것들이 생긴다. 그렇게 차원 수가 축소되거나 데이터 집합에서 변수의 개수가 감소된다.

예시: 데이터 집합 안에 재무 상태나 회사의 상태를 설명해 주는 80개의 재무비율 변수가 있는데, 이는 부정 적발에 대한 지표이거나 관련이 있을 수도 있다. 하지만 여기서 주의해야 할 점은 이 중 많은 재무비율이 전형적으로 강한 상관관계가 있는 경우가 많다는 것이다. 이 같은 사실은 이 중 같은 정보를 *반복*하는 비율이 높다는 것을 의미한다. 재무비율들이 동일한 기본 정보에서 추출되거나 요약된 것이라는 사실이 그 설명을 뒷받침해 준다. 그렇기 때문에 주성분 분석을 위해서는 큰 원본 데이터 집합을 합치거나 요약하고 정리한 축소된 지수가 더 선호된다.

최종 모형이 불안정하지 않게 부정 적발 모형에 사용되기 위해서는 새로운 제한된 재무지표 집합은 상관관계가 없어야 한다. 설명변수와 예측변수의 상관성은 *다중공선성*이라 불리는데, 이는 불안정한 모형을 초래한다. 모형의 안정성이나 견고함은 관찰 표본을 기반으로 하여 추정되는 모형의 매개변수에 대한 정확한 값의 안정성을 의미한다. 이 매개변수들의 값이 모형을 만들어내는 데 쓰인 관찰 표본에 대한 의존도가 높다면 모형은 불안정하다고 판단된다. 매개변수의 값들은 사실상 설명변수나 예측변수와 종속변수, 그리고 목표변수의 관계를 나타낸다. 실제 상관관계가 또 다른 관찰 표본들과 다르면 가정되었던 상관관계의 본질과 신뢰성에 의심이 제기된다. 모형에 포함되어 있던 설명변수들이 서로 상관성이 있을 때, 일반적으로 결과 모형은 불안정하다. 그렇기 때문에 입력 선택 과정이 이루어진다. 예를 들어 이전 단락에서 논의된 필터 접근법을 이용하거나 주성분 분석을 사용해 추출한 새로운 변수의 집합을 사용한다(주성분은 그들 사이에 상관관계가 없기 때문에).

주성분은 고유벡터 분해(eigenvector decomposition)를 이용해 계산된다. 책의 범위 내에서 설명하지는 않겠지만 관심 있는 독자는 주성분 분석 및 고유벡터 분해에 대한 전문 문헌을 참조할 수 있다. $X_1, X_2, \cdots X_p$를 평균 보정된(mean-corrected) 표준화된 원변수로 놓는다. 그리고 " $= cov(X)$를 상응하는 공분산 행렬로 놓고, $\lambda_1 \geq \lambda_2 \geq \cdots \geq \lambda_p \geq 0$의 고윳값(eigenvalue) p"로 두고 그에 상응하는 고유벡터 $e_1, e_2, \cdots, e_p$를 가진다. 주성분 PC_j, $j = 1 \cdots p$, 그에 상응하

는 그리고 사실상 변수들을 대체하는 $X_1, X_2, \cdots X_p$이면 다음과 같이 주어진다:

$$PC_j = e'_j\boldsymbol{X} = e_{j1}X_1 + e_{j2}X_2 + \ldots + e_{jp}X_p = \boldsymbol{X}'e_j$$

고유벡터(eigenvector)는 새로운 변수를 만들어내는데 이는 각 원래 변수들의 중요성을 나타낸다. 고유벡터는 원래 변수들이 어떻게 그리고 어떤 비율로 새로운 변수로 조합이 되는지를 결정한다.

주성분 PC_j에 의해 설명이 되는 데이터 집합 X에서 관찰된 분산은 상응하는 고윳값 λ_j와 같은 값이다. 데이터의 총분산 혹은 정보는 변하지 않으며 주성분 분산의 합산과 같은 값으로 남는다 —새로운 변수는 원래 변수의 분산 합산과 같다. 두 주성분의 공분산 혹은 상관관계(correlation)는 0이다, $I \neq j$일 때 $cov(PC_i, PC_j) = 0$.

데이터 집합의 각 관찰치마다 새로운 변수 값이 계산된다. 이 값들은 주성분 점수라고 불리며 평균 보정된 데이터를 가중치한 고유벡터를 이용해 계산될 수 있다.

예시: 2개의 주성분으로 바뀔 원래 변수 X_1과 X_2를 갖고 있는 데이터 집합이 있다. 첫 단계로 공분산행렬(covariance matrix) Σ의 두 고유벡터 e_1와 e_2를 계산해야 한다. 이는 주어진 데이터 집합의 관찰을 이용해 바로 구할 수 있다. $e_1 = (e_{11}, e_{12}) = (0.562, 0.345)$과 $e_2 = (e_{21}, e_{22}) = (-0.345, 0.5562)$를 구한다. 연속적으로 두 번째 단계는 주성분(예: 2개의 새로운 변수들)에 대한 주성분 점수를 원래의, 평균 보정된 값(x_1, x_2)의 함수로서 구한다:

$$PC_1 = e_{11}x_1 + e_{12}x_2 = 0.562x_1 + 0.345x_2$$
$$PC_2 = e_{21}x_1 + e_{22}x_2 = 0.345x_1 + 0.562x_2$$

x_1과 x_2의 값을 데이터 집합의 각 관찰의 2개의 원변수로 채우면 새로운 변수 값으로 새 관찰치가 주어진다.

위의 두 원래 변수의 변형이 어떻게 데이터 집합의 축소와 입력선택을 가능하게 하는가? 고윳값들을 보면서 새로운 변수들을 제거할지에 대한 결정을 하게 될 것이다. 위의 예시에서 PC_1에 상응하는 고윳값은 PC_2에 상응하는 고윳값보다 월등히 더 크다면(예: λ1 ≫ λ2) 추가 분석과정에서는 PC_2를 제외시켜도 된다.

이 간단한 예시에서 볼 수 있듯이 원래 변수들을 (축소된) 상관관계가 없는 주성분 집합들로 바꾸는 것은 감소된 해석 능력과 같은 대가를 요구한다. 기존의 변수들에서 파생되어 나온 주성분 변수들은 원래 변수들의 가중된 선형 결합으로 계산되기 때문에 쉽게 해석될 수 없다. 앞의 예에서 오직 2개의 원래 변수만이 주성분으로 결합되어 주성분의 결과에 대해 어느 정도의 해석을 가능하게 했다. 하지만 분석이 변수들을 수십 개, 혹은 수백 개나 수천 개까지 확장되었을 때 성분 결과에 대한 어떠한 해석도 할 수 없게 된다. 제1장에서 언급되었듯이, 결과 모형을 사용한 분석가들이 더는 해석을 할 수 없기 때문에 특정 환경에서 이는 용납될 수 없다. 하지만 해석 능력이 관심사가 아닐 경우, 주성분 분석은 데이터를 축소시킬 수 있는 강력한 도구로서 안정감과 예측 성능 면에서는 *뛰어난* 모형을 생산해 낸다.

17. 리디트

중거력에 대한 대안으로는 리디트 점수부여(RIDIT scoring)라고 불리는 범주형 순서 변수(categorical ordinal variable)들에 수치를 부여하는 방법이 있다. 리디트 점수부여는 1958년 브로스(Bross)가 소개한 방법으로서, 로짓(logit)과 프로빗(probit)을 비유하는 의미로 이름이 지어졌다. 다음의 리디트와 프리디트(PRIDITs)에 대한 논의는 리디트를 받아들이고 비지도 설정에서의 부정 적발에 리디트를 채택한 브로켓과 동료들(Brocket et al., 2002)의 연구에 기초를 두고 있다.

리디트 점수부여는 순위가 매겨진 응답의 성격을 통합하는데, 이는 순서적 범주형 변수들을 분류하는 것을 의미한다. 여러 다른 반응 범주들이 부정 관련성이 감소하는 순서로 되어 있다고 가정해 보자 — 더 높은 반응 범주형은 더 적은 부정에 대한 의심을 제기한다. 높은 부정 리스크에서 낮은 부정 리스크 순서로 범주들을 정리했을 때 전문적인 입력정보나 과거 관찰된 부정비율을 사용할 수 있다. $\hat{p}_{tj}$가 변수 t에 대해 i값을 갖고 있는 인구의 비율을 가리킬 때 변수 t에 대한 범주형 반응값 i의 리디트 점수는 다음과 같이 계산된다:

$$B_{ti} = \sum_{j<i} \widehat{p_{tj}} - \sum_{j>i} \widehat{p_{tj}} i = 1, 2, \ldots k_t$$

위 공식은 범주형 반응집합을 [−1, 1] 사이의 의미 있는 수치로 바꿔준다. 이 수치는 특정 반응의 상대적인 비정상(abnormality)을 반영한다. 리디트 점수는 백분위로 해석될 수 있다.

예시: 'yes' 값을 가지고 있는 이항 반응 부정 지표변수(binary response fraud indicator variable)는 사례 중에서 10%의 비율로 발생하고, 나머지 90%인 'no' 값보다 부정의 존재 여부를 더 잘 나타내어 전문가들에 의해 고려된다[리디트 점수: B_{t1}('yes') = −0.9 and B_{t2}('no') = 0.1]. yes 값과 no 값이 50대 50인 유사한 이항 부정 지표의 리디트 점수는 B_{t1}('yes') = −0.5와 B_{t2}('no') = 0.5이다. 이는 첫 지표변수에 대한 'yes' 반응이 두 번째 지표에서의 'yes' 반응보다 더 비정상적, 혹은 부정을 더 잘 나타내 준다는 것을 명백하게 보여준다. 또한 이러한 변형은 정량적 모형에 더 쉽게 포함시킬 수 있고 운영적 혹은 전문적 관점으로 더 상식적인 리디트 점수를 산출해 낸다.

2개 이상의 범주형 값을 갖고 있는 순서적 범주형 변수들 또한 위 공식을 사용해 리디트 점수를 계산할 수 있다. 리디트 점수는 범주형 부정 지푯값을 대신하기 위해 쓰일 수도 있고 이러한 범주형 변수들이 부정 적발을 위한 수치해석에 바로 통합될 수 있게끔 한다.

증거력을 계산할 때와는 다르게 리디트 점수를 계산할 때는 실제 목푯값을 알 필요가 없다. 따라서 리디트 점수는 비(非)지도 학습 설정이나 분류된 바가 없는 과거 관찰 결과들이 존재할 때에 사용될 수 있다.

18. 프리디트 분석

프리디트 분석(Pridit Analysis)은 위 두 문단에서 설명된 기술들을 결합한 것으로, 순서적 범주형 부정 지표들의 집합으로부터 계산되는 종합적인 부정혐의 점수를 나타낸다. 프리디트 분석은 이러한 지표들을 추가적인 분석에 사용될 수 있는 1개의 변수로 모으는 데 사용될 수도 있다. 대안적으로 프리디트 분석은 추가적인 분석에 포함될 지표 변수들의 수를 줄이기 위한 필터 접근법과 최종 산출된 부정혐의 점수처럼 사용될 수 있다. 2개의 첫 번째 사용을 생각해 볼 때, 제3장에서 논의된 바와 같이 부정 적발을 위한 비지도 학습 기술로 고려될 수 있음에도 프리디트 분석을 이 장에 포함했다. 프리디트 점수의 수학적 어원과 이해를 더 원하는 독자들은 브로켓과 그 외(Brocket et al. 2002)의 자료를 참고하면 좋다.

순서적 범주형 부정 지표 집합이 오직 1개 있고 리디트 점수로 변환되었다고 가정하자. $F = (f_{it})$는 경우 $i = 1, 2, \cdots, n$에 대한 변수 $t = 1, 2, \cdots, m$의 각 리디트 변수 점수의 행렬(matrix)을 나타낸다. 종합적인 부정혐의 점수는 주어진 부정 지표변수들에 대한 각 리디트 점수들의 합계로 단순히 모든 리디트 점수를 추가함으로써 계산할 수 있다. 그 후 행렬 F와 통일된 가중 벡터 $W = (1, 1, \cdots, 1)'$를 곱함으로써 프리디트 점수 벡터를 구할 수 있다. 여기서 프라임(')은 전치된 벡터(transposed vector)를 의미한다, 말하자면:

$$S = FW$$

지표가 결과점수에 미치는 영향을 결정하는 벡터 W의 가중치는 모두 동일하게 1로 설정이 되어 있기 때문에 간단하게 합계된 혐의점수들은 각 지표변수에게 동일하게 종속적이다. 하지만 모든 지표가 부정과 동일하게 관련성이 있다는 것은 아니다. 그렇기 때문에 지표는 부정에 대한 경고 혹은 예측변수로서 역할을 한다. 때문에 효과적인 종합적 혐의점수는 모든 지표를 동일하게 중요하게 여기지 말아야 한다. 보다 현명한 개별 지표의 합산은 단일 종합 혐의점수로, 각 지표들을 합산할 때 상대적인 중요성과 지표들의 비중을 상황에 맞춰서 평가하는 것이다.

프리디트 점수를 계산하는 근본적인 직관력은 각 리디트 점수와 종합 점수 사이의 상관관계 혹은 일관성에 따라 알맞게 가중치를 조정하는 것이다. 분석에 포함된 모든 경우의 각 부정 지표변수들이 결과적으로 나온 종합 혐의 점수와 긴밀히 연결되어 있을 때 프리디트 점수는 부정 지표변수에 높은 가중치를 부여한다. 반면에, 변수가 종합점수와 연관성이 떨어질 때에는 낮은 가중치를 부여받는다. 브로켓과 그 외(Brocket et al., 2002)가 설명하였듯이 의미 있는 가중치는 행렬 $F'F$의 첫 주성분을 계산함으로써 얻을 수 있다. 첫 주성분은 프리디트 점수를 계산할 때 사용되는 가중벡터로 각 지표들에게 직관적인 일관성 원칙에 따라 상대적 중요성을 부여한다.

'0'과 크게 차이가 없는 가중치를 받는 지표들은 데이터 집합에서 제거될 수 있기 때문에 프리디트 접근법은 변수 선택 시에도 사용될 수 있다. 또 변수 축소를 위한 주성분 분석과 유사하게 프리디트 점수로 합산된 순서적 지표들의 집합도 분석의 목적과 설정에 따라서 해당 점수로 대체될 수 있다.

19. 세분화

때로는 분석 모형을 만들기 전에 데이터 세분화가 필요하다. 첫 번째는 전략적인 이유로 예를 들어 은행이 특정 부류의 고객을 위한 특별한 전략을 세우기 원할지도 모른다. 또한, 운영적인 관점에서 시작될 수도 있다. 기존에 있던 모형의 특징들은 운영적인 측면에서 새로운 고객층에게는 알맞지 않다. 따라서 새로운 고객들은 개별적인 모형이 필요하다. 세분화는 중요한 변수 간의 상호작용에 대한 설명을 위해서도 필요할 수 있다. 예를 들어 하나의 변수가 복수의 다른 변수들과 강한 상호 작용을 한다면 이 변수를 기준으로 세분화가 이루어지는 것이 상식적이다.

세분화는 비즈니스 전문가의 경험과 지식을 이용하여 행해질 수 있다. 혹은 의사결정나무(decision tree), *k* - 평균 군집 분석(k-means clustering), 또는 자기 조직화 지도(self-organising map)와 같은 통계분석을 기반으로 행해질 수도 있다.

특정 부류를 위해 맞춤화된 여러 가지 분석 모형들을 대충 계산해 볼 수 있기 때문에 세분화는 매우 유용한 전처리 과정이다. 하지만 세분화를 한다면 추정해야 할 분석 모형의 수가 늘어나고 그에 따라 개발, 모니터링, 유지와 관련된 비용이 증가하는 것에 유의해야 한다.

참고문헌

Armstrong, J. S. (2001). Selecting Forecasting Methods. In J.S. Armstrong, ed. *Principles of Forecasting: A Handbook for Researchers and Pactitioners.* New York: Springer Science + Business Media, pp. 365-386.

Baesens, B. (2014). *Analytics in a Big Data World: The Essential Guide to Data Sciecne and Its Applications.* Hoboken, NJ: John Wiley & Sons.

Bolton, R. J., & Hand, D. J. (2002). Statistical Fraud Detection: A Review. *Statistical Science, 17* (3): 235-249.

Caron, F., Vanden Brouke, S., Vanthienen, J., & Baesens, B. (2013). Advanced Rule-Based Process Analytics: Applications for Risk Response Decisions and Management Control Activites. *Expert Systems with Applications,* Submitted.

Chakraborty, G., Murali, P., & Satish, G. (2013). *Text Mining and Analysis: Practical Methds, Examples, and Case Studies Using SAS.* Cary, NC: SAS Institute.

Cressey, D. R. (1953). *Other People's Money: A Study of the Social Psychology of Embezzlement.* New York: Free Press.

Dufield, G., & Grabosky, P. (2001). The Psychology of Fraud. In *Trends and Issues in Crime and Criminal Justice, Australian Institute of Criminology* (199).

Elder IV,, J., & Thoman, H. (2012). *Practical Text Mining and Statistical Analysis for Non-Structured Text Data Applications.* New York: Academic Press.

Fawcett, T., & Provost, F. (1997). Adaptive Fraud Detection. *Data Mining and Knowledge Discovery 1-3* (3): 291-316.

Grabosky, P., & Duffield, G. (2001). Red Flags of Fraud. *Trends and Issues in Crime and Criminal Justice, Australian Institue of Criminology* (200).

Han, J., & Kamber, M. (2011). Data Mining: Concepts and Techniques. Third Edition: Morgan Kaufmann.

Hand, D. (2007, September). *Statistical Techniques for Fraud Detection, Prevention, and Evaluation.* Paper presented at the NATO ASI: Mining Massive Data sets for Security, London, England.

Jamain, A. (2001). *Benford's Law.* London: Imperial College.

Junque de Fortuny, E., Martens, D., & Provost, F. (2013). Predictive Modeling with Big Data: Is Bigger Really Better? *Big Data 1* (4): 215-226.

Little, R. J. A., & Rubin, D. B. (2002). *Statistical Analysis with Missing Data*, *second Edition,* New York: John Wiley & Sons, p. 408.

Maydanchik, A. (2007). *Data Quality Assessment.* Bradley Beach, NC: Technics Publications.

Navarette, E. (2006) Practical Calculation of Expected and Unexpected Losses in Operational Risk by Simulation Methods (Banca & Finanzas: Documentos de Trabajo, *1* (1): pp. 1-12).

Petropoulos, F., Makridakis, S., Assimakopoulos, V., & Nikolopoulos, K. (2014). "Horses of courses" in Demand Forecasting. *European Journal of Operational Research.*

Schneider, F. (2002). Size and Measurement of the Informal Economy in 110 Countries around the World. In *Workshop of Australian National Tax Centre, ANU,* Canberra, Austraia.

Tan, P.-N. N., Steinbach, M., & Kumar, V. (2005). *Introduction to Data Mining.* Boston: Addison Wesley.

Van Gestel, T., & Baesens, B. (2009). *Credit Risk Management: Basic Concepts: Financial Risk Components, Rating Analysis, Models, Economic and Regulatory Capital.* Oxford: Oxford University Press.

Van Vlasselaer, V., Eliassi-Rad, T., Akoglu, L., Snoeck, M., & Baesens, B. (2015). Gotcha! Network-based Fraud Detection for Social Security Fraud. *Management Science,* Submitted.

Verbeke, W., Dejaeger, K., Martens, D., Her, J., & Baesens, B. (2012). New Insights into Churn Prediction in the Telecommunnication Sector: A Profit Driven Data Mining Approach. *European Journal of Opreational Research* 218: 211-229.

제3장

부정 적발을 위한 기술적 애널리틱스

1. 서론

기술적 분석 혹은 비(非)지도 학습은 평균적인 행동이나 표준에서 벗어나는 일반적이지 않고 비정상적인 행동을 찾아내는 것을 목표로 한다(Bolton and Hand, 2002). 표준은 여러 방법으로 정의할 수 있다. 평균적인 고객의 특정 시점의 행위 또는 특정 시간 고객층의 평균적 행위로, 혹은 이 둘을 합친 것으로 정의할 수도 있다. 다음 장에서 언급이 되겠지만 예측적 분석 혹은 지도 학습은 기존에 알려진 부정 관련성 거래가 포함된 과거 데이터 집합이 있는 것으로 가정한다. 그렇기 때문에 만들어진 분석 모형은 과거에 일어났던 부정 패턴만을 적발해 낼 수 있으며, 결과적으로 기존에 알려지지 않았던 부정을 적발해 내는 것은 불가능하다. 하지만 예측적 애널리틱스는 기술적 분석에서 찾은 비정상(anomalies)을 설명하는 데 유용하게 쓰일 수 있다.

비지도 학습은 부정 적발을 위해 사용될 때 비정상이나 의심스러운 관찰치를 찾는 것을 목표로 하기 때문에 종종 비정상 적발(anomaly detection)이라고 불린다. 비정상은 일반적으로 이상치(outliers) 혹은 예외사항(exceptions)이라고 표현된다. 이상치의 초기 정의 중 하나는 그루브스(Grubbs)에 의해 1969년에 다음과 같이 제시되었다:

> "이상치는 동떨어진 관찰치로서 속해 있는 표본 내 다른 관찰치들로부터 현격하게 벗어나 보이는 것을 의미한다."

비지도 학습을 사용할 때 직면하는 첫 번째 난관은 평균적 행동 혹은 표준을 정의하는 것이다. 일반적으로 이러한 정의는 해당되는 분야에 크게 의존한다. 그리고 표준과 이상치 사이의 경계선은 분명하지 않다. 앞서 언급했듯이 부정 관련자들은 평균 혹은 표준 속에 섞여들 수 있도록 최선을 다함으로써 그들의 적발과 표준에 맞는 정의를 더 복잡하게 한다. 또한, 표준이란 시간이 지남에 따라 변할 수 있으므로 만들어진 분석 모형들은 가능한 한 실시간으로 지속적으로 모니터링되어야 하고 업데이트되어야 한다. 마지막으로, 비정상이 반드시 부정 관련성이 있는 관찰치만을 의미하진 않는다. 그러기에 부정 적발을 위한 비지도 학습 사용은 검증된 혐의 관찰치에 대한 심도 있는 후속 조치와 입증이 필요하다.

비지도 학습은 부정 적발을 시작하는 기업이나 이용 가능한 분류된 과거 데이터 집합을 갖지 않은 경우에도 유용할 수 있다. 또한 새로운 부정 수법을 밝혀냄으로써 현존하는 부정 모형에도 유용할 수 있다. 이는 특히 환경적인 것과 관련이 있는데, 부정 적발 방법을 능가하기 위해 부정 관련자들이 끊임없이 그들의 전략을 상황에 맞게 변화시키기 때문이다. 신용카드 부정의 예시로 부정 관련자들이 부정을 저지르기 위해 새로운 방법을 끊임없이 시도하는 것을 들 수 있다. 또 다른 예로는 사이버 부정 상황에서의 침입 적발을 들 수 있다. 비지도 방법 혹은 비정상 적발은 새로 떠오르는 사이버 위협을 적발할 수 있는 반면, 지도 방법은 이미 알려진 침입 패턴을 기본으로 작동한다.

이 장에서는 부정 적발을 하는 여러 가지 비지도 기술에 대해 탐구하게 될 것이다.

2. 그래픽 이상치의 적발 절차

1차원적인 이상치 적발을 위해서는 히스토그램 또는 상자 그림이 사용될 수 있다(제2장 참조). 2차원적 이상치를 적발하기 위해서는 산포도를 사용할 수 있다. 산포도의 사용은 이상치 적발을 위해 회전설비(spinning facilities)가 그래프를 회전시켜 주는 3차원적 환경으로까지 확대시킬 수 있다(그림 3.1). 그림 3.1을 보면 이례적으로 높은 금액의 청구, 청구인들의 높은 보유 차량 수, 그리고 이전의 청구와 현재 청구 사이의 짧은 기간을 나타내는 3개의 이상치가 별표(*)로 표시되어 있다. 이러한 청구들은 명백히 의심스러우며 추가 조사가 필요하다.

이상적으로 도식법(graphical methods)은 다차원적 데이터 분석과 온라인 분

그림 3.1 이상치 적발을 위한 3D 산포도

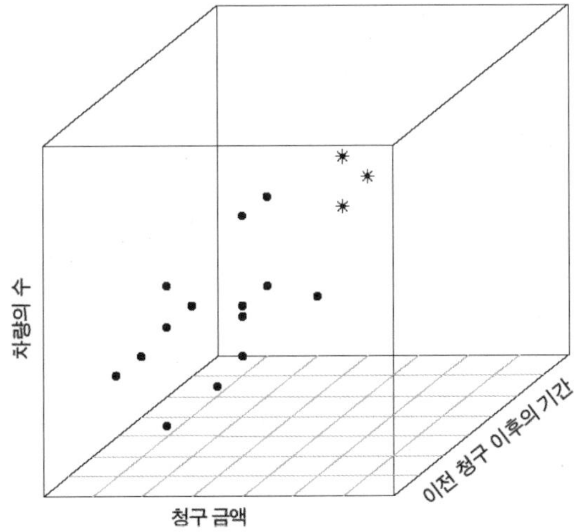

그림 3.2 부정 적발을 위한 OLAP 큐브

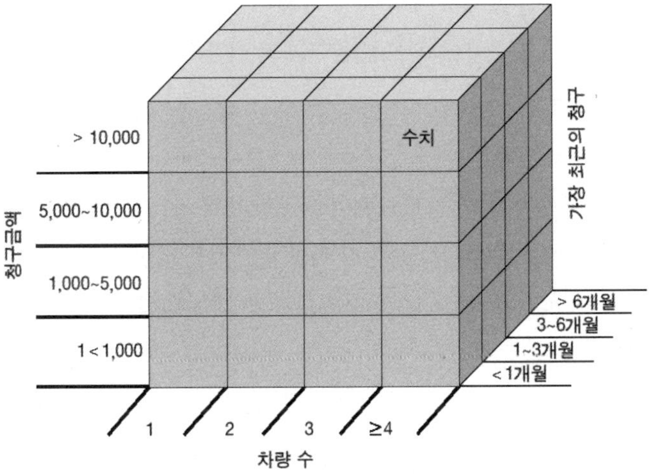

석 처리(Online Analytical Processing: OLAP) 기능으로 보완되어야 한다. 그림 3.2는 청구금액, 차량 수, 그리고 이전 청구로부터의 기간에 근거하여 분포도 또는 보험 청구 건수를 보여주는 OLAP의 예이다. 큐브가 데이터 웨어하우스 혹은 거래 데이터 출처로부터 채워진 후에 OLAP이 실행될 수 있다:

- 롤업(Roll-Up): 하나 이상의 차원들을 통합하는 개념이다. 예시는 모든 차량 수에 걸쳐 집계된 청구 금액과 최근 청구 시점을 통합한 것이 있다(차량 수 차원의 롤업). 또 다른 예로는 전체 차량 수와 이전 청구 이후의 일자에 걸쳐 집계된 청구 금액의 분포이다(차량 수와 이전 청구 이후의 일수 차원의 롤업).
- 드릴다운(Drill-Down): 롤업의 반대 개념으로, 더 구체적이고 자세한 분석이 필요할 때 차원을 추가하는 것이다.
- 슬라이싱(Slicing): 차원(dimension) 중 하나를 따라 한 부분을 선택하는 것이다. 예를 들어 청구인이 4대 이상의 차량을 보유한 경우 청구에 대해 청구의 양과 이전 청구와의 기간의 분포를 보여주는 것이다(차량 수 차원을 따라 슬라이싱).
- 다이싱(Dicing): 모든 차원에 특정 값을 지정하여 더 작은 크기의 큐브를 만드는 것이다. 예를 들어 1000~1만 달러에 포함되는 청구 금액, 2~3대의 차량 수, 1~6개월 사이의 이전 청구와의 기간으로 값을 지정하여 분포를 보여주는 것이다.

OLAP 분석을 돕기 위한 소프트웨어 도구들이 많이 있다. 이는 강력한 시각화를 제공하고, 때로는 데이터 사이의 적발 연관성을 위한 가상현실 기술로 시각화를 증가시킨다. 또한 OLAP 도구들은 보통 다차원적 데이터 분석을 위한 피벗 테이블을 이용한다. 피벗 테이블들은 분석가들이 표로 나타난 데이터를 사용자가 설정한 차원들로 드래그 앤 드롭(Drag and drap) 인터페이스를 이용해 교차표를 만들어 요약할 수 있게 한다. 그림 3.3에서는 이와 관련된 예로서 마이크로소프트 엑셀(Microsoft Excel)로 분석된 신용카드 부정 적발 데이터 집합을 보여준다. 보다시피 데이터 집합은 2397개의 관찰치(2364개의 비부정과 33개의 부정)를 보유하고 있다. 각 열은 최신성, 빈도, 금액(RFM)과 관련된 변수들을 보여준다. 좌측 상단 코너에 B2칸처럼 뽑힌 데이터들은 EU 거래가 아닌 것으로 필터링되었다. 결과로부터 알 수 있는 것은 non-EU 거래들을 부정 관련

그림 3.3 신용카드 부정 적발을 위한 피벗 테이블 예시

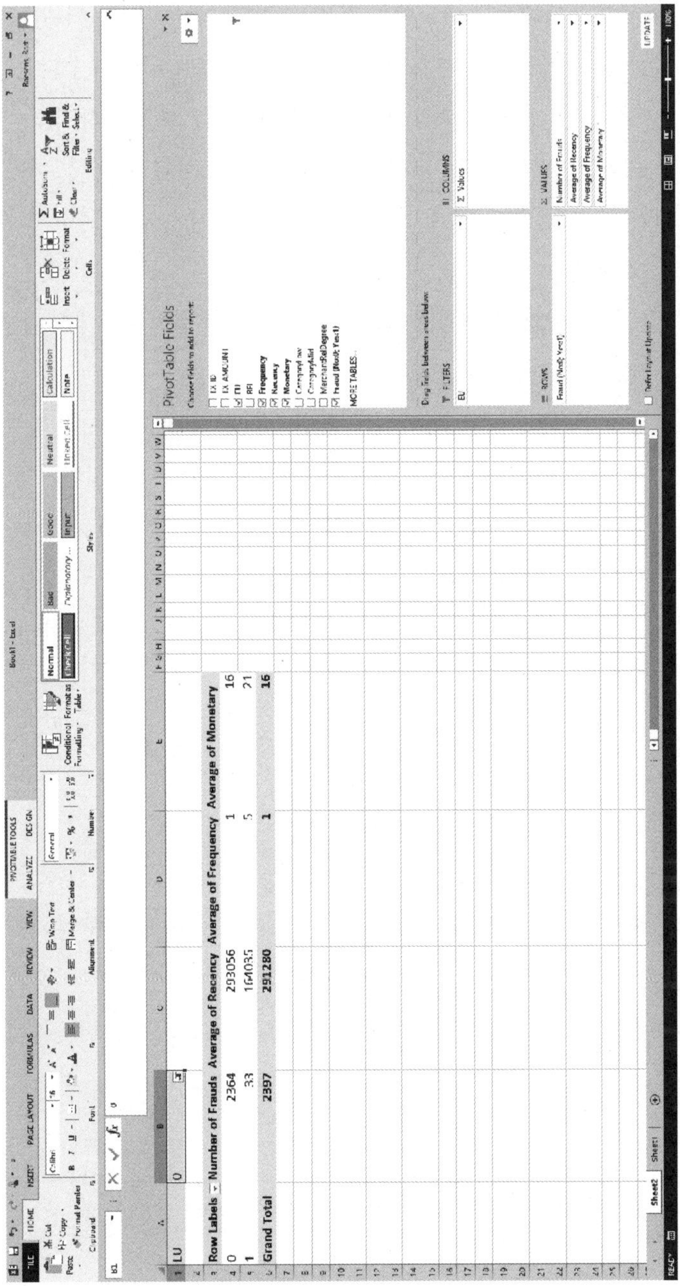

성이 없는 거래들과 비교했을 경우, 부정 관련성이 있는 거래들은 평균적으로 최신성이 낮고, 평균 빈도가 높으며, 평균적으로 금액이 높다는 점이다. 데이터에서 찾을 수 있는 부정 패턴에 대해 추가적으로 탐구하기에 이는 매우 흥미로운 통찰의 시작이다. 피벗 테이블은 쉽게 조작될 수 있다. 다른 필터들이 정의될 수 있고, 행과 열이 더해질 수 있으며, 기술통계 또는 요약 결과가 달라질 수 있다(예: 개수, 최솟값, 최댓값).

도식법과 OLAP은 다루고 일하기가 쉽다. 이는 데이터를 탐구하고 예비적 통찰력을 얻는 데 이상적인 도구들이다.

하지만 이는 공식적이지 않고 차원이 제한적이다. 이는 비정상을 적발해 내는 데 최종 사용자의 적극적인 참여를 요구한다. 다시 말하자면, 사용자가 차원들을 선택하고 OLAP이 작동하는 방법을 결정해야 한다는 것이다. 큰 차원의 데이터 집합에서는 버거운 작업이 될 수도 있다. 전처리 과정에서 사용되는 것 이외에도 OLAP 기능은 모형의 후처리와 모니터링 과정에서도 점점 더 인기가 많아지고 있다.

3. 통계적 이상치의 적발 절차

제2장에서 논의했듯이 z 점수 계산법은 가장 잘 알려진 통계적 이상치 적발 방법이다. 보통의 경우 z 점수의 절댓값이 3 이상인 경우 이상치로 간주된다. 조금 더 형식적인 방법은 그럽스 검정(Grubbs test)으로, 다음과 같이 표현된다(Grubbs, 1950 참조):

H_0: 데이터 집합에 이상치 없음

H_A: 데이터 집합에 최소 1개의 이상치가 있음

모든 관찰치에 대한 z 점수를 계산하는 것으로 시작한다. 그리고 관찰된 z 점수의 최대 절댓값을 G라고 놓는다. 유의수준이 α일 때 만약 아래 공식을 따

른다면, 그에 상응하는 관찰치는 이상치라고 간주된다:

$$G > \frac{N-1}{\sqrt{N}}\sqrt{\frac{t^2_{\frac{\alpha}{2N},\ N-2}}{N-2+t^2_{\frac{\alpha}{2N},\ N-2}}}$$

이때 N은 관찰치의 수를 나타내고, $t^2_{\frac{\alpha}{2N},N-2}$는 $N-2$의 자유도를 가진 스튜던트 t - 분포(Student's t-distribution)의 임계 값이며, 유의수준은 α / (2N)이다. 만일 이상치가 적발된다면, 데이터 집합에서 제거하고 테스트를 다시 실행시킨다. 또한 테스트는 z 점수가 아래의 마할라노비스 거리(Mahalanobis' distance)로 대체되는 다변량 이상치들을 위해서도 실행될 수 있다

$$\sqrt{(x-\overline{x})^t S^{-1}(x-\overline{x})},$$

x는 관찰값, $\overline{x}$는 평균 벡터이고, S는 공분산 행렬을 나타낸다. 이 테스트의 주요 단점은 데이터의 정규분포 가정으로, 데이터가 그렇지 않은 경우에는 분석력이 떨어진다는 점이다.

최대 우도법(maximum likelihood procedure)이나 기대값 최대화법(expectation-maximization procedure)을 이용한 다른 통계 과정들은 분포 혹은 분포 혼합에 적합하고 확률 밀도함수의 작은 값들을 가진 관찰치들을 이상치로 분류한다.

1) 중단점 분석

중단점 분석(Break-Point Analysis)은 계정 내의 부정 적발 방법이다(Bolton and Hand, 2001). 중단점은 추가적인 조사가 필요한 계정 활동의 급작스러운 변화를 나타낸다. 이 분석방법은 고정 시간대를 정의함으로써 시작된다. 이 시간대는 '구(old)'와 '신(new)' 부분으로 나뉜다. '구' 부분은 비교대상인 '신' 관찰치들의 기준이 되는 로컬 모형 또는 프로파일을 나타낸다. 사례에서 시간대는 24개의 거래로 설정이 되었고 그중 20개의 거래가 로컬 모형 그리고 나머지 4개 거래는 검사 용도로 이용되었다(Bolton and Hand, 2001). 스튜던트 t - 검정

그림 3.4 중단점 분석

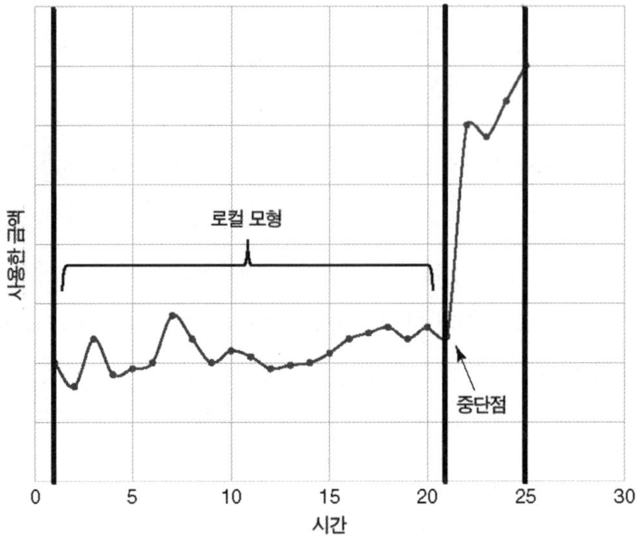

(Student's t-test)은 '신'과 '구' 부분의 평균을 비교하기 위해 사용된다. 관찰치는 *t* - 통계량 값의 순서대로 정렬된다. 이는 그림 3.4에서 볼 수 있다.

2) 동료집단 분석

동료집단 분석(Peer-Group Analysis) 또한 볼튼과 핸드(Bolton and Hand, 2001)가 소개한 개념이다. 동료집단이란 목표 계정과 유사하게 행동하는 계정들을 의미한다. 목표 계정이 속한 집단으로부터 벗어나는 행동을 하는 경우 이상신호를 나타낼 수 있다. 동료집단 분석은 두 단계로 이루어진다. 첫 번째 단계에서는 특정 계정의 동료집단이 확인되어야 한다. 이는 사전에 가지고 있는 비즈니스 지식을 활용하거나 통계적인 방법으로 달성할 수 있다.

예를 들어 직원 부정의 맥락에서 비슷한 직업을 공유하는 사람들은 동료로 그룹화될 수 있다. 또 다른 예로는 여러 지역에 걸쳐 의사들의 부정청구를 적발하는 것을 목표로 하는 의료 부정 적발의 경우를 들 수 있다. 목표 관찰치가 샌프란시스코의 심장병 전문의라고 가정하자. 그렇다면 이 경우 동료는 샌프란시스코의 다른 모든 심장병 전문의로 간주된다. 통계적인 유사성 평가기준 또한 동료를 정의하는 데 사용될 수 있으나 이는 주로 특수한 경우에 사용된다. 유클리드 기하학 분석(Euclidean-based metrics)을 유명한 예로 들 수 있다(Bolton and Hand, 2001; Weston et al., 2008 참고). 동료들의 수는 신중하게 선택되어야 한다. 너무 적거나 방법이 너무 지엽적이면 잡음에 민감해지고, 너무 많거나 방법이 너무 광범위하면 중요한 지역적 이상치에 민감하지 않을 수 있기 때문이다.

두 번째 단계에서는 스튜던트 *t* - 검정이나 마할라노비스 거리와 같은 통계학적 테스트를 사용해 목표 계정의 행동과 동료들을 비교한다.

신용카드 맥락에서 문제를 풀어보자. 목표 계정이 다음과 같은 시계열을 갖고 있다고 가정한다:

$$y_1, y_2, \ldots y_{n-1}, y_n$$

여기서 y_i은 시간[예: 일(day), 주(week)] i의 사용된 양을 의미한다. 여기서 목표는 n시간 동안 사용된 양(y_n)이 비정상적인지를 확인하는 것이다. 목표 계정의 k 동료들을 확인하는 것으로 시작한다. 이 과정은 모든 계정들이 목표와의 유사성을 기준으로 정리된 아래의 표 3.1에 회색으로 표시되어 있다.

y_n이 이상치인지를 확인하기 위해서 *t* - 점수(*t* - score)는 다음과 같이 계산된다:

표 3.1 동료집단 분석을 위한 거래 데이터 집합

$x_{m,1}$	$x_{m,2}$	…	$x_{m,n-1}$	$x_{m,n}$
…				
$x_{k,1}$	$x_{k,2}$		$x_{k,n-1}$	$x_{k,n}$
…				
$x_{2,1}$	$x_{2,2}$		$x_{2,n-1}$	$x_{2,n}$
$x_{1,1}$	$x_{1,2}$		$x_{1,n-1}$	$x_{1,n}$
y_1	y_2		y_{n-1}	y_n
…				

그림 3.5 동료집단 분석

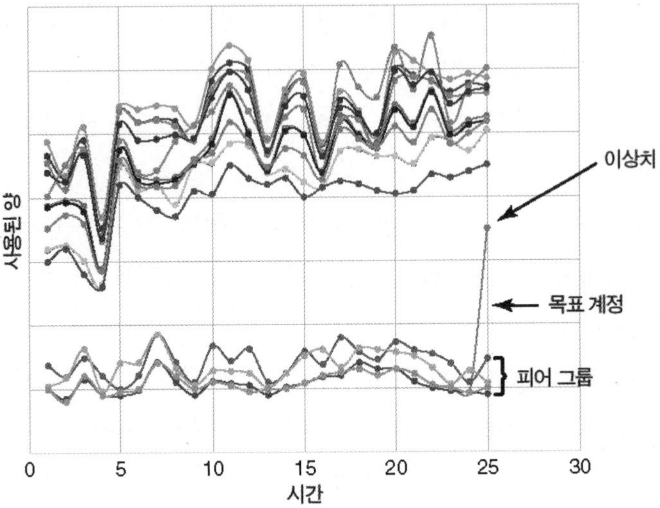

$$\frac{y_n - \overline{x_{1:k,n}}}{s}$$

$\overline{x_{1:k,n}}$은 $x_{1,n}, \ldots x_{k,n}$의 평균을 나타내고 s는 그에 상응하는 표준편차를 나타낸다. 스튜던트 t - 분포가 통계적인 해석을 위해 유용하게 쓰일 수는 있지만, 관찰치들을 그들의 t 점수에 따라 단순하게 정렬하고, 높은 점수를 가진 계정들을 조사할 것을 추천한다. 이는 그림 3.5에서 볼 수 있다.

동료집단 분석의 주요 장점은 중단점 분석(break point analysis)과 비교했을 때 계정 내의 행동이 아닌 계정들 사이를 고려해서 비정상인 점이나 이상한 점을 찾아낸다는 것이다. 예를 들어 특정 계정의 거래량과 동일 계정의 이전 거래량을 비교할 때, 크리스마스 시즌의 소비행동은 이상치로 표기가 될 것이다. 하지만 동료들과 비교한다면 이러한 문제는 피할 수 있게 된다. 중단점 분석과 동료집단 분석 모두 포괄적인 이상치보다는 국지적 이상치를 적발할 것이란 사실을 기억해야 한다. 다시 말하자면, 세계적인 모집단에서 정상적인 패턴이나 연속성은 지역적 프로파일이나 동료집단의 행동을 비교 대상으로 했을 경우에는 비정상적으로 보여, 혐의가 있다는 경보가 울릴 수도 있다는 것이다.

3) 연관 규칙 분석

연관 규칙 분석은 항목(Item)들 간에 자주 발생하는 관계들을 적발한다 (Agrawal, Imielinski et al., 1993). 이는 처음에 장바구니 분석(market basket analysis)에서 어떤 상품들이 자주 함께 구매가 되는지를 알아내기 위해 소개되었던 개념이다. 이 분석법에서는 거래 식별자와 모든 가능한 항목 *I*에서 선별된 항목 집합 $\{i_1, i_2, ..., i_n\}$을 포함하는 거래 데이터베이스 *D*가 주요 입력자료이다. 연관 규칙은 $x \subset I,\ Y \subset I,\ x \cap Y = \phi$인 경우 $X \rightarrow Y$ 형식을 의미한다. 여기서 *x*는 선행 규칙이라 하고 *Y*는 후행 규칙이라 한다. 연관 규칙의 예시는 다음과 같다:

- 만약 고객이 차량 대출과 차량 보험이 있다면, 그 경우 고객의 80%는 당좌예금 계좌를 갖고 있다.
- 만약 고객이 스파게티를 구매했다면, 그 경우 고객의 70%는 레드와인을 같이 구매한다.
- 만약 고객이 웹 페이지 *A*를 방문하는 경우, 그 경우 고객의 90%는 웹 페이지 *B*도 방문한다.

여기에서 연관 규칙은 본질적으로 확률적이라는 점에 유의해야 한다. 이는 통계학적인 방법으로 연관 정도가 측정이 되었기 때문에 보편적인 진리로 해석이 되어서는 안 된다는 뜻이다. 더 나아가, 규칙은 상관관계의 연관성을 측정하는 것이기 때문에 인과관계로 해석되어서도 안 된다.

부정환경에서 연관 규칙은 보험 부정을 적발하는 데에 사용될 수 있다. 거래 식별자는 청구 식별자와 피보험자, 청구 조정자, 경찰, 그리고 청구 서비스 제공자의 연관된 다양한 항목(예를 들어 카센터, 의료진, 집수리계약자 등)에 부합해야 한다. 표 3.2에 나오는 거래 데이터베이스를 예시로 사용해 보자.

보험 청구를 다루는 여러 당사자들 사이에서 자주 발생하는 관계 혹은 연관 규칙을 찾는 것이 목표이다. 이는 두 단계의 절차를 통해 해결될 것이다. 첫 단

표 3.2 보험 부정 적발을 위한 거래 데이터베이스

청구 식별자	관련 집단
1	피보험자 *A*, 경찰관 *X*, 청구 조정자 1(보험금 지급심사자), 카센터 1
2	피보험자 *A*, 청구 조정자 2(보험금 지급심사자), 경찰관 *X*
3	피보험자 *A*, 경찰관 *Y*, 카센터 1
4	피보험자 *A*, 청구 조정자 1(보험금 지급심사자), 청구 조정자 1(보험금 지급심사자), 경찰관 *Y*
5	피보험자 *B*, 청구 조정자 2(보험금 지급심사자), 카센터 2, 경찰관 *Z*
6	피보험자 *A*, 카센터 2, 카센터 1, 경찰관 *X*
7	피보험자 *C*, 경찰관 *X*, 카센터 1
8	피보험자 *A*, 카센터 1, 경찰관 *Z*
9	피보험자 *A*, 카센터 1, 경찰관 *X*, 청구 조정자 1(보험금 지급심사자)
10	피보험자 *B*, 청구 조정자 3(보험금 지급심사자), 카센터 1

계에서는 자주 발생하는 항목 집합이 확인될 것이다. 항목 집합의 빈도는 그들의 '지원(support)'에 의해 측정되는데, 이는 데이터베이스의 총거래 수에서 거래를 지원하는 수(X)의 비율이다. 따라서 D에서 거래의 $100 \times s$%가 X를 포함하면 항목 집합 X는 s를 지원한다. 이는 다음과 같이 공식적으로 정의될 수 있다:

$$\text{지원}(X) = \frac{\text{거래를 지원하는 수}(X)}{\text{총거래 수}}$$

항목 집합 {피보험자 *A*, 경찰관 *X*, 카센터 1}을 고려해 보자. 이 항목 집합은 거래 1, 6, 9에서 일어났다. 따라서 발생확률은 3/10 또는 30%로 본다. 빈번한 항목 집합은 이제 데이터 과학자가 지정한 최솟값(예: 10%)보다 높은 지원 항목 집합으로 정의할 수 있다. 계산적으로 효율적인 절차는 빈번한 항목 집합을 확인하기 위해서 개발되었다(Agrawal, Imielinski et al., 1993).

빈번한 항목 집합이 발견되고 나면 연관 규칙들은 두 번째 단계에서 도출된다. 다수의 연관 규칙들은 같은 항목 집합에서 정의될 수 있다. 항목 집합 {피보험자 *A*, 경찰관 *X*, 카센터 1}을 고려해 보자. 연관 규칙의 예는 다음과 같다:

➲ 만일 피보험자가 A이고 경찰관이 X이면 카센터가 1

➲ 만일 피보험자가 A이고 카센터가 1이면 경찰관이 X

➲ 만일 피보험자가 A이면 카센터가 1이고 경찰관이 X

연관 규칙의 강도는 신뢰성에 의해 정량화될 수 있다. 신뢰성은 연관의 강도를 측정하고 선행 규칙이 주어졌을 때 후행 규칙의 조건부 확률로 정의된다. 만약 X를 포함하는 D에서 거래의 $(100 \times c)$%가 Y를 포함한다면 규칙 X ➜ Y는 신뢰성 c를 갖고 있다고 정의된다. 이는 다음과 같이 공식적으로 표기된다:

$$\text{신뢰성}(X \rightarrow Y) = P(Y \mid X) = \frac{\text{지원}(X \cup Y)}{\text{지원}(X)}$$

연관 규칙 '만일 피보험자 A와 경찰관 X이면 ➜ 카센터 1'을 살펴보자. 이는 선행 항목 집합 {피보험자 A, 경찰관 X}가 거래 1, 2, 6, 9에서 발생한다. 이 4개의 거래 중 3개는 후행 항목 집합 {카센터 1}도 포함하는데, 따라서 3/4(=75%)의 신뢰성을 갖는다. 데이터 과학자는 연관 규칙이 의미 있다는 것을 보여주기 위해서는 최소한의 신뢰성을 명시해야 한다.

일단 모든 연관 규칙이 발견되면, 더 자세히 조사되고 검증할 수 있다. 우리의 예시에서는 연관성 '만일 피보험자 A와 경찰관 X이면 ➜ 카센터 1'은 부정을 나타내지는 않지만 관련 개입자들 사이의 관계를 추가로 조사하는 것은 적어도 노력할 만한 가치는 있는 것이다.

4. 군집화

1) 서론

군집화(clustering)의 목적은 군집 내에서의 동질성(homogeneity)과 군집 간의 이질성(heterogeneity)이 극대화되도록 관찰치들의 집합을 분류하는 것이다

그림 3.6 부정 적발을 위한 군집 분석

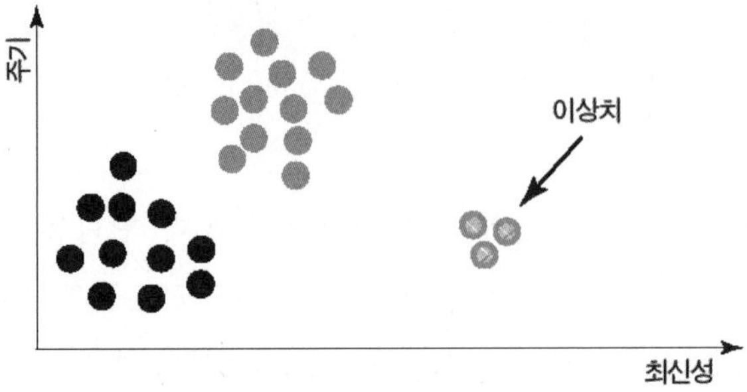

(Everitt, Landau et al., 2010). 부정 적발에 적용된 예는 다음과 같다:

- 신용카드 거래들에서의 군집화
- 보험 청구에서의 군집화
- 세무 조사 시의 세금계산서 군집화
- 자금 세탁 방지에서의 현금 거래 군집화

고객의 특징(예: 사회인구학적 정보, 행동, 생활방식, …), 계정의 특징, 거래의 특징 등과 같은 여러 종류의 군집화 데이터가 여기에 사용될 수 있다. 제2장에서 소개했듯이 부정 적발 목적의 군집화에서 가장 선호되는 거래의 특성은 최신성(Recency), 주기(Frequency), 금액(Monetary)(RFM) 변수들이다.

정형 데이터 이외에도 이메일, 통화내역, 소셜 미디어 정보 등의 비정형 데이터 또한 고려해야 한다. 항상 분석에서 군집을 형성할 데이터를 선택하는 것은 신중해야 한다. 더 많은 데이터를 가지고 있는 것이 더 낫지만, 비지도 특성 선택 방법(unsupervised feature selection methods)을 사용하여 상관관계가 있는 데이터를 너무 많이 선택하지 않도록 특별히 주의해야 한다. 간단한 접근법으로는 단순하게 각 데이터 특성 사이의 피어슨 상관관계(Pearson correlation)를 계산하고 강력한 상관성을 갖고 있는 특징 하나만을 남겨두는 것이다.

부정 적발을 목적으로 사용될 때 군집화는 이상치 혹은 비정상치들을 작고 밀도가 희박한 군집들로 묶는 것이 목표가 될 수도 있다. 이러한 군집들은 그

그림 3.7 계층적 vs. 비계층적 군집화 기술

들의 특징과 잠재적인 부정행위에 대해 추가 분석과 조사가 이루어질 수 있다(그림 3.6 참조).

여러 종류의 군집화 기술들이 부정 적발에 적용될 수도 있다. 크게 보면 계층적 혹은 비계층적 방법으로 분류된다(그림 3.7 참조).

2) 거리 측정법

앞서 언급되었던 것처럼 군집화는 유사성을 기준으로 관찰치를 그룹화하는 것이다. 그렇기 때문에 유사성을 수치화할 수 있는 거리 측정법(distance metric)이 필요하다. 연속형 및 범주형 데이터를 위한 거리 측정법은 다양하다.

연속형 데이터에서는 두 관찰치 x_i와 x_j 사이의 민코프스키 거리(Minkowski distance) 혹은 표준 L_p를 다음과 같이 정의한다:

$$D(x_i;x_j) = (\sum_{k=1}^{n} |x_{ik} - x_{jk}|^p)^{1/p},$$

n은 변수의 개수이고 p가 1과 같을 때 민코프스키 거리는 맨해튼(Manhattan) 또는 시구획 거리(City block distance)라고 불리기도 한다. p가 2와 같을 때, 민코프스키 거리는 그 유명한 유클리드 거리(Euclidean distance)가 된다. 두 가지

그림 3.8 유클리드 거리 vs. 맨해튼 거리

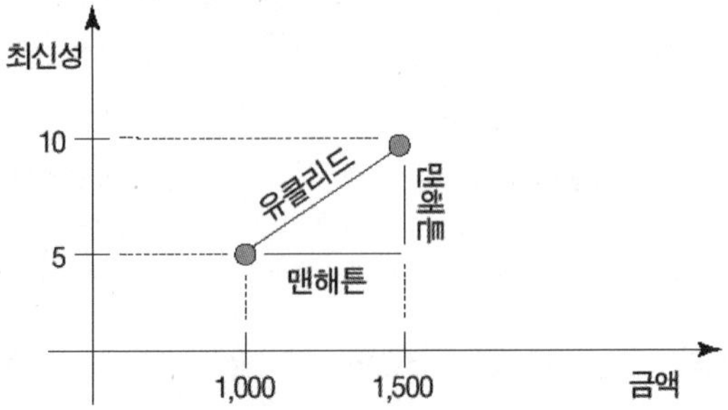

모두 그림 3.8에 잘 묘사되어 있다. 그림 3.8의 거리를 구하자면:

$$\text{유클리드: } \sqrt{(1500-1000)^2+(10-5)^{2\sim}} = 500$$

$$\text{맨해튼: } |1500-1000| + |10-5| = 505$$

여기서 볼 수 있듯이, 금액 변수(amount variable)가 최신성 변수(recency variable)보다 더 큰 규모로 측정되었기 때문에 금액 변수가 거리척도를 지배하는 것은 명백한 사실이다. 따라서 이러한 상황에 맞게 제2장에서 논의되었던 표준화 절차 방법들을 사용하여 두 변수를 비슷한 범위로 등급화할 것을 추천한다. 유클리드 거리가 맨해튼 거리보다 늘 짧다. 유클리드 거리 측정법은 연속형 변수들의 거리를 잴 때 가장 많이 쓰이는 방법이다. 상대적으로 덜 쓰이는 다른 거리 측정법으로는 피어슨 상관관계 혹은 코사인 측정법(cosine measure)이 있다.

연속형 변수들 이외에도 범주형 변수들 또한 군집화될 수 있다. 우선 이항 변수(binary variables)의 경우를 고려해 보자. 이들은 주로 일련의 위험경고 지표들을 토대로 청구가 부정 혐의가 있는지 없는지를 분류하는 보험 부정 적발에 자주 쓰인다. 다음과 같은 이항 위험 경고 지표를 갖고 있는 데이터 집합이 있다고 가정해 보자:

	부실한 운전기록	현금 지급	차량 구매정보 가용 여부	커버리지 증가	차량 점검 없음
청구(Claim) ①	Yes	No	Yes	Yes	No
청구(Claim) ②	Yes	Yes	No	No	No
…					

청구(Claim) ①과 청구(Claim) ② 사이의 거리 혹은 유사성을 계산하는 첫 번째 방법은 단순매칭계수(Simple Matching Coefficient: SMC)를 사용하는 것이다. 단순매칭계수란 변수 값들 간에 일치하는 항목들의 수를 다음과 같이 계산하는 것이다:

$$SMC(\text{청구①}, \text{청구②}) = 2/5$$

단순매칭계수의 가정은 변수들의 두 가지 상태(YES vs NO)가 모두 동일하게 중요하고 따라서 모두 고려되어야 한다는 것이다. 다른 옵션으로는 NO - NO 일치 항목은 계산에서 제외하는 자카드 지수(Jaccard index)를 사용하는 방법이 있다:

$$\text{자카드}(\text{청구①}, \text{청구②}) = 1/4$$

자카드 지수는 최소한 한 번 이상 발생한 위험신호가 있는 두 가지 청구 사이에 대한 유사성을 측정한다. 자카드 지수는 많은 위험신호 지표가 존재하고 그중 몇 건만 신호가 발생한 경우에 특히 유용하다. 100개의 위험신호 지표를 가지고 평균 5개 신호만이 발생된 부정 적발 시스템을 예로 들어보자. 단순매칭계수를 사용한다면 0 - 0 일치 항목이 대부분이기 때문에 보통 모든 청구는 매우 유사할 것이다. 이는 무의미한 군집화를 의미한다. 자카드 지수를 사용함으로써 더 나은 청구에 대한 유사성 개념을 얻을 수 있다. 자카드 지수는 실제로도 부정 적발에 많이 쓰인다.

2개 이상의 값을 갖고 있는 범주형 변수들에 대해 고려해 보자. 다음과 같은 의료보험 데이터를 가정한다:

	진료일	병원과 청구자 집 사이의 거리	진단 유형	리스크 등급	청구 경로
청구(Claim) ①	일요일	중간	심각	C	전화
청구(Claim) ②	수요일	중간	생명에 지장	C	이메일
…					

범주형 변수들을 0/1 더미(dummy)로 코드화하고 맨해튼 또는 유클리드 거리척도를 적용할 수 있다. 하지만 이는 많은 값을 가진 범주형 변수의 경우에는 번거로워질 수 있다. 콜스 분류(Coarse classification)는 더미 변수들을 줄이는 데 사용될 수 있겠지만. 기억해야 할 것은 비지도 상황에서는 목표변수가 없기 때문에 전문가의 지식을 기반으로 해야 한다는 것이다. 또 다른 옵션으로는 단순매칭계수(SMC)를 사용하고 동일 매칭 항목의 개수를 세는 법이다. 이 경우에 SMC는 2/5의 값을 갖는다.

많은 데이터 집합은 연속형 변수와 범주형 변수를 모두 갖고 있어 거리 계산을 어렵게 한다. 이를 해결하는 방법으로는 범주형 변수들을 0/1 더미값으로 코드화하고 연속 거리 측정을 사용하는 것이다. 또 다른 방법으로는 거리 측정 방법의 (가중) 조합을 사용하는 것이 있다. 하지만 이 방법은 더 복잡하기 때문에 자주 사용되지는 않는다.

3) 계층적 군집화

거리 측정 방법이 선택된 후 군집화를 시작할 수 있다. 그 첫 번째로 유명한 기법은 계층적 군집화 방법이다. 분석과정의 시작점에 따라서 분할 계층적 군집화(divisive hierarchical clustering) 또는 응집 계층적 군집화(agglomerative hierarchical clustering) 방법이 사용될 수 있다. 분할 계층적 군집화는 한 군집 속의 전체 데이터로부터 시작하여 한 군집당 오직 1개의 관찰치가 남을 때까지 계속해서 작은 군집들로 나누는 작업이다(그림 3.9에서 오른쪽에서 왼쪽으로 가는 형태). 응집 계층적 군집화는 반대로 작용을 한다. 각 군집 속 1개의 관찰치로

그림 3.9 분할 계층적 군집화 vs. 응집 계층적 군집화

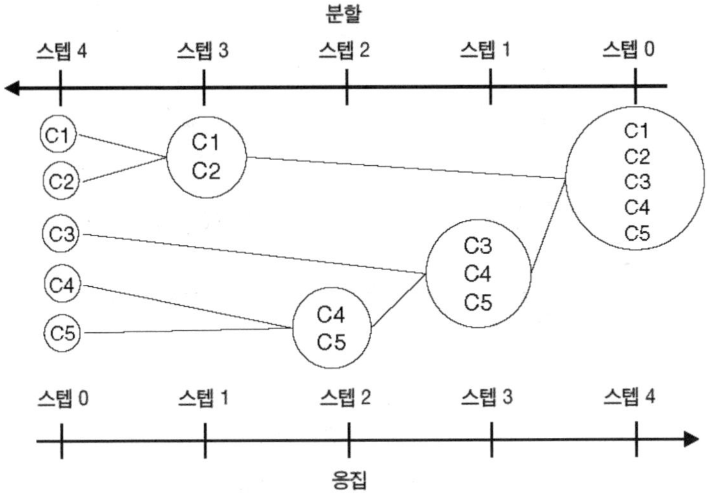

부터 시작해서 가장 유사한 특징을 띠는 관찰치들이 합쳐져 1개의 큰 군집을 만들 때까지 계속된다(그림 3.9에서 왼쪽에서 오른쪽으로 가는 형태). 최적의 군집화 솔루션은 극단적으로 한쪽으로 치우치지 않은 왼쪽과 오른쪽 사이 어딘가에 놓여 있다.

각 관찰치 사이의 거리를 측정하기 위한 여러 가지 방법에 대해 앞서 논의되었지만, 군집들 사이의 거리 측정 방법에 대해서는 아직 언급하지 않았다. 그림 3.10이 보여주듯이 군집의 거리 측정에도 여러 옵션이 있다. 최단 연결법(single linkage method)은 두 군집 사이의 가장 작은 거리, 혹은 가장 유사한 두 대상 사이의 거리로 정의한다. 최장 연결법(complete linkage method)은 두 군집 사이의 가장 먼 거리, 혹은 가장 이질적인 두 대상의 거리로 정의한다. 평균 연결법(average linkage method)은 모든 군집 사이의 가능한 거리의 평균을 거리로 산정한다. 중심점 연결법(centroid linkage method)은 두 군집들의 중심으로부터의 거리를 계산한다. 마지막으로 두 군집 C_i와 C_j 사이의 워드 거리(Ward's distance) 측정은 각 군집을 구성하는 대상들의 모든 측정치의 분산을 제곱한 값의 합에서 군집 C_i와 C_j를 하나의 군집 C_{ij}로 통합했을 때의 편차를

그림 3.10 군집 간 거리 계산

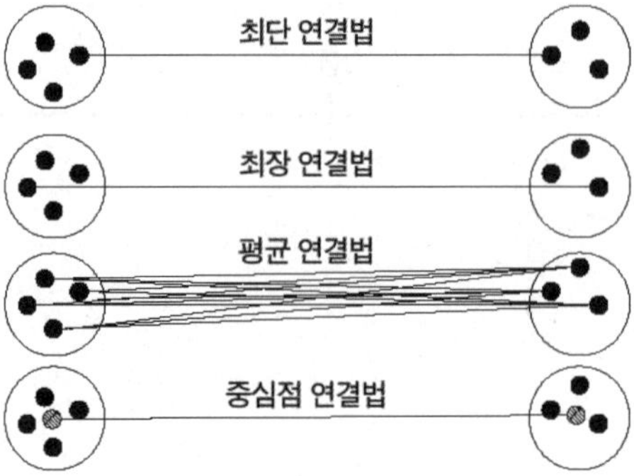

그림 3.11 새 군집화의 예시(숫자는 군집화 단계를 제시함)

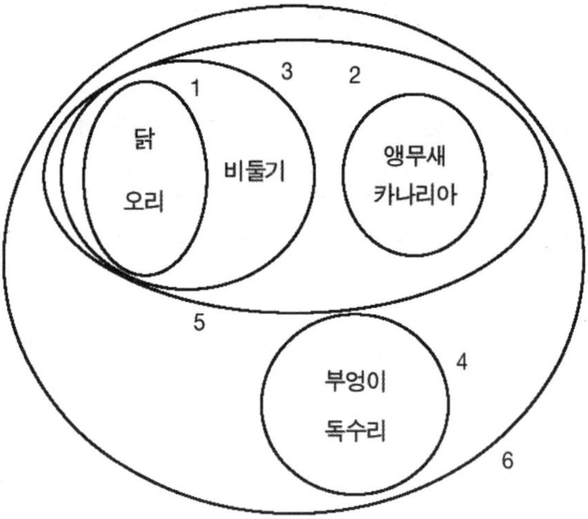

제곱한 합을 빼준다:

$$D_{Ward}(C_i, C_j) = \sum_{x \in C_i}(x - c_i)^2 + \sum_{x \in C_j}(x - c_j)^2 - \sum_{x \in C_{ij}}(x - c_{ij})^2,$$

c_i, c_j, c_{ij}는 군집 C_i, C_j, C_{ij}의 중심을 나타낸다.

최적의 군집 수를 결정하기 위해서는 덴드로그램(dendrogram) 혹은 스크리

그림 3.12 새 예시에 대한 덴드로그램(두꺼운 검은 선은 최적 군집화를 의미)

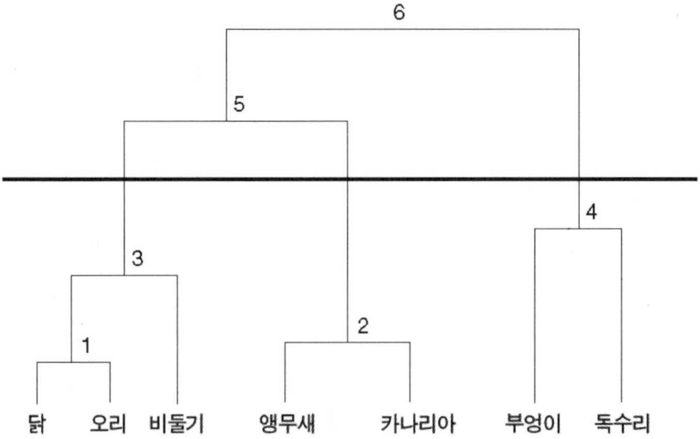

그림 3.13 군집화에 대한 스크리 산점도

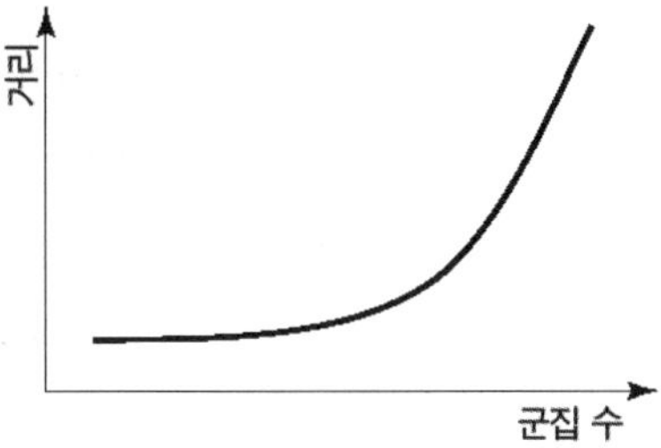

산점도(scree plot)를 사용할 수 있다. 덴드로그램은 나뭇가지형 도표로 결합의 순서들을 기록한다. 수직선(혹은 수평선)은 결합된 군집 사이의 거리를 나타낸다. 최적의 군집을 찾기 위해서 덴드로그램을 원하는 선에서 자를 수 있다. 새들을 군집의 예로 든 그림 3.11과 그림 3.12에서 이를 볼 수 있다. 스크리 산점도는 군집들이 합쳐지는 거리를 나타낸 것으로, 팔꿈치처럼 구부러진 부분은 최적의 군집 수를 나타낸다. 이는 그림 3.13에서 볼 수 있다.

계층적 군집화의 주요 장점은 분석 이전에는 군집의 수가 명시되지 않아도 된다는 것이다. 하지만 큰 데이터 집합에 맞게 확장되지 않는다는 단점이 있다. 또한, 군집의 해석은 주로 주관적이기 때문에 경영전문가와 데이터 과학자의 의견에 영향을 받는다.

4) 계층적 군집화 절차의 예시

앞서 언급한 다양한 계층적 군집화 절차를 보여주기 위해 표 3.3의 7개 관찰치가 있는 데이터 집합을 가정해 보자. 그림 3.14는 그에 상응하는 산포도이다.

표 3.3 계층적 군집화를 위한 데이터 집합

	X	Y
A	4	4
B	5	4
C	7	5
D	8	5
E	11	5
F	2	7
G	1	3

그림 3.14 계층적 군집화 데이터의 산포도

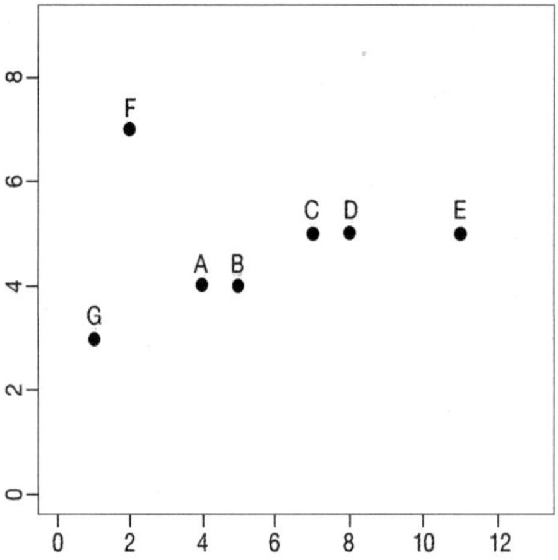

그림 3.15는 여러 계층적 군집화 절차의 결과물을 보여준다. 여기에서 볼 수 있듯이 최단연결법은 유사하지 않은 대상은 포함하지 않기 때문에 얇고 긴 타원 모양의 군집들을 낳는다. 최장연결법은 군집들이 더 묶여 있고 균형적이며 원 모양이 되기 때문에 주로 더 선호된다. 평균연결법은 분산값이 작은 군집들을 합치는 것을 선호하기 때문에 분산값이 비슷한 군집들을 산출해 낸다. 중심점 연결법은 처음 보면 비슷해 보이지만, 아래 그림에서 확인할 수 있듯이 군집형태의 결과물이 다르다. 워드의 방법은 관찰치가 적은 군집들의 병합을 선호하고 종종 균형 잡힌 군집들을 만들어낸다.

그림 3.15 계층적 군집화 절차 결과물

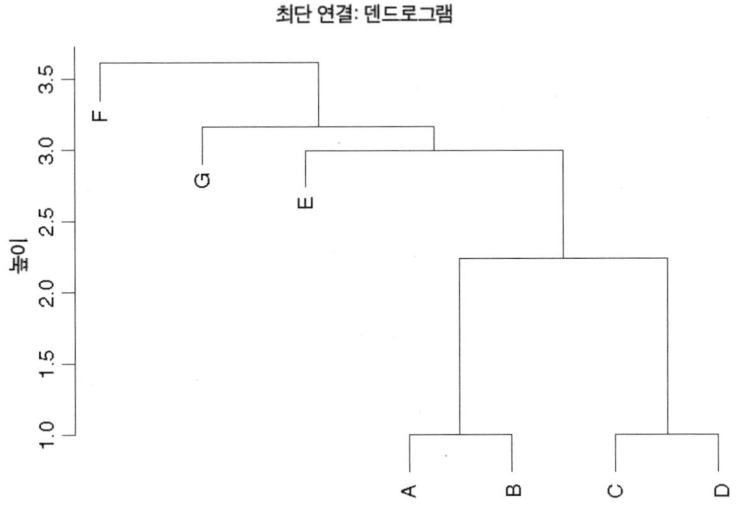

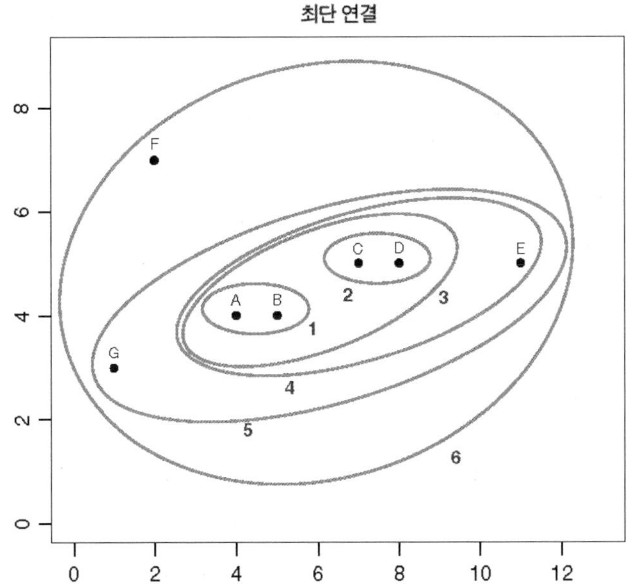

그림 3.15 계층적 군집화 절차 결과물(이어짐)

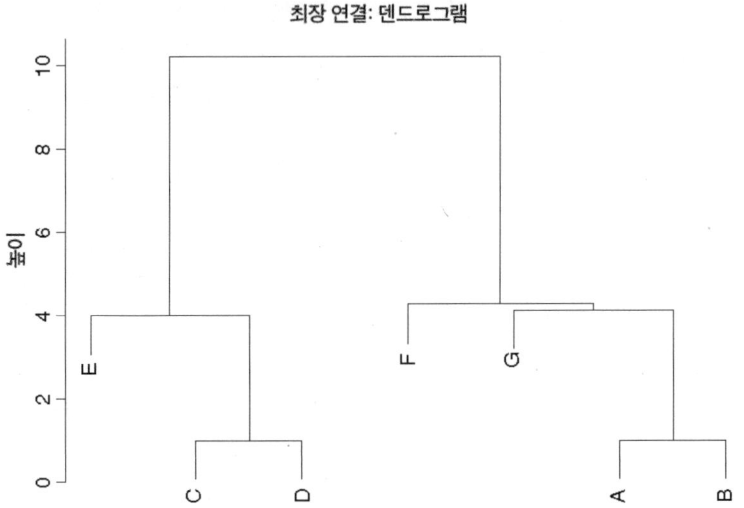

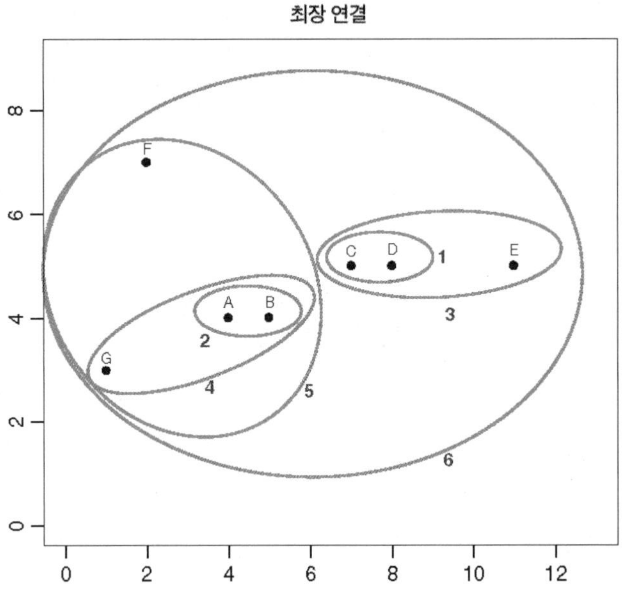

그림 3.15 계층적 군집화 절차 결과물(이어짐)

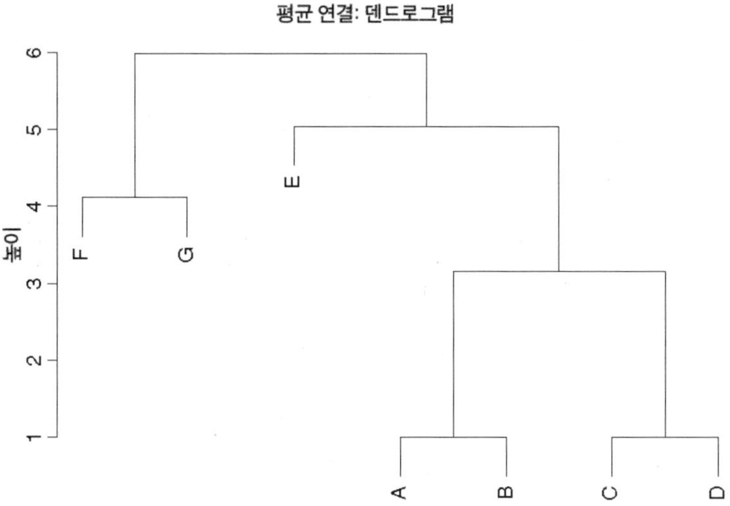

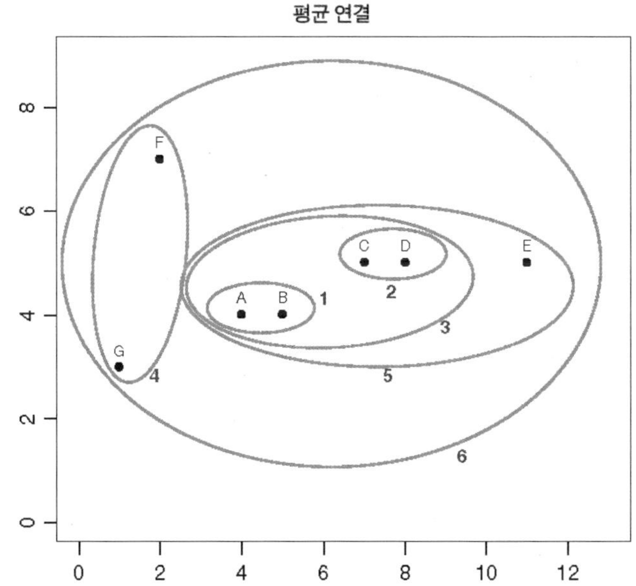

그림 3.15 계층적 군집화 절차 결과물(이어짐)

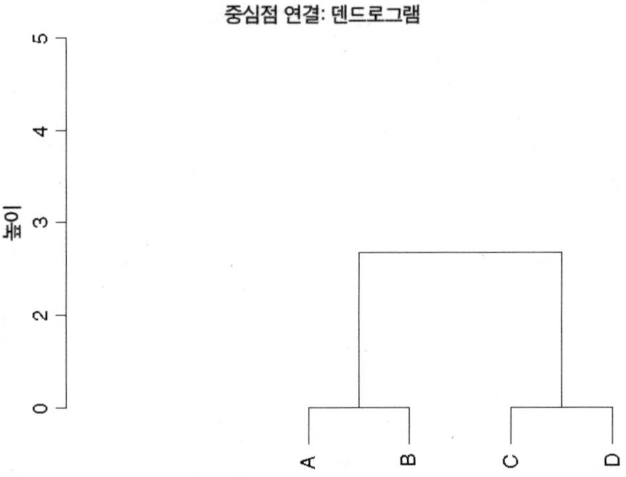

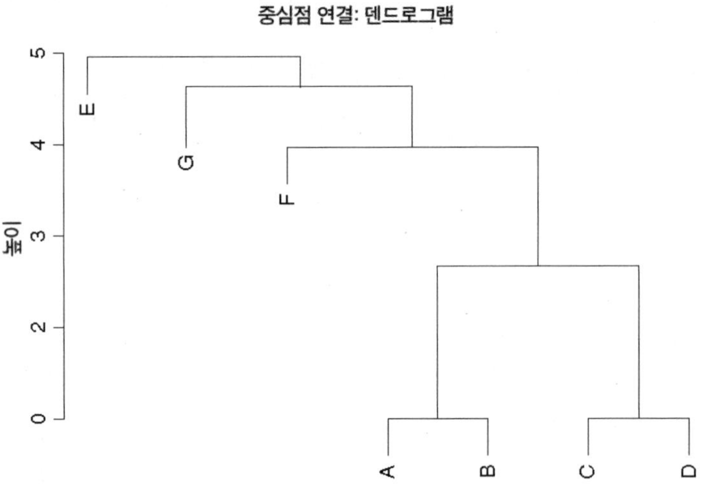

그림 3.15 계층적 군집화 절차 결과물(이어짐)

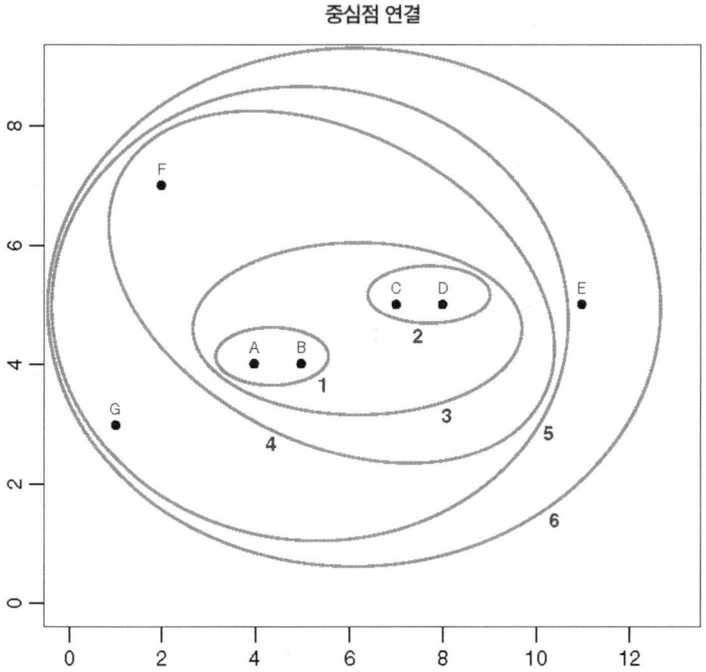

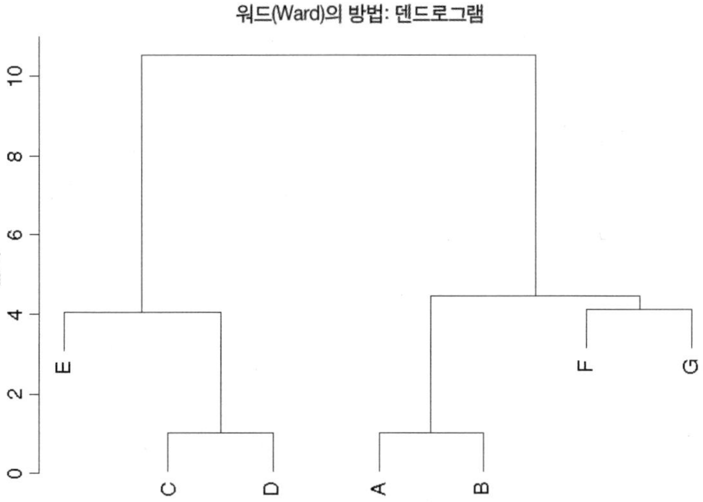

그림 3.15 계층적 군집화 절차 결과물(이어짐)

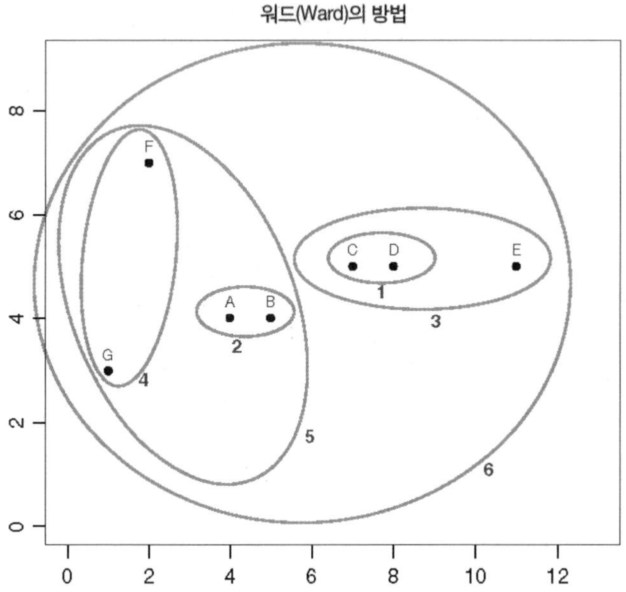

5. *K*- 평균 군집화

k- 평균 군집화(K-means clustering)는 다음 단계를 따라 작동하는 비계층적 (nonhierarchical) 방법이다(Jain, 2010; MacQueen, 1967 참조):

① *k* 관찰치들을 초기 군집의 중심(군집씨앗)으로 선택한다.

② 가장 가까이 있는 중심을 가진 군집에 각 관찰치를 할당한다(예: 유클리드 거리 사용).

③ 모든 관찰치가 할당되면, *k* 중심점들의 위치를 재계산한다.

④ 군집 중심이 더는 변경되지 않거나 고정된 반복 횟수에 도달할 때까지 이 단계들을 반복한다.

계층적 군집화와는 달리 비계층적 군집화를 할 때는 분석 이전에 군집의 수

그림 3.16 *k*- 평균 군집화: 원본 데이터에서 시작

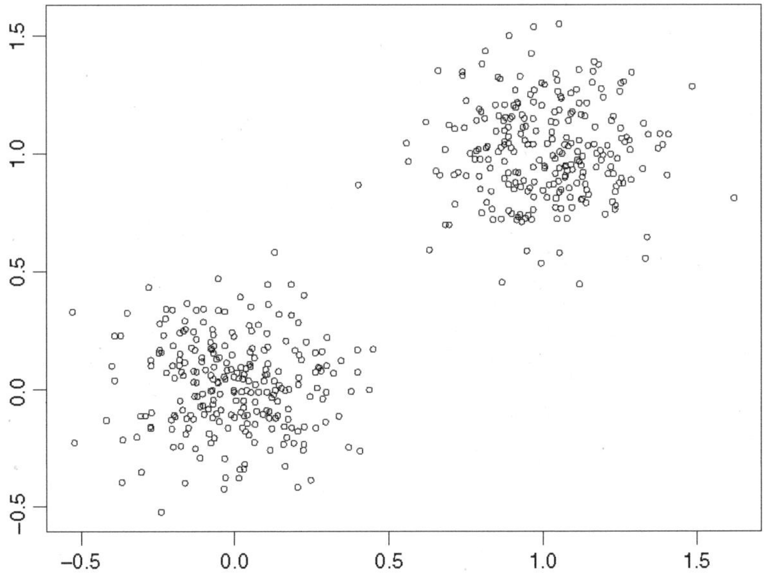

그림 3.17 *k*- 평균 군집화 반복 1단계: 임의의 초기 군집 중심점들 선택

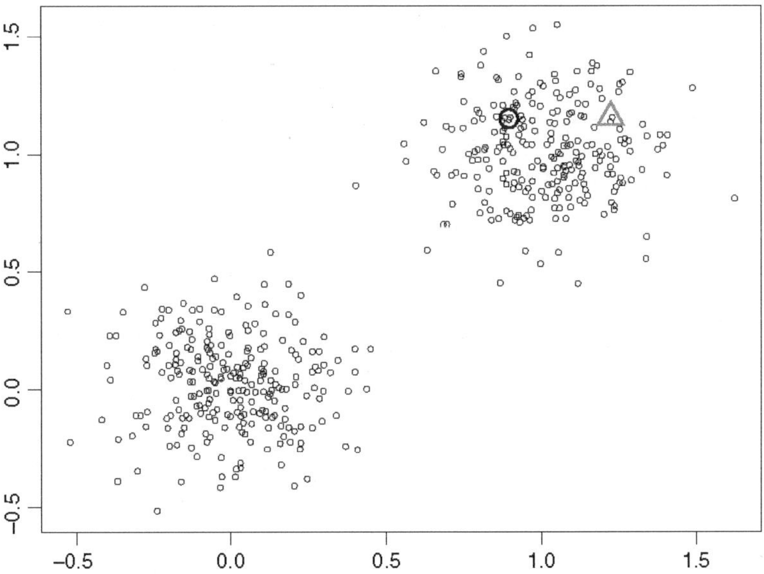

그림 3.18 *k*-평균 군집화 반복 1단계: 잔여 관찰치 할당

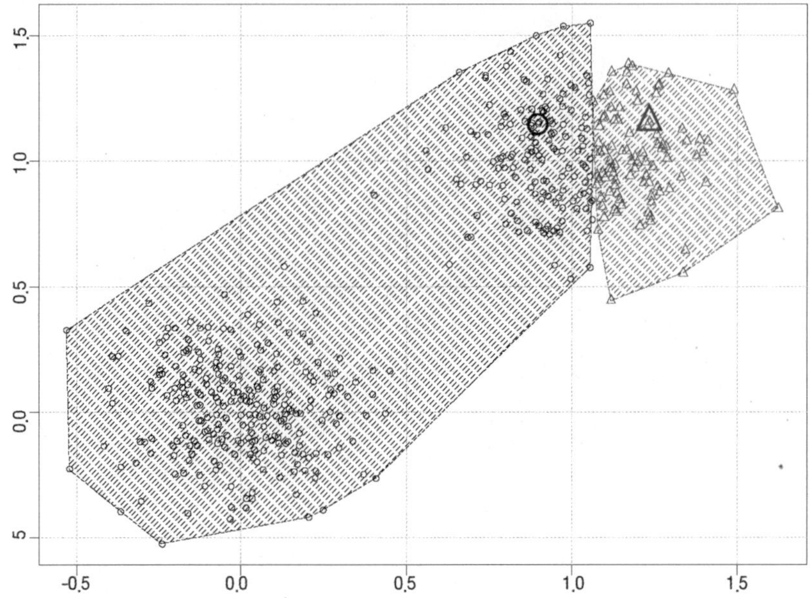

(*k*)를 명시해야 한다. 전문가의 조언이나 다른 군집화(예: 계층적 군집화)의 결과물을 토대로 해서 군집의 수를 결정한다. 보통 여러 개의 *k*값이 시도되고 통계적인 특징과 해석을 통해 결과들이 평가된다. 군집화 솔루션(clustering solution)의 안정성 검증을 위해 다른 군집씨앗을 시도해 보는 것도 추천된다. 평균값은 이상치에 민감하다는 것에 주의해야 한다. 더 강력한 대안으로는 평균 대신 중간값 군집화(k-medoid clustering)를 사용하는 것이 있다. 범주형 변수들의 경우에는 모드 기반 군집화(k-mode clustering)를 사용할 수 있다. 앞서 언급했듯이 주로 원 모양이나 공 형태의 군집을 형성하는 *k*-평균값은 유클리드 거리 측정법과 함께 사용된다(그림 3.16에서 3.22까지 참조).

그림 3.19 *k*-평균 군집화 반복 2단계: 군집 중심점들 재계산

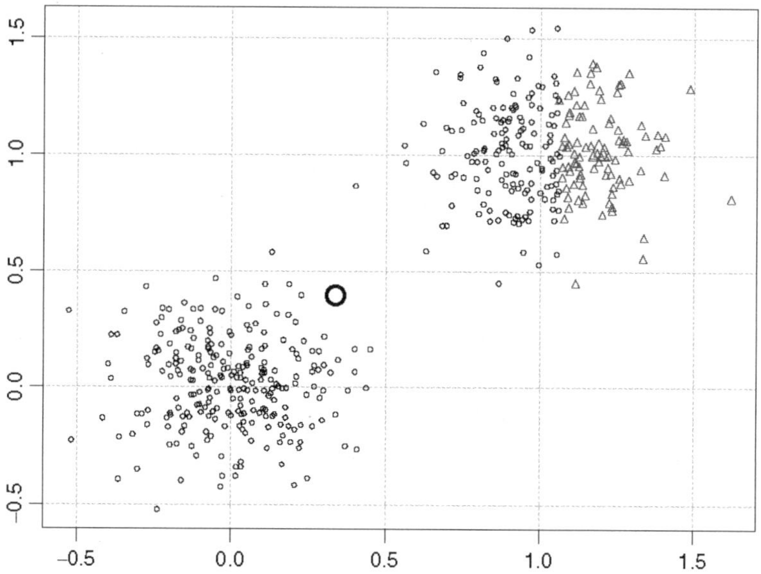

그림 3.20 k-평균 군집화 반복 2단계: 관찰치 재할당

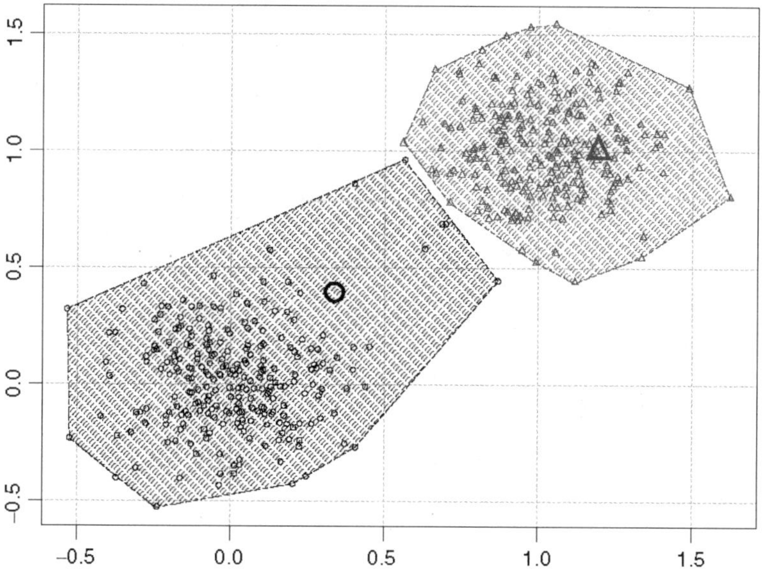

그림 3.21 *k*-평균 군집화 반복 3단계: 군집 중심점들 재계산

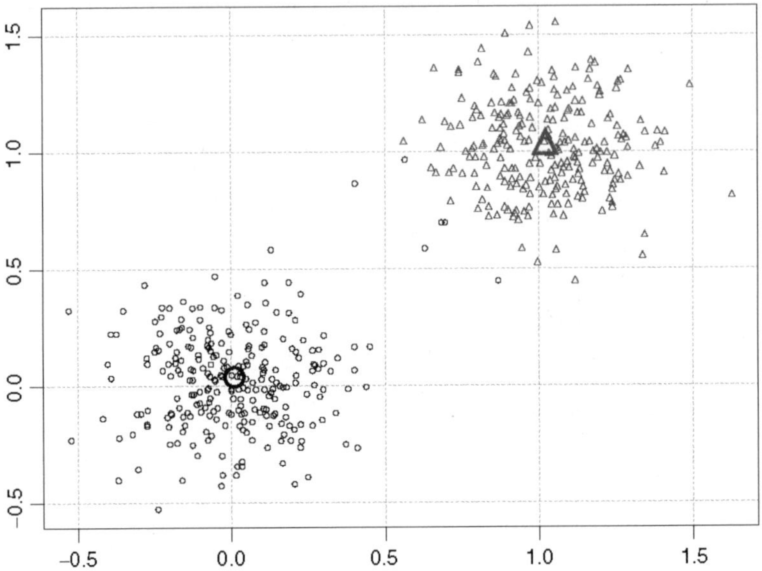

그림 3.22 *k*-평균 군집화 반복 3단계: 관찰치 재할당

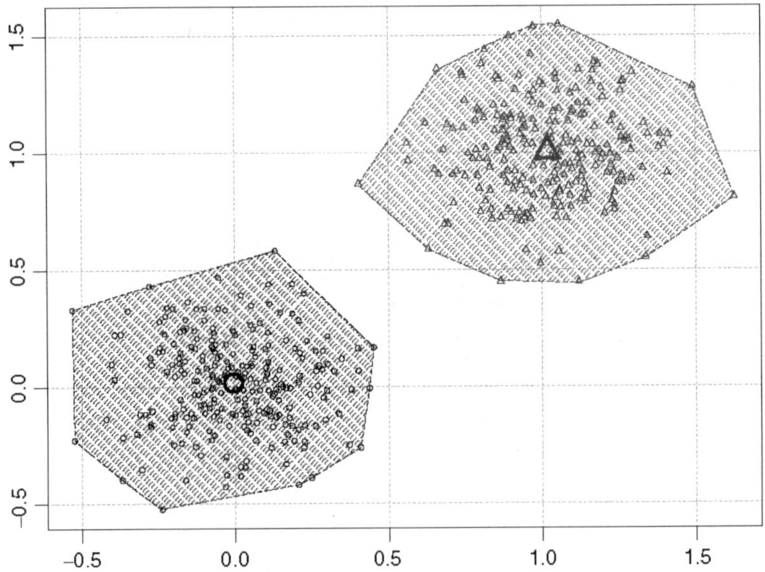

1) 자기조직화 지도

자기조직화 지도(Self-Organizaing Maps: SOM)는 고차원의 데이터를 뉴런(neuron)들의 저차원 격자(grid)로 군집화하여 이를 시각화시켜 주는 비지도 학습 알고리즘이다(Kohonen, 2000; Huysmans et al., 2006; Seret et al., 2012). 자기조직화 지도는 입력층(input layer)과 출력층(output layer)으로 이루어진 피드포워드(feedforward) 형식의 신경망이다. 출력층의 뉴런들은 주로 2차원의 직사각형 또는 육각형의 격자 위에 정렬된다(그림 3.23 참조). 직사각형 격자의 뉴런들은 이웃이 최대 8개이고, 육각형 격자의 뉴런들은 최대 6개이다.

각각의 입력정보는 N개의 변수와 가중치 $\mathbf{w} = [w_1, \cdots w_N]$를 갖는 출력층의 모든 뉴런에게 연결되어 있다. 모든 가중치들은 무작위로 설정되어 있다. 학습벡터(training vector) $\mathbf{x}$가 제시될 때, 각각의 뉴런 c의 가중치 벡터(weight vector) $\mathbf{w}_c$는 x와 비교된다(예를 들어 유클리드 거리 측정법 등을 이용). 여기서 주의해야 할 점은 데이터 표준화이다:

$$d(x, w_c) = \sqrt{\sum_{i=1}^{N}(x_1 - w_{cj})^2}$$

유클리드 거리 개념으로 $\mathbf{x}$와 가장 유사한 뉴런은 최대일치단위(best matching unit: BMU)라고 불린다. BMU의 가중치 벡터와 격자 위의 이웃들은 다음 학습규칙을 따라 맞춰진다:

$$w_i(t+1) = w_i(t) + h_{ci}(t)[x(t) - w_i(t)],$$

t는 학습하는 동안의 시간지표(time index)를 나타내고 $h_{ci}(t)$는 BMU c의 이웃으로 정의되며 영향 지역을 명시한다.

이웃 함수 h_{ci}는 시간과 BMU로부터의 거리의 비증가 함수(nonincreasing function)이다. 자주 사용되는 공식들은 다음과 같다:

$$h_{ci}(t) = \alpha(t)\exp\left(-\frac{\| r_c - r_i \|^2}{2\sigma^2(t)}\right),$$

그림 3.23 직사각형 SOM 격자 vs. 육각형 SOM 격자

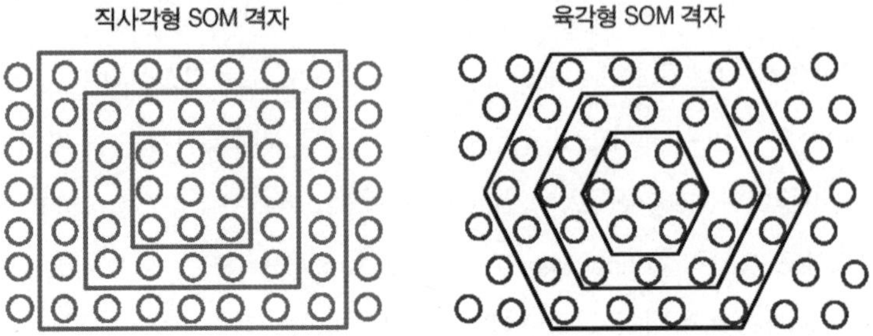

$$h_{ci}(t) = \alpha(t) \ \text{if} \ \| r_c - r_i \|^2 \leq threshold, 0 \ otherwise.$$

r_c와 r_i는 BMU와 뉴런 i의 지도상 위치, $\sigma^2(t)$는 감소하는 반경, 그리고 $0 \leq \sigma(t) \leq 1$은 학습률(예: $\sigma(t) = A/(t+B)$, $\sigma(t) = \exp(-At)$)을 의미한다. 특정 시간이 지난 후에 감소하는 학습률과 반경은 안정적인 지도를 형성해 낸다. 결과적으로 뉴런들은 입력 관찰치들에 더 근접하게 이동하게 되며 분할된 면을 발견할 수 있게 된다. BMU가 안정화되거나 지정된 반복 횟수(예: SOM 뉴런들의 수 × 500회)만큼 진행되면 학습은 중단된다.

SOM은 통합거리행렬(unified distance-matrix)과 구성요소 평면(Component Plane)을 통해 시각화될 수 있다:

- **통합거리행렬**(U-Matrix)는 높이 Z차원을 모든 뉴런 위에 중첩하여 각 뉴런과 주변 뉴런 사이의 평균 거리를 시각화한다. 일반적으로 어두운 색들은 넓은 거리를 나타내기 때문에 군집들의 경계라고 보면 된다.
- **구성요소 평면**(Component Plane)은 각 특정 입력 변수들과 연관된 출력 뉴런들의 연결강도를 시각화한다. 출력 뉴런들에 대한 각 입력 속성의 상대적 기여도를 시각적으로 나타낸다.

그림 3.24는 각 국가별 부패 인식 지수(CPI)를 군집화한 SOM의 예이다. 0점(매우 부패한 상태)와 10(매우 깨끗한 상태) 사이의 점수를 각 국가에 부여한다. 부

그림 3.24 SOM을 사용한 국가 군집화

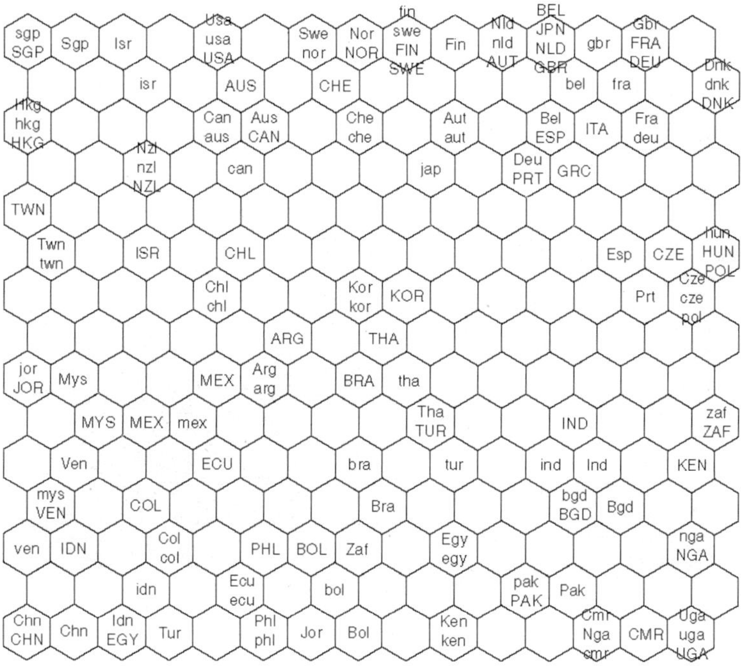

패 인식 지수는 1996년, 2000년, 2004년의 인구 통계학과 거시 경제 정보들을 결합한 자료이다. 대문자로 표기된(예: BEL) 정보는 2004년의 상황을, 소문자로 표기된(예: bel) 정보는 2000년의 상황을, 그리고 첫 글자만 대문자로 표기된(예: Bel) 정보는 1996년의 정보를 나티내고 있다. 많은 유립국가들이 지도에서 우측 상단에 위치한다는 것을 알 수 있다.

그림 3.25는 문맹률을 구성요소 평면에 나타낸 것이다. 어두운 색일수록 낮은 문맹률을 나타낸다. 그림 3.26은 정치적 권리를 구성요소 평면에 나타낸 것으로 어두운 부분일수록 더 높은 정치적 권리를 의미한다. 많은 유럽 국가들이 문맹률과 정치적 권리에서 좋은 점수를 받은 것을 알 수 있다.

SOM은 시각적 기능들로 인해 고차원적 데이터 집합들을 군집화시키기에 매우 유용한 도구이다. 하지만 최소화시킬 수 있는 실질적인 객관적 기능이 없

그림 3.25 문맹률에 대한 구성요소 평면

그림 3.26 정치적 권리에 대한 구성요소 평면

기 때문에 다양한 SOM 솔루션들을 서로 비교하기는 어렵다. 또한 SOM의 최적 크기를 결정하기 위해서는 실험적인 평가와 전문가의 해석이 필요하다. k-평균 군집화와 달리 SOM은 군집 수가 출력 뉴런의 수와 동일할 필요는 없다.

2) 군집화의 제약사항

많은 부정 발생 가능 영역에서 전문가들은 이미 존재하는 부정 패턴과 이상 행위들에 대한 사전 지식을 가지고 있다. 이런 사전 지식은 경험과 문헌들을 통해 얻을 수 있으며, 이러한 배경 지식이 군집화에 적용된다면 매우 유용할 것이다. 이는 준지도 군집화(semi-supervised clustering) 또는 군집화 제약사항(clustering with constraints)이라는 개념이다(Basu, Davidson et al, 2012). 여기서는 전문적인 지식을 이용해 원하는 특성을 가진 군집들을 더 빨리 찾아낼 수 있게 한다.

여러 종류의 제약사항을 고려해 볼 수 있다. 첫 번째 제약조건은 관찰 수준의 제약조건들이다. 이름에서도 알 수 있듯 이 제약조건들은 개별 관찰치들에 대한 제약이다. 연결 필수(Must-link) 제약조건은 2개의 관찰치가 같은 군집으로 지정되어야 한다는 조건이고, 연결 불가(cannot-link) 제약조건은 2개의 관찰치들이 다른 군집에 속해야 한다는 조건이다(그림 3.27 참조). 이는 부정행위에 대한 소수의 관찰치만이 주어진 환경에서 이 관찰치들을 같은 군집으로 모음으로써 부정 적발에 유용하게 쓰일 수 있다. 군집 수준 제약(Cluster-Level Constraints)은 군집 수준에서 정의된다. *최소 분리* 혹은 δ 제약은 다른 두 군집에서의 각 관찰치 사이의 거리가 최소 δ여야 한다는 것을 명시한다(그림 3.28 참조). 데이터 과학자들은 이 거리를 통해 잘 분리된 군집을 가질 수 있다. ε-제약은 1개 이상의 관찰치를 가진 하나의 군집 안에 있는 각 관찰치들은 다른 관찰치와 최대 ε만큼의 거리를 가져야 한다는 조건이다(그림 3.29 참조). 제약조건의 또 다른 예는 균형 잡힌 군집으로, 각 군집에는 동일한 양의 관찰치가 요구되는 것이 포함된다. 주어진 군집과 다른 군집을 찾는 것을 목표로 하는 부정

그림 3.27 준지도 군집화의 연결 필수와 연결 불가 제약

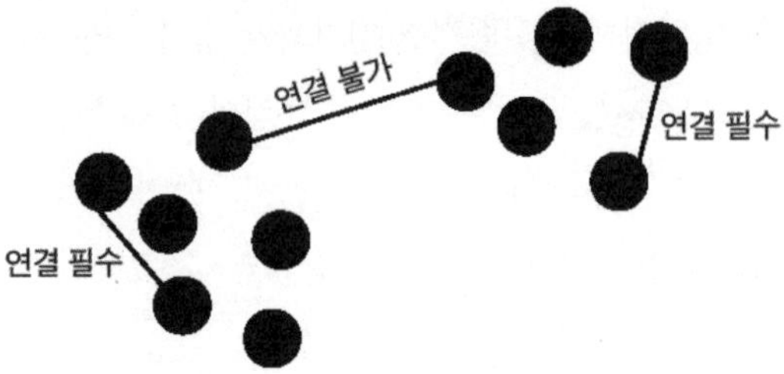

그림 3.28 준지도 군집화의 δ 제약

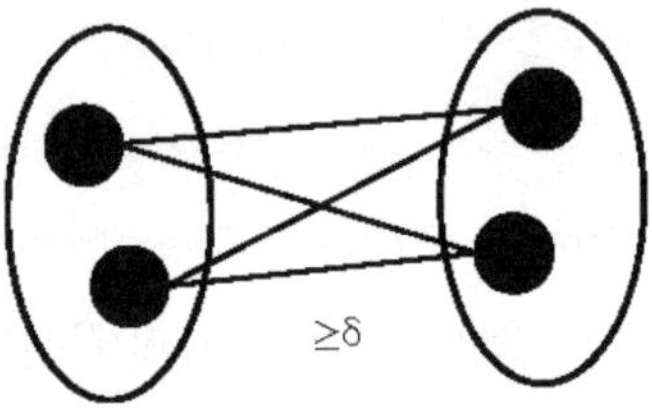

그림 3.29 준지도 군집화의 ε 제약

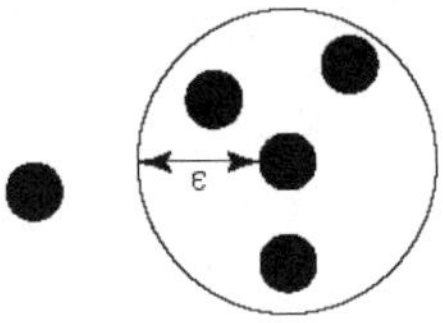

적인 배경 정보(negative background information)* 또한 제공된다.

제약조건들은 군집화 과정에서 영향을 끼칠 수 있다. 예를 들어 k-평균 군집화를 설정하는 경우에 군집씨앗은 제약조건들은 준수하도록 선택된다. 관찰치가 (재)배정을 받을 때마다, 제약조건들은 검증되고 위반될 경우 (재)배정은 중지된다. 계층적 군집화 과정에서 연결 필수 제약은 두 관찰치의 거리를 0으로 설정함으로써 시행할 수 있는 반면, 연결 불가 제약은 큰 거리를 설정함

* 어떤 사실이나 관계가 성립하지 않음을 나타내는 배경 정보.

으로써 시행할 수 있다.

3) 군집화 솔루션의 평가와 해석

보편화된 기준이 없기 때문에 군집화 솔루션을 평가하는 것은 사소한 일이 아니다. 통계적인 관점으로 편차제곱합(SSE)은 다음과 같이 계산된다:

$$SSE = \sum_{i=1}^{K} \sum_{x \in C_i} dist^2(x, m_i),$$

K는 군집의 수, m_i은 군집 i의 중심(예: 평균)을 나타낸다. 2개의 군집화 솔루션을 비교하는 경우, 가장 작은 편차제곱합을 가진 군집화 솔루션을 선택하면 된다. 통계적 평가 이외에도 군집화 솔루션은 해석 면에서 평가될 수 있다. 군집화 솔루션의 해석을 가능하게 하기 위한 여러 가지 옵션이 존재한다. 그 첫 번째 방법은 군집별로 모든 변수에 걸쳐 모집단분포와 군집분포를 비교하는 것이다. RFM 변수들의 모집단분포와 군집 C_1의 분포 비교는 아래 그림 3.30에서 볼 수 있다. 빈도가 원래의 모집단과 비교적 유사한 반면 군집 C_1은 최신성(Recency)값이 낮고 금액값이 높은 관찰치를 가지고 있음을 분명히 알 수 있다.

주어진 군집화 솔루션을 설명하는 또 다른 방법은 군집 ID(Cluster ID)를 목표변수로 설정한 의사결정나무를 만드는 것이다. 다음 장에서 의사결정나무를 어떻게 만드는지에 대해서 배우게 되기 때문에 이 장에서는 의사결정나무가 어떻게 해석되는지를 이해하는 것만으로도 충분하다. $k=4$인 k-평균 군집화에서의 다음과 같은 산출물(output)이 있다고 가정하자(표 3.4).

이제 다음과 같은 군집 ID를 목표변수로 가진 의사결정나무를 만들 수 있다.

그림 3.31에서 보이는 의사결정나무는 여러 군집들의 특징들을 구분하는 데 필요한 통찰력을 우리에게 제공한다. 예를 들면 군집 2는 관찰치들의 최신성(recency) <1일 그리고 금액 >1000이라는 특징을 갖고 있다. 따라서 의사결정나무를 사용함으로써 우리는 새로운 관찰치들을 기존의 군집들에 더욱 쉽게

그림 3.30 히스토그램을 사용한 프로파일링 군집화

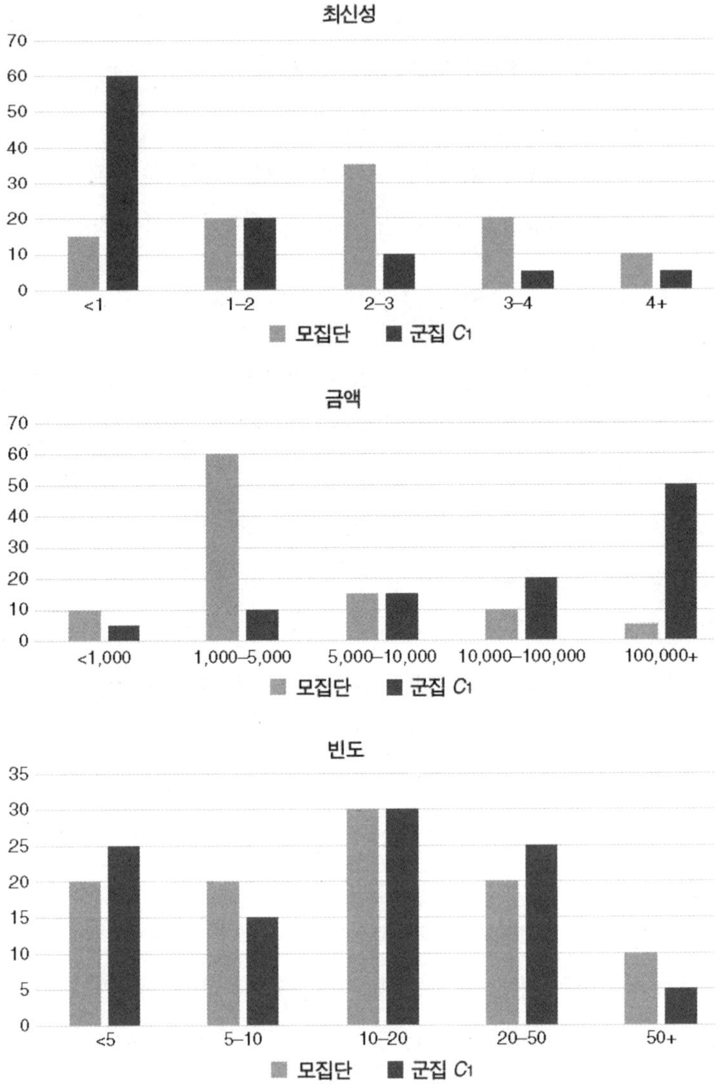

배정할 수 있다. 이는 기술적 분석을 통해 도출된 솔루션을 지도학습 혹은 예측적 기법으로 해석할 때 어떻게 쓰일 수 있는지를 보여주는 예이다.

표 3.4 k-평균 군집화 연습으로부터의 산출물($k=4$)

청구	최신성	빈도	금전값	…	군집 ID
청구 1					군집 2
청구 2					군집 4
청구 3					군집 3
청구 4					군집 2
청구 5					군집 1
청구 6					군집 4
…					

그림 3.31 군집화 해석을 위한 의사결정나무의 사용

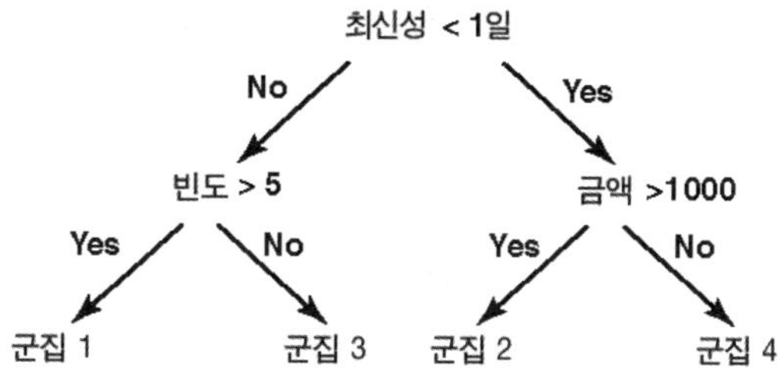

6. 단일 등급 서포트 벡터 머신

단일 등급 서포트 벡터 머신(one-class SVMs)은 초평면(hyperplane)과 원점(origin) 사이의 거리를 최대화시키려고 한다(Schölkopf et al., 2001) 기본 개념은 대부분의 관찰치를 원점에서 분리시키는 것으로서, 초평면의 다른 쪽에 놓여 있고 원점에서 가장 가까운 관찰치들이 이상치로 간주된다(그림 3.32).

초평면은 다음과 같이 정의된다:

$$w^T\phi(x) - \rho = 0.$$

정상 관찰치는 초평면 위에 위치하고 이상치는 하단에 위치한다. 달리 말해, 아래 함수에서 정상 관찰치는 양의 값을 갖고 이상치는 음의 값을 갖는다:

그림 3.32 단일 등급 서포트 벡터 머신

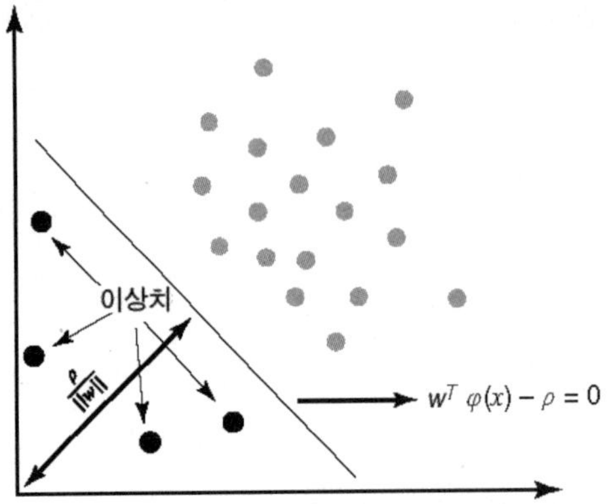

$$f(x) = sign(w^T \varphi(x) - \rho)$$

단일 등급 서포트 벡터 머신은 다음과 같은 최적화 함수를 해결하는 것을 목적으로 한다:

$$Minimize \frac{1}{2} \sum_{i=1}^{N} w_i^2 - \rho + \frac{1}{vn} \sum_{i=1}^{n} e_i$$

$$\text{subject to } w^T \phi(x_k) \geq \rho - e_k,\ k = 1 \ldots n$$

$$e_k \geq 0$$

오류 변수 e_i는 관찰치들이 초평면에서 원점과 가장 가까운 면에 위치할 수 있도록 하기 위해 소개되었다. 매개변수 υ는 정규화 항이다. 수학적으로 초평면과 원점의 거리는 $\frac{\rho}{\| w \|}$와 같다(그림 3.32 참조).

거리는 목적함수의 첫 부분인 $\frac{1}{2} \sum_{i=1}^{N} w_i^2 - \rho$를 최소화시킴으로써 최대화된다. 목적함수의 두 번째 부분은 오류 혹은 이상치를 반영하고 있다. 제약조건은 대부분의 관찰치들이 초평면 위에 위치하도록 해야 한다. 매개변수 υ의 범위는 0과 1 사이로 이상치들의 위치에 상한을 설정한다. 정규화 매개변수 υ의 값이 낮을수록 오류에 배정된 가중치가 증가하고, 따라서 이상치의 개수는 감소한다. 반대로 정규화 매개변수 υ의 값이 높을수록 오류에 배정된 가중치는 감소하고 이상치의 개수는 증가한다. 매개변수의 중요성을 고려해 단일 등급 서포트 벡터 머신은 종종 υ-SVMs로 불리기도 한다.

지도 학습을 위한 SVMs(제4장 참조)과 같이, 최적화 문제는 커널 기법(Kernel trick)을 사용하고 2차 프로그래밍(quadratic programming: QP) 문제를 야기하는 이중 변형을 구성함으로써 해결될 수 있다. 라그랑주 최적화(Lagrangian optimization)를 사용함으로써 다음과 같은 결정 함수를 얻는다:

$$f(x) = sign(w^T)\psi(x) - \rho) = sign\left(\sum_{i=1}^{n} \alpha_i K(x, x_i) - \rho\right),$$

α_1는 라그랑주 승수를 나타내고, $K(x, x_i)$는 커널 함수를 나타낸다. 자세한 설명은 슈외코프 등(Schölkopf et al., 2001)을 참고하기 바란다.

참고문헌

Agrawal, R., Imielinski, T., & Swami, A. (1993). Mining Association Rules between Sets of Items in Massive Databases, *Proceedings of the ACM SIGMOD International Conference on Management of Data*. Washington, D.C.

Basu, s., Davidson, I., & Wagstaff, K. L. (2012). *Constrained Clustering: Advances in Algorithms, Theory, and Applications*, Boca Raton, FL: Chapman & Hall/CRC.

Bolton, R. J., & Hand, D. J. (2002). Statistical Fraud Detection: A Review, *Statistical Science* 17 (3): 235-255.

Cullinan, G. J. (1977). *Picking Them by Their Batting Averages' Recency-Frequency-Monetary Method of Controlling Circulation*, Manual Release 2103. New York: Direct Mail/Marketing Association.

Everitt, B. S., Landau, S., Leese, M., Stahl, D. (2012). *Cluster Analysis*, 5TH ed. Hoboken, NJ: John Wiley & Sons.

Grubbs, F. E. (1950). Sample Criteria for Testing Outlying Observations, *The Annals of Mathematical Statistics 21* (1): 27-58.

Grubbs, F. E. (1969). Procedures for Detecting Outlying Observations in Samles, *Technometrics* 11(1): 1-21.

Huysmans, J., Baesens, B., Van Gestel, T., & Vanthienen, J. (2006). Failure Prediction with Self Organizing Maps, *Expert Systems with Applications*, Special Issue on Intelligent

Information Systems for Financai Engineering 30(3): 479-487.

Jain, A. K. (2010). Data Clustering: 50 Years Beyond K-Means, *Pattern Recognition Letters 31*(8): 651-666.

Kohonen, T. (2000). *Self-Organizing Maps*. New York: Springer.

MacQueen, J. (1967). Some Methods for classification and Analysis of Multivariate Observations, *Proceedings of 5*TH *Berkely Symposium on Mathematical Statistics and Probability*, Berkeley, University of California Press, pp. 281-297.

Schölkopf, B., and Platt, J. C., Shawe-Taylor, J., Smola, A., & Williamson, R. C. (2001). Estimating the support of a high-dimensional distribution, *Neural Computation* 13(7): 1443-1471.

Seret, A., Verbraken, T., Versailles, S., & Baesens, B. (2012). A New SOM-Based Method for Profile Generation: Theory and an Application in Direct Marketing, *European Journal of Operational Research* 220 (1): 199-209.

Weston, D. J., Hand, D. J., Adams, N. M., Whitrow, C., & Juszczak, P. (2008). Plastic card fraud detection using peer group analysis, *Advanced in Data Analysis and Classification 2*(1): 45-62.

제4장

부정 적발을 위한 예측적 애널리틱스

1. 서론

예측적 애널리틱스는 관심 있는 목표(target)의 측정치를 미리 예측해 볼 수 있는 모형을 만드는 것이다(Baesens, 2014; Duda et al., 2001; Flach, 2012; Han and Kamber, 2001; Hastie et al., 2001; Tan et al., 2006). 모형을 만든 후에 목표는 전통적으로 최적화 절차 기간에 학습과정을 조정하는 데 사용된다. 예측적 애널리틱스는 목표의 측정 수준에 따라 회귀(regression)와 분류(classification)라는 두 가지 종류로 구별된다. 회귀(regression)에서 목표변수(종속변수)는 연속적이며 미리 정해진 구간을 따라 변한다. 해당 구간은 제한적(예: 0과 1 사이)일 수도 있고 무제한적(예: 0과 무한대 사이)일 수도 있다. 부정 적발 환경에서 회귀가 쓰이는 전통적인 예로는 부정 금액의 예측이 있다. 분류(classification)에서 목표는 범주형으로서, 이미 정의된 제한된 범위 안에서만 값을 가질 수 있는 것을 의미한다. 이항 분류에서는 고려 대상이 2개의 등급(예: 부정 관련자 vs. 부정 무관련자)만인 반면, 다등급 분류에서 대상은 2개 이상의 등급이 속할 수 있다(예: 심각한 부정, 보통 부정, 부정 무관).

분류와 회귀 모형은 함께 부정 적발에 사용될 수 있다. 그 예로 보험 부정 상황을 고려해 보자. 부정으로 인한 기대 부정 손실(Expected fraud loss: EFL)은 다음과 같이 계산된다:

$$\text{Expected fraud loss(EFL)} = PF \times LGF + (1 - PF) \times 0 = PF \times LGF$$

여기서 *PF*는 부정의 확률(probability of fraud), *LGF*(loss given the fraud)는 해당 부정으로 인한 손실을 의미한다. *LGF*는 금액으로 표시되거나 최대 금액(예: 보험 적용 최대금액)의 일정 비율로 표시될 수 있다. *PF*는 분류 모형을 이용해 추정될 수 있는 반면에 *LGF*는 회귀 모형을 이용해 추정될 것이다.

다른 종류의 예측적 애널리틱스 기술은 통계, 기계 학습, AI, 패턴 인지, 데이터 마이닝과 같은 다른 학문들에서 유래해 발달하고 있다. 이 학문들의 구별은 점점 더 흐려지고 사실상 구별의 의미가 없어지고 있다. 다음으로 부정 전문가의 관점에 초점을 둔 기술의 선택법에 대해 설명할 것이다.

2. 목표변수의 정의

목표변수(Target Variable)는 학습과정에서 중요한 역할을 하기 때문에 올바르게 정의하는 것이 매우 중요하다. 부정 적발에서 특정 거래(예: 신용카드 부정), 청구(예: 보험 부정), 혹은 기업(예: 탈세)이 부정 관련성을 띠는지에 대한 완전한 확신이 어렵기 때문에 목표 부정 지표(Target Fraud Indicator)를 정하기란 쉽지 않은 경우가 대부분이다.

보험 부정의 경우를 예로 들어보자(Viaene et al., 2002). 만약 고객이 보험 청구를 요구한다면 보험사는 여러 가지 방법으로 청구건에 의심스러운 부분이 있는지 확인을 한다. 청구에 어떠한 혐의라도 보인다면 보험사는 우선 추가 조사를 진행할 가치가 있는지를 결정한다. 조사 여부에 대한 명백한 결정은 청구 금액에 의해서도 좌우된다. 다만, 청구 금액이 적으면 의심이 되더라도 추가 조사 대상에서 제외되는 경우가 많다. 고객의 청구가 조사할 가치가 있다고 판단되면 보험사는 법적 절차를 밟기 시작하고 부정인지 아닌지에 대한 법적인 결정을 내린다. 하지만 법적 절차 또한 100% 무결점이라고 할 수 없다. 즉, 부정이 아닌 청구가 부정혐의가 있다는 판결을 받을 수 있고, 그 반대로 부정과 관련 있는 청구가 무혐의라는 판정을 받을 수도 있다.

또 다른 예로는 탈세 관련 부정이 있다. 그림 4.1이 보여주듯 탈세 관련 부정과 관련해서는 거미줄 연결(spider construction)이라는 방법이 자주 쓰인다(Van Vlasselaer et al., 2013; 2015).

가운데에 위치한 주요 회사(key company: KC)는 부정을 저지르는 주요 기업을 나타낸다. KC는 소득은 있지만 고의로 세금을 내지 않아 의도적으로 파산하는 주변 회사(주변 회사 1)로 시작한다. 파산 중 자원(예: 직원, 기계, 기구, 구매자, 공급자, 물리적인 주소, 다른 자산 등)을 새로운 주변 회사(예: 주변 회사 2)로 옮

그림 4.1 탈세 부정의 거미줄 연결

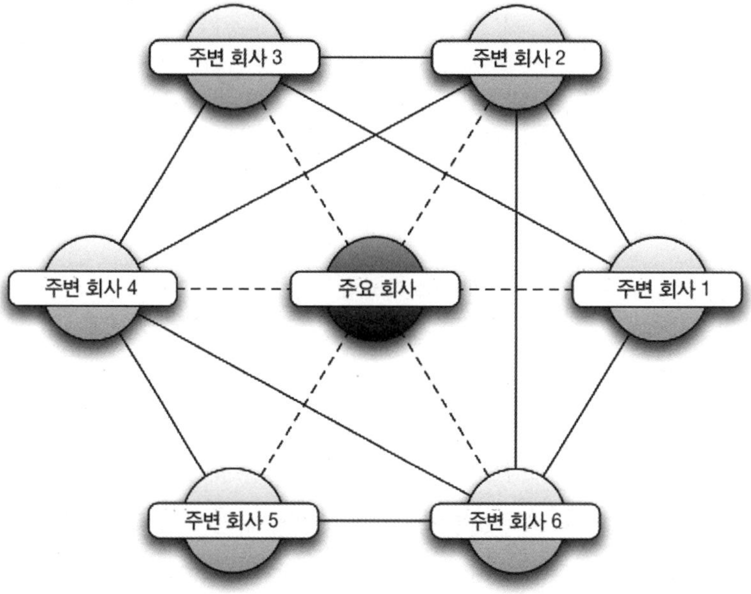

겨 같은 부정행위를 반복하고 또다시 파산에 이르게 한다. 이런 식으로 거미줄처럼 얽히고설킨 주변 회사들은 주요 회사 주위에서 시간이 지남에 따라 계속 생성된다. 이런 상황에서 채무 초과로 실제 파산한 기업들과 옳지 않은 의도를 가지고 부정행위를 저지르는 가짜 파산을 구별해 내는 것은 쉽지 않다.

다시 정리해 보자면, 부정한 의도를 가진 기업은 모두 파산하지만 모든 파산 기업이 부정한 의도를 가진 것은 아니라는 말이다(그림 4.2 참조). 영업정지(Suspension)는 회사의 운영을 멈추는 일반적인 방법(예: 모든 빚 상환) 같아 보이지만 파산은 회사가 채권자들에게 돈을 다 갚지 못했다는 것을 의미한다. 일반적인 파산과 부정 관련 파산을 구분하는 것은 미묘하고 어려운 작업이다. 그렇기 때문에 정상적이라고 판정된 일부 파산은 사실상 적발되지 않은 부정 관련성이 있는 파산이라고 생각할 수 있다.

또한 금액으로 측정을 하는 경우에는 직접비용, 간접비용, 명예 손상, 화폐의 시간가치 등을 고려해야 하기 때문에 부정의 강도(Intensity)를 결정하기가

그림 4.2 일반적인 파산 vs. 부정 관련 파산

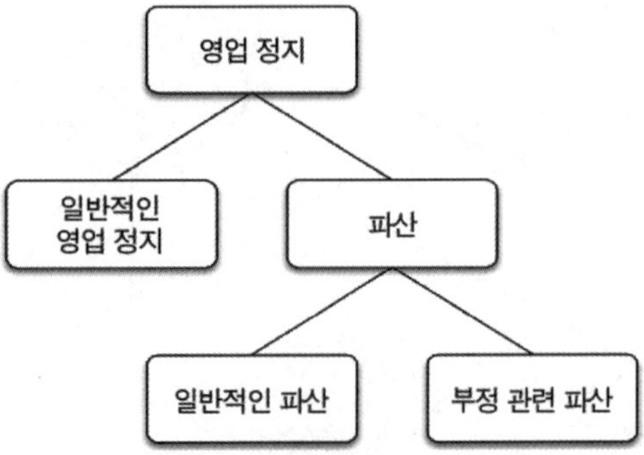

쉽지 않다.

요약하자면, 지도 학습 부정 적발을 사용하는 경우 목표를 분류하는 것은 일반적으로 잡음이 많고 분석 모형의 사용을 복잡하게 한다. 그렇기 때문에 분석 기술들이 이러한 것들을 잘 대처할 수 있게 하는 것이 중요하다.

3. 선형 회귀

선형 회귀(linear regression)는 연속적 목표변수(종속변수)를 모델링하기 위해 가장 보편적으로 쓰이는 기술이다. 예를 들어 차량 보험 부정 적발의 맥락에서 선형 회귀 모형은 청구자의 나이, 청구 금액, 사고의 심각성 등의 관점에서 부정 금액을 모형화하도록 정의될 수 있다.

$$\text{부정 금액} = \beta_0 + \beta_1 \text{나이} + \beta_2 \text{청구 금액} + \beta_3 \text{심각성} + \cdots$$

따라서 선형 회귀 모형의 일반식은 다음과 같다:

$$Y = \beta_0 + \beta_1 X_1 + \ldots + \beta_N X_{N'}$$

Y는 목표변수(종속변수)를, X_1, ⋯, X_n은 설명변수(독립변수)를 나타낸다. β

표 4.1 선형 회귀분석을 위한 데이터 집합

관찰치	X_1	X_2	…	X_N	Y
1	X_{11}	X_{21}	…	X_{N1}	Y_1
2	X_{12}	X_{22}	…	X_{N2}	Y_2
…					
n	X_{1n}	X_{2n}	…	X_{Nn}	Y_n

매개변수들은 각 설명변수(독립변수)들이 목표변수(종속변수) Y에 미치는 영향을 측정한다.

표 4.1에서 보듯 N개의 설명변수가 구성되어 있고 n개의 관찰치가 있는 데이터 집합이 있다고 가정하자.

다음의 편차제곱함수를 최소화함으로써 선형 회귀의 β 매개변수들을 추정할 수 있다:

$$\frac{1}{2}\sum_{i=1}^{n} e_i^2 = \frac{1}{2}\sum_{i=1}^{n}(Y_i - \hat{Y}_i)^2$$
$$= \frac{1}{2}\sum_{i=1}^{n}(Y_i - (\beta_0 + \beta_1 X_{1i} + \ ...\ + \beta_n X_{Ni}))^2$$

Y_i는 관찰치 i에 대한 목푯값을 나타내고, $\hat{Y}_i$는 관찰치 i에 대해 선형 회귀모형이 예측한 값을 나타낸다. 그림 4.3에서 보이듯이 이 개념은 편차제곱합을 최소화하는 것이다.

간단명료한 미적분이 가중 매개변수 벡터 $\hat{\beta}$에 대한 아래의 폐쇄형 공식을 만들어낸다:

$$\hat{\beta} = \begin{bmatrix} \hat{\beta}_0 \\ \hat{\beta}_1 \\ \dots \\ \hat{\beta}_N \end{bmatrix} = (X^T X)^{-1} X^T Y,$$

X는 회귀계수 β_0을 설명하기 위한 추가적인 행이 더해진 설명변수 값에 대한 행렬을 나타낸다. Y는 목푯값 벡터를 나타낸다(표 4.1 참조). 이 모형과 그에 상응하는 매개변수 최적화 절차는 OLS(Ordinary Least Squares: 최소자승법) 회귀

그림 4.3 최소자승법(OLS) 회귀식

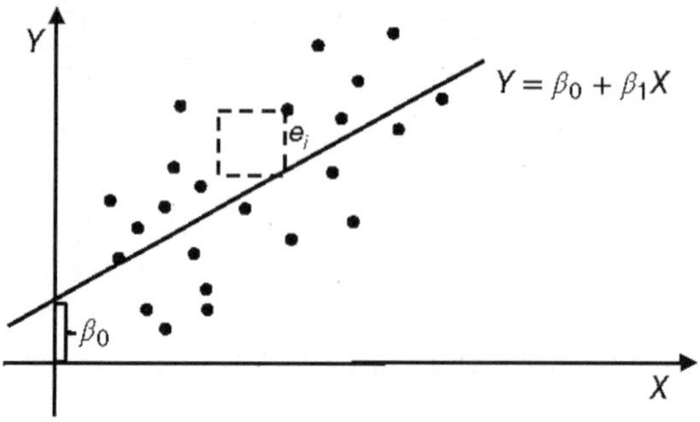

라고도 일컬어진다.

OLS 회귀식의 주요 장점은 간단하고 이해가 쉽다는 것이다. 매개변수가 추정이 되고 나면 모형은 간단한 방법으로 평가될 수 있기 때문에 효율적인 운영이 용이하다.

능형 회귀(ridge regression), 라소 회귀(Lasso regression), 시계열 모형(ARIMA, VAR, GARCH), 다변조정회귀 스플라인(Multivariate Adaptive Regression Splines: MARS)과 같이 수준 있는 변환이 언급되었다는 점에 주목할 필요가 있다. 이 중 대부분은 추가적인 변환을 통해 선형관계 가정을 풀어주지만 더 복잡함이 요구된다.

4. 로지스틱 회귀

1) 기본 개념

표 4.2의 탈세 상황의 분류 데이터 집합을 살펴보자.

선형 회귀를 이용해서 이항 부정 목표(Binary Fraud Target)를 모델링할 때 다음 식을 얻는다:

표 4.2 분류 데이터 집합 예시

회사	소득	직원 수	VAT 준수 여부	…	부정	Y
ABC	3,000k	400	Y		×	0
BCD	200k	800	N		×	0
CDE	4,200k	2,200	N		○	1
…						
XYZ	34k	50	N		○	1

$$Y=\beta_0+\beta_1 \text{ 소득 }+\beta_2 \text{ 직원 수}+\beta_3 \text{ VAT 준수 여부}$$

OLS를 이용해서 추정을 하는 경우 두 가지 핵심 문제가 발생한다:

① 오류와 목표는 정규분포가 아닌 2개의 값만이 가능한 베르누이 분포(Bernoulli distribution)를 따른다.

② 목푯값이 0과 1 사이에 있다면 확률로 취급되어 해석이 용이하지만 0과 1 사이로 떨어질 것이란 보장이 없다.

이제 다음의 경계 함수(bounding function)를 살펴보자(그림 4.4도 참조):

모든 가능한 값 z에 대해 결과는 항상 0과 1 사이에 있다. 그렇기 때문에 선형 회귀를 경계 함수와 조합함으로써 다음과 같은 로지스틱 회귀(logistic regression) 모형을 얻는다:

$$P(\text{fraud = yes} \mid \text{소득, 직원 수, VAT 준수 여부}) = \frac{1}{1+e^{-(\beta_0+\beta_1\text{소득}+\beta_2\text{직원 수}+\beta_3 VAT\text{ 준수 여부})}}$$

어떤 값(소득, 직원 수, VAT 준수 여부)이 사용되든 위 모형의 결과는 항상 0과 1 사이에 있고 확률로 설명 가능하다.

따라서 로지스틱 회귀 모형의 일반식은 다음과 같다(Allison, 2001):

$$P(Y=1|X_1, \ldots, X_n) = \frac{1}{1+e^{-(\beta_0+\beta_1 X_1+\ldots+\beta_N X_N)'}}$$

그림 4.4 로지스틱 회귀분석을 위한 경계 함수

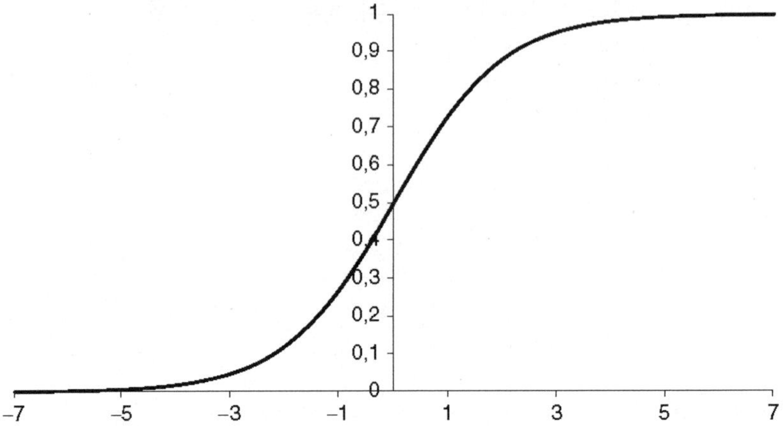

또는 대안적으로

$$P(Y=0|X_1, \ldots, X_N) = 1 - P(Y=1|X_1 \ldots, X_N)$$
$$= 1 - \frac{1}{1+e^{-(\beta_0+\beta_1 X_1+\ldots+\beta_N X_N)}} = \frac{1}{1+e^{(\beta_0+\beta_1 X_1+\ldots+\beta_N X_N)}}$$

따라서 $P(Y=1|X_1, \ldots, X_n)$과 $P(Y=0|X_1, \ldots, X_n)$는 모두 0과 1 사이에 있다. 확률(odds)의 관점으로 공식들을 다시 배열하면 모형은 이와 같다:

$$\frac{P(Y=1|\, X_1, \ldots, X_n)}{P(Y=0|\, X_1, \ldots, X_n)} = e^{(\beta_0+\beta_1 X_1+\ldots+\beta_N X_N)}$$

로그 확률(log odds: logit)에 의해 공식들을 재배열하면 모형은 이와 같다:

$$\ln\left(\frac{P(Y=1|\, X_1, \cdots, X_N)}{P(Y=0|\, X_1, \cdots, X_N)}\right) = \beta_0 + \beta_1 X_1 + \cdots + \beta_N X_N$$

로지스틱 회귀 모형의 β_i 매개변수들은 우도(Maximum Likelihood) 개념을 이용하여 추정된다. 최대 우도 최적화(Maximum Likelihood Optimization)는 표본을 얻을 수 있는 확률을 최대화하는 방식으로 매개변수를 선택한다. 우선 우도

함수(Likelihood Function)를 구성한다. 관찰치 i에 대해서 둘 중 어느 한 등급을 관찰하게 될 확률은 다음과 같다:

$$P(Y=1|X_{1i},\cdots,X_{Ni})^{Yi}(1-P(Y=1|X_{1i},\cdots,X_{Ni})^{1-Y_i}$$

Y_i는 관찰치 i에 대한 목푯값(종속값, 0 또는 1)을 나타낸다. n관찰치들의 우도함수는 다음과 같다:

$$\prod_{i=1}^{n}P(Y=1|X_{1i},\cdots,X_{Ni})^{Yi}(1-P(Y=1|X_{1i},\cdots,X_{Ni})^{1-Y_i}$$

최적화를 간단하게 하기 위해 우도함수를 로그변환(Logarithimic Transformation)하고 이에 상응하는 로그우도(Log-Likelihood)를 뉴턴랩슨법(Newton-Raphson method)과 같은 방법을 사용하여 최적화한다.

2) 로지스틱 회귀의 특성

로짓(logit, log odds) 안에서 로지스틱 회귀는 선형이기 때문에 두 등급을 분리하기 위해서 기본적으로 선형 결정 경계(Linear Decision Boundary)를 추정한다. 이는 그림 4.5에서 볼 수 있는데, 여기서 F는 부정 관련 기업을, L은 합법적인 기업, 즉 부정 관련성이 없는 기업을 나타낸다.

로지스틱 회귀 모형을 해석하기 위해서는 승산비(odds ratio)를 계산할 수 있어야 한다. 다른 변수들이 동일하다는 가정하에, 변수 X_i가 한 단위씩 증가한다고 가정해 보자. 이 경우 이전의 로짓에 β_i가 가산된 것이 새로운 로짓이 된다. 마찬가지로 새로운 확률은 이전 확률에 $e^{\beta i}$를 곱한 값이다. 후자의 경우는 승산비, 즉 X_i가 1씩 증가할 때마다 다른 조건이 동일하다면 확률에서는 배(Multiplicative)로 증가한다.

따라서

➲ $\beta_i > 0$ 는 $e^{\beta i} > 1$를 의미하고 확률은 X_i를 따라 증가한다.

➲ $\beta_i < 0$ 는 $e^{\beta i} < 1$를 의미하고 확률은 X_i를 따라 감소한다.

그림 4.5 로지스틱 회귀분석의 선형 결정 경계

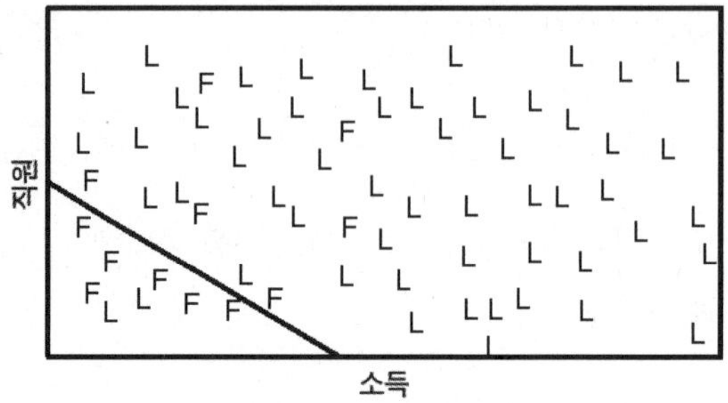

그림 4.6 기타 변환

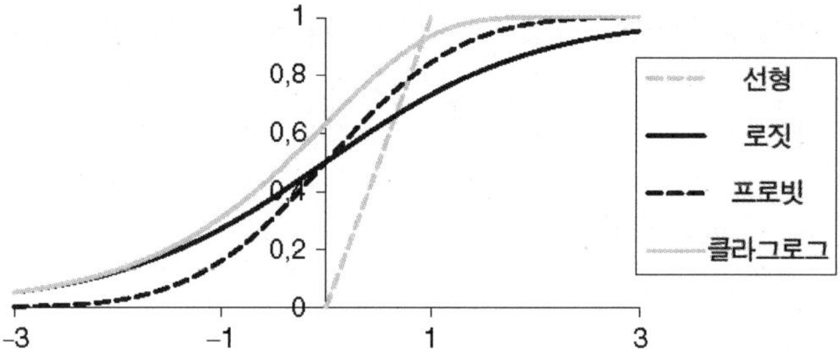

로지스틱 회귀 모형을 해석하는 다른 방법은 두 배로 계산하는 것이다. 이것은 처음 결과가 도출되는 확률을 두 배로 만들 때 요구되는 변화의 양을 나타낸다. 특정 변수가 있을 때, 두 배가 되는 양은 $\log(2)/\beta_i$와 같다.

$f(z)$ 변환 외에 다른 변환들이 문헌에서 제시되어 왔다. 많이 사용되는 예로는 프로빗(probit)과 클라그로그(cloglog) 변환이 있으며 공식은 아래와 같다:

$$f(z) = \frac{1}{\sqrt{2\pi}} \int_{-\infty}^{z} e^{\frac{-t^2}{2}dt},$$

$$f(z) = 1 - e^{-e^{z}}.$$

이러한 변환들은 그림 4.6에서 시각적으로 보이고 있다.

실증적으로는 세 종류의 변환이 모두 동일하게 성능을 잘 내는 편으로 밝혀졌다.

3) 로지스틱 회귀 평가표 구성

로지스틱 회귀는 단순하고 성능이 좋아 매우 인기 있는 지도학습 부정 적발 기술이다. 선형 회귀와 같이 매개변수들이 측정되고 나면 간단한 방법으로 평가될 수 있으며, 이는 운영의 효율성에 기여한다. 해석 능력 관점으로 봤을 때 로지스틱 회귀는 해석이 가능해질 수 있도록 쉽게 변환될 수 있다. 또한 부정 평가표(fraud scorecard)를 토대로 사용자가 쉽게 사용할 수 있도록 변환할 수 있다. 증거력 코딩(weight of evidence coding)을 이용해 설명변수들이 코드화된 아래의 로지스틱 회귀 모형에서 시작한다고 가정하자:

$$P(\text{부정} = \text{예} \mid \text{소득, 직원 수, VAT 준수 여부}, \cdots)$$
$$= \frac{1}{1 + e^{-(\beta_0 + \beta_1 WOE_{\text{소득}} + \beta_2 WOE_{\text{직원 수}} + \beta_3 WOE_{VAT\ \text{준수 여부}} + \cdots)}}$$

앞서 언급했듯 이 모형은 로그 확률을 이용해 쉽게 선형으로 다시 표현할 수 있다:

$$\log\left[\frac{P(\text{부정} = \text{예} \mid \text{소득, 직원 수, VAT 준수 여부}, \cdots}{P(\text{부정} = \text{아니요} \mid \text{소득, 직원 수, VAT 준수 여부}, \cdots}\right]$$

$$= \beta_0 + \beta_1 WOE_{\text{소득}} + \beta_2 WOE_{\text{직원 수}} + \beta_3 WOE_{VAT\ \text{준수 여부}} + \ldots .$$

부정 점수(fraud score)를 계산하기 위해 다음과 같이 로그 확률과 선형관계를 가진 척도법을 사용한다:

$$\text{부정 점수} = \text{Offset(상계)} + \text{Factor(요인)} \times \log(\text{odds})$$

확률이 50 : 1일 때 부정 점수가 100인 경우와 확률이 100 : 1일 때 부정 점수가 120인 경우를 가정해 보면:

$$100 = \text{Offset(상계)} + \text{Factor(요인)} \times \log(50)$$
$$120 = \text{Offset(상계)} + \text{Factor(요인)} \times \log(100)$$

그림 4.7 부정 적발 평가표

특징명	속성	점수
소득 1	Up to 100,000	80
소득 2	100,000~500,000	120
소득 3	500,000~1,000,000	160
소득 4	1,000,000+	240
직원 1	Up to 50	5
직원 2	50~500	20
직원 3	500+	80
VAT 준수 여부	Yes	100
VAT 준수 여부	No	140
…		

Offset(상계)와 Factor(요인)은 다음과 같다:

$$\text{Factor(요인)} = 20 / \ln(2) = 28.85$$

$$\text{Offset(상계)} = 100 - \text{Factor} \times \log(100)$$

필요한 값들을 구하고 나면 부정 점수는 다음과 같이 구해진다:

$$\text{부정 점수} = (\sum_{i=1}^{n}(WOE_i \times \beta_1) + \beta_0) \times \text{Factor} + \text{Offset}$$

$$\text{부정 점수} = (\sum_{i=1}^{n}(WOE_i \times \beta_1 + \frac{\beta_0}{N}) \times \text{Factor} + \text{Offset}$$

$$\text{부정 점수} = (\sum_{i=1}^{n}(WOE_i \times \beta_1 + \frac{\beta_0}{N}) \times \text{Factor} + \frac{\text{Offset}}{N})$$

따라서 각 속성의 점수들은 각 속성의 증거력에 특징의 회귀계수를 곱한 다음, 회귀식의 절편을 더하고 Factor에 의한 결과를 곱한 다음, 마지막으로 Offset을 가산하여 계산된다. 이에 따른 부정 평가표는 그림 4.7과 같이 나타난다.

부정 평가표는 사용하기가 쉽다. 다음과 같은 특징을 가진 새로운 회사에 대해 점수를 매기는 경우를 가정해 보자:

소득 = 750,000, 직원 수 = 420, VAT 준수 여부 = 아니요, …

이 회사의 점수는 다음과 같이 계산할 수 있다: 160+20+140+…. 회사가 부정 관련성이 있는지를 알아보기 위해 이 점수를 한계점(cut-off)과 비교한다. 부정 평가표의 가장 큰 장점은 해석 능력이다. 위험한 부분들을 잡아낼 수 있게 하고 그 위험성이 어떻게 전반적인 부정 점수에 기여하는지를 보여준다. 따라서 이는 해석이 관건인 부정 적발 환경에서 매우 유용한 기술이다.

5. 선형 및 로지스틱 회귀분석을 위한 변수 선택

변수 선택은 모형에 쓰일 변수의 개수를 감소시키는 것을 목표로 한다. 이를 통해 모형이 더 간결해지고 평가가 빨라질 수 있다. 특히 부정을 적발해 내야 하는 상황에서는 더욱더 적절하게 쓰인다. 선형 회귀분석과 로지스틱 회귀분석 모두 변수 선택을 위한 절차를 내포한다. 이 절차들은 변수의 계수 i가 0과 유의미한 차이가 있는지 확인하는 통계적 가설 검증을 기반으로 한다:

$$H_0: \beta_1 = 0$$
$$H_A: \beta_1 \neq 0$$

선형 회귀분석에서 검정통계량(test statistic)은 다음과 같다:

$$t = \frac{\hat{\beta}_i}{s.e.(\hat{\beta}_i)}$$

로지스틱 회귀분석에서 자유도 $n-2$를 갖고 있는 스튜던트 t-분포(Student's t-distribution)의 검정통계량은 다음과 같다:

$$\chi^2 = \left(\frac{\hat{\beta}_i}{s.e.(\hat{\beta}_i)}\right)^2$$

그림 4.8 스튜던트 t-분포로 p값 계산

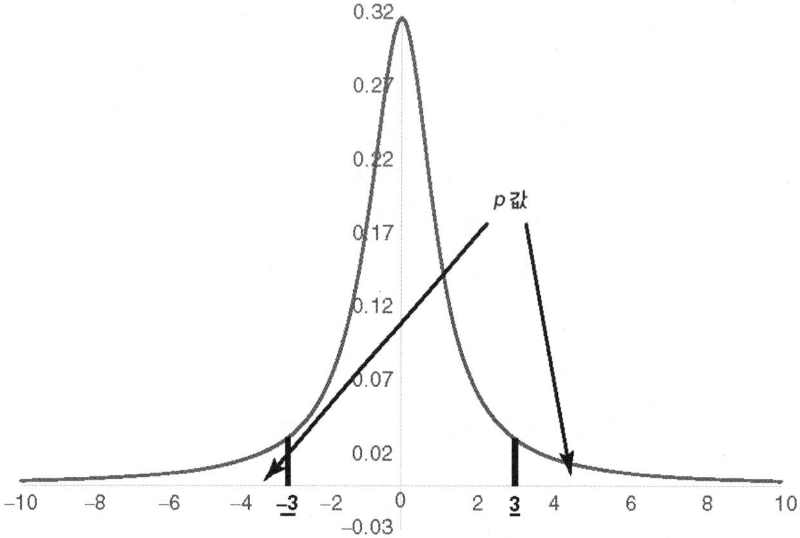

그리고 자유도 $n-1$를 갖고 있는 카이 제곱 분포가 뒤에 온다. 두 검정통계량 모두 추정된 계수($\hat{\beta}_i$)의 절댓값이 추정된 계수의 표준편차(s. e. $\hat{\beta}_i$)보다 높을 경우 귀무가설 H_0를 기각한다는 의미에서 직관적이다. 추정된 계수의 표준편차는 최적화 절차의 부산물로 쉽게 구할 수 있다. 검정통계량의 값을 기준으로 p 값을 계산한다. p 값은 관측된 값보다 극단값을 얻을 확률이다. 그림 4.8에서는 검정통계량의 값이 3이라고 가정한 경우를 시각화해서 보여준다. 주의할 점은 가설 검정이 양측검정이므로 p 값은 3의 오른쪽과 -3의 왼쪽에 영역을 추가한다.

다시 말하자면, 낮은 p 값은 유의한 변수를 갖고 높은 p 값은 유의하지 않은 변수를 나타낸다. p 값은 유의수준과 비교될 수 있다. 표 4.3은 변수의 유의성 정도를 결정하는 데 일반적으로 사용되는 값들을 보여준다.

여러 변수 선택 절차들이 p 값(p-value)을 기반으로 사용될 수 있다. 네 가지 변수 V_1, V_2, V_3, V_4(예: 거래금액, 환율, 거래 유형, 업종)가 있다고 가정해 보자. 최

표 4.3 변수의 유의성에 따른 참조 값

p 값 < 0.01	매우 중요
0.01 < p값 < 0.05	중요
0.05 < p값 < 0.10	조금 중요
p 값 > 0.01	중요하지 않음

그림 4.9 4개의 변수, V_1, V_2, V_3, V_4에 대한 변수 하위집합

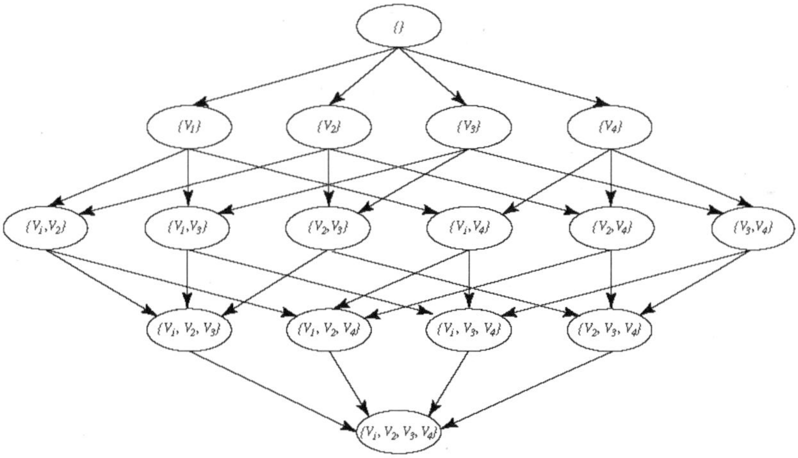

적변수의 부분집합 개수는 그림 4.9에서 볼 수 있듯이 2^4-1 또는 15와 같다.

변수의 개수가 적을 때는 모든 변수의 하위집합들에 대한 철저한 탐색이 이루어질 수 있다. 하지만 변수의 개수가 증가할수록 탐색해야 하는 부분이 기하급수적으로 증가되어 발견적 탐색(Heuristic Search)* 절차를 필요로 한다. p 값을 이용하여 세 가지 방법으로 변수 선택의 방향성을 잡을 수 있다. 전진적 회귀분석(Forward Regression)은 변수가 없는 모형에서 시작해서 낮은 p 값을 기

* 어떤 문제에 대하여 가장 좋은 풀이의 발견보다는 오히려 능률적인 가지치기 또는 신속한 해답의 발견을 중시하여, 그 문제 고유의 성질을 해석하거나 경험 법칙을 바탕으로 얻은 평가함수 또는 평가 알고리즘을 사용한 해답의 탐색.

준으로 변수들을 추가해 가는 방법이다. 후진적 회귀분석(Backward Regression)은 변수가 가득 찬 모형에서 시작해서 높은 p 값을 기준으로 변수들을 하나씩 제거하는 방법이다. 단계적 회귀분석(Stepwise Regression)은 두 가지 방법 사이에 혼재되어 있는 것으로, 전진적 회귀로 시작하지만 두 번째 변수가 추가되면 모형의 다른 변수를 항상 확인하여 p 값에 따라 유의하지 않다고 판단되면 제거한다. 명백한 것은 세 방법 모두 연구자 혹은 사용자가 변수 선택 절차를 시작하기 전에 미리 조정해 놓은 유의수준을 가정한다는 점이다.

부정 적발에서 통계적 유의성은 변수 선택을 하기 위한 하나의 평가 기준일 뿐이라는 점을 알아야 한다. 앞서 언급했듯이 해석의 용이성(interpretability) 또한 중요한 기준이다. 선형 회귀분석과 로지스틱 회귀분석에서 회귀계수의 부호를 이용해서도 쉽게 평가할 수 있다. 경영전문가는 계수의 부호가 기대했던 부호와 일치하기를 선호하는데, 일치하지 않는다면 그 모형의 사용을 다시금 고려하게 될 것이다.

계수는 다중공선성(multicollinearity issues), 잡음(noise) 혹은 소표본(small sample) 효과에 의해 예상치 못한 부호를 가질 수도 있다. 전진적 회귀분석 설정 시에는 잘못된 부호가 있는 변수가 들어가지 못하도록 부호제한을 실시한다. *운영 효율성*(operational efficiency) 또한 변수 선택의 또 다른 기준이다. 운영 효율성이란 변수들을 모으고 전(前)처리를 하는 데 필요한 자원의 양을 의미한다. 예를 들면, 추세 변수는 주로 예측이 가능하지만 계산을 위해 많은 노력을 요구하기 때문에 신용카드 부정 적발과 같은 온라인상의 실시간 부정 점수 계산을 필요로 하는 상황에는 적합하지 않다. 시간 지연이 적시의 의사 결정을 방해할 수도 있기 때문에 외부 데이터에도 마찬가지로 적용된다. 두 가지 경우 모두 상관관계가 있고 덜 예측적이지만 수집하고 계산하기 쉬운 변수를 찾는 것 또한 가치 있는 일이다. 마지막으로, *법적 사안*도 제대로 고려해야 한다. 어떤 변수는 프라이버시나 차별 등을 이유로 부정 적발을 하는 데 사용될 수 없기 때문이다.

그림 4.10 의사결정나무 예시

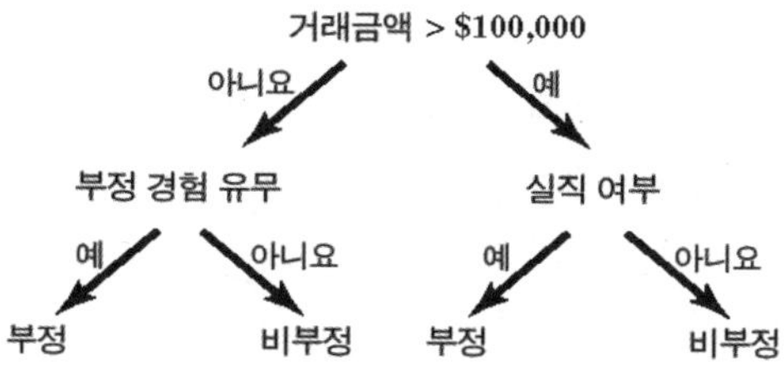

6. 의사결정나무

1) 기본개념

의사결정나무(decision trees)는 나무와 같은 구조로 주어진 데이터 집합 내의 패턴을 나타내는 반복적 분할 알고리즘(recursive-partitioning algorithms: RPAs)이다(Duda et al., 2001). 그림 4.10은 부정 적발 과정을 의사결정나무로 보여준다.

맨 위의 노드(node)는 검증 조건을 나타내는 뿌리 노드(root nod)이다. 뿌리 노드로부터의 결과물들은 가지를 타고 중간 노드(internal node)에 표시된다. 최종 노드(terminal node), 혹은 잎 노드(leaf node)는 '분류'로 설정된다. 복수의 알고리즘이 의사결정나무를 만드는 데 사용될 수 있도록 제시되어 왔다. 그중 가장 인기 있던 알고리즘으로는 C4.5(Quinlan,1993), CART(Breiman et al., 1984), CHAID(Hartigan, 1975)가 있다. 이 알고리즘들은 나무를 만들기 위한 중요한 결정에 서로 다르게 반응한다.

- 분리 결정(Splitting Decision): 어떤 변수들을 어떤 기준으로 분리시킬지 결정(예: 거래금액 10만 달러 초과 또는 이하, 부정 경험 유무 Y or N, 실직 여부 Y or N).
- 중단 결정(Stopping Decision): 언제 추가적인 노드 생성을 멈출 것인지 결정.
- 배정 결정(Assignment Decision): 잎 노드를 어떤 등급(예: fraud 혹은 no

fraud)으로 배정할지 결정.

일반적으로 배정 결정은 의사 결정을 내리기 위해 잎 노드 내의 대다수 등급을 검토하기 때문에 가장 단순하다. 이 개념은 승자독식 학습(winner-take-all learning)으로 불리기도 한다. 다른 두 결정법은 덜 단순한데, 이는 다음에서 상세히 설명한다.

2) 분리 결정

분리 결정을 하기 위해서는 먼저 불순도(impurity) 혹은 무질서(chaos) 개념을 정의해야 한다. 예를 들어 그림 4.11의 세 가지 데이터 집합은 모두 각자 '좋은 고객'(흰 동그라미)과 '나쁜 고객'(검정 동그라미)을 담고 있다.

여기서 '좋은 고객'이란 부정을 저지르지 않는 고객, '나쁜 고객'이란 부정을 저지르는 고객이라는 것을 분명히 해두자. 최소 불순도는 모든 고객이 '좋은 고객'이거나 '나쁜 고객'일 때 일어난다. 최대 불순도는 '좋은 고객'과 '나쁜 고객'이 동일하게 있을 때이다(예: 가운데 데이터 집합).

의사결정나무는 데이터의 불순도를 최소화시키는 것을 목표로 한다. 적절하게 하기 위해서는 우선 불순도를 정량화하기 위한 측정방안이 필요하다. 여러 방법이 있지만 그중 가장 자주 쓰이는 측정 방법은 다음과 같다:

➲ 엔트로피(Entropy): $E(S) = p_G \log_2(p_G) - p_B \log_2(p_B)$ (C4.5)

그림 4.11 불순도 계산을 위한 데이터 집합 예시

그림 4.12 엔트로피(Entropy) vs. 지니(Gini)

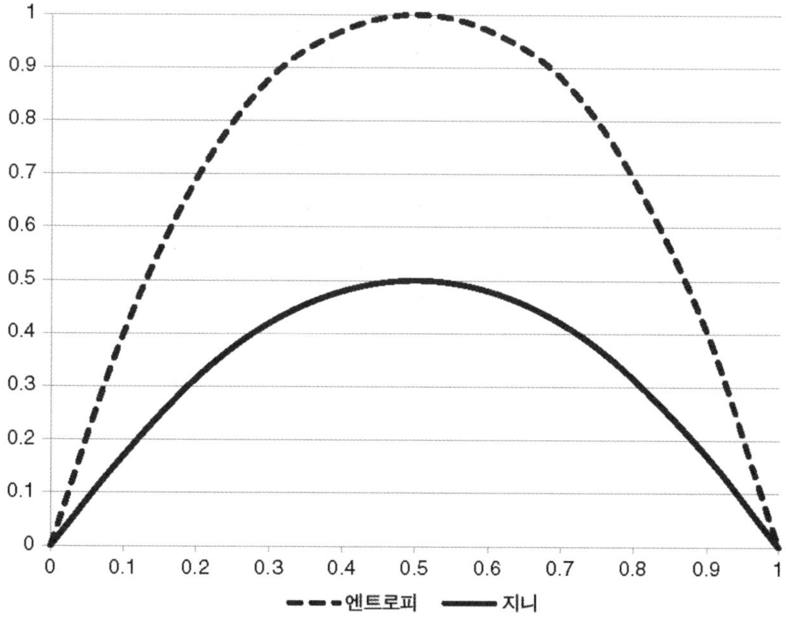

➲ 지니(Gini): Gini(S) = $2p_Gp_B$(CART)

➲ 카이 제곱 분석(Chi-squared analysis: CHAID)

여기서 p_G는 '좋은 것의 비중', p_B는 '나쁜 것의 비중'을 나타낸다. 모든 고객이 '좋은 고객'이거나 '나쁜 고객'일 때 엔트로피(지니)는 최소화되고 '좋은 고객'과 '나쁜 고객'의 수가 동일할 때 최대화된다는 것을 그림 4.12에서 명백히 알 수 있다.

분리 결정에 응답하기 위해서 여러 분리 후보들이 불순도의 감소라는 측면에서 이제 평가된다. 그림 4.13에 표시된 바와 같이 나이에 따른 분리를 살펴보자.

기존의 데이터 집합은 '좋음'과 '나쁨'의 비율이 같기 때문에 최대치의 엔트로피를 갖고 있었다. 엔트로피 계산법은 다음과 같이 된다:

➲ 엔트로피 맨 위의 노드 = $-$ 1/2 × $\log_2$(1/2) $-$ 1/2 × $\log_2$(1/2) = 1

그림 4.13 나이(age) 분리를 위한 엔트로피 계산

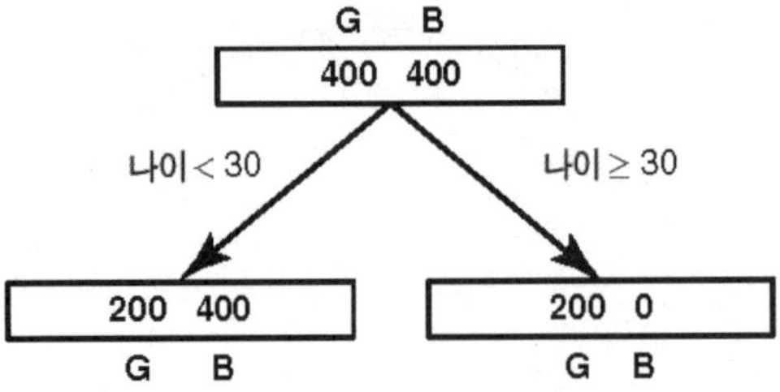

➲ 엔트로피 왼쪽 노드 = $-1/3 \times \log_2(1/3) - 2/3 \times \log_2(2/3) = 0.91$

➲ 엔트로피 오른쪽 노드 = $-1 \times \log_2(1) - 0 \times \log_2(0) = 0$

개선(gain)이라고도 알려진 엔트로피의 가중 감소는 다음과 같이 계산된다:

$$\text{개선(Gain)} = 1 - (600/800) \times 0.91 - (200/800) \times 0 = 0.32$$

개선은 분리로 인한 엔트로피의 가중 감소를 측정한다. 개선값이 높을수록 더 선호되는 것은 자명한 결과이다. 의사결정나무 알고리즘은 이제 뿌리 노드의 분리 후보자들을 상대하며 가장 큰 개선값을 가진 대상을 선택하는 전략을 쓸 것이다. 뿌리 노드가 결정이 되고 난 후, 절차는 순환적으로 지속되며 매번 가장 큰 개선값을 얻는 분리를 더할 것이다. 사실상 병렬화되는 데 아무런 문제가 없으며, 나무가 평행하게 자람으로써 나무 구성 알고리즘의 효율성이 증가된다.

3) 중단 결정

세 번째 결정은 중단 기준과 관련이 있다. 만약 나무가 계속해서 분리된다면 아주 적은 관찰치만을 가진 잎 노드들을 갖고 매우 디테일해질 것이다. 극단적인 경우에 나무는 잎 노드 하나당 관찰치 하나만을 갖고 완벽하게 적합한 데이터를 갖게 될 것이다. 하지만 그렇게 함으로써 나무는 데이터에 잡음이나 특이성을 맞추기 시작하며 *과적합*(overfitting)해질 것이다. 다시 설명하자면, 너무

그림 4.14 의사결정나무 성장 중단을 위한 검증 집합 사용

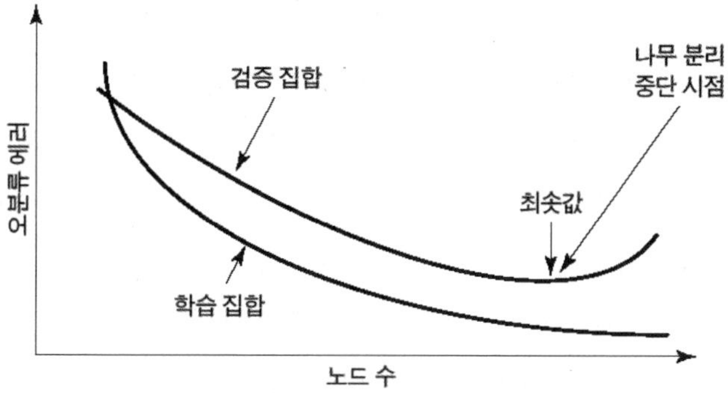

복잡해져서 데이터의 잡음 없는 패턴이나 트렌드를 알맞게 모형화시킬 수 없게 된다는 뜻이다. 따라서 새롭고 유례없는 데이터로 보편화하기 어렵게 될 것이다. 이런 실패를 예방하기 위해 데이터는 학습 표본(training sample)과 검증 표본(validation sample)로 나누어져야 한다. 학습 표본은 분리 결정을 할 때 사용된다. 검증 표본은 나무가 커짐에 따라 생기는 오분류 오류[또는 수익기반 측정 같은 성능 측정치(performance metric)]를 모니터링하기 위해 따로 보관되는 독립 표본이다. 보통은 학습 표본과 검증 표본의 비율을 7 : 3으로 나눈다. 분리 후 그림 4.14와 같이 일반적으로 패턴을 관찰한다.

분리가 점점 더 구체적이고 맞춤형이 될수록 학습 표본의 오류는 감소한다. 검증 표본에서의 오류는 초기에는 감소한다. 이는 나무의 분리가 잘 보편화되었다는 뜻이다. 하지만 학습 표본의 분리가 너무 구체적이 될수록 나무가 그 방식을 기억하게 되고 따라서 검증 표본의 오류 또한 어느 시점부터 다시 증가하기 시작한다. 검증 집합 곡선이 최솟값에 도달하면 과적합이 발생하므로 절차는 중단해야 한다. 이미 말했듯이 분류 오류(Classification Error) 이외에도 연구자는 중단 결정을 내리기 위해 *Y* 축에 대한 정확도 혹은 수익 기반 측정치(Profit Based Measures)를 사용할 수 있다. 때로는 단순함이 정확도보다 우선하며, 최소 검증 설정 오류(minimum validation set error)가 아닌 낮은 수의 노드를 가진 나무를 선택할 수 있다.

4) 의사결정나무의 특성

그림 4.10의 예제에서 모든 노드는 가지(branch)를 2개만 갖고 있다. 이에 대한 장점은 검증 조건이 Yes/No와 같이 간단할 수 있다는 것이다. 복수분리(Multiway split)는 가지를 2개 이상 허용하고 더 넓지만 깊이가 얕은 나무들을 만든다. 한번 읽기 의사결정나무(read-once decision tree)에서 특정한 속성은 특정 나무에 단 한 번만 쓰일 수 있다. 뿌리 노드에서 끝 노드까지의 모든 길(path)이 간단한 IF-THEN 규칙을 만들기 때문에 모든 나무를 규칙 집합(rule set)으로 나타낼 수 있다. 그림 4.10에 그려진 나무에 대한 규칙은 다음과 같다:

IF 거래금액 > $100,000 & 실업 여부 = NO
THEN 부정이 아님
IF 거래금액 > $100,000 & 실업 여부 = YES
THEN 부정
IF 거래금액 ≤ $100,000 & 부정 경험 = YES
THEN 부정
IF 거래금액 ≤ $100,000 & 부정 경험 = NO
THEN 부정이 아님

이 규칙들은 마이크로소프트 엑셀(Microsoft Excel)과 같은 다양한 종류의 소

그림 4.15 의사결정나무의 의사결정 경계

프트웨어 패키지에서 쉽게 실행될 수 있다.

의사결정나무는 기본적으로 축에 직교하는 의사결정 경계를 모델링하는 것으로 의사결정나무의 예는 그림 4.15에 설명되어 있다.

5) 회귀나무

의사결정나무는 연속형 변수들을 예측하기 위해 사용되기도 한다. 그림 4.16의 예를 보자. 부정 확률(fraud percentage: 이하 FP)을 예측하기 위해 회귀나무(regression trees)를 쓴다. FP는 미리 정의된 한도(예: 최대 거래금액)에 대한 백분율로 표현할 수 있다.

불순도를 다른 방법으로 측정해야 하므로 분리 결정에는 다른 기준들이 필요하다. 노드에서 불순도를 측정하는 한 가지 방법으로는 평균제곱오차(mean squared error: MSE)를 계산하는 것이다:

$$\frac{1}{n}\sum_{i=1}^{n}(Y_i - \overline{Y})^2,$$

n은 끝 노드에 있는 관찰치의 개수를 의미하고 Y_i는 관찰치 i의 값을, $\overline{Y}$는 끝 노드에 있는 모든 값의 평균을 나타낸다. 낮은 MSE 값은 노드가 동질적(homogenuous)이라는 것을 의미하기 때문에 끝 노드는 MSE 값이 낮은 것이 바람직하다.

분리 결정을 하기 위한 또 다른 방법은 간단한 분산분석(ANOVA) 검정과 다음과 같은 F 통계량을 계산하는 것이다:

$$F = \frac{SS_{between}/(B-1)}{SS_{within}/(n-B)} \sim F_{n-B,\, B-1},$$

따라서

$$SS_{between} = \sum_{b=1}^{B} n_b(\overline{Y_b} - \overline{Y})^2$$

그림 4.16 부정 확률 예측을 위한 회귀나무 예시

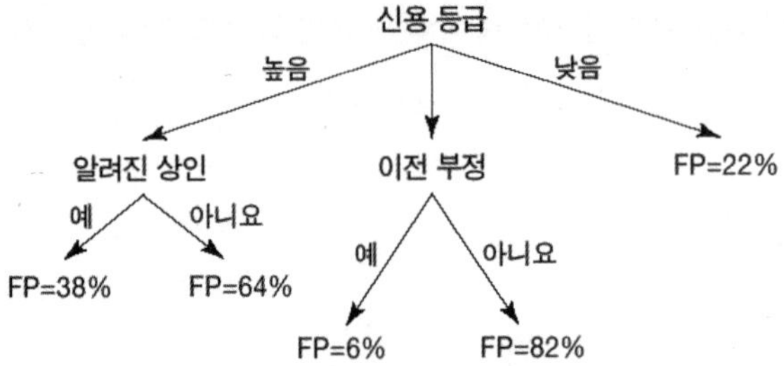

$$SS_{within} = \sum_{b=1}^{B} \sum_{i=1}^{n_b} (Y_{bi} - \overline{Y_b})^2$$

B는 분리된 가지의 수, n_b는 가지 b의 관찰치 개수, $\overline{Y_b}$는 가지 b의 평균, Y_{bi}는 가지 b에서 관찰치 i의 값, 그리고 $\overline{Y}$는 전체 평균이다. 좋은 분리는 노드 안에서의 동질성(낮은 SS_{within})과 노드끼리의 이질성(높은 $SS_{between}$)을 갖는다. 다시 정리하면, 좋은 분리는 F 값이 높거나, p 값이 낮다.

중단결정은 분류나무와 유사한 방식으로 내릴 수 있지만, Y축에 대한 회귀 기반 성능 측정치(예: 평균오차제곱(mean squared error)), 평균절대편차(mean absolute deviation, R^2)를 사용한다. 각 끝 노드에 평균(혹은 중간값)을 할당하여 배정 결정을 내릴 수 있다. 표준편차 및 신뢰 구간도 각 끝 노드에 대해 계산할 수 있다.

6) 의사결정나무를 활용한 부정 애널리틱스

부정 애널리틱스에서 의사결정나무는 다양한 목적으로 사용될 수 있다. 우선 나무의 최상단에서 발생한 변수가 목표를 더 잘 예측할 수 있기 때문에 변수 선택에 사용될 수 있다. 또한, 단순히 예측능력을 측정하는 특징의 개선(gain)을 계산할 수도 있다. 다른 방법으로는 제2장에서 소개했던 변수의 예측력을 측정할 수 있는 정보 가치(information value)가 있다. 보통 개선과 정보 가치는 유사한 속성을 예측 가능한 것으로 간주하므로 애널리틱스 소프트웨어에서 쉽게 이용 가능한 측정치를 선택할 수 있다. 의사결정나무는 높은 수준의 세분화에도 사용될 수 있다. 그 후 일반적으로 세분화 계획과 같은 2~3개 수준이 더 내려가는 나무를 만든 다음 2단계 로지스틱 회귀분석 모형을 사용하여 더욱 구체화한다. 마지막으로 의사결정나무는 경영환경에서 직접적으로 쓰일 수 있는 최종적인 분석적 부정 모형으로 사용될 수 있다. 여기서 중요 장점은 의사결정나무는 어떻게 하여 분류결과에 도달하게 되었는지를 분명하게 설명하는 화이트 박스 모형*을 제공한다는 것이다.

많은 소프트웨어는 나무의 각 수준에 부정 모형 제작자가 선택 가능한 2개(혹은 그 이상)의 분리를 제공함으로써 나무가 맞춤형으로 성장하게 한다. 이로써 사용자들은 불순도 감소뿐만 아니라 해석 용이성과 분리 기준에 대한 계산의 복잡성을 모두 고려하여 분리를 선택할 수 있다. 따라서 모형 제작자는 예측력이 낮을 수 있지만 수집과 해석이 용이한 변수들을 선호할 수도 있다.

의사결정나무는 강력한 기술로서 로지스틱 회귀분석보다 더 복잡한 의사결정 경계를 허용한다. 언급된 것과 같이 의사결정나무는 해석이 쉽고 효율적으로 운영할 수 있다. 또한 모형 개발에 정상성(normality)이나 독립성(independence)에 대한 가정이 필요치 않다는 점에서 비모수적(非母數的, nonparametric)** 이다. 의사결정나무의 가장 중요한 단점은 나무를 구성하는 데 사용되는 표본에 대한 의존도가 너무 높다는 점이다. 주어진 표본의 작은 변동(variation)은 완전히 다른 나무를 생성할 수 있다. 뒷부분에서 앙상블 학습의 개념을 사용하여 이러한 단점을 보완하는 방법에 대해서 배워볼 것이다.

---

* 내부 모형의 이해가 쉬운 구조.

** 테스트나 기타 방법이, 데이터의 기초가 되는 분야의 분포형이나 파라미터에 대하여 특별한 상정(想定)을 필요로 하지 않는 경우.

7. 신경망

1) 기본 개념

신경망(neural networks)의 기원에 대한 첫 번째 관점은, 신경망을 인간의 뇌 기능에서 영감을 받은 수학적 표현이라고 보는 것이다. 이것이 매력적으로 들릴 수 있지만, 또 다른 현실적인 관점은 기존 통계모형들을 일반화했다는 점이다(Bishop, 1995; Zurada, 1992). 로지스틱 회귀분석을 예로 들어보자:

$$P(Y=1|X_1, ..., X_N) = \frac{1}{1+e^{-(\beta_0+\beta_1X_1+...+\beta_NX_N)'}}$$

이 모형을 그림 4.17과 같이 시각화시킬 수 있다.

중앙에 있는 처리 요소 또는 뉴런은 기본적으로 두 가지 작업을 수행한다: 입력값을 전달받아 가중치(신경망에서는 '편의 항(bias term)'이라고 불리는 절편 β_0를 포함)를 곱한 후 로지스틱 회귀분석 때 설명된 것과 유사한 비선형 변환 함수로 만든다. 따라서 로지스틱 회귀분석은 1개의 뉴런을 갖고 있는 신경망이다. $f(z)=z$의 방식으로 데이터 변환 없이 선형 회귀분석을 1개의 뉴런을 가진 신경망으로 시각화시킬 수 있다. 더 많은 층과 뉴런을 추가함으로써 그림 4.17을 그림 4.18과 같은 다중층 인식(multilayer perceptron: MLP) 신경망으로 일반화할 수 있다(Bishop, 1995; Zurada, 1992).

그림 4.18은 입력층 하나, 은닉층 하나, 출력층 하나를 갖고 있는 MLP의 예이다. 은닉층은 입력정보의 특성을 추출하여 통합시킨 후에 출력층에 전달함으로써 최적의 예측을 할 수 있게 한다. 은닉층은 비선형 변환 함수 $f(\,)$를 갖고 있고 출력층은 선형 변환 함수를 갖고 있다. 가장 많이 쓰이는 변환 함수[스쿼싱, 활성 함수(squashing, activation function)라고도 불린다]는 아래와 같다:

➲ 로지스틱, $f(z) = \frac{1}{1+e^{-z}}$, 0과 1 사이의 범위

그림 4.17 로지스틱 회귀분석의 신경망 표현

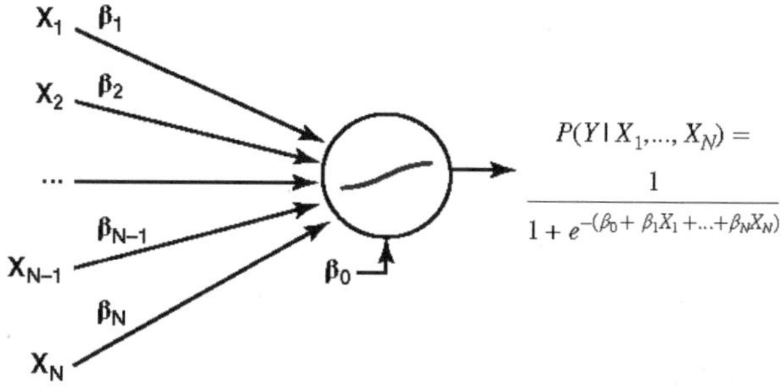

그림 4.18 다중층 인식(multilayer perceptron) 신경망

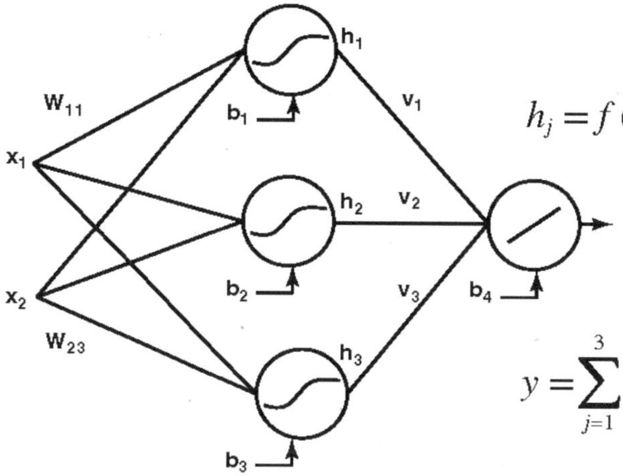

$$h_j = f\left(\sum_{i=1}^{2} x_i w_{ij} + b_j\right)$$

$$y = \sum_{j=1}^{3} v_j h_j + b_4$$

➲ 쌍곡선 탄젠트, $f(z) = \dfrac{e^{z} - e^{-z}}{e^{z} + e^{-z}}$, -1과 1 사이의 범위

➲ 선형, $f(z) = z$, $-\infty$과 $+\infty$ 사이의 범위

이론적으로 활성 함수는 뉴런마다 다를 수 있지만, 일반적으로 각 층마다 고정되어 있다. 분류(예: 부정 적발)의 경우, 출력층에 로지스틱 변환을 사용하여 결과를 확률로 해석하는 것이 일반적이다(Baesens et al., 2002). 회귀 목표(예: 부정 관련 금액)의 경우, 위에서 열거된 어떤 변환 함수든지 모두 사용할 수 있

다. 일반적으로 은닉층에서는 쌍곡선 탄젠트 활성 함수를 사용한다.

은닉층 측면에서 이론적인 작업은 1개의 은닉층을 가진 신경망들이 어떤 함수에 대해서도 작은 간격에 대한 원하는 정도의 정확성을 가질 수 있게 하는 범용 근사치(universal approximator)라는 것을 보여준다(Hornik et al., 1989). 비연속성 함수(예: 톱니패턴)나 딥러닝(deep learning) 맥락의 경우에만 더 많은 은닉층을 시도하는 것이 타당할 수 있다. 그러나 부정 적발의 경우, 이러한 복잡한 패턴은 거의 발생하지 않기 때문에 1개의 은닉층을 사용하는 것이 추천된다.

데이터 전처리를 할 때 연속형 변수는 z 점수 등을 이용하여 표준화하는 것을 추천한다. 범주형 변수의 경우 범주의 수를 줄이기 위해 범주화한 후, 더미 변수나 증거력 코딩을 이용해 코드화할 수 있다. 범주화는 연속형 변수가 아닌 범주형 변수에 한에서만 고려되어야 한다는 것을 주목할 필요가 있다. 연속형 변수는 비선형 효과를 선형 모형(예: 선형 회귀분석 혹은 로지스틱 회귀분석)으로 모델링하기 위해서만 범주화된다. 하지만 신경망으로 비선형 관계들을 모델링할 수 있기 때문에 범주화가 필요 없을 수 있다.

2) 가중치 학습(Weight Learning)

앞에서 언급했듯이 선형 회귀분석과 같은 단순한 통계 모형에서는 최적 매개변수 값에 대한 폐쇄형(closed-form) 수학적 공식이 쓰인다. 하지만 신경망의 경우 최적화는 더 복잡하고 반복 알고리즘을 통해 다양한 연결에 대한 가중치를 추정해야 한다. 그러고 나서 알고리즘은 비용 함수를 최적화한다. 선형 회귀분석과 같이 목표변수가 연속형인 경우, 평균제곱오차(Mean Squared Error, MSE) 비용함수는 다음과 같이 최적화된다:

$$\frac{1}{2}\sum_{i=1}^{n} e_i^2 = \frac{1}{2}\sum_{i=1}^{n}(Y_i - \widehat{Y}_i)^2,$$

Y_i는 관찰치 i에 대한 신경망의 예측치를 나타낸다. 이항 목표변수의 경우 최대우도 비용함수*를 다음과 같이 최적화할 수 있다:

$$\prod_{i=1}^{n} P(Y=1 \mid X_{1i}, \cdots, X_{Ni})^{Yi}(1-P(Y=1 \mid X_{1i}, \cdots, X_{Ni})^{1-Y_1},$$

$P(Y=1 \mid X_{1i}, \cdots, X_{Ni})$는 신경망의 확률적 예측을 나타낸다.

최적화 과정은 일반적으로 일련의 랜덤 가중치(예: 표준정규분포에서 도출)에서 시작한다. 이 가중치는 최적화 알고리즘을 사용하여 데이터의 패턴에 맞게 되풀이하면서 조정된다. 여기서 많이 쓰이는 최적화 알고리즘은 역전파학습법(backpropagation learning), 공역구배법(conjugate gradient), 레벤버그마쿼트법(Levenberg-Marquardt)이 있다(더 자세한 정보는 Bishop, 1995 참조). 여기서 주목해야 할 중요한 문제는 목적 함수의 곡률(curvature)로서, 이는 볼록하지 않고 그림 4.19에 표시된 것처럼 다중모드(multimode)일 수 있다. 따라서 오차 함수는 여러 개의 국지적 최젓값(local minima)을 가질 수 있지만 일반적으로 단 1개의 전역적 최젓값(global minimum)을 갖는다. 따라서 시작 가중치들을 차선으로 선택할 경우 국지적 최젓값에 걸릴 수 있으며, 이는 명백히 바람직하지 않다. 이 문제를 해결하는 한 가지 방법은 다양한 시작 가중치를 시도하고 몇 단계를 걸쳐 최적화 절차를 시작한 다음, 최상의 중간 솔루션을 계속 사용하는 것이다. 이러한 접근 방식을 종종 예비 학습(preliminary training)이라고도 한다. 그런 다음 오류 함수가 더는 진척을 보이지 않거나 가중치가 실질적으로 변화를 멈추거나, 정해진 수만큼의 최적화 단계가 진행될 때까지 최적화 과정은 계속된다.

부정 여부와 금액을 동시에 예측하는 것과 같은 다수의 출력 뉴런들을 사용할 수 있지만, 최적화 과제를 제대로 집중해서 좋은 결과를 낼 수 있도록 하나만 사용하는 것을 권장한다. 하지만 은닉 뉴런들은 세심하게 조정되고 데이터의 비선형성에 의존해야 한다. 비선형 패턴이 더 복잡할수록 더 많은 은닉 뉴런을 필요로 한다. 여러 가지 방법(예를 들어 익렬 상관관계(cascade correlation),

---

* 우도값을 나타내는 함수가 우도함수로 최대우도 비용함수란 관찰값들이 주어졌을 때 가정되는 분포에 그 관찰치를 포함시키고 그 관찰치들이 나올 확률을 가장 높게 하는 모수를 선택하는 함수.

그림 4.19 국지적 최젓값 vs. 전역적 최젓값

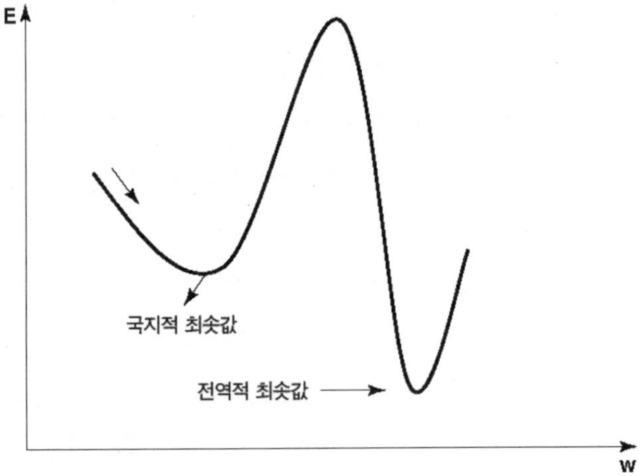

유전 알고리즘(genetic algorithms), 베이지언 기법(Bayesian methods))이 과학계에서 제안되어 왔지만 가장 간단하면서 효율적인 방법은 다음과 같다(Moody and Utans, 1994):

① 데이터를 학습(training), 검증(validation), 테스트(test) 집합으로 나눈다.

② 은닉 뉴런 수를 1부터 10 사이에서 하나씩 증가시킨다.

③ 학습 데이터 집합을 갖고 신경망을 학습시킨 후, 검증 집합으로 성능을 측정한다(국지적 최솟값 문제를 다루기 위해 복수의 신경망을 학습시킬 수 있다).

④ 최적의 검증 집합 성능을 가진 은닉 뉴런의 수를 선택한다.

⑤ 독립적인 테스트 집합에서 성능을 측정한다. 부정 적발의 경우 은닉 뉴런의 수는 일반적으로 6개에서 12개 사이로 다양하다는 것을 주목하라.

신경망은 데이터에서 매우 복잡한 패턴과 의사결정 경계를 모형화할 수 있으며 매우 강력하다. 의사결정나무와 마찬가지로 매우 강력하기 때문에 학습 데이터에서 잡음(noise)까지도 모델링할 수 있으며, 이는 꼭 피해야 할 문제이다. 이러한 과적합(overfitting)을 피하기 위해서는 의사결정나무와 유사한 방식으로 검증 집합을 사용하는 방법이 있다(그림 4.20 참조). 학습 집합은 가중치를

그림 4.20 신경망 학습 중단을 위한 검증 집합 사용

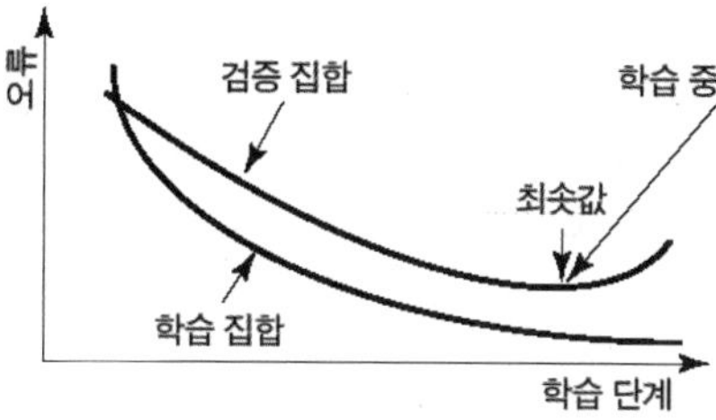

추정하기 위해 사용되고 검증 집합은 학습을 언제 중단할지를 결정하기 위한 독립적인 데이터 집합으로 사용된다.

신경망의 과적합을 방지하는 다른 방법으로는 가중치 정규화(weight regularization)가 있는데, 이는 절댓값이 작은 가중치를 유지함으로써 데이터 내 잡음을 제거하는 것이다. 이는 신경망의 목적 함수에 가중치 크기(예: 유클리드 규칙) 조건을 추가함으로써 적용된다(Bartlett, 1997). 연속형 결과값(평균제곱오차)의 경우, 목적 함수는 다음과 같이 된다:

$$\frac{1}{2}\sum_{i=1}^{n} e_i^2 + \lambda \sum_{j=1}^{k} w_j^2,$$

수식 중 k는 신경망 내 가중치의 수, λ는 가중치 감소(weight decay, 가중치 정규화라도도 함) 매개변수로서, 오류의 중요도 대비 가중치 최소화를 평가한다. λ를 너무 낮게 설정하는 것은 과적합을 유발하고 너무 높게 설정하면 부적합을 유발한다. λ를 결정하기 위한 실용적인 접근법으로는 독립된 검증 데이터 집합에 여러 값을 시도하여 최적의 성능을 내는 것을 선택하는 것이다.

3) 신경망 블랙박스 파헤치기

신경망의 장점은 모형화의 강력함이지만, 수학적으로 복잡하고 불투명한 방식으로 입력값과 결과값이 관련되어 있기 때문에 종종 '블랙박스(black-box)'

기법으로 설명된다. 신경망은 해석 용이성이 중요하지 않은 환경(예: 신용카드 부정 적발)에서 고성능의 분석도구로서 성공적으로 적용되어 왔다.

그러나 부정행위에 대한 통찰이 중요한 영역에서 신경망을 적용할 때에는 주의해야 한다(Baesens, Martens et al., 2011). 이어서 신경망 블랙박스를 파헤치는 세 가지 방법에 대해 논의할 것이다:

① 변수 선택(Variable selection)

② 규칙 추출(Rule extraction)

③ 2단계 모형(Two-stage models)

신경망이 어떻게 작용하는지에 대한 통찰력을 얻는 첫 번째 방법은 변수 선택으로서, 신경망의 결과값에 적극적으로 기여하는 변수들을 결정하는 것을 목표로 한다. 선형 및 로지스틱 회귀분석에서 변수의 중요성은 p 값을 조사해서 평가한다. 그러나 신경망에서는 p 값을 구하기가 용이하지 않기 때문에 이 방법이 쉽지 않다. 다른 쉽고 매력적인 방법으로는 힌턴 도표(Hinton diagram) 내 가중치들을 시각화하는 방법이 있다. 힌턴 도표는 입력값과 은닉 뉴런 사이의 가중치를 사각형으로 시각화하는데, 사각형의 크기는 가중치의 크기와 비례하고 사각형의 색상은 가중치의 부호(예를 들어 검정색은 음(−)의 가중치, 흰색은 양(+)의 가중치)를 나타낸다. 명백한 것은 변수와 은닉 뉴런들을 연결하는 모든 가중치들이 0에 가까운 경우, 변수들은 신경망의 계산에 적극적으로 기여하지 않으므로 그 변수를 제외시킬 수 있다는 점이다. 그림 4.21은 4개의 은닉 뉴런과 5개의 변수를 가진 신경망의 힌턴 도표를 보여준다. 여기서 소득 변수는 다른 변수들과 비교했을 때 적은 음과 양의 가중치를 갖고 있기 때문에 이 신경망에서 제외 대상으로 고려될 수 있다는 것을 명백히 보여준다. 변수 선택 절차를 아주 단순명료하게 설명하자면:

① 힌턴 도표를 보고 가중치가 0에 가까운 변수들을 제거한다.

② 해당 변수 제거 후 신경망을 재추정한다. 수렴(convergence)을 가속화하기 위해서 이전의 가중치에서부터 시작하는 것이 용이하다.

그림 4.21 힌턴 도표 예시

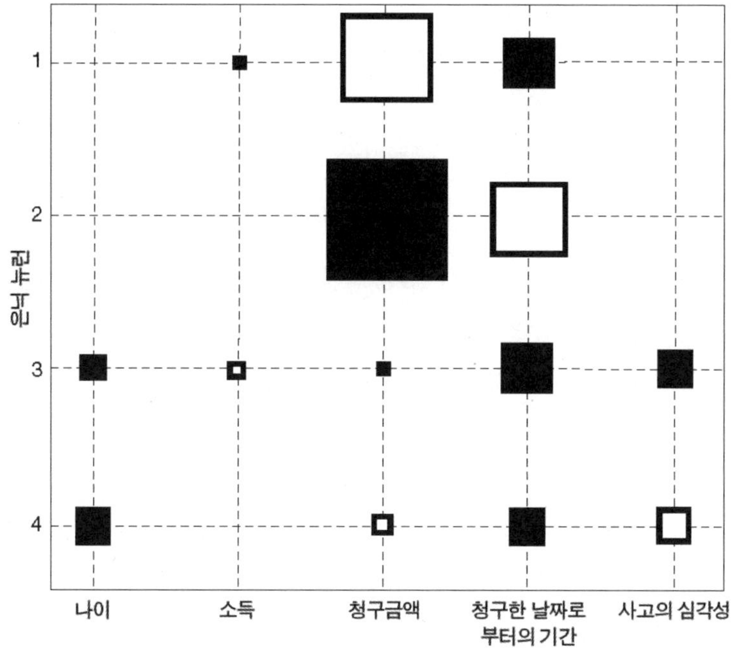

③ 중단 기준에 부합할 때까지 단계 1을 반복한다. 예측 성능이 저하되거나 미리 지정한 횟수만큼 반복한 경우 중단한다.

또 다른 변수 선택 방법으로는 후진적 변수 선택 절차(backward variable selection procedure)가 있다:

① N개의 변수를 가진 신경망을 구축한다.

② 각 변수를 차례대로 제거하면서 네트워크를 재추정한다. 이렇게 하면 $N-1$개의 변수를 가진 N개의 신경망이 제공된다.

③ 최고의 성능[예를 들어 오분류 오차(misclassification error), 평균제곱오차(mean squared error) 측면]을 내는 네트워크를 만드는 변수들을 제거한다.

④ 성능이 급격한 수준으로 저하될 때까지 절차를 반복한다.

그림 4.22 후진적 변수 선택

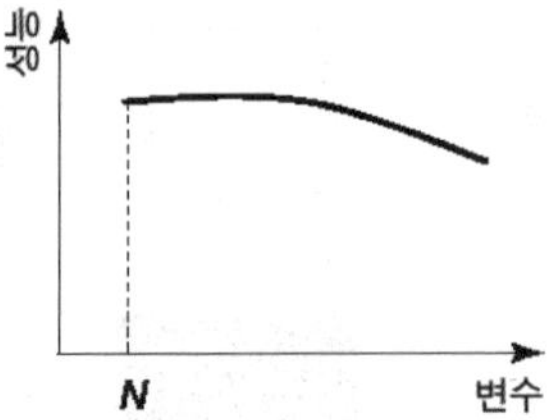

변수의 수(X축)에 대한 성능(Y축)을 그래프로 그릴 때, 그림 4.22와 같은 형태의 모양을 갖게 된다. 초기에 성능은 지지부진하거나 혹은 심지어 다소 증가할지도 모른다. 그러나 중요 변수들이 제거되면 성능이 감소하기 시작할 것이다. 최적 변수의 개수는 그림의 팔꿈치 부분(elbow region) 근처에서 발견될 수 있고 비즈니스 전문가와 함께 결정될 수 있다. 표본은 리소스 소모를 감소시키고 효율성을 개선하는 절차를 진행하는 데 사용될 수 있다. 이러한 성능 중심의 변수 선택법은 선형 회귀분석, 로지스틱 회귀분석, 또는 서포트 벡터 머신과 같은 다른 분석 기법에서도 쉽게 적용될 수 있다(다음 절 참조).

변수 선택을 통해 사용자들은 어떤 변수가 신경망에 중요하고 중요하지 않은지 알 수 있지만, 내부의 작동원리에 대해서는 명확한 통찰을 제공받지는 못한다. 입력값과 결과값의 관계는 비선형적이고 복잡하게 유지된다. 투명성을 높이기 위한 첫 번째 방법으로는 규칙 추출(rule extraction)을 수행하는 방법이 있다.

규칙 추출의 목적은 IF-THEN 분류 규칙을 추출하여 신경망의 행동을 모방해 보는 데에 있다(Baesens, 2003; Baesens et al., 2003; Setiono et al., 2009). 두 가지 주요 접근법으로는 해체적(decompositional) 방법과 교육학적(pedagogical) 방법이 있다. 해체적 규칙 추출법은 가중치와 활성화 값(activation value)들을 검사함으로써 신경망의 내부 작업을 해체해 보는 방법이다. 일반적인 순서는 다음과 같다(Lu et al., 1995; Setiono et al., 2011):

① 신경망을 학습시키고 가능한 한 간결하게 만드는 변수 선택을 한다.

② 군집화를 이용해 은닉 단위 활성값들을 범주화시킨다.

③ 범주화된 은닉 단위 활성값을 기준으로 네트워크의 결과값들을 설명하는

그림 4.23 신경망 규칙 추출을 위한 해체적 접근법

1단계: 원본 데이터로부터 시작

고객	나이	소득	알려진 고객	…	부정
에마	28	1,000	Y		아니요
윌	44	1,500	N		예
댄	30	1,200	N		아니요
봅	58	2,400	Y		예

2단계: 신경망 구축(e.g. 3 은닉 뉴런)

3단계: 은닉 단위 활성값 범주화

고객	나이	소득	알려진 고객	h1	h2	h3	h1	h2	h3	부정
에마	28	1,000	예	-1.20	2.34	0.66	1	3	2	아니요
윌	44	1,500	아니요	0.78	1.22	0.82	2	3	2	예
댄	30	1,200	아니요	2.1	-0.18	0.16	3	1	2	아니요
봅	58	2,400	예	-0.1	0.8	-2.34	1	2	1	예

4단계: 범주화된 은닉 단위에서 네트워크 결과값과 관련된 규칙 추출

만일 h1 = 1이고 h2 = 3이면, 부정 = 아니요
만일 h2 = 2이면, 부정 = 예

5단계: 입력값에서 범주화된 은닉 단위와 관련된 규칙 추출

만일 나이 < 28이고 소득 < 1,000이면, h1 = 1
만일 알려진 고객 = Y이면, h2 = 3
만일 나이 >34이고 소득 >1,500이면, 부정 = 예

6단계: 두 가지 규칙을 연결

만일 나이 < 28이고 소득 < 1,000이고 알려진 고객 = Y이면 부정 = 아니요
만일 나이 >34이고 소득 >1,500이면 부정 = 예

규칙들을 추출한다.

④ 네트워크의 입력값을 기준으로 범주화된 은닉 단위 활성값들을 설명하는 규칙들을 추출한다.

⑤ 단계 ③과 단계 ④에서 얻은 규칙들을 병합하여 입력값과 결과값을 직접 연결시킨다.

이는 그림 4.23에 설명되어 있다.

교육학적 규칙 추출법은 신경망을 블랙박스로 간주하여 신경망의 예측값을 의사결정 나무와 같은 화이트 박스 분석 기법의 입력값으로 사용한다(Craven and Shavlik, 1996). 이는 그림 4.24에 나와 있다.

그림 4.24 규칙 추출에 대한 교육학적 접근법

고객	나이	소득	알려진 고객	…	부정
에마	28	1,000	Y		아니요
윌	44	1,500	N		예
댄	30	1,200	N		아니요
봅	58	2,400	Y		예

1단계: 원본 데이터로부터 시작

고객	나이	소득	알려진 고객	네트워크 예측치	부정
에마	28	1,000	Y	아니요	아니요
윌	44	1,500	N	예	예
댄	30	1,200	N	예	아니요
봅	58	2,400	Y	예	예

2단계: 신경망 구축

3단계: 네트워크 예측치를 얻고 이를 데이터 집합에 추가

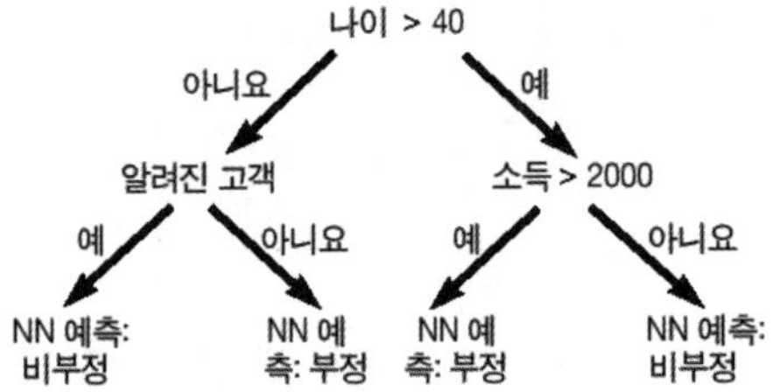

4단계: 원본 입력값에서 네트워크 예측치와 관련된 규칙 추출. 필요한 부분에 추가적인 데이터 생성

교육학적 접근법 사용 시 학습 데이터 집합은 인공 데이터로 더욱 강화될 수 있으며, 이 데이터는 신경망에 의해 라벨로 표시(예: 분류 또는 예측)되어 의사결정나무를 형성할 때 분리 결정을 내리기 위한 관찰치의 수를 더욱 증가시킬 수 있다. 교육학적 접근법은 매개변수 또는 내부 모형 표현을 사용하지 않기 때문에 회귀 기법이나 서포트 벡터 머신과 같은 어떠한 기본 알고리즘과도 사용될 수 있다.

해체적 또는 교육학적 규칙 추출법을 사용하는 경우 규칙 집합은 정확성, 간결성(예: 규칙의 수, 규칙당 조건의 수), 그리고 신뢰도(fidelity)를 기준으로 평가되어야 한다. 신뢰도란 추출된 규칙 집합이 신경망을 모방하는 데 어느 정도 성공하는지 측정하고 다음과 같이 계산된다:

규칙 집합 분류		신경망 분류	
		비부정	부정
	비부정	a	b
	부정	c	d

그림 4.25 2단계 모형

고객	나이	소득	알려진 고객	…	부정
에마	28	1,000	Y		아니요
윌	44	1,500	N		예
댄	50	1,200	N		아니요
봅	58	2,400	Y		예

1단계: 원본 데이터로부터 시작

고객	나이	소득	알려진 고객	…	부정	로지스틱 회귀분석 결과
에마	28	1,000	Y		아니요(=0)	0.44
윌	44	1,500	N		예(=1)	0.76
댄	50	1,200	N		아니요(=0)	0.18
봅	58	2,400	Y		예(=1)	0.88

2단계: 로지스틱 회귀 모형 구축

고객	나이	소득	알려진 고객	…	부정	로지스틱 회귀분석 결과	오류
에마	28	1,000	Y		아니요(=0)	0.44	-0.44
윌	44	1,500	N		예(=1)	0.76	0.24
댄	50	1,200	N		아니요(=0)	0.18	-0.18
봅	58	2,400	Y		예(=1)	0.88	0.12

3단계: 로지스틱 회귀 모형으로부터 오류 계산

4단계: 로지스틱 회귀 모형으로부터 NN 예측오류 구성

고객	나이	소득	알려진 고객	…	로지스틱 회귀분석 결과	NN 결과	최종 결과
바트	28	1,000	Y		0.68	0.14	0.82

5단계: 로지스틱 회귀와 NN 점수를 추가하여 새로운 관찰치 점수화

$$신뢰도(Fidelity) = (a+d) / (b+c).$$

또한, 신경망을 통과함으로써 얻을 수 있는 장점을 보기 위해 원래의 데이터로 직접 구축된 나무에서 추출된 규칙/나무를 벤치마킹하는 것은 항상 중요하다.

신경망을 더욱 해석하기 쉽게 하는 또 다른 방법으로는 2단계 모형(two-stage model)이 있다(Van Gestel et al., 2005, 2006). 여기서의 아이디어는 이해하기 쉬운 모형을 먼저 추정하는 것이다(예: 선형 회귀분석, 로지스틱 회귀분석). 이는 우리에게 해석의 용이성을 제공할 것이다. 두 번째 단계에서 신경망은 동일한 예측 변수 집합을 사용하여 단순 모형에서 발생하는 오차를 예측하는 데 사용된다. 이는 우리에게 비선형 모형을 사용하는 경우 추가적인 성능 향상을 제공할 것이다. 두 모형은 이와 같은 방식으로 결합된다:

➲ Target = Linear regression $(X_1,\ X_2,\ ...,X_N)$

$+$ Neutral network $(X_1,\ X_2,\ ...,X_N)$

➲ Score = Logistic regression $(X_1,\ X_2,\ ...,X_N)$

$+$ Neutral network $(X_1,\ X_2,\ ...,X_N)$

이 설정은 모형의 첫 번째 부분에서 도출된 해석 용이성과 두 번째 부분에서 도출된 성능 사이에서 이상적인 균형을 이룬다. 이는 그림 4.25에 설명되어 있다.

8. 서포트 벡터 머신(SUPPORT VECTOR MACHINES: SVMs)

1) 선형 프로그래밍(Linear Programming)

신경망의 두 가지 약점은 목적 함수가 볼록하지 않다는(nonconvex) 사실(따라서 복수의 국지적 최젓값을 여러 개 가질 수 있음)과 은닉 뉴런의 개수를 조절하기 위한 별도의 작업이 필요하다는 점이다. SVMs의 경우, 이 두 가지 문제를 해결할 수 있다(Cristianini and Taylor, 2000; Scholkopf and Smola, 2001; Vapnik, 1995).

분류 SVMs의 기원은 선형 프로그래밍의 초창기로 거슬러 올라간다(Mangasarian, 1965). 부정 관련 환경에서 분류를 위한 다음의 선형 프로그램(Linear Program: LP)을 예로 들어보자:

min $e_1 + e_2 + \ ...\ + e_{n_{nf}+n_f}$

subject to

$w_1x_{i1} + w_2x_{i2} + \ ...\ + w_Nx_{iN} \geq c - e_i,\ 1 \leq i \leq n_{nf},$

$w_1x_{i1} + w_2x_{i2} + \ ...\ + w_Nx_{iN} \leq c + e_i,\ n_{nf} + 1 \leq i \leq n_{nf} + n_f,$

$e_i \geq 0,$

그림 4.26 다중 분리 초평면(Multiple Separating Hyperplanes)

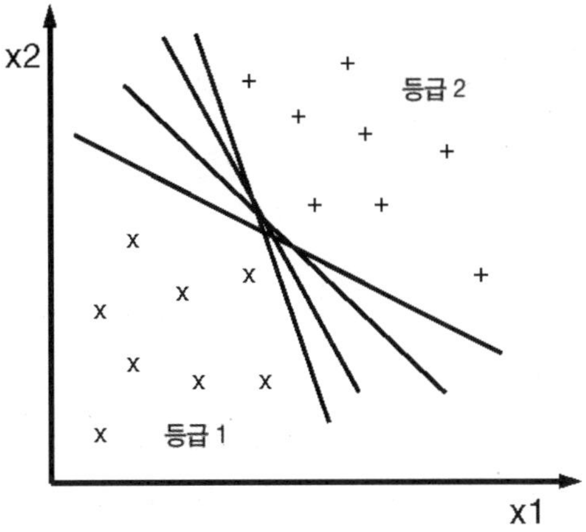

x_{ij}는 관찰치 i에 대한 변수 j의 값을 나타내고, n_{nf}와 n_f는 'no fraud'와 'fraud'의 개수를 나타낸다. 선형 프로그램은 'no fraud'에게 한계점 c보다 높은 점수를 부여하고, 'fraud'에는 c보다 낮은 점수를 부여한다. 일반적으로 완벽한 분할은 가능하지 않기 때문에 오류 변수 e_i는 프로그램을 해결하기 위해 필요하다. 선형 프로그래밍은 신용 점수 도입 시기에 매우 인기 있었다. 선형 프로그래밍의 주요 장점은 몇 개의 제약을 추가함으로써 대상 영역이나 비즈니스의 지식을 포함시키기가 용이하다는 점이다. 이전의 비즈니스 경험이 나이(변수 1)를 소득(변수 2)보다 중요하다고 고려함을 가정해 보자. 이는 제약사항 $w_1 \geq w_2$을 선형 프로그램에 추가함으로써 쉽게 시행될 수 있다.

선형 프로그래밍의 주요 단점은 그림 4.26에 설명된 것과 같이 완전하게 선형적으로 분리되는 경우, 즉 등급 1은 부정 관련자이고 등급 2는 부정 무관련자인 경우에 대해 복수의 최적 의사 결정 영역을 추정할 수 있다는 것이다.

2) 선형 분할가능 사례

SVMs는 분석에 부가적인 목표를 추가한다. 두 변수 $x1$(예: 나이)와 $x2$(예: 소

그림 4.27 완벽한 선형 분할가능 사례를 위한 SVMs 분류법

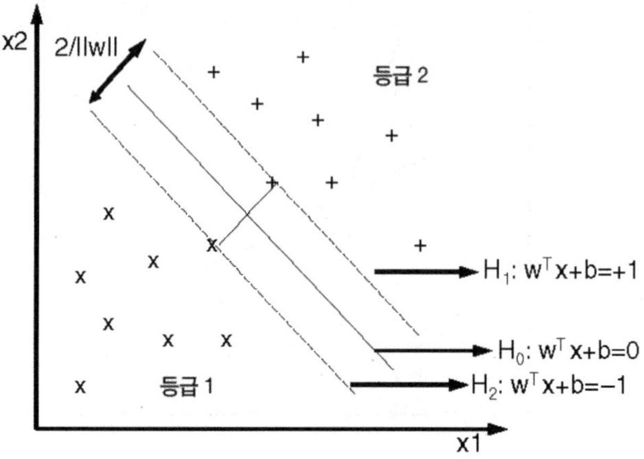

득)를 가진 그림 4.27의 경우를 살펴보자. 두 등급의 끝에 2개의 초평면이 있고 그 사이에 있는 1개의 초평면은 등급 경계로서 역할을 할 것이다. 첫 초평면 H_1에서 원점까지 수직 거리는 $|b-1|/\|w\|$ 와 같다. $\|w\|$ 은 w의 유클리디언 표준으로 $\|w\| = \sqrt{w_1^2+w_2^2}$ 로 계산된다. H_2에서 원점까지의 수직 거리는 $|b+1|/\|w\|$ 와 같다. 따라서 두 초평면 사이의 여백은 $2/\|w\|$ 와 같다. SVMs는 이 여백을 최대화시키는 것을 목푯값으로 두 등급을 모두 되도록 멀리 밀어낸다. 여백을 최대화시키는 것은 $\|w\|$ 나 $\frac{1}{2}\sum_{i=1}^{N} w_1^2$를 최소화시키는 것과 유사하다. 완벽한 선형적 분할의 경우 SVMs 분류법(classifier)은 아래와 같게 된다.

$\{x_k,\ y_k\}_{k=1}^{n}$ 이고 $x_k \in R^N$인 학습 집합 $y_k \in \{-1;+1\}$를 고려해 보자.

'goods'(예: 등급 +1)은 초평면 H_1 위에 있어야 하고 'bads'(예: 등급 −1)는 초평면 H_2의 밑에 있어야 한다. 따라서:

$$w^T x_k + b \geq 1\text{, if } y_k = +1$$
$$w^T x_k + b \leq -1\text{, if } y_k = -1$$

그리고 위의 두 공식은 다음과 같이 하나로 통합될 수 있다:

$$y_k(w^T x_k + b) \geq 1.$$

그러면 최적화 문제는 다음과 같다:

$$\text{Minimize } \frac{1}{2}\sum_{i=1}^{N} w_i^2$$
$$\text{subject to } y_k(w^T x_k + b) \geq 1.\ k = 1 \cdots n$$

위의 2차 프로그래밍(quadratic programming: QP) 문제는 라그랑주 최적화(Lagrangian optimization)를 이용해 해결할 수 있다(Cristianini and Taylor, 2000; Scholkopf and Smola, 2001; Vapnik, 1995). 최적화 문제는 2차 비용함수를 갖고 있기 때문에 볼록 최적화(convex optimization)를 할 때 국지적 최솟값이 전혀 존재하지 않거나 단 하나의 전역적 최솟값을 갖는다. 초평면 H_1이나 H_2 위에 놓인 학습점(training points)들은 서포트 벡터(support vector)라고 불리고 분류하는 데에 중요한 역할을 한다. 분류 초평면 자체는 H_0라고 칭한다. 새로운 관찰치들은 위에 놓일 수 있는 자격이 되는지에 대한 확인이 필요하다(예측값이 +1 또는 −1). 확인절차는 다음과 같이 부호연산자를 사용함으로써 이루어질 수 있다: $y(x) = \text{sign}(w^T x + b)$ 여기서 $x \geq 0$일 경우 sign(x)는 +1, 아닐 경우는 −1의 값을 갖는다.

3) 선형 분할불가 사례

지금까지 소개된 SVMs 분류법은 완벽한 분할이 가능하다는 가정하에 이루어진 것이지만 현실상의 데이터 집합에서는 매우 드물게 일어나는 상황이다. 그림 4.28과 같이 중복되는 등급 분포의 경우에는 SVMs 분류는 오류 e_i로 인해 다음과 같이 확장될 수 있다:

$$\textit{Minimize } \frac{1}{2}\sum_{i=1}^{N} w_i^2 + C\sum_{i=1}^{n} e_i$$
$$\text{subject to } y_k(W^T x_k + b) \geq 1 - e_k,\ k = 1 \cdots n$$

그림 4.28 중복 분포의 경우 SVMs 분류법

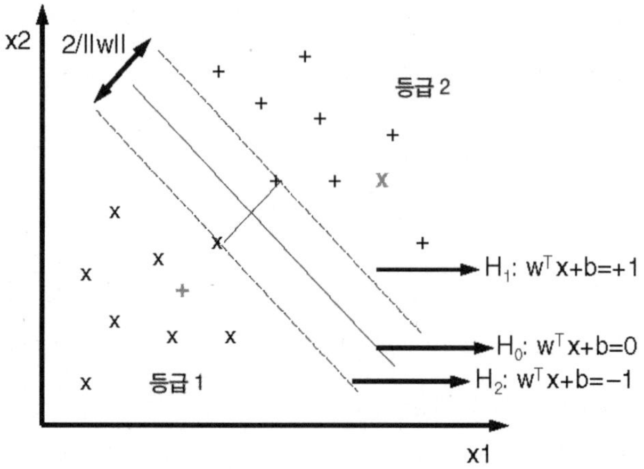

$$e_k \geq 0.$$

오류 변수 e_k는 오분류 허용을 위해 필요하다. 목적 함수에서 매개변수 C는 데이터에서 여백을 최대화하는 것과 오류를 최소화하는 것의 중요성에 대해 균형을 맞춘다. C 값이 높을 경우 과적합의 위험이 높아지고 C 값이 낮을 경우 과적합의 위험도가 낮아진다. 앞서 신경망을 소개하면서 나왔던 가중치 정규화 개념과 유사하다. 또한 목적 함수는 가중치 제곱합과 오류 조건으로 구성되어 있다. 최적값 C를 구하는 절차는 뒤에서 설명할 것이다. 앞의 문제와 같이 이 문제는 라그랑주 최적화를 사용해 해결할 수 있는 2차 프로그래밍(QP) 대상이다.

4) 비선형 SVMs 분류법

마지막으로 비선형 SVMs 분류법(The Nonlinear SVMs Classifier)은 첫 번째로는 매핑 $\varphi(x)$를 이용해서 입력 데이터를 더 고차원적인 특성 공간(feature space)에 매핑한다. 이는 그림 4.29에 나와 있다.

그림 4.29 특성 공간 매핑

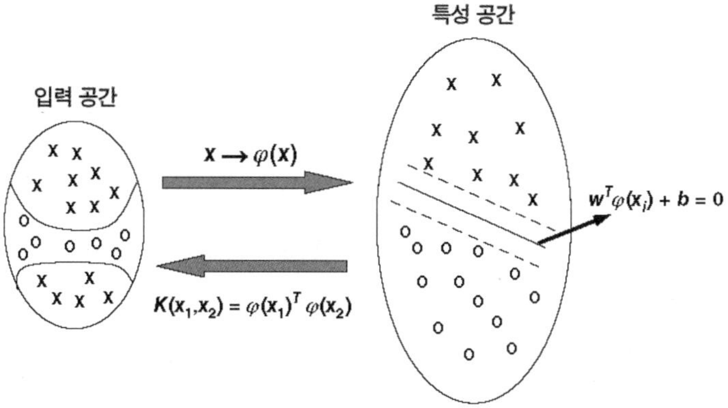

SVMs 문제의 공식은 아래와 같다:

$$\begin{aligned} &\textit{Minimize}\ \frac{1}{2}\sum_{i=1}^{N} w_i^2 + C\sum_{i=1}^{n} e_i \\ &\text{subject to } y_k(W^T\varphi(x_k)+b) \geq 1-e_k,\ k=1\cdots n \\ &\qquad e_k \geq 0. \end{aligned}$$

라그랑주 최적화를 할 때(Cristianini and Taylor 2000; Scholkopf and Smola 2001; and Vapnik 1995), 매핑 함수 $\varphi(x)$는 명시적으로 필요하지는 않지만 $K(x_k, x_l) = \varphi(x_k)^T\varphi(x_l)$로 정의되는 커널 함수(kernel function) K에 의해서는 암묵적으로 필요하다. 따라서 특성 공간은 분명하게 명시될 필요는 없다. 비선형 SVMs 분류법은 다음과 같이 된다:

$$y(x) = \left[\sum_{k=1}^{n} \alpha_k y_k K(x, x_k) + b\right]$$

α_k는 최적화로부터 나온 라그랑주 승수를 나타낸다. 서포트 벡터는 분류 초평면을 구축해야 하기 때문에 0이 아닌 α_k를 갖게 된다. 다른 모든 관찰치들은 α_k 값으로 0을 갖게 되고, 이는 종종 SVMs의 희소성 특성(sparseness property)이라고 한다. 여러 종류의 커널 함수가 사용될 수 있는데 그중 가장 많이 쓰이

는 함수들은 다음과 같다:

- ➲ 선형 커널: $K(x,\ x_k) = x_k^T x$
- ➲ 다항 커널: $K(x,\ x_k) = (1 + x_k^T x)^d$
- ➲ 방사형 기초함수(RBF) 커널: $K(x,\ x_k) = \exp\{-\ \| x - x_k \|^2 / \sigma^2\}$

경험적으로 RBF 커널이 대개 성능이 가장 우수하지만, 조정해야 할 추가 매개변수 σ가 포함되어 있다(Van Gestel et al., 2004).

SVMs 분류법을 만들 때 해결해야 하는 주요 문제는 매개변수들의 조정이다. 예를 들어 2개의 매개변수 C와 σ를 가진 RBF SVMs이 있다고 가정해 보자. 두 매개변수 모두 다음 절차를 통해 조정될 수 있다(Van Gestel et al., 2004):

① 데이터를 학습 데이터(40%), 검증 데이터(30%), 테스트 데이터(30%)로 나눈다.

② 집합 $\sigma \in \{0.5, 5, 10, 15, 25, 50, 100, 250, 500\}$과 $C \in \{0.01, 0.05, 0.1, 0.5, 1, 5, 10, 50, 100, 500\}$에서 조합한 각 (σ, C)를 위한 RBF SVMs 분류법을 만든다.

③ 최고의 검증 집합 성능을 가진 조합을 고른다.

④ 학습 데이터와 검증 데이터가 통합된 데이터 집합에서 최적의 (σ, C) 조합을 가진 RBF SVMs 분류법을 만든다.

⑤ 테스트 집합의 추정된 RBF SVMs 분류법의 성능을 계산한다.

선형 커널 혹은 다항(polynomial) 커널의 경우 유사한 절차가 적용될 수 있다.

5) 회귀분석을 위한 SVMs

SVMs는 연속적인 목표를 갖는 회귀분석에서도 적용 가능하다. 여기서 아이디어는 모든 학습 데이터에서 실제 목표 y_i에서 최대 ε 편차를 가지면서 동시에 가능한 평평한 함수 $f(x)$를 찾는 것이다. 따라서 손실 함수(loss function)는 보다

그림 4.30 회귀분석을 위한 SVMs

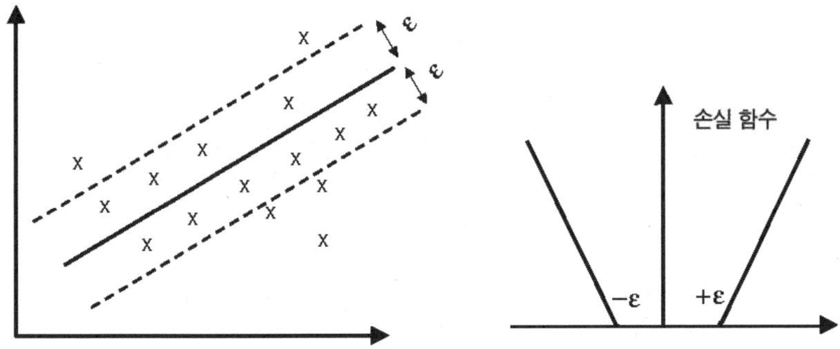

더 낮은(높은) 오류를 용인(제재)할 것이다. 이는 그림 4.30에 시각화되어 있다.

$X_k \in R^N$과 $y_k \in R^N$을 조건으로 하는 학습 집합 $\{x_k, y_k\}_{k=1}^{n}$를 고려해 보자. SVMs의 공식은 다음과 같다:

$$\textit{Minimize}\ \frac{1}{2}\sum_{i=1}^{N} w_i^2 + C\sum_{i=1}^{n}(\epsilon_k + \epsilon_k^*)$$

subject to

$$y_k - w^T\phi(x_k) - b \le \epsilon + \epsilon_k$$

$$w^T\phi(x_k) + b - y_k \le \epsilon + \epsilon_k^*$$

$$\epsilon,\ \epsilon_k,\ \epsilon_k^* \ge 0.$$

매개변수 C는 평평도(flatness) f와 ε보다 큰 편차가 용인되는 양쪽의 균형을 결정한다. 특성 공간 매핑 함수 φ(x)는 여기서도 사용된다. 라그랑주 최적화를 사용하여 비선형 회귀 함수는 다음과 같다:

$$f(x) = \sum_{i=1}^{n}(\alpha_k - \alpha_k^*)K(x_k, x) + b,$$

α_k와 α_k^*는 라그랑주 승수(multiplier)를 나타낸다. 매개변수 C와 ε는 분류 SVMs에서 소개된 절차와 유사한 방식으로 조정될 수 있다.

그림 4.31 신경망으로서 SVMs 분류법 표현

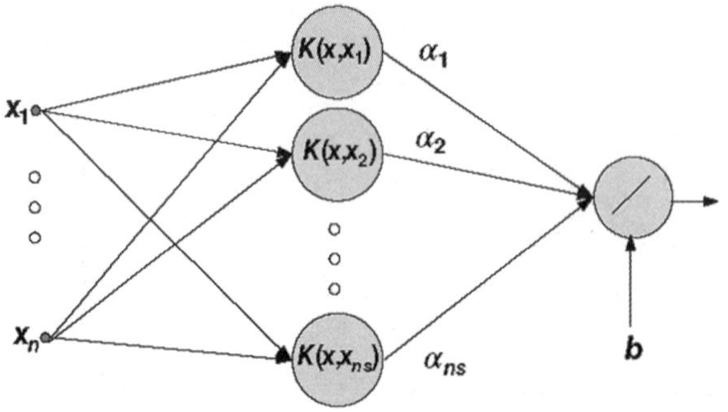

6) SVMs 블랙박스 파헤치기

신경망과 유사하게 SVMs는 보편적인 근사치 속성(approximation property)을 갖고 있다. 또 다른 이점으로는 은닉 뉴런의 수를 조정할 필요가 없다는 점과 볼록 최적화(convex optimization)라는 특징을 들 수 있다. 그러나 SVMs는 해석 용이성이 중요한 상황에서 사용되기에는 너무 복잡하다. 신경망과 같이 SVMs의 블랙박스를 파헤침으로써 투명성을 높일 수 있다.

변수 선택은 신경망에서 다뤘던 후진적 변수 선택 절차를 통해 이루어질 수도 있다. 이 방법은 변수의 수는 감소시키지만 SVMs의 작동에 대한 추가적인 통찰력을 제공하지는 않는다. 규칙 추출법은 변수의 수가 감소된 다음 단계에서 사용될 수 있다. 해체적(decompositional) 규칙 추출 접근법을 적용하기 위해서 SVMs는 그림 4.31과 같이 신경망으로 나타낼 수 있다.

은닉층은 커널 활성화 함수(kernel activation function)를 사용하는 데 반해 출력층은 선형 활성화 함수(linear activation function)를 사용한다. 은닉 뉴런의 수는 서포트 벡터의 수와 일치하고 최적화로부터 자동적으로 결정된다. 이는 은닉 뉴런의 수를 수동적으로 조정해야 하는 신경망과 큰 대조를 이룬다. 해체적 접근법은 우선 결과값을 은닉 활성화 값들과 연결하는 IF-THEN 규칙을 추출하는 것으로 시작된다. 다음 단계에서 은닉 활성화 값들을 입력값들 사이에 관련된 규칙들이 추출되면 두 규칙 집합은 결합하게 된다.

교육학적 접근법은 근본적으로 대상이 되는 모형을 블랙박스로 간주하기 때문에 SVMs와 쉽게 결합할 수 있다. 신경망의 경우와 같이 SVMs는 우선 각 관찰치에 대한 SVMs 예측이 포함된 데이터 집합을 구성하는 데 우선 사용된다. 이 데이터 집합은 의사결정나무 알고리즘을 통해 의사결정나무를 만들 때 사용된다. 또한, 여기서는 추가적인 학습 집합 관찰치들이 생성됨으로써 나무 구성 프로세스를 용이하게 할 수 있다.

마지막으로 2단계 모형은 더욱 깊은 이해력을 제공하기 위해 사용되기도 한다. 이 방법에서 단순 모형(예: 선형 회귀분석 혹은 로지스틱 회귀분석)이 먼저 추정되고, 이 후 SVMs를 통해 2단계 모형의 오류들을 보정한다는 것을 명심해야 한다.

9. 앙상블 기법

앙상블 기법(ensemble methods)은 하나의 모형을 사용하는 대신 복수의 분석 모형을 추정하는 것을 목표로 한다. 여기서 아이디어는 여러 모형이 데이터 입력 공간의 각자 다른 분야들을 책임지고 서로의 약점을 보완해 준다는 것이다. 이 작업을 성공적으로 수행하기 위해서는 분석 기법들이 기본 데이터의 변화에 민감해야 한다. 이는 의사결정나무가 앙상블 기법에 자주 사용되는 이유이다. 다음의 배깅(bagging), 부스팅(boosting), 랜덤 포레스트(random forest)에 관해 배워보자.

1) 배깅

배깅(Bootstrap aggregating)은 주어진 표본에서 B 부트스트랩들을 추출하는 것으로 시작된다(Breiman, 1996). 부트스트랩이란 대체할 수 있는 표본이다(예측적 모형 평가에 대한 절 참조). 아이디어는 모든 부트스트랩을 위한 의사결정나무와 같은 분류법을 만드는 것이다. 새로운 관찰치의 분류는 모든 B 분류법의 분류 값을 다수결로 취합하여 분류하는데, 동점일 경우에는 임의로 결정할 수 있다. 회귀분석의 경우에는 회귀 나무와 같은 B 모형들의 결과에 대한 평균 값으로 예측이 가능하다. 여기도 표준편차가 존재하기 때문에 신뢰구간을 계산할 수 있다. B 부트스트랩의 수는 고정될(예: 30개) 수도 있고 독립된 검증 데이터 집합을 통해 조정될 수도 있다. 배깅이 성공하기 위한 핵심요소는 분석 기법의 불안정성이다. 부트스트랩 절차를 통해 불안전한 데이터 집합을 교란시켜 이미 구현된 모형이 변경될 수 있는 경우 배깅을 통해서 정확도가 향상된다(Breiman, 1996). 그러나 주어진 기본 데이터 집합이 견고한 모형의 경우는 추가적인 부가가치가 없을 수 있다.

2) 부스팅

부스팅(Boosting)은 데이터의 가중된 표본을 사용하여 여러 모형을 추정하는 작업이다(Freund and Schapire, 1997, 1999). 균등 가중치(uniform weight)에서 시작해서 부스팅은 잘못 분류된 경우들에 더 가중치를 갖는 분류 오류(classification error)에 따라 데이터들을 반복적으로 가중치를 다시 부여한다. 여기서 아이디어는 어려운 관찰치들일수록 더 많은 관심을 가져야 한다는 것이다. 분석 기법이 가중된 관찰치와 직접적으로 작용하거나 그렇지 않은 경우 가중치 분포에 따라 새로운 데이터 집합을 표본 추출할 수 있다. 최종적인 앙상블 모형은 모든 개별 모형들의 가중 조합이다. 많이 쓰이는 실행법은 아다부스팅(Adaptive boosting/ Adaboost procedure)으로 다음과 같이 작동한다:

① 다음의 관찰치들이 주어진다: $(x_1, y_1), \cdots, (x_n, y_n)$. x_i는 관찰치 i에 대한 속성 벡터이고 $y_i \in \{1, -1\}$이다.

② 가중치를 다음과 같이 초기화한다: $W_1(i) = 1/n, i = 1, \cdots, n$

③ $t = 1 \cdots T$ 일 때

ⓐ 가중치 W_t를 이용해 약한 분류법(예: 의사결정나무)를 학습시킨다.

ⓑ 분류 오류 ϵ_t를 가진 약한 분류법 C_t를 얻는다.

ⓒ $\alpha_t = \frac{1}{2} ln\left(\frac{1-\epsilon_t}{\epsilon_t}\right)$를 선택한다.

ⓓ 가중치들을 다음과 같이 업데이트한다:

㉠ $W_{t+1}(i) = \frac{W_t(i)}{Z_t} e^{-\alpha_t}$ if $C_t(x) = y_i$

㉡ $W_{t+1}(i) = \frac{W_t(i)}{Z_t} e^{\alpha_t}$ if $C_t(x) \neq y_i$

④ 최종 앙상블 모형을 출력한다: $E(x) = sign\left(\sum_{t=1}^{T}(\alpha_t C_t(x))\right)$

이 절차에서 T는 부스팅이 실행되는 수를 나타내고 α_t는 분류법 C_t에 할당된 중요도를 측정하며 ϵ_t가 작아질수록 증가한다. Z_t는 t단계의 가중치들이 분포를 만들고 합이 1이 되게 만드는 정규화 요인이다. $C_t(x)$는 t단계에서 관찰치 x를 위해 구축된 분류법의 분류를 나타낸다. 오분류 비율이 가장 인기가 많지만 오류 ϵ_t를 계산하기 위해 다중 손실 함수(multiple loss function)를 사용할 수 있다. d단계의 하위 ㉠단계에서 올바르게 분류된 관찰치는 더 적은 가중치를 갖고, ㉡단계에서 볼 수 있듯이 잘못 분류된 경우는 더 높은 가중치를 갖는다. 부스팅이 실행되는 수 T는 규정될 수도 있고 독립된 검증 집합을 사용해 조율될 수도 있다. 아다부스트 절차(Adaboost procedure)에는 Adaboost.M1, Adaboost.M2(둘 다 다등급 분류)와 Adaboost.R1, Adaboost.R2(둘 다 회귀분석)과 같은 여러 종류의 변형이 있다(세부사항은 Freund & Schapire, 1997 and 1999 참조). 부스팅의 주요 장점은 실행시키기가 쉽다는 것이다. 그러나 알고리즘이 진행될수록 데이터상 견고한(잠재적 잡음 존재) 예제가 더 높은 가중치를 가져가고 따라서 과적합 리스크가 있을지 모른다는 잠재적 단점이 있다. 이는 특히 부정 적발 환경과 연관이 있는데, 앞서 언급되었듯이 부정 속에서 목표 분류는 주로 잡음이 많기 때문이다.

3) 랜덤 포레스트

랜덤 포레스트(Random Forests) 기법은 브라이만(Breiman, 2001)에 의해 처음 소개되었다. 이는 다음과 같이 의사결정나무들이 모인 숲을 만든다:

①n 관찰치와 N 입력치를 가진 데이터 집합이 주어진다.

②m = 미리 정해진 상수.

③t = 1, ⋯., T일 때

ⓐ n 관찰치를 가진 부트스트랩 표본을 갖는다.

ⓑ 각 나무의 노드마다 분리 결정의 기반이 되는 m 변수들을 임의로 결정하는 의사결정나무를 구성한다.

ⓒ 최고의 하위집합을 기준으로 분리한다.

ⓓ 가지치기 없이 각 나무를 완전히 키운다.

m 값에 대한 일반적인 선택은 1, 2 혹은 (log2(N)+1)가 있다. 랜덤 포레스트는 분류나무(classification tree) 및 회귀나무(regression tree)에도 사용될 수 있다. 이 접근법의 핵심은 기본 분류법(예: 의사결정나무)들 사이의 비(非)유사성(dissimilarity)으로 개별 기본 분류법의 학습 표본들을 선정하기 위한 부트스트래핑 절차를 채택하여 얻어지고, 각 노드의 속성에 대한 임의 하위집합을 선정할 때 또는 개별 기본 모형들의 강도에 의해 얻어진다는 점이다. 이런 기본 분류법들의 다양성은 모형이 혼자 작동할 때보다 훨씬 더 우월한 성능을 가진 앙상블을 만들어낸다.

더 최근에는 랜덤 포레스트에 대한 대안으로 로테이션 포레스트(rotation forests)가 제안되었다. 이 앙상블 기법은 랜덤 포레스트에서 한 발 더 나아간다. 로테이션 포레스트는 이름에서도 설명하듯이 속성 및 데이터의 하위집합에 구축된 다수의 의사결정나무와 주성분 분석을 결합하는 것이다. 모형을 만들기 전에 축(axe)을 회전시키는 것은 중요도에 따라 개별 속성의 우선순위를 결정할 수 있는 능력을 희생하는 대신 기본 분류법의 정확도를 향상시키는 것으로 확인되었다(Rodriguez et al., 2006).

4) 앙상블 기법의 평가(Evaluating Ensemble Methods)

여러 벤치마킹 사례를 통해 랜덤 포레스트가 훌륭한 예측력을 달성할 수 있다는 점을 알 수 있었다. 사실 랜덤 포레스트는 다양한 종류의 예측 작업에서 가장 뛰어난 성능을 가진 모형에 속한다(Dejaeger et al., 2012). 랜덤 포레스트는 또한 관찰치가 적지만 변수가 많은 데이터 집합을 완벽하게 다룰 수 있다. 따라서 부정행위 적발을 위한 고성능 분석 모형이 필요할 때 랜덤 포레스트를 사용할 것을 강하게 추천한다. 그러나 기본적으로 랜덤 포레스트는 블랙박스 모형이기 때문에 그에 대한 값을 치러야 한다. 바로 앙상블을 이루는 다수의 의사결정나무 때문에 최종적인 분류가 어떻게 만들어지는지 보는 것이 쉽지 않다는 것이다. 앙상블의 내부 작동법을 보기 위한 방법으로는 변수의 중요도 계산이 있다. 많이 이용되는 절차는 다음과 같다:

① 검증 혹은 테스트 집합에서 고려하고 있는 변수의 값을 치환한다(예: X_j).
② 각 나무에 대해 치환되지 않은 기존 오류와 치환된 X_j를 가진 데이터의 오류 사이의 차이를 구한다.

$$VI(X_j) = \frac{1}{ntree}\sum_t (error_t(D) - error_t(\widetilde{D}_j))$$

$ntree$는 앙상블 안에 있는 나무들의 수를 나타내고 D는 원본 데이터, $\widetilde{D}_j$는 치환된 변수 X_j를 가진 데이터를 의미한다. 회귀분석에서 오류는 평균제곱근오차(MSE)이며, 반면에 분류 환경에서 오류는 오분류 비율이다.
③ 모든 변수를 그들의 VI 값대로 순서를 정한다. 가장 높은 VI 값을 가진 변수가 가장 중요한 변수이다.

10. 다등급 분류 기술(MULTICLASS CLASSIFICATION TECHNIQUES)

이 장의 도입부에서 이미 부정행위 적발 환경에서 목표 수준을 적절하게 결정하는 것에 대한 어려움에 대해 이미 논의했다. 이를 해결하기 위한 한 가지 방법으로는 2개 이상의 목푯값(예: 명백한 부정행위, 혐의가 있는 경우, 무혐의)을 만드는 것이다. 이 값들은 명목형으로서, 값 사이에 순서는 의미가 없다. 다른 대안으로 목푯값이 순서형일 수 있다: 심각한 부정, 보통의 부정, 가벼운 부정, 무혐의. 앞서 언급되었던 모든 분류 기법은 2개 이상의 목푯값이나 등급이 존재하는 다등급(multiclass) 설정으로써 손쉽게 확장될 수 있다.

1) 다등급 로지스틱 회귀분석

다등급 로지스틱 회귀분석(Multiclass Logistic Regression) 모형을 추정할 때는 목표변수가 명목형인지 순서형인지를 아는 것이 우선 필요하다. 명목형 변수의 경우 목표 등급 중 하나(이하 *K*등급)가 기본 등급(base class)으로 다음과 같이 선택된다(Allison, 2001):

$$\frac{P(Y=1|X_1, \cdots, X_N)}{P(Y=K|X_1, \cdots, X_N)} = e^{(\beta_0^1 + \beta_1^1 X_1 + \beta_2^1 X_2 + \beta_N^1 X_N)}$$

$$\frac{P(Y=2|X_1, \cdots, X_N)}{P(Y=K|X_1, \cdots, X_N)} = e^{(\beta_0^2 + \beta_1^2 X_1 + \beta_2^2 X_2 + \beta_N^2 X_N)}$$

$$\frac{P(Y=K-1|X_1, \cdots, X_N}{P(Y=K|X_1, \cdots, X_N)} = e^{(\beta_0^{K-1} + \beta_1^{K-1} X_1 + \beta_2^{K-1} X_2 + \cdots \beta_N^{K-1} X_N)}$$

확률의 합이 1이어야 한다는 사실을 이용해 다음과 같은 식을 도출해 낼 수 있다:

$$P(Y=1|X_1,\cdots,X_N)=\frac{e^{(\beta_0^1+\beta_1^1X_1+\beta_2^1X_2+\cdots\ \beta_N^1X_N)}}{1+\sum_{k=1}^{K-1}e^{(\beta_0^k+\beta_1^kX_1+\beta_2^kX_2+\cdots\ \beta_N^kX_N)}}$$

$$P(Y=2|X_1,\cdots,X_N)=\frac{e^{(\beta_0^2+\beta_1^2X_1+\beta_2^2X_2+\cdots\ \beta_N^2X_N)}}{1+\sum_{k=1}^{K-1}e^{(\beta_0^k+\beta_1^kX_1+\beta_2^kX_2+\cdots\ \beta_N^kX_N)}}$$

$$P(Y=K|X_1,\cdots,X_N)=\frac{1}{1+\sum_{k=1}^{K-1}e^{(\beta_0^k+\beta_1^kX_1+\beta_2^kX_2+\cdots\ \beta_N^kX_N)}}$$

β 매개변수들은 보통 최대우도 추정의 확장 개념인 최대 귀납 추정(maximum aposteriori estimation)을 사용하여 추정된다. 이항 로지스틱 회귀분석(binary logistic regression)과 같이 절차는 표준오차, 신뢰구간, p 값을 동반한다.

순서형 목표의 경우, 누적 로지스틱 회귀분석을 다음과 같이 추정할 수 있다 (Allison, 2001):

$$P(Y\leq 1)=\frac{1}{1+e^{-\theta_1+\beta_1X_1+\cdots\ \beta_NX_N}}$$

$$P(Y\leq 2)=\frac{1}{1+e^{-\theta_2+\beta_1X_1+\cdots\ \beta_NX_N}}$$

$$\cdots$$

$$P(Y\leq K-1)=\frac{1}{1+e^{-\theta_{K-1}+\beta_1X_1+\cdots\ \beta_NX_N}}$$

또는

$$\frac{P(Y\leq 1)}{1-P(Y\leq 1)}=e^{-\theta_1+\beta_1X_1+\cdots\ \beta_NX_N}$$

$$\frac{P(Y\leq 2)}{1-P(Y\leq 2)}=e^{-\theta_2+\beta_1X_1+\cdots\ \beta_NX_N}$$

$$\frac{P(Y\leq K-1)}{1-P(Y\leq K-1)}=e^{-\theta_{K-1}+\beta_1X_1+\cdots\ \beta_NX_N}$$

$P(Y\leq K)=1,\ \theta_k=+\infty$. 이기 때문이라는 사실을 주목하자.

개별 확률은 다음과 같이 얻을 수 있다:

$$P(\mathrm{Y}=1)=P(\mathrm{Y}\leq 1)$$
$$P(\mathrm{Y}=2)=P(\mathrm{Y}\leq 2)-P(\mathrm{Y}\leq 1)$$
$$\cdots$$
$$P(\mathrm{Y}=\mathrm{K})=1-P(\mathrm{Y}\leq \mathrm{K}-1).$$

이 모형 또한 β 매개변수들은 최대우도 절차를 거쳐 추정될 수 있다.

2) 다등급 의사결정나무

의사결정나무는 손쉽게 다등급(multiclass)으로 확장될 수 있다. K등급을 가정하는 경우 분리 결정의 불순도 기준은 다음과 같다:

$$\text{엔트로피}(S)=-\sum_{k=1}^{K}p_k\log_2(p_k)$$
$$\text{지니}(S)=-\sum_{k=1}^{K}p_k(1-p_k)$$

중단 결정은 분리 결정을 위한 학습 집합과 오분류 오류율(misclassification error rate)을 모니터링하는 독립된 검증 데이터 집합을 이용해서 이항 목표 의사결정나무(binary target decision tree)와 비슷한 방법으로 만들어질 수 있다. 배정 결정은 각 끝 노드에서 가장 일반적인 층을 찾는다.

3) 다등급 신경망

K등급에 대한 다등급 신경망(multiclas neural networks)을 학습하는 단순명료한 방법으로 각 층에 하나의 K 출력 뉴런을 생성하는 것이 있다. 그 후 가장 높은 활성값을 갖는 출력 뉴런에 관찰치를 배정한다(승자독식 학습법). 혹은

소프트맥스 활성화 함수(softmax activation function)를 사용하는 방법이 있다 (Bishop, 1995).

4) 다등급 서포트 벡터 머신

다등급 서포트 벡터 머신(Multiclass Support Vector Machines)을 추정하는 일반적인 방법은 일련의 이항 분류 문제에 다등급 분류 문제를 매핑하는 것이다. 여기서 잘 알려진 두 가지 방법으로는 1 : 1(One-versus-One)과 1 : 전부(One-versus-All) 코딩이 있다(Van Gesetel et al., 2015).

*K*등급에 대해 1 : 1 코딩은 $K(K-1)/2$ 이항 SVMs 분류법을 가능한 모든 등급과 대비하여 추정한다. 그와 같은 각 분류법은 목표 등급에 대한 투표를 할 수 있고 최종 분류법은 (가중된) 투표 과정의 결과물이다. 동점은 임의로 해결된다. 이는 흰 삼각형을 분류하는 것이 목표인 그림 4.32에서 볼 수 있다.

*K*등급에 대해 1 : 전부 코딩은 한 특정 등급을 다른 모든 등급들과 대비하여 *K* 이항 SVMs 분류법을 매번 추정한다. 이항 SVMs 분류법에 가장 높은 사후 확률이 배정된 등급에 특정 관찰치를 배정함으로써 분류 결정이 만들어질 수 있다. 이 방법을 사용하는 경우 동점은 잘 일어나지 않는다. 이는 흰 삼각형을 분류하는 것이 목표인 그림 4.33에 나타나 있다. 3개 이상의 등급에서는 1 : 전

그림 4.32 다등급(Multiclass) 문제를 위한 1 : 1 코딩

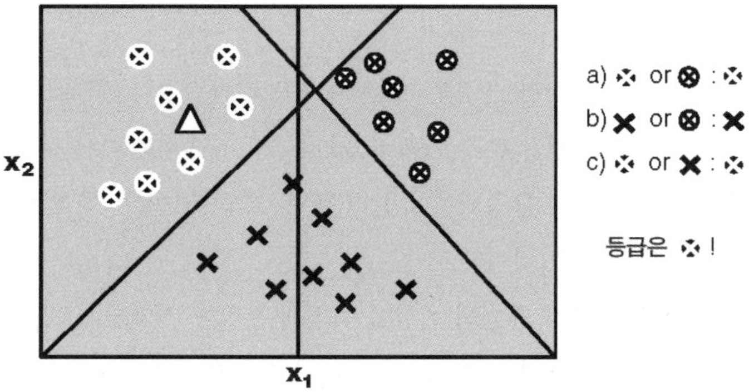

그림 4.33 다등급(Multiclass) 문제를 위한 1 : 전부 코딩

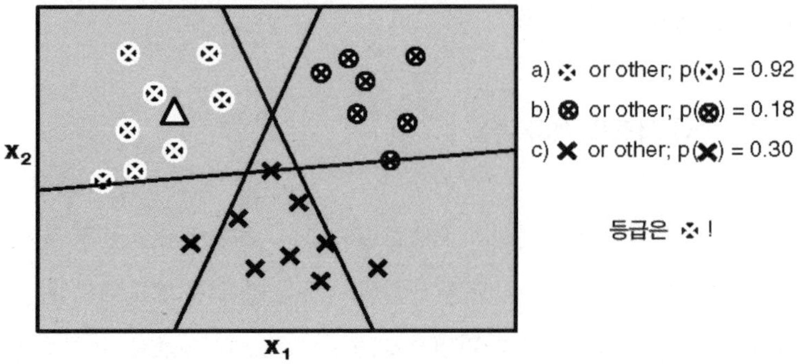

부 코딩이 1 : 1 코딩보다 더 적은 분류법을 측정한다. 그러나 1 : 1 코딩에서 이항 분류법들은 데이터의 축소된 하위집합에 대해 추정(예: 두 등급을 비교할 때만)하는 반면 1 : 전부 코딩에서는 모든 이항 분류법이 데이터 집합 전체에 대해 추정(예: 한 등급을 그 외의 모두와 비교할 때)한다.

1 : 1 코딩과 1 : 전부 코딩은 다른 기본 분류법들(예: 신경망)과 함께 사용할 수 있는 메타 전략이다.

11. 예측 모형의 평가

1) 데이터 집합 분할

예측 모형을 평가하는 경우 두 가지 주요 의사결정이 필요하다. 첫 번째 의사결정은 데이터 집합 분할(splitting up the data set)과 관련된 것으로 데이터의 어떤 부분의 성능이 측정되어야 할지를 명시하는 것이다. 두 번째 의사결정은 성능 측정치에 관한 것이다.

성능 측정에 따라 데이터 집합을 어떻게 분할할 것인지에 대한 의사결정은 데이터 집합의 크기에 달려 있다. 큰 데이터 집합(예를 들어 관찰치가 1000 이상)

그림 4.34 성능 측정을 위한 학습 표본 vs. 테스트 표본 설정

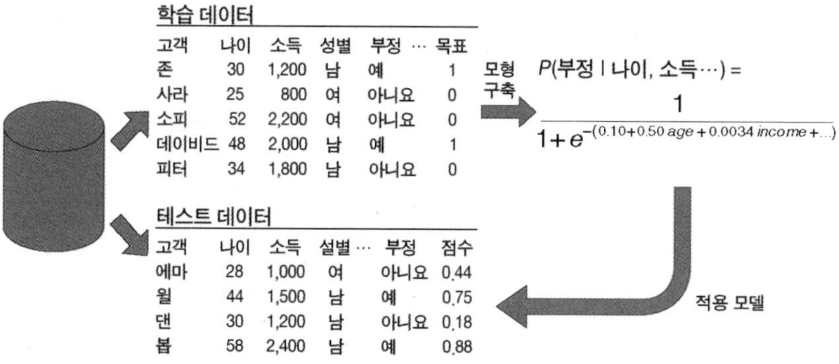

의 경우를 살펴보면 데이터는 학습 표본과 테스트 표본으로 분할할 수 있다. 학습 표본(개발 또는 추정 표본이라고도 불림)은 모형을 만드는 데 사용되고 테스트 표본(홀드아웃 표본이라고도 불림)은 성능을 계산하는 데 쓰인다(그림 4.34 참조). 70%의 학습 표본과 30%의 테스트 표본으로 나누는 것이 일반적인 분할 방법이다. 학습 표본과 테스트 표본은 엄격하게 분리되어야 한다. 모형 개발에 쓰인 관찰치는 독립적인 테스트를 위해 다시 사용될 수 없다. 의사결정나무나 신경망의 경우 검증 표본은 모형 개발(예: 중단 결정을 하는 경우 사용)에 적극적으로 사용되기 때문에 분리된 표본으로 취급된다. 이 경우 일반적으로 학습 표본 40%, 검증 표본 30%, 테스트 표본 30%로 분할된다. 층화 분할법(stratified split-up)은 부정 관련자/부정 무관련자들이 여러 표본에 동일하게 배분되었음을 보장해 준다.

작은 데이터 집합(1000개의 관찰치보다 적은 경우라고 가정)의 경우 특별한 계획이 필요하다. 가장 많이 쓰이는 계획은 교차 타당성(cross-validation)이다. 교차 타당성에서 데이터는 *K* 겹(folds)(예: 5 또는 10)으로 분할된다. 이후 분석 모형은 $K-1$ 학습 겹(training fold)에서 학습되고 남아 있는 검증 겹(validation fold)에서 평가된다. 그리고 *K* 성능 추정치의 결과로 가능한 모든 검증 겹에 대해 반복되며 이후 평균화된다. 표준 편차와 신뢰 구간 또한 원한다면 계산될 수 있다. *K*

그림 4.35 성능 측정을 위한 교차 검증

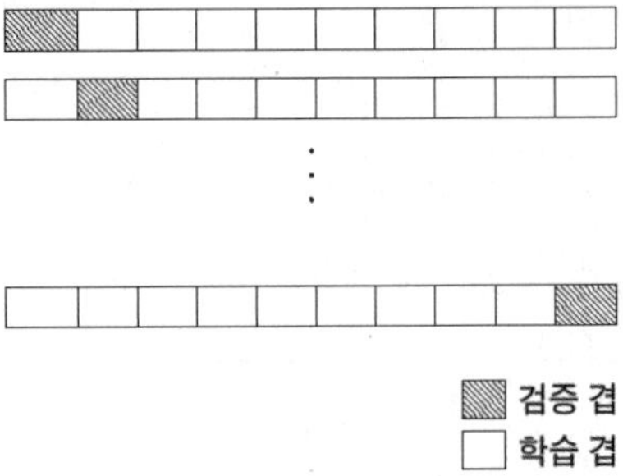

그림 4.36 부트스트래핑(Bootstrapping)

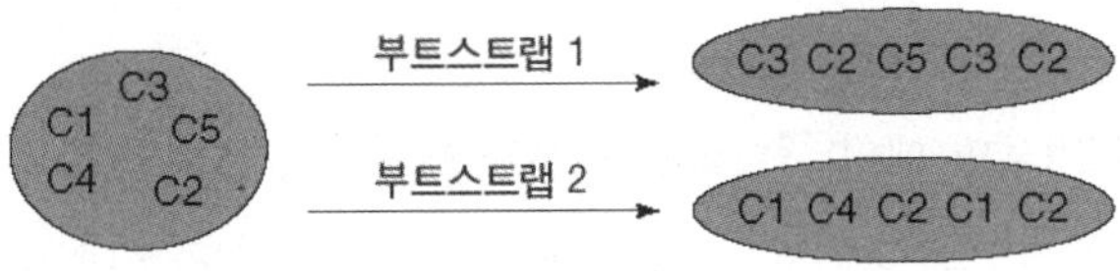

에 대한 일반적인 선택은 5와 10이다. 대부분의 극단적인 경우에 교차 타당성은 리브 원 아웃(leave-one-out) 교차 타당성이 되는데, 이는 모든 관찰치가 차례로 빠지고 모형은 남아 있는 $K-1$개의 관찰치에서 추정된다. 층화 교차 타당성(stratified cross validation)에서는 부정 무관/부정의 확률(odds)이 각각의 겹에서 동일할 수 있도록 주의를 기울여야 한다(그림 4.35 참조).

교차 타당성을 실행하는 경우 대답해야 할 핵심 질문은 어떤 것이 과정에서 산출되는 최종 모형이 되어야 하는가이다. 교차 타당성이 다수의 모형을 제공하기 때문에 쉽게 대답할 수 있는 문제는 아니다. 당연히 분석가는 (가중된) 투표 절차를 사용하여 모든 모형이 앙상블 설정 안에서 함께 일하게 할 수도 있다. 더 실용적인 대답으로는 하나를 뺀 교차 타당성에서 임의로 모형을 하나 선택하게 하는 것이 있다. 모형들이 한 관찰치에 관해서까지만 다르기 때문에 전반적으로 비슷할 것이다. 대안적으로는 모든 관찰치에 최종 모형을 구성하지만 최고의 독립적인 추정치로서 교차 타당성 과정에서 나온 성능을 보고하는 것을 선택할 수 있다.

작은 표본에 관해서 연구자는 부트스트래핑 절차를 수용할 수도 있다(Efron, 1979). 부트스트래핑에서는 데이터 집합 D에서부터 대체물을 가진 표본을 가진다(그림 4.36 참조).

고객(C)이 표본일 확률은 $1/n$과 같다. n은 데이터 집합 안의 관찰치 수를 나타낸다. 따라서 고객이 표본되지 않은 확률은 $1-1/n$과 같다. n개의 표본을 가진 부트스트랩을 가정할 때, 표본으로 선택되지 않은 고객은 다음과 같이 표현된다:

$$\left(1-\frac{1}{n}\right)^{n}$$

그렇다면 다음과 같은 결과를 얻는다:

$$\lim_{n\to\infty}\left(1-\frac{1}{n}\right)^{2}=e^{-1}=0.368$$

근사치는 이미 n개의 작은 값들에는 잘 작동하고 있다. 따라서 0.368은 표본에 나타나지 않는 고객에 대한 확률이고, 0.632는 고객이 나타날 확률이다. 만약 부트스트랩 표본을 학습 집합으로 갖고 집합 D 안에 있지만 부트스트랩에는 존재하지 않는 표본을 테스트 집합으로 갖는다면, 성능은 다음과 같이 계산된다:

$$\text{Error estimate} = 0.368\ \text{Error (Training)} + 0.632\ \text{Error (Test)}$$

더 높은 가중치는 테스트 집합 성능에 포함된다.

2) 분류 모형에 대한 성능 측정치

고객이 다섯 명인 데이터 집합에 대한 부정 적발의 예를 살펴보자. 표 4.4의 첫 번째 행은 부정의 상태를, 두 번째 행은 로지스틱 회귀분석, 의사결정나무, 신경망 등으로부터 나온 부정 점수를 나타낸다.

표 4.4 성능측정을 위한 데이터 집합 예시

	부정	부정 점수
존	Yes	0.72
소피	No	0.56
데이비드	Yes	0.44
에마	No	0.18
봅	No	0.36

그림 4.37 한계점(Cut-Off)을 사용한 예측치 계산

	부정	부정 점수
존	Yes	0.72
소피	No	0.56
데이비드	Yes	0.44
에마	No	0.18
봅	No	0.36

한계점 = 0.50 ➡

	부정	부정 점수	예측치
존	Yes	0.72	Yes
소피	No	0.56	Yes
데이비드	Yes	0.44	No
에마	No	0.18	No
봅	No	0.36	No

표 4.5 혼동행렬

		실제 상태	
		양(+)(부정)	음(−)(비부정)
실제 상태	양(+)(부정)	True Positive(존)	False Positive(소피)
	음(−)(비부정)	False Negative(데이비드)	True Negative(에마, 봅)

그림 4.37에서 볼 수 있듯이 채무불이행에 대한 한계점을 0.5로 가정한 예측된 분류 표시에 대한 점수들을 지도로 나타낼 수 있다

혼동행렬(confusion matrix)은 표 4.5에 보이듯이 계산될 수 있고, 이 값을 기반으로 다음과 같이 성능 측정치를 계산할 수 있다:

➲ 민감도 = 리콜(Recall) = 적중률 = TP/(TP+FN) = 1/2

➲ 특정률 = TN / (FP+TN) = 2/3

➲ 정밀도 = TN / (FP+TN) = 2/3

➲ 부정 측정치 = 2 × (정밀도 × 리콜) / (정밀도 + 리콜) = 1/2

표 4.6 ROC 분석 테이블

한계점	민감도	특정률	1 - 특정률
0	1	0	1
0.01			
0.02			
…			
0.99			
1	0	1	0

그림 4.38 수용자 작용 특징(ROC) 곡선

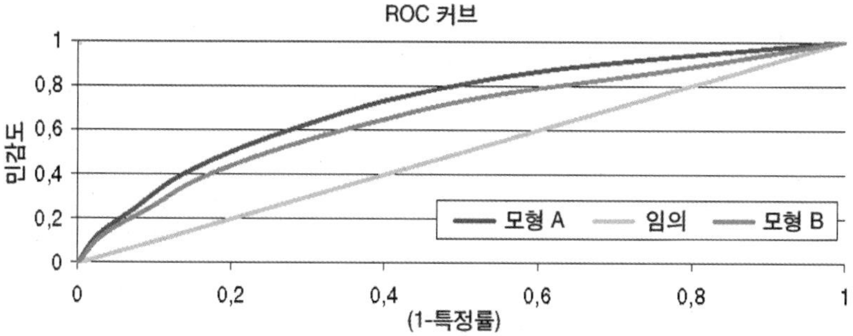

분류의 정확도는 올바르게 분류된 관찰치들의 비율이다. 분류 오류(classification error)는 나머지 값이고 오분류 비율(misclassification error rate)이라고도 한다. 민감도, 리콜, 혹은 적중률(hit ratio)은 모형이 얼마나 많은 수의 부정 관련자들이 부정 관련자로 정확히 표시되었는지를 측정한다. 특정률(specificity)은 모형에 의해 얼마나 많은 부정 무관련자를 부정 무관련자로 표시했는지를 살펴본다. 정밀도(precision)란 예상된 부정 관련자들 중 얼마나 많이 실제로 부정 관련자인지를 나타낸다.

이 모든 분류 측정치는 한계점(cut-off)에 의존한다. 예를 들어 한계점이 0(1), 분류 정확도 40%(60%), 오류 60%(40%), 민감도 100%(0%), 특정률 0(100%), 정밀도 40%(0%), 그리고 F - 측정치 0.57(0)이 된다. 이런 의존도가 주어진 상황에서 한계점으로부터 독립된 성능 측정치를 갖는 것은 유익하다. 표 4.6과 같

그림 4.39 리프트 곡선

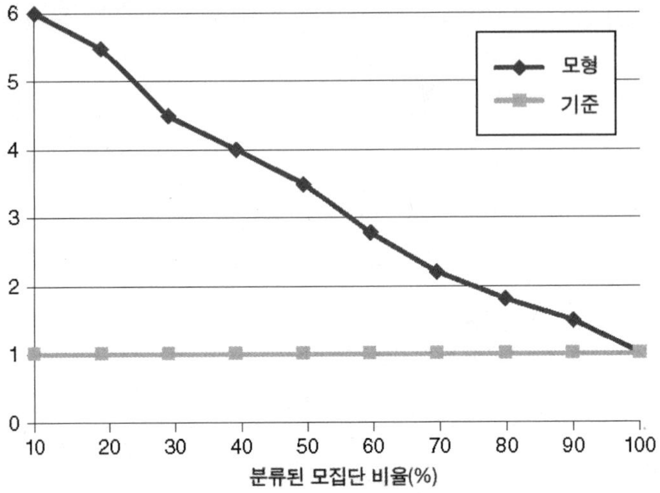

이 여러 한계점에 대한 민감도, 특정률, 그리고 1 - 특정률을 보여주는 테이블을 구성할 수 있다.

그리고 나서 수용자 작용 특징(이하 receiver operating characteristic: ROC) 곡선(curve)은 그림 4.38에서 보여주듯이 민감도 대비 1 - 특정률에 대한 그래프를 그린다.

완벽한 모형은 모든 부정 관련자들과 부정 무관련자들을 동시에 잡아낸다. 이로써 민감도는 1, 특정률 또한 1이 되고 상단의 좌측에 나타난다. 곡선이 이 점에 가까워질수록 성능은 더 나아진다. 그림 4.38에서 모형 A는 모형 B보다 성능이 더 좋다. 그러나 이 곡선들이 겹칠 경우 문제가 발생한다. 그런 경우 ROC 곡선의 아래 영역(Area under the ROC curve: AUC)을 성능 측정치로써 계산할 수 있다. AUC는 구축된 분류법의 성능에 대한 간단한 성능지수를 제공한다. AUC는 항상 0과 1 사이의 값이며 확률로 해석된다. 사실상 AUC는 임의로 선택된 부정 관련자들이 임의로 선택된 부정 무관련자들보다 높은 점수를 받을 확률을 나타낸다(DeLong et al., 1999; Hanley and McNeil, 1982). 대각선(diagonal)은 임의의 점수카드를 나타내며 민감도는 모든 한계점에 대해 1 - 특

그림 4.40 누적 정밀 단면도

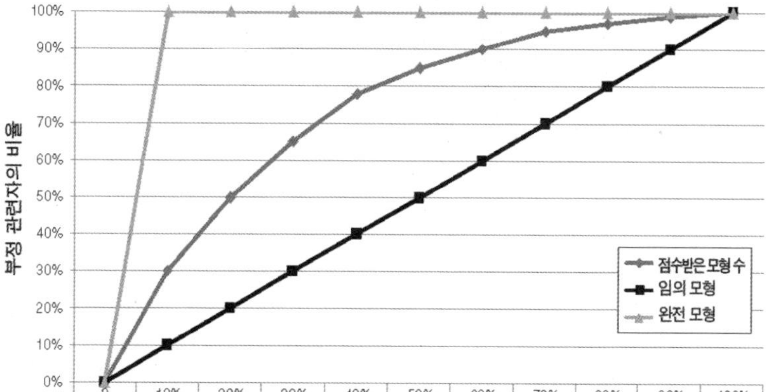

	0	10%	20%	30%	40%	50%	60%	70%	80%	90%	100%
점수받은 모형 수	0%	30%	50%	65%	78%	85%	90%	95%	97%	99%	100%
임의 모형	0%	10%	20%	30%	40%	50%	60%	70%	80%	90%	100%
완전 모형	0%	100%	100%	100%	100%	100%	100%	100%	100%	100%	100%

분류된 모집단 비율

정률과 동일하다. 따라서 훌륭한 분류법은 대각선 위의 ROC 곡선을 가져야 하고 50% 이상의 AUC를 가져야 한다.

리프트 곡선(lift curve)은 또 다른 중요한 성능 측정치이다. 높은 점수에서 낮은 점수로 모집단을 분류하는 것으로 시작한다. 상위 10%의 최고점수에 60%의 부정 관련자가 있는 반면 모집단 총수에서 부정 관련자가 10%라고 가정해보자. 상위 10%의 리프트 값은 60%/10% 혹은 6이 된다. 다시 정리하자면 리프트 값은 10분위 수에서 부정 관련자들의 누적 백분율을 전체 대상의 부정 관련자 백분율로 나누는 것이다. 모형이 없거나 랜덤 정렬을 사용하면 부정 관련자들은 전체적으로 동일하게 분포되고 리프트 값은 항상 1이다. 명백히 리프트 곡선은 1에 도달할 때까지 더 큰 10분위수를 고려할 때 항상 감소한다. 이는 그림 4.39에 설명되어 있다. 리프트 곡선은 비누적적 방식으로도 표현될 수 있고 종종 최상위 10분위 리프트로 요약된다.

누적 정밀 단면도(Cumulative Accurary Profile: CAP), 로렌츠 곡선(Lorenz curve), 혹은 검정력 곡선(Power curve)은 리프트 곡선과 매우 밀접한 관계가 있

그림 4.41 정확도 비율 계산

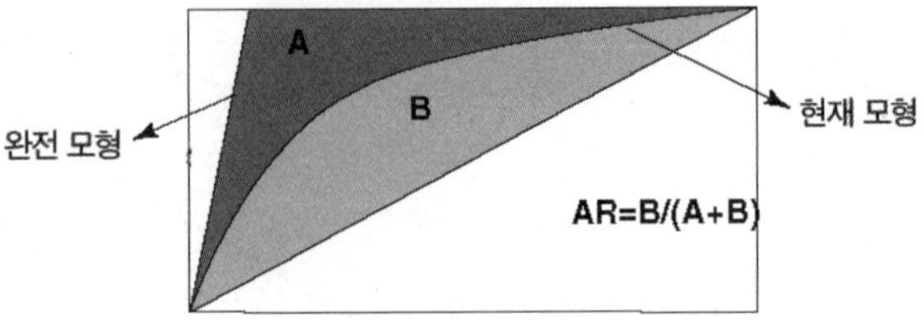

그림 4.42 콜모고로프 - 스미노프 통계량

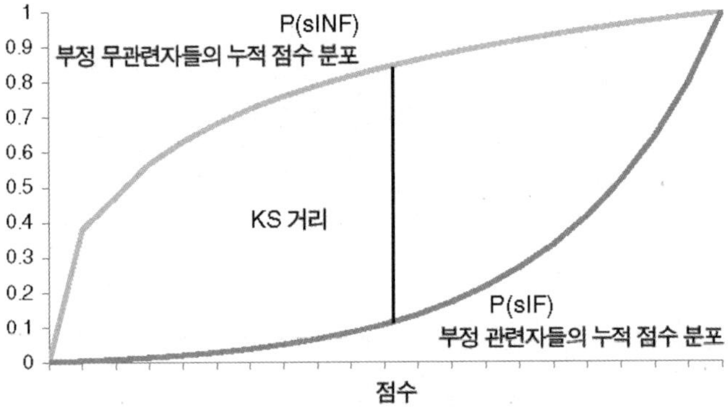

다(그림 4.40 참조). 이 또한 모집단을 높은 점수에서 낮은 점수 순서로 정리하는 것에서 시작하여 *Y* 축의 부정 관련자에 대한 각 10분위수의 누적 백분율을 계산한다. 완전한 모형은 표본 부정 비율까지 선형적으로 증가하다가 차츰 평평해진다. 대각선은 임의 모형을 나타낸다.

CAP 커브는 그림 4.41에서 보여주듯 정확도 비율(AR)로 요약될 수 있다.

정확도 비율은 다음과 같이 정의된다(그림 4.41 참조):

$$\frac{\text{현재 모형 검정력 곡선 아래 면적} - \text{임의 모형 검정력 곡선 아래 면적}}{\text{완전 모형 검정력 곡선 아래 면적} - \text{임의 모형 검정력 곡선 아래 면적}}$$

따라서 완전 모형은 AR 값으로 1을 갖고 임의 모형은 AR 값으로 0을 갖는다, 정확도 비율은 종종 지니(GINI) 계수와 관련이 있기도 하다. AR과 AUC 사이에도 다음과 같은 선형적 상관관계가 있다: AR = 2 × AUC − 1.

콜모고로프 - 스미노프(Kolmogorov-Smirnov, K-S) 거리는 부정 무관련자들의 누적 점수 분포 $P(s \mid NF)$와 부정 관련자들의 누적 점수 분포 $P(s \mid F)$ 사이의 최대 거리를 계산하는 분할 측정치이다.

$$P(s \mid F) = \sum_{x \leq s} p(x \mid F)$$

$$P(s \mid NF) = \sum_{x \leq s} p(x \mid NF).$$

정의에 의해 $P(s \mid F)$가 1 - 민감도와 같고 $P(s \mid NF)$는 특정률과 동일하다. 따라서 KS 거리도 ROC 그래프에서도 측정할 수 있다는 사실을 쉽게 확인할 수 있다. 사실상 KS 거리는 ROC 곡선과 대각선 사이의 최고 수직 거리와 같다. KS 통계량의 범위는 0과 1 사이이다. 한계점 s가 존재해서 모든 부정 관련자들은 s보다 점수가 높고 모든 부정 무관련자들은 s보다 점수가 낮다고 가정하면 KS 통계량이 1과 같을 때 완전한 분할이 이루어진다.

또 다른 성능 측정치로는 다음과 같은 점수 분포들 사이의 마할라노비스 거리(Mahalanobis distance, 이하 M)가 있다:

$$M = \frac{|\mu_F - \mu_{NF}|}{\sigma}$$

$\mu_{NF}(\mu_F)$는 부정 무관련자들(부정 관련자들)의 평균점수를 나타내고 σ는 합동 표준 편차(pooled standard deviation)를 나타낸다. 높은 마할라노비스 거리는 분포들이 잘 분할되어 있음을 의미하기 때문에 높은 마할라노비스 거리가 선호된다. 다음과 같이 계산되는 확산 측정법 D와도 관련이 있다:

$$D = \frac{(\mu_{NF} - \mu_F)^2}{\frac{1}{2}(\sigma_{NF}^2 + \sigma_F^2)}.$$

M과 D 모두 최솟값은 0이고 이론적인 상한(upper bound)은 존재하지 않는다.

브라이어 점수(Brier score: BS)는 다음과 같이 부정 확률 추정치(fraud

표 4.7 다등급 혼동행렬

		실제 등급			
		A	B	C	D
예측 등급	A	50	2	1	1
	B	3	20	2	1
	C	1	2	10	0
	D	1	0	2	4

probability estimates)의 품질을 측정한다:

$$BS = \sum_{i=1}^{n} (PF_i - \theta_i)^2,$$

PF_i는 관찰치 i에 관한 부정 확률을 나타내고 θ_i는 이항 지표이다(부정의 경우 $\theta_i = 1$, 그렇지 않으면 $\theta_i = 0$). 브라이어 점수는 항상 0과 1 사이에 존재하며 낮은 값일수록 더 나은 차별능력을 의미한다.

다등급 목표의 경우 다른 성능 측정치들이 수용되어야 한다. 네 종류의 등급 A, B, C, D를 가진 부정 적발 분석 모형을 개발했다고 가정해 보자. 첫 성능 측정치는 표 4.7에서 보여주듯 예측된 등급와 실제 등급을 비교하는 다등급 혼동행렬이다.

대각선 위에 있는 요소들은 제대로 된 분류를 뜻하고, 대각선을 벗어나 있는 요소들은 오류를 나타낸다. 표 4.7에서 분류 정확도는 (50+20+10+4)/100 혹은 84%로 분류오차는 16%가 된다. 민감도와 특정률은 더는 고유하게 정의되지 않고 각 등급에 대해 별도로 고려해야 한다는 사실에 주목해야 한다. 예를 들어 등급 A의 경우 55개 관찰치 중 50개 혹은 91%가 올바르게 분류되었다. 또한 각 등급별로 정밀도를 개별적으로 검토해야 한다. 예를 들어 등급 B의 26개 예측치 중 20개 혹은 77%가 정확하다.

순위가 'A = 심각한 부정행위, B = 보통의 부정행위, C = 가벼운 부정행위, D = 정당행위/부정 아님'과 같이 순서대로 평가되었다고 가정해 보자. 이 경우에는 모든 오류가 동일한 영향을 끼치진 않는다. 목표변수의 순서형 성질을

그림 4.43 누적 급수 차이 그래프

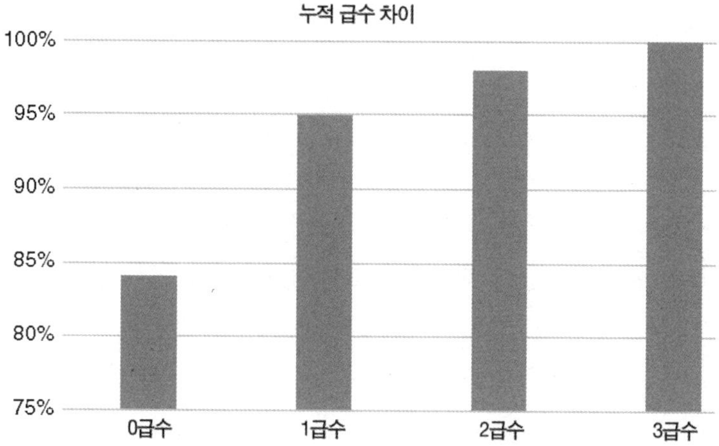

고려할 때 대각선에서 멀어질수록 오류의 영향은 커진다. 예를 들어 목표 등급 A가 B라고 예측되었을 때의 오류는 등급 A가 D로 예측되었을 때의 오류보다 덜 심각하다. 급수 차이 그래프(Notch difference graph)*를 통해 이를 요약할 수 있다. 위의 예시에서는 0급수 차이 수준에서 누적 정확도는 84%, 1급수 차이 수준에서는 95%, 2급수 차이 수준에서는 98%, 3급수 차이 수준에서는 100%이다.

ROC 분석은 처음에 이항 분류의 맥락에서 소개되었지만 앞서 언급했듯이 몇몇 다등급 확장은 몇몇 이항 문제에 대한 1 : 전부 또는 1 : 1 설정을 따라 문헌에서 개발되었다(Hand, 2001). 첫 접근법으로는 각 등급을 순서대로 양의 등급으로 사용하는 ROC 곡선을 생성하고 다른 등급들은 모두 음의 등급들을 병합하는 것이다(1: 전부 코딩과 유사). 다등급 AUC, AUC_m은 등급 분포로 가중된 이항 AUC_s의 합으로 계산될 수 있다:

$$AUC_m = \sum_{i=1}^{m} AUC(c_i)p(c_j),$$

m은 등급의 수, AUC(c_i)는 고려대상 등급 c_i에게서 구한 AUC, 그리고 p(c_i)

* 막대 차트로 증가하는 급수의 차이에 대한 누적 정확도를 보여주는 그래프.

는 등급 c_i의 이전 확률을 나타낸다. 또 다른 방법은 등급들의 쌍별 식별가능성(pairwise discriminability)으로 다등급 AUC를 다음과 같이 계산한다(1 : 1 코딩과 비슷):

$$AUS_m = \frac{2}{m(m-1)} \sum_{i<j} AUC(c_i, c_j),$$

AUC(c_i, c_j)는 등급 c_i와 c_j에 관한 ROC 곡선 아래의 면적을 나타낸다. 합계는 모든 $m(m-1)/2$개의 가능한 등급 쌍에 대해 평균이 된다.

순서형 목표들의 경우에도 스피어먼의 순위 상관관계(Spearman's rank order correlation), 켄달의 등위상관계수(Kendall's tau), 굿맨-크루스칼 감마계수(Goodman-Kruskal's gamma)와 같은 순위 순서통계량(rank order statistics)이 계산될 수 있다.

3) 회귀 모형의 성능 측정치(Performance Measures For Regression Models)

회귀 모형의 예측력을 평가하는 첫 번째 방법은 예측된 목푯값을 실제 목푯값과 비교해서 산포도에 나타냄으로써 시각화시키는 것이다(그림 4.44 참조). 산포도가 원점을 지나는 직선에 근접해질수록 회귀 모형의 성능은 향상된다. 이는 피어슨 상관계수를 계산함으로써 요약될 수 있다:

$$corr(\hat{y}, y) = \frac{\sum_{i=1}^{n} (\hat{y}_i - \bar{\hat{y}})(y_i - \bar{y})}{\sqrt{\sum_{i=1}^{n} (\hat{y}_i - \bar{\hat{y}})^2} \sqrt{\sum_{i=1}^{n} (y_i - \bar{y})^2}},$$

$\hat{y}_i$는 관찰치 i에 대한 예측값을 나타내고 $\bar{\hat{y}}$는 예측값들의 평균을 나타낸다. y_i는 관찰치 i의 실제 값이고, $\hat{y}$는 실제 값들의 평균이다. 피어슨 상관계수는 항상 -1과 $+1$ 사이에 존재한다. $+1$에 가까운 값은 더 나은 일치를 의미하고 따라서 목표변수의 예측값과 실제값 사이에 더 나은 적합도를 갖고 있다.

또 다른 주요 성능 측정치는 다음처럼 정의된 결정계수 혹은 R^2이다:

그림 4.44 산포도: 예측 부정 vs. 실제 부정

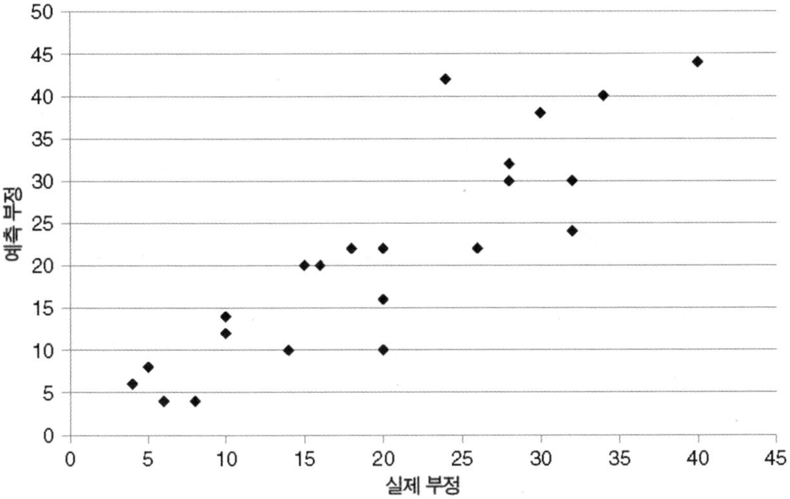

$$R^2 = = \frac{\sum_{i=1}^{n}(\hat{y_i} - \overline{y})^2}{\sum_{i=1}^{n}(y_i - \overline{y})^2} = 1 - \frac{\sum_{i=1}^{n}(y_i - \hat{y_i})^2}{\sum_{i=1}^{n}(y_i - \overline{y})^2},$$

R^2는 항상 0과 1 사이에 존재하고 높은 값일수록 더 선호된다. 기본적으로 이 측정치는 $\hat{y}_i$를 산출하기 위해 분석 모형을 사용하는 것이 평균 $\hat{y}$를 예측변수로 사용할 때보다 얼마나 더 나은 예측을 하는지 보여준다. 모형 안의 변수들을 보상하기 위해 조정된 R^2인 $R^2_{adj'}$ 는 다음과 같다:

$$R^2_{adj'} = 1 - \frac{n-1}{n-p-1}(1 - R^2) = 1 - \frac{n-1}{n-p-1} \frac{\sum_{i=1}^{n}(y_i - \widehat{y_1})^2}{\sum_{i=1}^{n}(y_i - \overline{y_1})^2},$$

p는 모형에서 변수의 개수를 나타낸다. R^2를 테스트 집합에서 측정할 때 학습 집합의 목표 평균값이 테스트 집합의 목표 평균값과 다를 경우 음(−)의 값들이 가능해진다는 사실에 주목해야 한다.

그림 4.45 연속형 목표에 대한 CAP 곡선

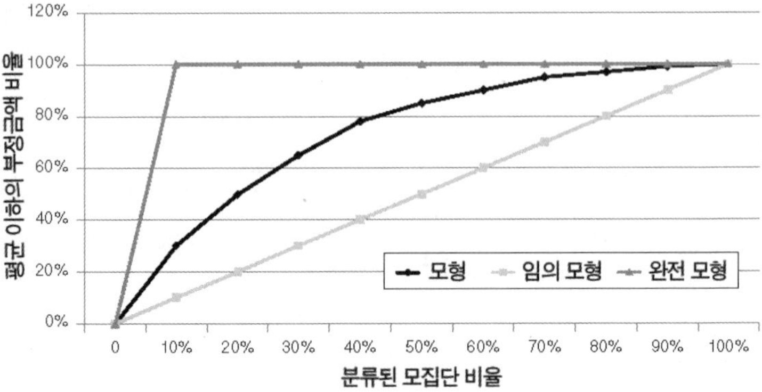

많이 쓰이는 두 가지 측정법으로는 평균제곱근오차(MSE)와 절대평균편차(MAD)가 있는데, 이들은 다음과 같이 정의된다:

$$MSE = \frac{\sum_{i=1}^{n} (y_i - \hat{y_i})^2}{n},$$

$$\text{MAD} = \frac{\sum_{i=1}^{n} |y_i - \hat{y_i}|^2}{n}.$$

완전한 모형은 MSE와 MAD 모두 0의 값을 갖는다. MSE와 MSD 둘 다 값이 높을수록 성능이 저조하다는 것을 의미한다. MSE는 때로 RMSE(평균제곱근오차; RMSE = $\sqrt{MSE}$)로 표현된다.

또한 CAP 곡선은 회귀 모형의 성능을 시각화시키고 계산하기 위해 쓰일 수 있다. 분류에서와 마찬가지로 X 축은 정렬된 모집단의 비율을 나타내지만 회귀 모형의 결과를 기반으로 정렬한다. Y 축은 이항 변수에 대한 정의가 필요하다. 한 가지 옵션은 발견된 부정 금액이 평균 부정 금액보다 낮은지를 나타내는 이항 결과물(binary outcome)을 만드는 것이다. 이는 그림 4.45에서 설명되어 있다. 해당하는 CAP 그림과 정확도 비율은 분석 모형이 평균보다 얼마나 더 잘 예측하는지를 나타내 준다. 또 다른 옵션으로는 발견된 부정 금액이 분

표 4.8 REC 곡선에 대한 데이터

오차 허용률	정확한 예측 건(누적)	누적 정확도(Y)
0.0	1	10%
0.5	4	40%
0.1	7	70%
0.2	9	90%
0.5	10	100%

그림 4.46 회귀 오차 특성(REC) 곡선

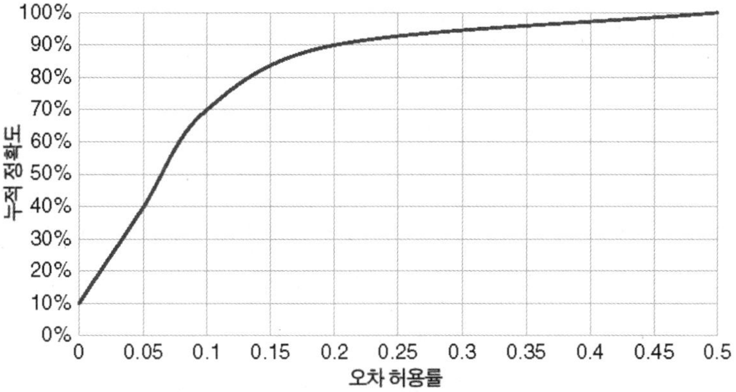

포의 25번째(75번째) 백분위수보다 낮은지를 나타내는 이항 변수를 만드는 것이다. 이 경우 CAP 곡선과 해당하는 정확도 비율은 분석 모형이 얼마나 작은(큰) 부정 금액을 잘 예측하는지를 나타내 준다.

많이 쓰이는 또 다른 시각적인 표현방법으로는 회귀 오차 특성 곡선(Regression Error Characteristic Curve, REC 곡선)(Bi and Bennett, 2003)이 있다. 이는 분류에 포함된 ROC 곡선의 회귀 변동으로 *X* 축에 오차 허용(error tolerance) 대비 *Y* 축 허용범위 내에서 예측된 점들의 비율을 나타낸다. 곡선의 결과는 오차에 대한 누적 분포 함수(cumulative distribution function)를 추정한다. *X* 축의 오차는 제곱오차 $(y_i - \hat{y_i})^2$ 혹은 절대편차 $|y_i - \hat{y_i}|$로 정의된다. ROC 곡선과 마찬가지로 완전한 모형은 좌측 상단 코너에 위치해 있다. 따라서 곡선이 이 점에 더 빨리

다다를수록 더 나은 모형을 의미한다. 곡선 위의 면적은 전반적인 오차 측정을 나타내고 이는 가능한 작을수록 선호된다. 그 예로 표 4.8의 데이터를 고려해 보자.

해당하는 REC 곡선은 그림 4.46에 나와 있다.

12. 예측적 분석 모형에 대한 기타 성능 측정치

제1장에서 언급되었듯이 통계적 성능은 모형 성능의 한 측면일 뿐이다. 다른 중요한 기준으로는 해석 용이성(comprehensibility), 정당성(justifiability), 운영 효율성(operational efficiency)이 있다.

해석 용이성이 주관적이고 부정 분석가의 배경과 경험에 의존하지만, 선형 회귀분석과 로지스틱 회귀분석, 그리고 의사결정나무는 종종 화이트 박스로서 이해할 수 있는 기법으로 거론된다. 신경망, SVMs, 그리고 앙상블 기법은 기본적으로 불투명한 모형이기 때문에 이해하기가 난해하다. 그러나 통계적 성능을 해석 용이성보다 더 중요하게 여기는 부정 환경에서 이러한 모형들은 선택되는 방법들이다.

정당성은 한 단계 더 나아가서 모형화된 관계가 기존의 비즈니스 지식과 기대치에 부응하는지를 확인하는 것이다. 실제 상황에서 이는 종종 모형의 결과물에 대한 변수의 일변량적 영향(univariate impact)을 확인하는 것으로 요약된다. 예를 들어 선형 회귀 모형/로지스틱 회귀 모형에서 회귀 계수의 부호가 검증된다.

마지막으로 운영 효율성 또한 최적의 분석 모형을 선정할 때 고려해야 할 중요한 평가 기준이 될 수 있다. 운영 효율성은 최종 모형을 구현하고 사용하며 모니터링할 수 있는 용이성을 나타낸다. 예를 들어 실제 부정 환경에서는 부정 모형을 빨리 평가하는 것이 중요하다. 구현과 관련해서 규칙 기반 모형(rule-based model)들은 심지어 엑셀 스프레드시트만을 이용해서도 쉽게 규칙을 적용시키고 실행시킬 수 있기 때문에 훌륭하다. 선형 모형 또한 실행하기가 비교적 쉽다. 그러나 모형이 사용하는 복잡한 변형 때문에 비선형 모형들은 실행시키기가 훨씬 더 어렵다.

13. 편향된 데이터 집합을 위한 예측적 모형의 개발

부정 적발 데이터 집합은 보통 약 1% 혹은 그 이하의 거래만이 부정과 관련되는 매우 편향된 목표 등급 분포를 갖고 있다. 부정이 아닌 관찰치들이 넘쳐나고 따라서 모든 관찰치를 부정이 아닌 것으로 분류하려는 경향을 갖게 되기 때문에 이는 앞에서 논의되었던 분석 기법들에 대해 문제를 일으킨다. 예를 들어 의사결정나무를 보자. 의사결정나무가 99%는 부정이 아니고 1%가 부정인 관찰 데이터 집합을 갖고 시작된다면 엔트로피는 이미 매우 낮아서 의사결정나무가 어떤 유용한 분리를 찾아내지 못하고 모든 관찰치를 부정이 아닌 것으로 분류할 가능성이 크다. 분류의 정확도는 99%가 되지만 근본적으로 어떤 부정 관련자도 적발해 내지 못한다. 따라서 부정과 관련된 관찰치의 수 혹은 그들의 가중치를 높이는 방법을 추천한다. 그렇게 함으로써 분석 기법들은 적발해야 하는 대상에 더욱더 주목할 수 있다. 이를 가능케 하는 여러 절차들을 이어서 설명할 것이다.

1) 표본 시간범위의 변경

부정 관련자의 수를 늘리는 첫 번째 방법은 예측을 위한 시간대를 늘리는 것이다. 예를 들어 6개월 앞을 내다보는 시간 범위로 부정을 예측하는 대신 12개월의 시간 범위를 적용할 수 있다. 이를 통해 부정 관련자들이 표본에 더 많이 추가되어 분석 기법들이 더 의미 있는 구별을 찾아낼 수 있도록 한다. 또 다른 방법으로는 그림 4.47에서 나타낸 것과 같이 모든 부정 관련자를 두 번 혹은 그

그림 4.47 편향된 데이터 집합 처리를 위한 시간 범위 변경

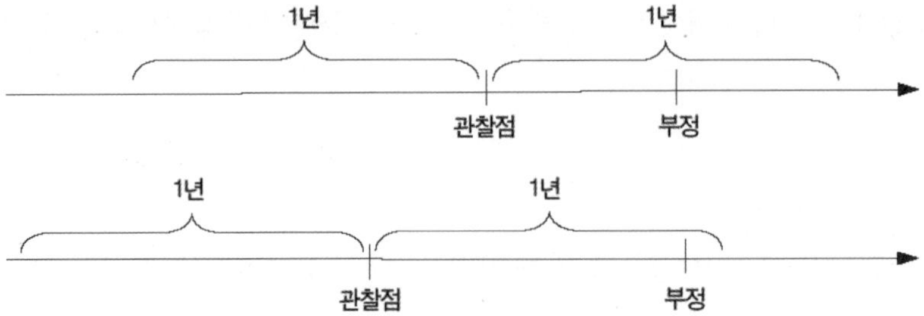

이상 표본 추출하는 것이다. 과거 1년 동안의 정보를 사용해서 앞으로 1년간의 부정을 예측한다고 가정해 보자. 관찰점을 앞으로 혹은 뒤로 움직임으로써 같은 부정이 있는 관찰치를 두 번 표본 추출할 수 있다. 수집한 변수들은 유사하거나 다른 기간에서 측정되었기 때문에 완전히 같지는 않다. 이 추가된 변동성들은 분석 기법이 부정 관련자와 부정 무관련자들을 더 잘 구별해 낼 수 있도록 돕는다. 대상의 왜도(skewness)에 따라 부정 관련자의 수가 2, 3, 4…로 곱해지는 등 다수의 관찰점이 고려될 수 있다. 최적의 수를 찾는 것은 시행착오를 통해 이루어진다.

2) 과소 샘플링과 과대 샘플링

부정 관련자에 대한 가중치를 늘리는 또 다른 방법으로서 부정 관련자를 과대 샘플링(Oversampling)하거나 과소 샘플링(Undersampling)할 수 있다. 과대 샘플링의 예는 그림 4.48에서 볼 수 있다. 부정 관련자들을 두 번 혹은 그 이상 복제해서 분포가 덜 기울도록 하는 방법이다. 예시에서 관찰치 1과 4는 모두 부정 관련자를 나타낸다. 같은 수의 부정 관련자와 부정 무관련자를 갖고 동일하게 균형 잡힌 학습 표본을 만들기 위해서 관찰치 1과 4는 복제된다.

과소 샘플링은 그림 4.49에서 찾아볼 수 있다. 관찰치 2와 5는 모두 부정 무관련자를 나타낸다. 동일하게 균형 잡힌 학습 표본을 만들기 위해 관찰치 2와 5

그림 4.48 부정 관련자 과대 샘플링

원본 데이터

	ID	변수	구분
학습	1		부정
	2		비부정
	3		비부정
	4		부정
	5		비부정
	6		비부정
테스트	7		비부정
	8		비부정
	9		부정
	10		비부정

과대 샘플링 데이터

	ID	변수	구분
학습	1		부정
	1		부정
	2		비부정
	3		비부정
	4		부정
	4		부정
	5		비부정
	6		비부정
테스트	7		비부정
	8		비부정
	9		부정
	10		비부정

그림 4.49 부정 무관련자 과소 샘플링

원본 데이터

	ID	변수	구분
학습	1		부정
	2		비부정
	3		비부정
	4		부정
	5		비부정
	6		비부정
테스트	7		비부정
	8		비부정
	9		부정
	10		비부정

과소 샘플링 데이터

	ID	변수	구분
학습	1		부정
	3		비부정
	4		부정
	6		비부정
테스트	7		비부정
	8		비부정
	9		부정
	10		비부정

는 제외된다. 과소 샘플링은 비즈니스 경험에 기초하여 수행할 수 있으며, 이는 분명히 정당한 관찰치를 제거한다. 또한 낮은 가치의 거래나 비활성 계정을 제거할 수 있다.

과소 샘플링과 과대 샘플링은 결합될 수도 있다. 문헌에서 과소 샘플링은 주로 과대 샘플링보다 더 나은 분류법인 것으로 나타났다(Chawla et al., 2002).

과대 샘플링과 과소 샘플링 모두 학습 데이터에서 사용되어야 하며 테스트 데이터에서는 사용되어서는 안 된다. 테스트 데이터는 모형 성능에 대한 편견 없는 관점을 갖기 위해 모형 개발 중에는 손대지 않은 채로 있어야 한다. 실질적인 문제는 최적의 부정 무관 혹은 부정 관련 확률을 고려하는 것으로 과대 샘플링 또는 과소 샘플링을 이용해 달성되어야 한다. 동일한 수의 부정 관련자와 부정 무관련자를 가진 균형 잡힌 표본으로 작업하는 것이 좋아 보일 수는 있지만, 분석 기법으로 도출된 확률을 심각하게 편향시킨다. 따라서 불필요한 편향을 피하기 위해서 원래의 등급 분포와 가장 비슷한 상태로 유지하는 것을 추천한다. 최적의 등급 분포 작업을 결정하는 실질적인 방법은 다음과 같다. 첫 번째로 우선 편향된 등급 분포(예: 95%/5% 부정 무관련자/부정 관련자)를 가진 원래의 데이터 집합을 이용해 분석 모형을 만들어야 한다. 이 모형의 AUC는 독립된 검증 데이터 집합에 기록된다. 다음 단계에서는 등급 분포도를 5%씩 바꾸기 위해(예: 90%/10%) 과소 샘플링 혹은 과대 샘플링이 사용된다. 모형의 AUC가 다시 기록된다. 이후의 모형들은 85%/15%, 80%/20%, 75%/25%의 표본 위에 만들어지고 그때마다 AUC가 기록된다. AUC가 정체(혹은 하강)되기 시작하면 진행을 멈추고 최적의 승산비를 찾는다. 이는 데이터의 특징과 품질에 좌우되지만 실제 사례들은 80%/20% 비율이 업계에서 가장 많이 쓰인다는 것을 보여준다.

3) 합성 소수 과대 샘플링 기술

SMOTE(synthetic minority oversampling technique)는 소수의 관찰치(예: 부정 관련자)를 복제하는 대신 존재하는 소수의 관찰치들을 토대로 합성 관찰치들을 생성함으로써 작동한다(Chawla et al., 2001). 이는 그림 4.50에 나타나며, 동그라미는 다수 등급을 나타내고 사각형은 소수 등급을 나타낸다. 각각의 소수 등급 관찰치에 대해서 SMOTE는 *k*개의 가장 가까운 이웃들을 계산한다. 십자줄이 쳐진 사각형을 고려하고 검정색 사각형으로 표현된 5개의 가장 가까운 이웃을 선택한다고 가정해 보자. 필요한 과대 샘플링의 양에 따라 하나 이상의 가

그림 4.50 합성 소수 과대 샘플링 기술(SMOTE)

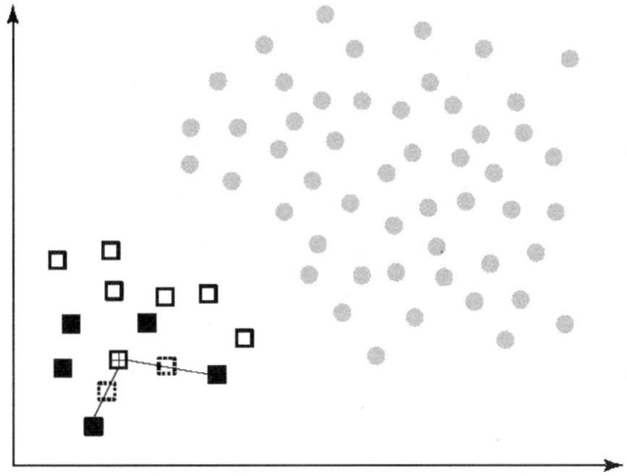

장 가까운 *k*개 이웃이 합성 예제를 생성하기 위해 선택된다.

과대 샘플링 확률이 200%로 설정되었다고 해보자. 이 경우, 5개 중 가장 가까이 있는 2개의 이웃이 임의로 선택될 것이다. 다음 단계는 조사 중인 관찰치(십자줄이 쳐진 사각형)와 2개 합성의 가장 가까운 이웃을 연결하는 선을 따라 2개의 합성 예제를 임의로 만드는 것이다. 이 두 합성 예제는 점선 사각형으로 표시된다. 그 예로 나이가 30세이고 소득이 1000인 특징을 가진 관찰치를 고려해 보자. 이 관찰치의 가장 가까운 점은 62와 3200다. 0과 1 사이의 임의의 숫자(예: 0.75)를 생성한다고 할 때(예: 0.75) 합성 예제에서 나이는 30+0.75(62 - 30) = 54를 갖고 소득은 1000+0.75(3200−1000) = 2650을 갖는다.

그리고 SMOTE는 소수 등급의 과대 샘플링과 다수 등급의 과소 샘플링을 결합한다. 차울라 등(Chawla et al., 2001)은 그의 초기 논문에서 SMOTE를 범주형 변수들과 작업하는 것까지 확장시켰다. 경험적 증거는 주로 SMOTE가 과소 샘플링 또는 과대 샘플보다 더 잘 작동한다고 말하고 있다. 부정 적발에 대해서도 매우 유용하다는 것을 증명했다(Van Vlasselaer et al., 2013, 2015).

4) 우도 접근법(Likelihood Approach)

부정 관련자가 적은 상황을 잘 해결할 수 있는 또 다른 방법은 우도 접근법(likelihood approach)으로, 플루토(K. Pluto)와 타셰(D. Tasche)가 2005년에 개발하였다. 원래는 낮은 파산 포트폴리오(low-default portfolio) 문제들을 해결하기 위한 신용 위험 모형(credit-risk modeling)으로 개발되었지만 부정 적발을 위한 목적으로 쉽게 변환될 수 있다.

가장 극단으로 편향된 데이터 집합을 예로 들어보자. 이 데이터 집합에는 부정 관련자가 한 명도 포함되어 있지 않다. 명백하게도 그 어떤 표본 추출 방법도 이런 데이터 집합에서는 적용이 불가능하다. 이제 기존에 정해놓은 비즈니스 규칙들을 이용해 관찰치를 부정 리스크 등급 A, B, C로 구별해 낼 수 있는 전문가 기반 부정 적발 시스템을 갖고 있다고 가정해 보자. 이 세 등급 모두 분석가가 부정 위험에 따라 관찰치들을 구별할 수 있게 허용한다 하더라도 등급에 관한 부정 확률 추정치를 갖고 있다면 훨씬 더 도움이 될 것이다. 확률 추정치는 기대 부정 손실(expected fraud loss)에 대한 계산을 가능하게 한다. 기대 부정 손실(EFL) = 부정 확률(PF) × 부정 손실(LGF)이라는 것을 기억해 두자. 그런 다음 EFL은 기업이 충당금을 적립하여 향후 손실을 예상하는 대비 목적을 위해 사용될 수도 있다.

첫 단계로 등급 A의 PF(부정 확률)인 PF_A를 계산한다. 여기서 중요한 것은 부정은 독립적으로 일어난다고 가정하는 것이다. 이 가정은 처음에 순진해 보일 수도 있지만 이 가정으로 인해 부정 관련자에 관한 데이터가 없는 이 복잡한 환경에서 단순 명쾌하게 확률 추정치를 뽑아낼 수 있다. 더 명확하게 말하자면, 우리는 우선 세 가지 부정 위험 등급의 관찰치 순위가 정확하다고 가정한다: $PF_A \leq PF_B \leq PF_C$. 가장 신중한 추정치(혹은 가장 보수적인 추정치)는 $PF_A = PF_B = PF_C$라는 임의의 가정하에 얻어진다. 따라서 부정 확률은 모든 관찰치에 대에 PF_A와 같다. 등급 A에 n_A개의 관찰치, 등급 B에 n_B개의 관찰치, 등급 C에 n_C개의 관찰치가 주어지고 부정이 독립적으로 일어나는 경우 전

표 4.9 부정 관련자가 없는 데이터 집합에 대한 PF_A값

α	50%	75%	90%	95%	99%	99.9%
PF_A	0.20%	0.39%	0.65%	0.85%	1.31%	1.95%

표 4.10 부정 관련자가 없는 데이터 집합에 대한 PF_B값

α	50%	75%	90%	95%	99%	99.9%
PF_B	0.28%	0.55%	0.92%	1.19%	1.82%	2.72%

체 데이터 집합에서 부정 관련자를 관찰하지 못할 가능성은 다음과 같다:

$$(1 - PF_A)^{n_A + n_b + n_c}$$

이제 어떤 부정 관련자도 관찰하지 못할 확률이 $1-\alpha$보다 높은 PF_A의 모든 값을 갖고 있는 PF_A 신뢰 구역을 명시할 수 있다:

$$1 - \alpha \leq (1 - PF_A)^{n_A + n_B + n_C},$$

또는

$$PF_A \leq 1 - (1 - \alpha)^{1/(n_A + n_B + n_C)},$$

등급 A에 100개의 관찰치, 등급 B에 200개의 관찰치, 그리고 등급 C에 50개의 관찰치가 있다고 가정해 보자. 표 4.9는 신뢰 수준을 50%에서 99.9% 사이로 다르게 하면서 얻은 PF_A의 값들을 보여준다. 여기서 알 수 있듯이 신뢰 수준이 커짐에 따라 PF_A 또한 커진다.

같은 방식으로 PF_B도 계산할 수 있다. 관찰치가 남았다. PF_B의 가장 신중한 추정치는 $PF_B = PF_C$라고 가정함으로써 얻을 수 있다:

$$1 - \alpha \leq (1 - PF_B)^{n_B + n_C},$$

또는

표 4.11 부정 관련자가 없는 데이터 집합에 대한 PF_C값

α	50%	75%	90%	95%	99%	99.9%
PF_C	1.38%	2.73%	4.50%	5.81%	8.80%	12.90%

표 4.12 부정 관련자가 없는 데이터 집합에 대한 PF_A, PF_B, PF_C값

α	50%	75%	90%	95%	99%	99.9%
PF_A	2.19%	2.76%	3.34%	3.72%	4.51%	5.51%
PF_B	2.66%	3.41%	4.17%	4.68%	5.73%	7.05%
PF_C	9.28%	12.26%	15.35%	17.38%	21.50%	26.56%

$$PF_B \leq 1-(1-\alpha)^{1/(n_B+n_C)},$$

우리의 데이터 집합에 대해, 이 공식은 표 4.10의 값들을 산출해 낸다.

마지막으로, PF_C를 다음과 같이 계산할 수 있다:

$$1-\alpha \leq (1-PF_C)^{n_C},$$

또는

$$PF_C \leq 1-(1-\alpha)^{1/n_C}.$$

이 공식은 표 4.11의 값들을 산출해 낸다.

부정 관련자가 없는 데이터임에도 99.9%의 신뢰 수준에서 PF_C는 12.90%라는 꽤 높은 확률을 갖는다. 또 특정 신뢰 수준에 대해서는 필요에 따라 $PF_A \leq PF_B \leq PF_C$가 처음부터 요구된다. 여기서 당연한 질문을 하자면 어떤 신뢰 수준을 사용하느냐는 것이다. 이 질문에 답하기 전에 데이터에 소수의 부정 관련자가 발생했다고 가정함으로써 과정을 조금 더 확장해 보자.

이제 등급 A에는 부정 관련자가 한 명, 등급 B에는 두 명, 등급 C에는 네 명이 있다고 가정해 보자. 우선 가장 신중한 추정치 원칙 $PF_A = PF_B = PF_C$을 이

용해 PF_A를 도출해 낸다. 7보다 적은 부정 관련자의 수를 관찰할 확률은 이항 분포를 이용해 다음과 같이 계산한다:

$$1-\alpha \leq \sum_{i=0}^{7} \binom{n_A+n_B+n_C}{i} PF_A^i (1-PF_A)^{n_A+n_B+n_C-i}.$$

마찬가지로 PF_B와 PF_C 또한 다음과 같이 구한다:

$$1-\alpha \leq \sum_{i=0}^{6} \binom{n_B+n_C}{i} PF_B^i (1-PF_B)^{n_B+n_C-i}.$$

$$1-\alpha \leq \sum_{i=0}^{4} \binom{n_C}{i} PF_C^i (1-PF_C)^{n_C-i}.$$

표 4.12에 신뢰 수준에 따라 얻는 값들을 정리해 놓았다. 다시 말하자면, 신뢰 수준이 커짐에 따라 확률도 커진다는 것에 주목하라. 이전 예제와 같이 처음부터 $PF_A \leq PF_B \leq PF_C$가 요구된다.

이미 언급되었지만 해답을 찾아야 하는 주요 문제는 이 접근법을 사용하는 경우 신뢰 수준을 결정하는 것이다. 명백하지만, 이는 추정치가 얼마나 보수적이어야 하는지에 따라 결정된다. 앞서 말했듯이 높은 신뢰 수준일수록 높은 확률 추정치를 산출해 낸다. 플루토와 타셰(Pluto & Tasche)는 신뢰 수준이 95%를 넘지 말아야 한다고 제안했다. 신용 위험에 관한 상황에서 벤저민 등(Benjamin et al., 2016)은 50%와 75% 사이의 신뢰 수준을 선택할 것을 제안했다.

5) 사후 확률 조정(Adjusting Posterior Probabilities)

SMOTE의 주요 개념은 부정 무관련자로부터 부정 관련자를 구별해 내는 의미 있는 모형을 만들어내기 위해, 분석 기술을 적용시키기 전에 등급을 상황에 맞게 조정하는 것이다. 그렇게 함으로써 사후 등급분포는 또한 편향될 것이다. 부정 분석가가 부정 위험을 기준으로만 관찰치들의 순위를 매긴다면 이는 문제가 되지 않는다. 그러나 만약 잘 매겨진 부정 확률이 필요하다면(예를 들어 기

표 4.13 사후 확률 조정

	재추출된 데이터를 사용한 사후 확률		원본 데이터에서 재계산된 사후 확률	
	P(부정)	P(비부정)	P(부정)	P(비부정)
고객 1	0.1	0.9	0.004	0.996
고객 2	0.3	0.7	0.017	0.983
고객 3	0.5	0.5	0.039	0.961
고객 4	0.6	0.4	0.057	0.943
고객 5	0.85	0.15	0.186	0.814
고객 6	0.9	0.1	0.267	0.733

대 부정 손실을 정확하게 계산하기 위해) 사후 확률(posterior probabilities)이 조정되어야 한다. 사후 확률 조정을 위한 간단명료한 방법은 다음의 공식을 이용하는 것이다(Saerens et al., 2002):

$$p(C_i|\,x) = \frac{\dfrac{p(C_i)}{p_r(C_i)}p_r(C_i|\,x)}{\displaystyle\sum_{j=1}^{2}\frac{p(C_j)}{p_r(C_j)}p_r(C_j|\,x)},$$

C_i는 등급 i(예: 등급 1은 부정 관련자들, 2는 부정 무관련자들)를 나타내고 $p(C_i)$는 사후 확률(예: $p(C_1)$ = 20%, $p(C_2)$ = 99%)을 나타낸다. $p_r(C_i)$은 과대 샘플링, 과소 샘플링, 혹은 재표본 추출 과정으로 인해 다시 표본 추출된 사후 확률을 나타낸다(예: $p_r(C_1)$ = 20%, $p_r(C_1)$ = 80%). 그리고 $p_r(C_i|x)$는 관찰치 x에 대해 다시 표본 추출된 데이터를 사용하여 분석 기법으로 다시 계산된 사후 확률을 나타낸다. 공식은 2개 이상의 등급에까지 쉽게 확장되어 사용될 수 있다.

표 4.13은 사후 확률 조정의 예를 보여준다. 여기서 $p(C_1)$ = 0.01, $p(C_2)$ = 0.99, $p_r(C_1)$ = 0.20, $p_r(C_2)$ = 0.80 값을 가진다. 부정 위험을 기준으로 고객의 순위는 조정 이후에도 변하지 않는다는 것을 쉽게 확인할 수 있다.

표 4.14 오분류 비용

		예측 등급	
		양(+)	음(−)
실제 등급	양(+)	$C(+, +)$	$C(-, +)$
	음(−)	$C(+, -)$	$C(-, -)$

6) 비용 - 민감도 학습

비용 - 민감도 학습(Cost-Sensitive Learning)은 매우 편향된 데이터 집합을 다루는 또 다른 방법이다. 소수 등급(부정 관련자 등급)에 더 높은 오분류 비용을 할당하는 방법이다. 이런 비용들은 분류법 추정(classifier estimation) 혹은 평가(evaluation)하는 동안 고려된다. 표 4.14는 이항 분류 환경에서 비용들을 대략 설명해 준다. $C(i, j)$는 등급 j로부터 등급 i로 오분류하는 예시의 비용을 나타낸다.

보통 $C(+, +) = C(-, -) = 0$이고 $C(-, +) > C(+, -) = 0$이다. 비용들은 보통 관찰치 하나하나를 기반으로 하기보다는 전체를 기준으로 결정된다.

분류법(classifier)을 비용에 민감하게 만드는 첫 번째 간단한 방법은 각 등급 표시에 사후 등급 확률을 매핑하기 위해서 비용 - 민감도 한계점(cut-off)을 채택하는 것이다. 다시 정리하자면 관찰치 x는 예상 오분류 비용을 가장 적게 하는 등급으로 배정된다:

$$\operatorname{arg}min_i\left(\sum_{j\in(-,+)} P(j|x).\ C(i,j)\right)$$

$p_r(j \mid x)$는 등급 j에 있는 관찰치 x의 사후 확률을 의미한다. 예를 들어 등급 1이 부정 관련자, 등급 2가 부정 무관련자를 갖고 있는 부정 적발 환경을 고려해 보자. 아래의 경우 관찰치 x는 부정 관련자(등급 1)로 분류될 것이다:

$$p_r(1|x).C(1,1) + P(2|x).C(1,2) < p_r(1|x).C(2,1) + p_r(2|x).C(2,2)$$

$$p(1|x).C(2,1) > p(2|x).C(1,2)$$
$$p(1|x).C(2,1) > (1-P(1|x)).C(1,2)$$

그렇기 때문에 한계점은 오분류 비용의 비율에만 의존한다. 이는 각 오분류 비용을 스스로 결정하는 것보다 쉬운 방법이다.

비용 - 민감도 학습의 또 다른 접근법은 분류법 학습 도중 직접 오분류 비용을 최소화하는 것이다. 올바른 분류에는 비용이 없다고 가정을 해야 하고, 전체 오분류 비용은 다음과 같이 계산된다:

$$\text{Total Cost} = C(-,+) \times FN + C(+,-) \times FP,$$

FN과 FP는 각각 '거짓 −' 과 '거짓 +'를 나타낸다. 존재하는 분류 기법의 여러 비용 - 민감도 버전이 이미 소개되었다. 팅(Ting, 2002)은 $C4.5$ 의사결정나무 알고리즘의 비용 - 민감도 버전을 소개했는데, 여기서 분할과 중단 결정은 오분류 비용을 기반으로 내려진다. 베로폴루스 등(Veropolous et al., 1999)은 SVMs의 비용 - 민감도 버전을 개발했는데, 여기서 오분류 비용은 SVMs의 목적함수에서 고려되는 부분이다. 도밍고스(Domingos, 1999)는 메타코스트(MetaCost)에 대해 언급했는데, 이는 관찰치를 추정된 최소 비용 등급으로 재분류한 후 재분류된 데이터 집합에 대해 새로운 분류법을 추정하는 것으로서, 어떤 분류법이라도 비용 - 민감도 분류법으로 바꿀 수 있는 메타 알고리즘이다. 팬 등(Fan et al., 1999)은 아다부스트(AdaBoost)의 비용 - 민감도 변형인 아다코스트(AdaCost)를 개발했는데, 아다코스트는 성공적인 부스팅(boosting) 실행에서 가중치를 업데이트하기 위해 오분류 비용을 사용한다.

요약하자면 비용 - 민감도 학습 방법은 주로 앞서 언급된 표본 추출방법들보다는 더 복잡하다. 로페스 등(López et al., 2012)은 불균형한 데이터 집합에 대한 표본 추출과 비용 - 민감도 학습 방법을 비교하고 두 방법 모두 동일하게 적합하다는 것을 알아냈다. 따라서 실용적인 관점에서 부정 적발을 위한 환경에서는 표본 추출 방법을 사용하는 것을 더 추천한다.

표 4.15 부정 적발 성능 벤치마크

참조	부정 형태	사용된 데이터 집합의 크기	등급 분포	성능
Ortega, Figuerora et al.(2006)	의료보험	8,819	5% 부정	AUC: 74%
Šubelj, Furlan et al.(2011)	자동차보험	3,451	1.3% 부정	AUC: 71~92%
Bhattacharyya, Jha et al.(2011)	신용카드 부정	한 국가에서 발생한 5000만 거래 중 신용카드로 결제된 1000만 건	0.005% 부정	AUC: 90.8~95.3%
Whitrow, Hand et al.(2009)	신용카드 부정	3만 3000~3만 6000 활동 기록	0.1% 부정	지니: 85% (~AUC = 92.5%)
Van Vlasselaer, Bravo et al.(2015)	신용카드 부정	3300만 거래	<1% 부정	AUC: 98.6%
Dongshan and Girolami(2007)	통신 관련 부정	1087계정에서 발생한 80만 9395건의 통화	0.024% 부정	AUC: 99.5%
Van Vlasselaer, Bravo et al.(2015)	사회보장 관련 부정	2000건	1% 부정	AUC: 80~85%
Ravisankar, Ravi et al.(2011)	재무재표 관련 부정	202개 회사	50% 부정	AUC: 98.09%

14. 부정 적발 성능 벤치마크

이 장을 마무리하기 위해 다양한 상황에서의 부정 적발에 대해 논의하는 과학적 논문들에 대한 참고자료를 표 4.15에 제공한다. 부정의 형태, 사용된 데이터 집합의 크기, 등급 분포, 성능을 보고하고 있다. 비교를 위해 ROC 곡선 아래(AUC)의 면적을 보고하는 논문들만이 사용되었다. 여기에서는 다음과 같은 결론이 도출될 수 있다:

- 신용카드, 재무제표, 통신 부정의 경우가 가장 높은 AUC를 보고한다.
- 보험 및 사회보장과 관련된 부정이 가장 낮은 AUC를 보고한다.
- 재무제표와 관련된 부정을 제외하고 모든 사례 연구는 매우 편향된 데이터 집합으로 시작한다.

참고문헌

Allicson, P D. (2001). *Logistic Regression Using the SAS® System: Theory and Application. Hoboken. NJ: John Wiley-SAS.*

Baesens, B. (2014). *Analytics in a Big Data World.* Hoboken, NJ: John Wiley & Sons.

Baesens, B., Martens, D., Setiono, R., & Zurada, J. (2011). White Box Nonlinear Prediction Models, editorial special issue, *IEEE Transactions on Neural Networks 22* (22): 2406-2408.

Baesens, B., Mues, C., Martens, D., & Vanthienen, J. (2009). 50 Years of Data Mining and OR: Upcoming Trends and Challenges, *Journal of the Operational Research Society 60:* 16-23.

Baesens, B., Setiono, R., Mues, C., & Vanthiene, J. (March 2003). Using Neural Network Rule Extraction and Decision Tables for Credit-Risk Evaluation. *Management Science 49* (3): 312-329.

Baesens, B., Van Gestel, T., Viaene, S., Stepanova, M., Suykens, J., & Vanthienen, J., (2003). Benchmarking State of the Art Classification Algorithms for Credit Scoring. *Journal of the Operational Research Society 54* (6): 627-635.

Baesens, B., Viaene, S., Van den Poel, D., Vanthienen J., & Dedene, G. (2002). Bayesian Neural Network Learning for Repeat Purchase Modelling in Direct Markeing. *European Journal of Operational Research 138* (1): 191-211.

Barlett, P. L. (1997). For Valid Generalization, the Size of the Weights Is More Important than the Size of the Network. In M. C. Mozer, M. I. Jordan, and T. Petsche (Eds.), *Advanced in Neural Information Processing Systems 9.* Cambridge, MA: MIT Press, pp. 134-140.

Benjamin, N., Cathcart, A., & Ryan, K. (2006). Low Default Portfolios: A Proposal for Conservative Estimation of Default Probabilities: Discussion paper, Financial Services Authority.

Bhattacharyya, S., Jha, S. K., Tharakunnel, K. K., & Westland, J. C. (2011). Data Mining for Crdit Card Fraud: A Comparative Study, *Deicision Support Systems* 50 (3): 602-613.

Bi, J., & Bennett, K. P. (2003). Regression Error Characteristic Curves, Proceedings of the 20th International Conference on Machine Learning (ICML), pp. 43-50.

Bishop, C. M. (1995). *Neural Networks for Pattern Recognition.* Oxford: Oxford University Press.

Breiman, L. (1996). Baging Predictors, *Machine Learning 24* (2): 123-140.

Breiman L., Friedman, J. H., Olshen, R. A., Stone, C. J. (1984). *Classification and Regression Trees.* Monterey, CA: Wadsworth & Brooks/Cole Advanced Books & Software.

Breiman, L., (2001). Random Forests. *Machine Learning 45* (1): 5-32.

Chawla, N. V., Bowyer, K. W., Hall, L. O., Kegelmeyer, W. P. (2002). SMOTE: Synthetic Minority Over-sampling Technique. *Journal of Artifica Intelligence Research 16: 321-357.*

Craven, M., & Shavlik, J. (1996). Extracting Tree-Structured Representations of Trained Networks. In D. S. Touretzky, M. C. Mozer, and M. E. Hasselmo (Eds.), *Advances in Neural Information Processing Systems 8.* Cambridge, MA: MIT Press, pp. 24-30.

Cristianini, N., Taylor J. S. (2000). *An Introduction to Support Vector Machines and Other Kernel-Based Learning Methods* Cambridge: Cambridge University Press.

Dejaeger, K., Verbeke, W., Martens, D., & Baesens, B. (2012). Data Mining Techniques for Software Effort Estimation: A Comparative Study, *IEEE Transactions on Software Engineering 38* (2): 375-397.

Domingos, P. (1999). MetaCost: A General Method for Making Classifiers Cost-Sensitive, Proceedings of the Fifth International Conference on Knowledge Discovery and Data Mining. New York: ACM Press, pp. 155-164.

Dongshan X., & Girolami M. (2007). Employing Latent Dirichlet Allocation for Fraud Detection in Telecommunications. *Pattern Recognition Letters 28:* 1727-1734.

Duda, R. O., Hart, P.E., & Stork, D. G. (2001). *Pattern Classification.* New York: John Wiley & Sons.

Efron B. (1979). Bootstrap Methods: Another Look at the Jacknife. *The Annals of Statistics 7* (1): 1-26.

Fan, W., Stolfo, S. J., Zhang J., & Chan P. K. (1999). AdaCost: Misclassification Cost-sensitive Boosting. *Procedings of the Sixteenth International Conference on Machine Learning (ICML).* Waltham, MA: Morgan Kaufmann, pp. 97-105.

Fawcett, T. (2003). ROC Graphs: Notes and Practical Considerations for Researchers, HP Labs Tech Report HPL-2003-4.

Flach P. (2012). *Machine Learning: The Art and Science of Algorithms that Make Sense of Data.* Cambridge: Cambridge University Press.

Freund, Y., & Schapire, R. E. (August 1997). A Decision-Theoretic Generalization of On-line Learning and an Application to Boosting. *Journal of Computer and System Sciences 55* (1): 119-139.

Freund, Y., & Schapire, R. E. (September 1999). A Short Introduction to Boosting. *Journal of Japanese Society for Artificial Intelligence 14* (5): 771-780.

Han, J., & Kamber, M. (2006). *Data Mining: Concepts and Techniques,* 2nd ed. Waltham, MA: Morgan Kaufmann.

Hand, D., Till, R. J. (2001). A Simple Generalization of the Area under the ROC Curve to Multiple Class Classification Problems. *Machine Learning 45* (2): 171-186.

Hand, D. J., Mannila, H., & Smyth, P. (2011). *Principles of Data Mining.* Cambridge, MA: MIT Press.

Hanley, J. A., & McNeil, B. J. (1982). The Meaning and Use of Area under the ROC Curve. *Radiology* 143: 29-36.

Hartigan, J. A. (1975). *Clustering Algorithms.* New York: John Wiley & Sons.

Hastie, T., Tibshirani, R., & Friedman, J. (2001). *Elements of Statistical Learning: Data Mining, Inference and Prediction.* New York: Springer-Verlag.

Hornik, K., Stinchcombe, M., & White, H. (1989). Multilayer Feedforward Networks Are Universal Approximators. *Neural Networks 2* (5): 359-366.

Huysmans, J., Baesens, B., Van Gestel, T., & Vanthienan, J. (April 2006). Using Self-Organizing Maps for Credit Scoring. *Expert Systems with Applications, Special Issue on Intelligent Information Systems for Financial Engineering 30* (3): 479-487.

Kass, G. V. (1980). An Exploratory Technique for Investigating Large Quantities of Categorical Data. *Applied Statistics 29* (2): 119-127.

Lopez, V., Fernandez, A., Moreno-Torres, J., & Herrera, F. (2012). Analysis of Preprocessing vs. Cost-Sensitive Learning for Imbalanced Classification. Open Problems on Intrinsic Data Characteristics. *Expert Systems with Applications 39:* 6585-6608.

Lu, H., Setiono, R., & Liu, H. (September 1995). NeuroRule: a Connectionist Approach to Data Mining. In *Proceedings of 21*st *International Conference on Very Large Data Bases, Zurich, Switzerland,* pp. 478-489.

Mangasarian, O. L. (May-June 1965). Linear and Nonlinear Separation of Patterns by Linear Programming, *Operations Research 13:* 444-452.

Martens, D., Baesens, B., & Van Gestel, T. (2009). Decompositional Rule Extraction from Support Vector Machines by Active Learning. *IFEE Transactions on Knowledge and Data Engineering 21* (1): 178-191.

Martens, D., Baesens, B., Van Gestel, T., & Vanthienen, J. (2007). Comprehensible Credit Scoring Models Using Rule Extraction from Supprot Vector Machines. *European Journal of Operational Research 183:* 1466-1476.

Martens, D., Vanthienen, J., Verbeke, W., & Baesens, B. (2011). Performance of Classification Models from a User Perspective. *Decision Support Systems, Special Issue on Recent Advances in Data, Text, and Media Mining & Information Issues in Supply Chain and in Service System Design 51* (4): 782-793.

Moody, J., & Utans, J. (1994). Architecture Selection Strategies for Neural Networks: Application to Corporate Bond Rating Prediction. In Apostolos-Paul Refenes (Ed.), *Neural Networks in the Capital Markets.* New York: John Wiley & Sons.

Ortega, P.A., Figueora C.J., & Ruz. G. A. (2006). Medical Claim Fraud/Abuse Detection System based on Data Mining: A Case Study in Chile, *Proceedings of the 2006 International Conference on Data Mining, DMIN.*

Pluto, K., & Tasche, D. (2005). Estimating Probabilities of Default for Low Default Portfolios. In B. Engelmann and R. Rauhmeier (Eds.), *The Basel II Risk Paraeters*, New York: Springer.

Quinlan, J. R. (1993). C4.5 Programs for Machine Learning. Waltham, MA: Morgan Kauffman Publishers.

Ravisankar, P., Ravi C., Rao, G. R., & Bose, I. (2011). Detection of Financial Statement Fraud and Feature Selection Using Data Mining Techniques, *Decision Support Systems 50:* 491-500.

Saerens M., Latinne P., & Decaestecker C. (2002). Adjusting the Outputs of a Classifier to New a Priori Probabilies: A Simple Procedure. *Neural Computation 14* (1): 21-41.

Scholkopf B., & Smola A. (2002). *Learning with Kernels.* Cambridge: MIT Press.

Setiono R. Baesens B., & Mues C. (2009). A Note on Knowledge Discovery Using Neural

Networks and Its Application to Credit Card Screening. *European Journal of Operational Research 192* (1): 326-332.

Setiono R. Baesens B., & Mues C (2011). Rule Extraction from Minimal Neural Network for Credit Card Screening. *International Journal of Neural Systems 21* (4): 265-276.

Subelj L., Furlan S., & Bajec M. An Expert System for Detecting Automobile Insurance Fraud Using Social Network Analysis. *Expert Systems with Applications 38* (1): 1039-1052.

Tan P. N., Steinbach M., & Kumar V. (2006). *Introduction to Data Mining.* New York: Pearson.

Ting K. M. (2002). An Instance-Weightd Method to Induce Cost-Sensitive Trees, *IFEE Transactions on Knowledge and Data Engineering 14:* 659-665.

Van Gestel, T., & Baesens B. (2009). *Credit Risk Management: Basic Concepts: Financial Risk Components, Rating Analysis, Models, Economic and Regulatory Capital.* Oxford: Oxford University Press.

Van Gestel, T., Baesens b., & Martens D. (2015). *Predictive Analytics: Techniques and Applications in Credit Risk Modeling.* Oxford: Oxford University Press, forthcoming.

Van Gestel, T., Baesens, B., Van Dijcke, P., Suykens, J, Garcia, J., and & Alderweireld, T. (2005). Linear and Nonlinear Credit Scoring by Combining Logistic Regression and Support Vector Machines. *Journal of Credit Risk 1* (4).

Van Gestel, T., Suykens J., Baesens B., Viaene S., Vanthienen J., Dedene G., De Moor B., & Vandewalle J. (January 2004). Benchmarking Least Squares Support Vector Machine Classifiers. *Machine Learning 54* (1): 5-32.

Van Vlasselaer, V., Akoglu L., Eliassi-Rad T., Snoeck M., & Baesens B. (2015). Guilt-by-Constellation: Fraud Detection by Suspicious Clique Memberships, *Proceedings of 48 Annual Hawaii International Conference on System Sciences,* HICSS-48, Kauai (Hawaii), January 5-8.

Van Vlasselaer V., Bravo C., Caelen O., Eliassi-Rad T., Akoglu L., Snoeck M., & Baesens B. (2015). APATE: A novel approach for automated credit card transaction fraud detection using network-based extensions. *Decision Support Systems* 75: 38-48.

Van Vlasselaer V., Meskens J., Van Dromme D., & Baesens B. (2013). Using Social Network Knowledge for Detecting Spider Constructions in Social Security Fraud. *Proceedings of the 2013 IEEE/ACM International Conference on Advanced in Social Network Analysis and Mining,* Niagara Falls.

Vapnik, V. (1995). *The Nature of Statistical Learning Theory,* New York: Springer-Verlag.

Veropoulos, K., Campbell, C., Cristianini N. (1999). Controlling the Sensitivity of Support Vector Machines, *Proceedings of the International Joint Conference on AI,* pp. 55-60.

Viaene, S., Derrig, R., Baesens B., Dedene, G. (2002). A Comparison of State-of-the-Art Classification Techniques for Expert Automobile Insurance Fraud Detection. *Journal of Risk and Insurance, Special issue on Fraud Detection 69* (3): 433-443.

Whitrow, C., Hand, D. J., Juszczak, P., Weston, D., Adams, N.M. (2009). Transaction Aggregation as a Strategy for Credit Card Fraud Detection. *Data Mining and Knowledge Discovery 18:* 30-55.

Zurada, J.M. (1992). Introduction to Artificial Neural Systems. Boston: PWS Publishing.

제5장

부정 적발을 위한 소셜 네트워크 분석

지난 10년 동안 사람들의 일상생활에서 소셜 미디어 웹 사이트 사용은 급속히 증가하고 있다. 사람들은 페이스북, 트위터, 링크드인, 구글플러스, 인스타그램 등과 같은 온라인 소셜 네트워크 사이트에서 대화를 하고 지인, 친구, 가족 및 다른 사람들과 경험을 공유할 수 있다. 한 번의 클릭으로 당신의 소재를 세계에 알릴 수 있다. 사진, 비디오, 지리적 위치, 링크 또는 일반 텍스트로 현재 활동을 알릴 수 있는 다양한 옵션이 있다. 당신은 세상의 가장 꼭대기에 있으며, 모두가 당신을 지켜보고 있다. 이것이 소셜미디어의 흥미로운 점이다.

온라인 소셜 네트워크 사이트의 이용자는 다른 사람들과의 관계를 분명히 드러낸다. 결과적으로, 소셜 네트워크 사이트는 실제 세계에 존재하는 관계와 (거의) 완벽하게 일치한다. 우리는 당신이 누구인지와 취미 및 관심사, 결혼 여부, 자녀 수, 매주 조깅을 함께하는 친구들, 와인 클럽에서 만난 친구들 등을 알고 있다. 어찌 되었든 이렇게 연결된 네트워크의 정보와 지식은 매우 흥미로운 자료이다. 마케팅 관리자는 적절한 캠페인을 만드는 데 필요한 사람을 추측할 필요가 없다. 그런 정보는 어디든 존재한다. 그리고 바로 그것이 문제이다. 소셜 네트워크 사이트는 보유한 데이터와 자료의 풍부함을 인정하지만 해당 데이터를 무료로 공유할 생각은 없다. 또한 이러한 데이터는 종종 사유화되고 규제되며 상업적인 용도로 사용되지 않는다. 반면 소셜 네트워크 사이트는 관리자 및 기타 이해관계자에게 정확한 네트워크를 게시하지 않고도 소셜 네트워크를 활용해 마케팅 캠페인을 시작하고 관리할 수 있는 다양하고 훌륭한 내부 시설들을 제공한다.

그러나 기업들은 사내 데이터를 사용하여 소셜 네트워크를 재구성할 수 있다는 사실을 종종 잊어버린다. 예를 들어 통신 사업자는 고객의 통화 행동을 기록하는 거대한 거래 데이터베이스를 가지고 있다. 사이가 좋은 친구끼리는 서로 자주 전화한다는 가정하에 네트워크를 재현하고 통화의 빈도 및 통화 시간을 기반으로 사람들 간의 친밀도를 표시할 수 있다. 인터넷 인프라 제공업체는 고객의 IP 주소를 사용하여 사람들 간의 관계를 매핑할 수 있다. 의사소통을 자주하는 IP 주소는 더 강한 관계로 표현된다. 결국 IP 네트워크는 현실에서 관찰된 바와 같이 어느 정도까지는 사람들 사이의 관계 구조를 예상할 것이다. 뱅킹, 리테일 및 온라인 게임 업계에서 예를 더 많이 찾을 수 있다.

또한 부정 적발 영역에서도 소셜 네트워크 분석으로 이득을 얻을 수 있다. 이 장에서는 부정의 사회적 특성을 강조한다. 이것은 개인이 부정을 저지를 확률이 그와 연결된 사람들에 의존한다고 가정한다는 것을 의미한다. 이것을 소위 *연좌제*(guilt-by-associations)(Koutra et al., 2011)라고 한다. 봅(Bob)의 친구 다섯 명이 부정 관련자라는 것을 알고 있다면 봅에 대해 무엇을 말할 것인가? 그도 또한 부정 관련자가 될 것 같은가? 이 친구들이 봅의 친구 중 전부인 경우 봅이 부정행위에 영향을 받을 가능성이 더 높은가? 아니면 봅에게 친구 200명이 더 있다면, 이 다섯 명의 부정 관련 친구들의 영향력은 동일할 것인가?

이 장에서는 부정 적발 환경에서의 네트워크 및 응용 프로그램에 대하여 독자에게 간략하게 소개할 것이다. 이 장에서 답하는 주요 질문 중 하나는 비정형 네트워크 정보를 유용하고 의미 있는 특징으로 변환할 수 있는가이다. 직접 이웃(direct neighborhood)(즉 특정 인물이나 대상의 직접 관련성)뿐만 아니라 네트워크 전체(즉 집단 추론, collective inferencing)로부터 특성을 분석하고 추출할 것이다. 이러한 네트워크 기반 특성은 전통적인 데이터 분석 기술을 더욱 강하게 만들 수 있다.

1. 네트워크의 형태, 구성요소, 특징, 활용

네트워크는 어디든 존재한다. 전화를 걸려면 발신자와 수신자 사이에 음성 패키지를 전송함으로써 응답이 가능한 모든 사람들의 유선 네트워크를 통해 통신을 설정해야 한다. 가정용 수도, 가스 및 전기 공급은 많은 원산지, 중개 및 목적지로 구성되며, 원산지는 목적지의 수요를 충족시키기 위해 충분한 산출물을 생산해야 하는 복잡한 유통망이다. 배달 서비스는 모든 패키지가 최종 목적지에서 되도록 효율적으로 전달되도록 하는 최적의 경로를 찾아내야 한다.

상점으로의 간단한 배송조차도 많은 유통망을 거쳐야 한다. 현재 교통 상황에서 집에서 상점까지 가는 가장 좋은 경로는 무엇인가? 쇼핑 목록이 주어진다면, 목록에 모든 제품을 구매하기 위해 어떻게 하면 상점을 효율적으로 방문할 수 있는가?

이러한 네트워크를 처리할 수 있는 것이 인간의 재능이다. 무의식적으로 사람들은 네트워크를 통해 효율적인 방법을 찾는 데 아주 좋은 감각을 가지고 있다. 집에서 직장까지 통근하는 것을 생각해 보자. 시간과 요일에 따라 네트워크나 최적화 알고리즘의 실행 없이도 집에서 직장으로 이동하는 경로를 변경할 수 있다. 전화와 인터넷 같은 최근의 통신 매체가 없어도, 다른 사람들에게 연락하는 것은 쉬운 일이다. 당신이 찾고 있는 사람을 알고 있는 친구의 친구가 항상 있다.

이미 오래전에 오일러(Euler, 1736)는 네트워크 관련 문제를 최적화하기 위한 수학적 연구를 도입했다. 그는 *코닝스버그*(Köningsberg) 다리의 문제를 공식화했다. 코닝스버그[현재는 칼리닌그라드(Kaliningrad)]는 리투아니아의 한 도시로 프레겔(Pregel) 강이 이 도시를 관통하면서 네 영역으로 나뉘어 있다. 7개의 다리가 도시의 4개 은행을 연결했다(그림 5.1a와 그림 5.1b 참조). 문제는 다음과 같다. "7개의 모든 다리를 정확히 한 번 교차하는 보행 경로가 존재하는가?" 정확히 한 번의 시도로 네트워크의 모든 간선(예제에서는 다리)을 통과 할 수 있는 경로를 *오일러 경로*(Eulerian path)라고 한다. 오일러는 코닝스버그 다리 문제에서 오일러 경로가 존재할 수 없다는 것을 증명했다. 더 구체적으로, 오일러 경로는 모든 노드(node, 예제에서는 은행)가 짝수 개의 간선(edge)으로 도달할 때에만 존재한다. 단, 다리를 가리키는 홀수재를 가진 경로의 원천 및 싱크 노드(sink node)는 예외이다.

마찬가지로, 네트워크의 *해밀턴 경로*(Hamiltonian path)는 각 노드를 정확히 한 번 방문하는 경로이다. 예를 들어 *순회 외판원 문제*(Traveling Salesman Problem: 이하 TSP)는 네트워크에서 해밀턴 경로를 찾으려고 시도한다. 일련의 도시가 주어진다면, 외판원은 패키지를 배달하기 위해 각 도시(즉, 노드)를 정

그림 5.1ⓐ 코닝스버그 다리

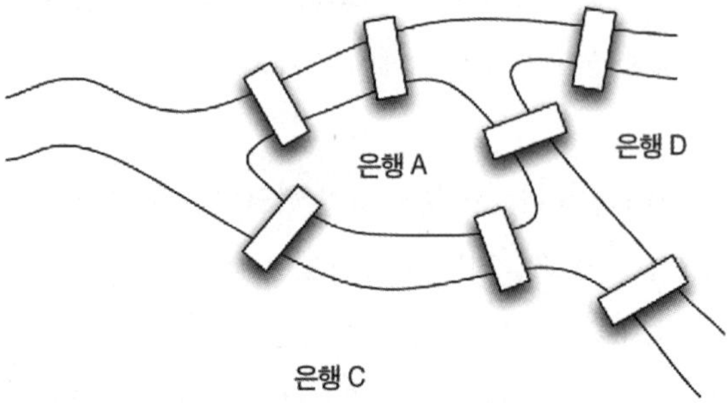

그림 5.1ⓑ 코닝스버그 다리의 개략적 표현

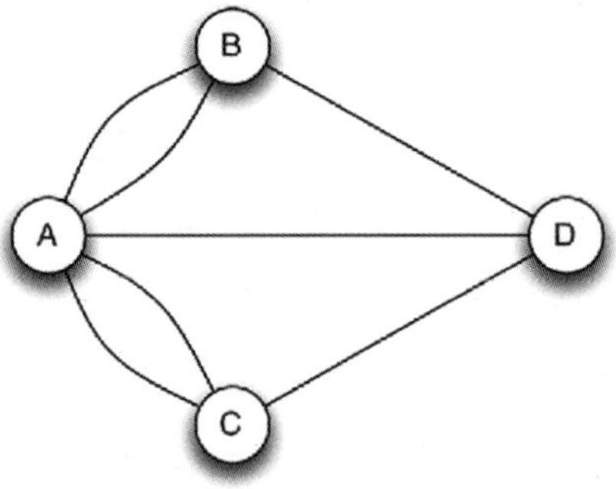

확히 한 번 방문해야 한다는 것이다. 이것이 NP - 하드 문제(NP-hard problem)이기 때문에 연구는 주로 TSP를 해결하기 위해 적합한 발견적 교수법(heuristics)을 찾는 데 중점을 둔다.

1) 소셜 네트워크

네트워크는 인간에 의해 만들어지고 개발되었지만 사회적이지는 않다. 여기에서 중요한 질문은 "무엇이 네트워크를 사회적으로 만드는가?"이다. 일반적으로 네트워크의 사용자가 사람 또는 집단일 때 소셜 네트워크(Social Networks)라고 말할 수 있다. 사용자들 간의 연결은 이들 사이의 모든 형태의 사회적 상호 작용을 기반으로 하며, 현실 세계에서와 마찬가지로 소셜 네트워크는 사람들 관계의 친밀도를 반영할 수 있다. 지인들을 얼마나 잘 알고 있는가? 가장 친한 친구 둘의 관계는 일반적으로 아는 사람 둘의 관계와 완전히 다르다. 이러한 관계와 그 친밀도는 *정보 교환*의 중요한 원천이다.

심리학자 스탠리 밀그램(Stanley Milgram)은 1967년에 전 세계가 얼마나 사회적인지를 측정한 바 있다. 그는 *소규모 세상*(Small World) *실험*을 실시하여 전 세계의 사람들에게 무작위로 100통의 편지를 보냈다. 실험의 목적은 수신한 편지를 밀그램의 친구 중 한 명이 있는 지정된 목적지로 되돌려 보내는 것이었다. 다만 편지는 우편으로 보내지 않고 자신이 아는 사람에게만 편지를 전달할 수 있었다. 편지를 받은 사람은 편지를 자신의 지인 중 한 명에게 전달해야 하며, 편지가 최종 목적지에 도달할 때까지 계속해야 했다.

밀그램은 평균적으로 각 편지가 6단계 내에 목적지에 도달했음을 보여주었다. 즉, 네트워크에 두 명의 무작위 사용자를 연결하는 데 필요한 인력은 여섯 명 미만이다. 이것은 네트워크의 *평균적인 경로 길이*(average path length)이다. 실험 결과는 *6단계 분리 이론*으로 널리 알려져 있다. 밀그램은 또한 편지가 3단계 내에 목적지에 도달한 경우도 많았다는 사실을 발견했다. 이것이 소위 깔때기 효과(funneling effect)라고 한다. 어떤 사람들은 매우 다양한 지인 그룹(예: 직장, 친구, 취미)의 사람들에게 알려져 있고 많은 사람들을 알고 있다. 그 사람들은 사회적 슈퍼스타로서 네트워크의 다른 부분들을 서로 연결한다. 네트워크의 많은 경로가 그들을 거쳐 가므로 중간 점수(betweenness score)가 높다(중심성 지표에 대한 절 참조).

6단계 분리이론은 실생활에서의 결과에 기반을 두지만, 많은 연구에서 평균적인 경로 길이가 6단계라는 것이 온라인 소셜 네트워크에서는 과대추정된 것으로 이미 입증되었다. 이 연구에서는 온라인 소셜 네트워크에서 임의로 두 명의 사람들 사이의 평균적인 경로 길이는 약 4단계임이 보고되었다(Kwak et al. 2010). 따라서 온라인 소셜 네트워크는 실제 네트워크보다 밀도가 높다. 그러나 관계 간의 친밀도는 크게 다를 수 있다.

소셜 네트워크는 부정행위 분석에 중요한 요소이다. 부정은 대체로 여러 공범들이 불법적인 방법을 행하여 이루어진다. 전부터 사용하던 분석기술이 증거 부족으로 부정을 적발하지 못하면 소셜 네트워크 분석은 사람들이 서로에게 어떤 영향을 미치는지에 대해 조사함으로써 새로운 통찰력을 제공할 수 있다. 이것은 네트워크를 통해 부정적인 영향이 전달된다고 가정하는 소위 *연좌제*(guilt-by-association)라는 것이다. 예를 들어 보험사는 종종 부정 관련자 그룹을 상대해야 하며, 이들은 다른 사람들을 이용하여 동일한 청구를 다시 제출함으로써 보험 부정을 꾀한다. 의심스러운 청구서에는 동일한 청구서 작성자, 청구서 상대방, 차량, 증인 등이 포함된다. 적절한 네트워크를 만들고 분석함으로써 검사관은 의심스러운 청구에 관련한 새로운 통찰력을 얻고 그 청구 요청을 저지할 수 있다.

사회 보장 부정행위에서 고용주는 의도적으로 파산하여 정부의 세금부과를 피하려고 한다. 파산한 고용주는 정부에 세금을 납부할 능력이 없게 되고 그들의 의무를 회피한다. 그러나 소셜 네트워크 분석은 고용주가 몇 주 후에 거의 동일한 구조를 사용하여 다시 회사를 설립했다는 것을 드러낼 수 있다. 따라서 전문가들은 새 고용주의 설립을 불법으로 얘기하고 미회수 부채를 회수할 수 있다. 의견 부정(Opinion fraud)은 사람들이 리뷰에서 제품을 허위로 칭찬하거나 비판할 때 발생한다. 특히 온라인 리뷰는 리뷰의 진정성을 입증할 통제가 부족하다. 네트워크를 사용하여 사람들을 그들의 리뷰에 매칭하고 다른 사람들의 리뷰와 비교하게 되면, 리뷰 웹사이트가 불법 리뷰를 작성하고 있는지를 적발할 수 있다.

신분 도용(Identity theft)은 제1장에서 소개한 바와 같이 불법적으로 사람이 다른 사람의 프로필을 이용하는 특수한 형태의 사회적 부정이다. 신분 도용의 사례는 부정 관련자가 정당한 고객과 계정을 '공유'하는 통신 부정행위에서 발견될 수 있다. 이것은 그림 5.2에 묘사되어 있다. 부정 관련자는 가족, 친구, 지인 등에게 전화할 수 없기 때문에 네트워크는 부정 관련자의 이전 (또는 현재) 계정과 계정을 명확하게 연결한다. 부정 관련자가 새로운 고객의 계정을 인수

그림 5.2 신분 도용. 빈번한 연락처 목록의 갑작스런 다른 연락처로 확장(밝은 회색 노드). 이는 부정행위자(짙은 회색 노드)가 고객의 계정 파악 후 연락처를 '공유'했음을 의미.

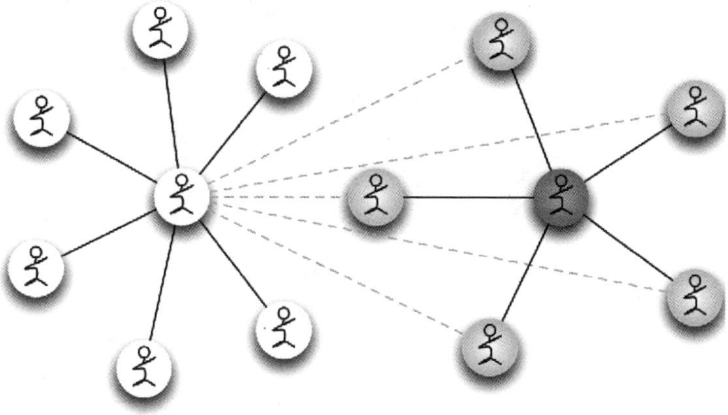

하면 고객의 연락처 목록은 이전에 전화한 적이 없는 다른 연락처로 인해 확장된다. 부정 관련자의 잦은 연락 목록 변경은 부정행위에 대한 강력한 지표이다.

네트워크는 강력한 시각화 도구이지만 주로 자동화된 적발 기술로 결과를 지원한다. 우리는 네트워크에서 유용하고 의미 있는 특성을 추출하여 적발 절차를 확장하는 방법에 중점을 둘 것이다. 이로 인한 결과를 검증하기 위해 네트워크 묘사(Network representation)를 나중에 사용할 수 있다.

2) 네트워크 구성요소

이 단락에서는 네트워크를 분석하고 표현하기 위한 수학적 기초인 그래프 이론(graph theory)을 소개할 것이다.

복잡한 네트워크 분석(Complex Network Analytsis: 이하 CNA)은 불규칙하고 복잡하며 역동적으로 진화하는 네트워크의 구조, 특징 및 동력을 연구한다(Boccaletti et al., 2006). 이러한 네트워크는 대체로 밀접하게 연결된 수백만 개의 단위로 구성된다. 대부분의 실제 네트워크는 복잡하다. CNA는 그래프 이론

그림 5.3 네트워크 표현

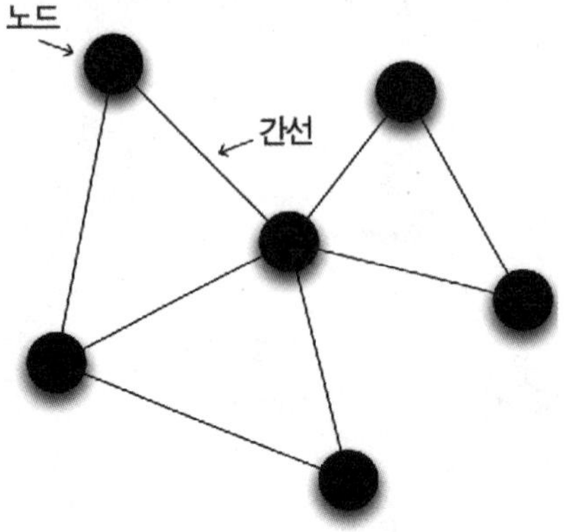

을 이용하여 네트워크에서 유용한 통계를 추출한다. 보칼레티 등(Boccaletti et al., 2006)은 그래프 이론을 복잡한 네트워크의 정확한 수학적 처리를 위한 자연적 체계로 정의하고, 공식적으로 복잡한 네트워크가 그래프로 표현된다고 설명한다.

그래프 $\mathcal{G}=(\mathcal{V}, \mathcal{E})$는 꼭짓점(vertice) 또는 노드(포인트)의 집합 $\mathcal{V}$와 간선(edge) 또는 링크(점을 연결하는 선)의 집합 $\mathcal{E}$로 구성된다. 이것은 그림 5.3에 나와 있다. 노드 $v \in \mathcal{V}$는 사람, 컴퓨터 또는 활동과 같은 실제 세계의 개체를 나타낸다. 간선 $v \in \mathcal{E}$는 네트워크의 두 노드를 연결한다.

$$e(v_1, v_2) \mid e \in \mathcal{E} \,\&\, v_i \in \mathcal{V}$$

그리고 간선은 교우관계(인물 간), 물리적 연결(컴퓨터 간) 또는 참석(사건에 인물의)처럼 간선이 연결하는 노드 간의 관계를 나타낸다.

간선이 네트워크의 노드 사이에 순서 또는 방향을 지정하는 그래프를 유방향 그래프(directed graph)라고 한다. 네트워크에 순서가 없으면 무방향 그래프(undirected graph)라고 한다. 이것은 그림 5.4에 나와 있다. 소셜 네트워크 웹사이트 트위터(Twitter)는 유방향 그래프로 나타낼 수 있다. 사용자는 반드시 맞팔로우할 필요 없이 다른 사용자를 팔로우한다. 이것은 팔로어(follower) - 팔

그림 5.4 유(무)방향 그래프 예시

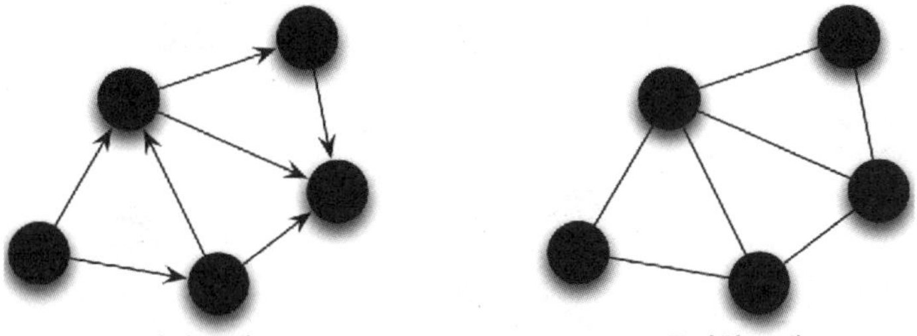

그림 5.5 트위터 네트워크의 팔로어 - 팔로이 관계

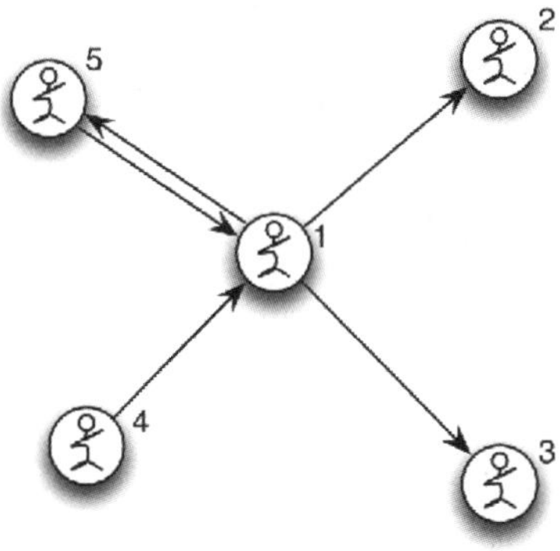

로이(followee) 관계로 표현되며 그림 5.5에 나와 있다. 사용자 1은 사용자 2, 3 및 5(팔로어 관계)를 팔로우하고 사용자 4 및 5(팔로이 관계)에게 팔로우를 받는다. 사용자 1과 5 사이에는 상호 관계가 존재한다.

일반적으로 간선은 두 노드를 서로 연결한다. 그러나 일부 특수한 변형들은 현실을 정확하게 매핑하는 데 필요하다(그림 5.6 참조):

- **자가간선**(Self-edge): 자가간선은 노드와 그 자체 간 연결이다. 예를 들어 자신이 소유한 한 계좌에서 다른 계좌로 자금을 이체하는 것이다.
- **복수간선**(Multi-edge): 복수간선은 2개의 노드가 둘 이상의 간선으로 연결될 때 존재한다. 예를 들어 신용카드 거래 부정의 경우, 여러 신용카드로 상인과 거래가 발생하면 신용카드 소지자는 상인과 여러 간선으로 연결

그림 5.6 간선(Edge) 표현

된다.

➲ 하이퍼간선(Hyper-edge): 하이퍼간선은 네트워크에서 둘 이상의 노드를 연결하는 간선이다. 예를 들어 같은 이벤트에 세 사람이 참가하는 경우이다.

간선이 관계의 친밀도를 표현하는 그래프는 가중 그래프(weighted graph) $\mathscr{G}^W = (\mathscr{V}, \mathscr{E})$이다.

➲ 이항 가중치(Binary weight): 이것은 표준 네트워크 표현이다. 여기서 간선 가중치는 0 또는 1이며, 두 노드 사이에 링크가 존재하는지 아닌지를 나타낸다. 이항 가중 그래프의 확장은 간선 가중치가 음수(−1), 중립(0) 또는 양수(1)인 부호가 있는 그래프이다. 음수 가중치는 적대감을 나타내기 위해 사용되고 양수 가중치는 친선을 나타내는 데 사용된다. 중립적 가중치는 "나는 당신을 모른다"라는 관계를 나타낸다.

➲ 수의 가중치(Numeric weight): 수의 가중치는 한 사람과 연결된 다른 사람과의 친밀도를 나타낸다. 값이 클수록 더 밀접한 관계가 있음을 나타낸 것이다. 사람들이 각 연락처에 자체적으로 가중치를 할당하지 않기 때문에 노드 간의 간선 가중치를 정의하는 방법은 여러 가지로 제안된다. 가장 많이 사용되는 방법은 *일반 이웃 접근법*(Common Neighbor approach)이다. 즉, 간선 가중치는 두 사람이 참석한 공통 활동 또는 이벤트의 총수와 같다. 활동/이벤트는 광범위한 의미로 해석되어야 한다: 그들 간에 전송된 메시지의 총수, 공통 친구, 페이스북에서의 '좋아요' 수 등이 있다.

그림 5.7 부정 관련자 네트워크의 예시

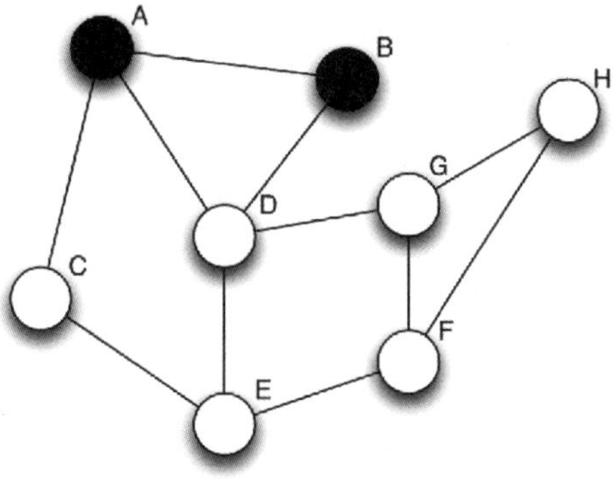

➲ **정규화 가중치**(Normalized weight): 정규화 가중치는 노드에서 나가는 모든 간선의 합이 1인 숫자 가중치의 변형이다. 정규화 가중치는 종종 네트워크를 통한 영향력 전파에 사용된다.

➲ **자카드 가중치**(Jaccard weight): 자카드 가중치는 두 노드가 얼마나 '사회적'인가에 달려 있다(Gupte and Eliassi-Rad, 2012), 그리고

$$w(v_1, v_2) = \frac{|\Gamma(v_1) \cap \Gamma(v_2)|}{|\Gamma(v_1) \cup \Gamma(v_2)|}$$

$\Gamma(v_2)$ 에서 노드 v_2는 참석한 이벤트의 횟수이다. 예를 들어 사람 A가 10개의 이벤트에 참석하고 사람 B가 5개의 이벤트에 참석했다고 가정한다. 그들은 둘 다 3개의 공통 사건을 겪은 것이면, 자카드 지수(Jaccard index)에 따른 간선 가중치는 1/4(3/12)이다.

간선 가중치는 네트워크 내의 연결성을 나타내며 네트워크에서 노드 간 사회성을 측정한다. 반면에 노드는 라벨(Label)을 사용하여 지역 특징을 표현한다. 이러한 특징은 주로 노드에 적합하며 예를 들어 인구 통계, 선호, 관심사, 신념 등을 포함할 수 있다. 부정 네트워크를 분석할 때 노드의 부정 라벨을 네트워크에 통합한다. 노드가 나타내는 개체의 상태에 따라 부정 또는 합법적일 수 있다. 예를 들어 그림 5.7은 정당한 사람들은 흰색, 부정 관련 사람들은 검정

그림 5.8 에고넷(Egonet). 에고는 6개의 노드로 둘러싸여 있으며 그중 2개는 합법적이고 (흰색 노드) 4개는 부정 관련임(회색 노드).

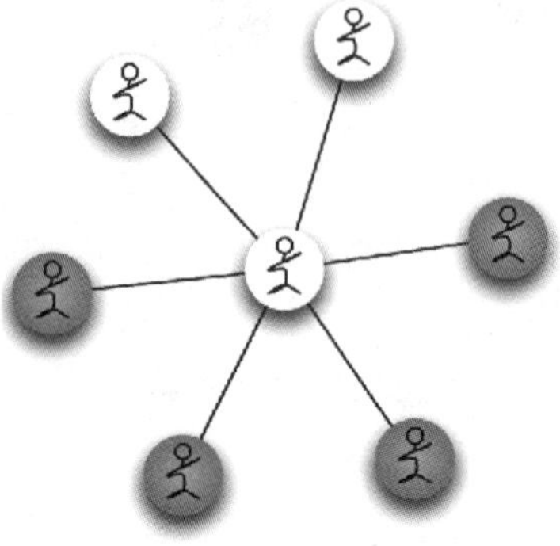

색 노드로 표시되는 부정 네트워크를 보여준다. 이 그래프를 보면 노드 *A*와 *B*가 부정을 이미 저지른 것을 알 수 있다. 노드 *C*는 노드 *A*의 친구이며 노드 *A*의 행동에 영향을 받는다. 반면 노드 *D*는 노드 *A*와 *B*의 영향을 받는다. 간단히 결론을 내리자면 노드 *D*가 부정을 저지를 확률이 가장 높고, 노드 *C*가 뒤따른다.

실생활의 네트워크에는 수십억 개의 노드와 수백만 개의 링크가 포함되는 경우가 종종 있으며, 노드들의 직접적인 이웃은 의사 결정의 기반이 되는 충분한 정보를 제공한다. 자아 중심 네트워크(Ego-centered Network) 혹은 에고넷(egonet)은 노드의 1단계 인접 지역을 나타낸다. 즉, 에고넷은 특정 노드와 그 인접 이웃으로 구성된다. 에고넷의 중심은 자아이며 주변 노드는 친한 사람들이다. 에고넷의 예가 그림 5.8에 나와 있다. 이러한 네트워크들은 소위 노드의 1차적 이웃(first-order neighborhood)이라고도 한다. 마찬가지로, 노드의 *n*단계 이웃은 관심 노드로부터 *n*번의 단계 내에 도달할 수 있는 모든 노드를 포함한다.

3) 네트워크 표현

거래 데이터 원천들에는 종종 개체가 서로에게 어떻게 관련되어 있는지에 대한 정보(예: 통화 기록 데이터, 은행 송금 데이터)를 포함하는 경우가 있다. 신용

표 5.1 신용카드 거래 데이터 예시

신용카드	판매자 코드	판매자 카테고리	나라	금액	날짜	여부	부정
8202092217124626	207005	056	USA	112.99	2013-11-06 00:28:38	TRUE	FALSE
1887940000202544	105930	234	IRL	3.58	2013-11-06 00:28:40	TRUE	FALSE
2070050002009251	79768	612	BEL	149.50	2013-11-06 00:28:47	TRUE	FALSE
1809340000672044	11525	056	BEL	118.59	2013-11-06 00:28:49	FALSE	FALSE
4520563752703209	323158	056	USA	22.27	2013-11-06 00:28:50	TRUE	TRUE
5542610001561826	68080	735	FRA	50.00	2013-11-06 00:28:51	TRUE	FALSE
…							

카드 부정의 거래 데이터 원천의 예제가 표 5.1에 나와 있다. 거래 데이터 원천의 각 행은 신용카드 소지자와 판매자인 두 사람 간의 금전 거래를 나타낸다. 정형 데이터 표현이 존재함에도 신용카드 소지자와 판매자 간의 관계는 포착하기가 어렵다. 실제 데이터 원천에는 수십억 개의 거래가 포함되어 있어 상관관계와 유용한 통찰력을 추출하는 것은 불가능하다. 네트워크 시각화 도구는 네트워크에 숨겨진 정보를 쉽게 해석하고 이해할 수 있는 특별한 해결방안을 제공한다. 네트워크의 시각적 표현을 검사하는 것은 사용자에게 데이터를 익숙하게 하고, 초기 조사 및 통찰력을 신속하게 얻을 수 있으므로 전처리 단계의 일부가 될 수 있다. 후처리 단계에서, 네트워크는 얻은 결과를 확인하고 그 이유를 이해하는 데 유용한 표현이다. 일반적으로, 네트워크는 두 가지 방법으로 표현될 수 있다:

- 그래픽 표현(Graphically)
- 수학적 표현(Mathematically)

네트워크 또는 *소시오그램*(Sociogram)의 그래픽 표현은 네트워크의 가장 직관적이고 직접적인 시각화이다. 그림 5.9는 신용카드 부정 네트워크의 단순한 예제이다. 신용카드 소지자는 직사각형에 의해 모델링되며, 상점은 원으로 모

그림 5.9 신용카드 부정의 단순 예시

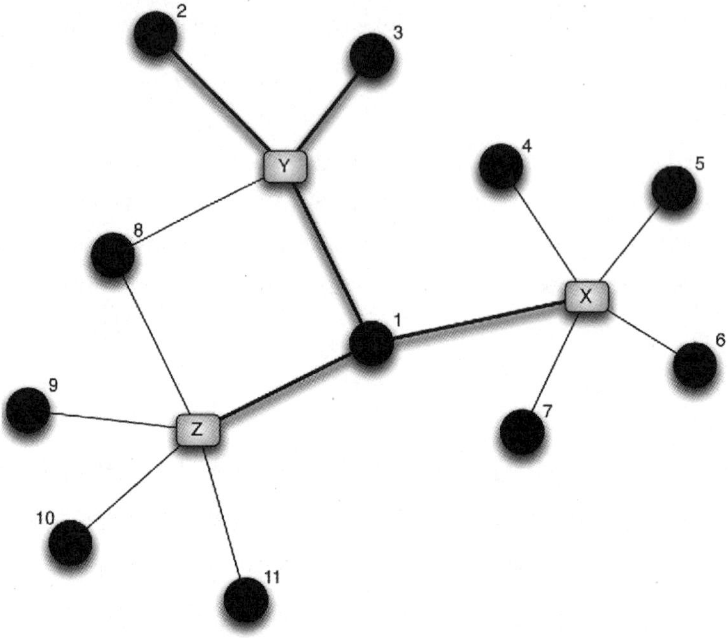

델링된다. 얇은(두꺼운) 간선은 합법적인(부정 관련) 거래를 나타낸다. 이 그림을 바탕으로 사용자 Y의 신용카드가 도난당하고 판매자 1이 의심스러운 행동을 할 것으로 예상된다. 소시오그램은 조직의 다양한 수준에서 결과를 표시하는 데 사용할 수 있다. 운영적, 전술적 및 전략적 관리라고 하는 것은 의심스러운 경영 절차를 적발 및 모니터링하는 방법을 평가(운영적)하고 그에 대해 조치(전술적)를 취하고 미래의 부정을 상대하며 예방 조치(전략적)를 취함으로써 네트워크 표현을 해석하는 데 모든 이점을 제공한다.

그래픽 네트워크 표현은 주로 시각화 목적에 적합하지만 비정형 데이터 형식이므로 유용한 통계를 산출하고 의미 있는 특징을 추출하는 데에는 사용할 수 없다. 결과적으로 네트워크를 흥미로운 수학적 표현으로 나타내야 한다. 인접 행렬(adjacency matrix) 및 인접 목록(adjacency list)은 이러한 요건을 충족시키는 두 가지 네트워크 표현이다. *인접* 또는 *연결 행렬* $A_{n \times n}$ 은 네트워크에서

그림 5.10 ⓐ 표본 네트워크 ⓑ 인접 또는 연결 행렬 ⓒ 가중치 행렬 ⓓ 인접 목록 및 ⓔ 가중치 목록들의 수학적 표현

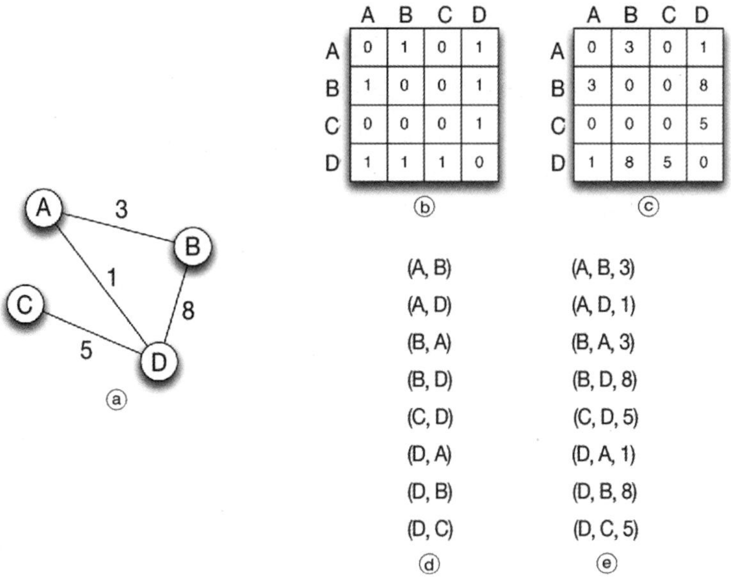

n개의 노드 수로 이루어진 $n \times n$ 크기의 행렬이다. 노드 i와 j 사이에 링크가 있으면 $a_{ij} = 1$이고, 그렇지 않으면 $a_{ij} = 0$이다. 그림 5.10ⓐ는 소규모 네트워크의 예제를 보여준다. 해당되는 인접 행렬은 그림 5.10ⓑ에 나타난다. 많은 0 값을 포함하는 인접 행렬은 *희소* 행렬(sparse matrix)이다. 이것은 현실에서 흔히 있는 경우이다. 소셜 네트워크에는 수백만 명의 회원이 있지만 사람들은 소수의 지인들만 연결된다. 예를 들어 트위터에는 5억 명의 사용자가 있으며 각 사용자는 평균 200명의 다른 사용자를 팔로우한다.* 네트워크의 인접 행렬은 간선 가중치와 관계없이 어떤 노드가 서로 연결되어 있는지를 기록한다. *가중치 행렬*(weight matrix) $W_{n \times n}$은 네트워크의 노드들 사이에서 간선 가중치를 나타내며, 노드 i와 j 사이에 링크가 존재하면 $w_{ij} \in \mathbb{R}$ 이고 그렇지 않으면 $w_{ij} = 0$

---

* http://news.yahoo.com/twitter-statistics-by-the-numbers-153151584.html 2014년 12월 발췌.

이다. 표본 네트워크의 가중치 행렬은 그림 5.10ⓒ에 나와 있다. *인접 목록*은 인접 행렬의 추상적인 표현이며 네트워크에 있는 모든 연결목록을 제공한다. 노드 v_i와 노드 v_j 사이의 관계는 (v_i, v_j)로 표시된다. 이는 그림 5.10ⓓ에 나와 있다. *가중치 목록*은 노드 관계의 가중치를 지정하여 인접 행렬을 확장하며 노드 v_i와 노드 v_j 사이의 가중치를 나타내는 w_{ij}와 함께 (v_i, v_j, w_{ij})의 형식으로 나타낸다(그림 5.10ⓔ 참조).

2. 부정은 사회적 현상인가? 동질 선호성 개론

부정과 관련된 네트워크를 분석하기 전에 필수적인 질문 중 하나는 적발 모형이 복합 네트워크 분석(complex network analysis, 이하 CNA)에서 이점을 얻을 수 있는가이다. 다시 말해서, 사람들 간의 관계가 부정에 중요한 역할을 하고 부정은 네트워크에서 전염성이 있는 효과인가? 즉, 부정은 서로 무리를 이루는 경향이 있다. 우리는 부정 관련자들이 사회구조를 이용하여 부정을 저지르는 방법에 대한 지식을 교환하고 있다는 증거를 찾고 있다. 부정 관련자는 동일한 이벤트/활동에 참여한 것처럼 보이거나 동일한 범죄에 연루되어 있거나, 동일한 자원을 사용하거나 때로는 동일 인물(신분 도용 참조) 일지라도 서로 연결될 수 있다(ID 도용 참조).

동질 선호성(Homophily)은 사회학에서 온 개념이며 "Birds of a feather flock together(날개가 같은 새들끼리 모인다: 유유상종)"이라는 표현으로 말할 수 있다. 사람들은 *어떤 부분에서* 자신과 비슷하거나 닮은 면이 있으면 그 사람들과 어울리고자 하는 성향이 강하다(Newman, 2010). 친구 관계는 대부분 비슷한 관심사, 같은 출신, 고등학교, 이웃, 취미 등으로 인해 만들어지거나 혹은 심지어 부정을 범하는 성향으로도 만들어진다. 관계는 누구의 영향을 받고 어떤 정보가 교환되는지를 결정한다.

라벨 x(예: 부정)가 있는 노드가 라벨 x가 있는 다른 노드에 더 많이 연결되

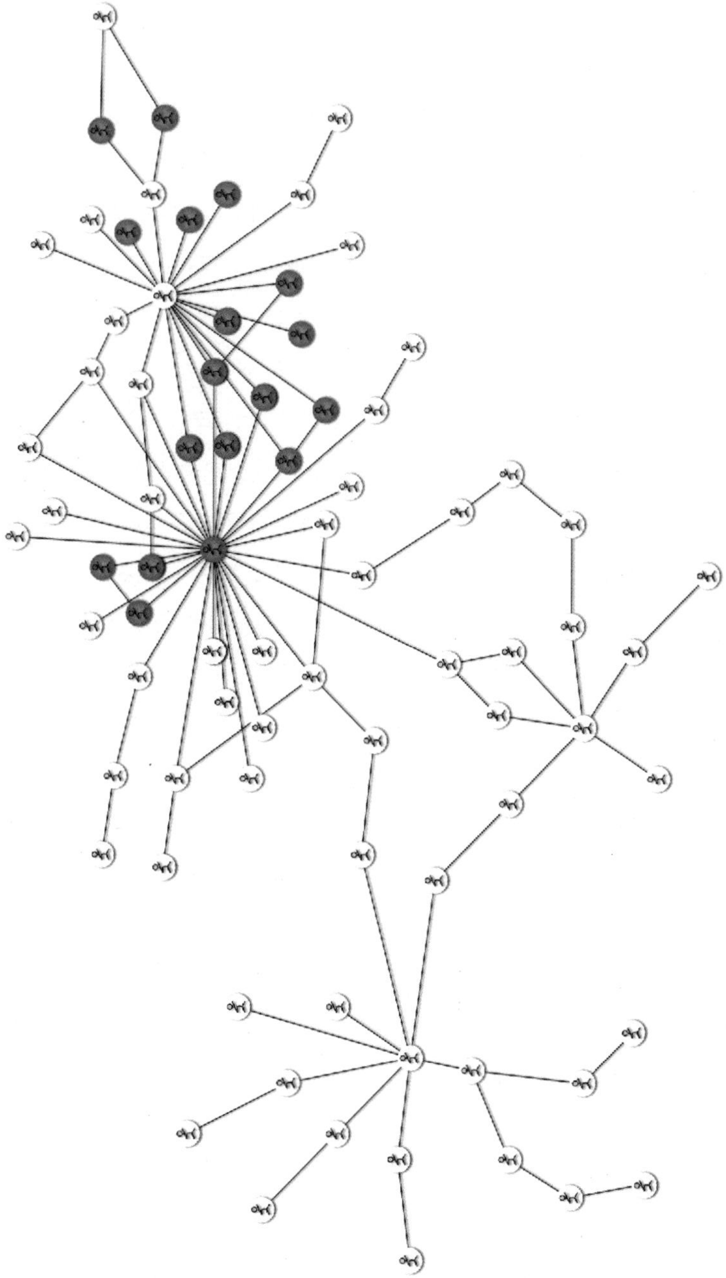

그림 5.11 동질 선호적 네트워크의 실생활 예시

면 네트워크는 동질성이 있는 것이다. 마케팅에서 동질 선호성이라는 개념은 개개인이 서로에게 어떤 영향을 주는지 평가하고, 어떤 사람들이 응답자(responder)이고 어떤 사람들을 마케팅 인센티브의 목표로 삼아야 하는지를 결정하기 위해 자주 사용된다. 예를 들어 존(John)의 친구들이 모두 통신업체 *베타*에 연결되어 있다면 존은 *베타*와 계약을 체결할 가능성이 높다. 동질 선호적이 아닌 네트워크는 이질 선호적(heterophilic)이다.

부정에도 동일한 논리가 적용된다. 부정 관련 사람들은 다른 부정 관련 사람과 연결될 가능성이 있고 합법적인 사람들은 다른 합법적인 사람들과 연결될 가능성이 더 크다는 것으로써 동질 선호적 네트워크를 정의한다. 동질 선호적 네트워크가 그림 5.11에 나와 있다. 회색(흰색) 노드는 부정 관련 사람(합법적인 사람)을 나타낸다. 그림에서 보이는 것처럼 시각적으로 회색 노드는 함께 모여 있는데 이것을 소위 *부정망*(web of frauds)이라 부른다. 마찬가지로, 합법의 흰색 노드도 함께 군집되어 있다. 네트워크가 완벽하게 동질 선호적이지 않다는 것에 주목해야 한다. 부정 노드는 다른 부정 노드와만 연결되지 않고 합법적인 흰색 노드에도 연결된다. 또한 그림 5.11은 예를 들어 한두 개 미만의 하위 그래프(subgraph)와 같이 네트워크에서 부정망이 얼마나 작은지를 보여준다.

고급 네트워크 기술은 시간적 차원도 염두에 둔다. 다수의 부정 노드에 대한 특징을 가진 하위 그래프들은 이미 발달된 구조인 반면, 네트워크에서 함께 나타나는 적은 수의 부정 노드는 새로운 부정망이 나타난 것이라 할 수 있다. 새로운 망의 성장과 기존 망의 확산을 예방하는 것은 부정 적발 모형에서 해결해야 할 중요한 과제이다.

우리는 이미 부정 네트워크의 그래픽 표현이 네트워크의 동질 선호적 특징을 처음으로 제공할 수 있음을 보여주었고, 그로 인해 네트워크 분석이 부정 적발 업무에서 이해가 되는지 아닌지를 보여준다. 수학적으로 부정 노드가 다른 부정 노드와 훨씬 더 많이 연결되어 있고 합법적인 노드가 다른 합법적인 노드에 훨씬 더 많이 연결되면 네트워크가 동질 선호적이다. 좀 더 구체적으로 말하면, l은 네트워크에서 합법적인 노드의 비율이고, f는 네트워크에서

그림 5.12 동질 선호적 네트워크

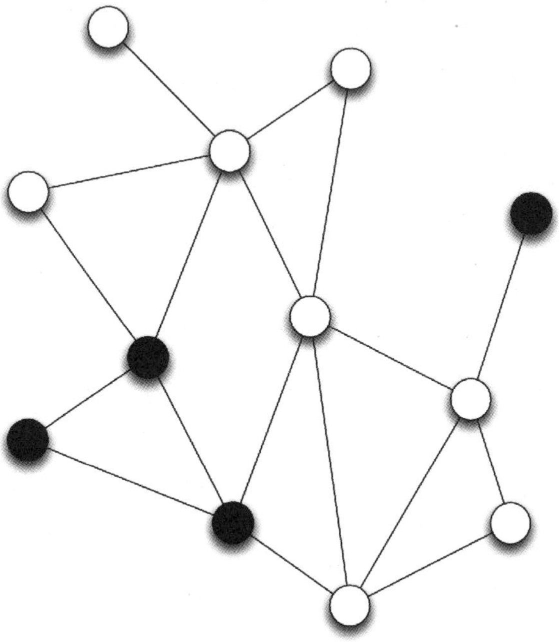

부정 노드의 비율이다. 그러면 $2lf$는 간선이 2개의 다르게 표시된 노드를 연결하는 기대확률(expected probability)이다. 이러한 간선을 교차표시 간선(cross-labeled edge)이라고 한다. 교차표시 간선 $\hat{r}$의 관측된 비율이 기대확률 $2lf$보다 현저히 적다면 네트워크는 동질 선호적이다. 즉, 귀무가설(Null hypothesis)은 기각된다.

$$H_0 : \hat{r} \geq 2lf$$

그림 5.12를 살펴보자. 검정(흰) 노드는 부정 관련 사람(합법적인 사람)이다. 이 네트워크는 총 12개의 노드(8개의 합법 노드와 4개의 부정 노드)로 이루어져 있다. l과 f의 비율은 각 $\frac{8}{12}$과 $\frac{4}{12}$이다. 무작위 네트워크에서는 $2lf = \frac{8}{12}\frac{4}{12} = \frac{8}{18}$ 간선이 교차 표시된 것으로 기대할 것이다. 그림 5.12의 네트워크는 교차표시 간선 5개, 부정 관련 간선 3개, 합법적 간선 10개가 있다. 그러

므로 교차표시 간선의 산출된 비율은 $\hat{r}=\frac{5}{15}$ 이다. 관찰된 간선 5개 이외에 네트워크에서 교차 표시된 8개의 간선을 보기를 기대한다. 귀무가설 H_0는 정규분포를 가진 단측 검정을 활용하여 $\alpha = 0.05$(p-value of 0.02967) 유의 수준으로 기각되었다. 네트워크는 동질 선호적이다.

네트워크에서 동질 선호성의 특정 패턴을 알 수 있는 다른 방법은 *이원 효과성*(dyadicity)과 *이질 선호성*(heterophilicity)이다(Park and Barabási, 2007). 많은 시스템의 경우 네트워크에서 특징들이 무작위로 분포된 것보다 공통 소유물을 공유하는 노드 사이 링크의 개수가 더 많다. 이것을 이원 효과(dyadic effect)라고 한다. 라벨이 1(부정)과 0(합법)의 두 가지 값만 가질 수 있는 네트워크의 경우, n_1(n_0)을 부정(합법) 노드의 수이며, $N = n_0 + n_1$으로 간주한다. 이제 (부정−부정), (부정−합법) 및 (합법−합법) 링크로 연결된 2개의 끝점인 (1−1), (1−0) 및 (0−0)의 세 가지 유형의 이원소(dyad)를 정의할 수 있다. 이원소의 총수는 종류마다 각각 m_{11}, m_{10}, m_{00}으로 표시되며, $M = m_{11} + m_{10} + m_{00}$로 나타낼 수 있다. 노드의 라벨과 상관없이 노드가 다른 노드에 무작위로 연결되면 m_{11}과 m_{10}의 기댓값은 다음과 같다:

$$\overline{m}_{11} = \binom{n_1}{2} p = \frac{n_1(n_1 - 1)p}{2}$$
$$\overline{m}_{10} = \binom{n_1}{1}\binom{n_0}{1} p = n_1(N - n_1)p$$

연결성(connectance) $p = 2M / N(N-1)$는 두 노드가 *연결될 확률*을 나타낸다. $p = 1$이라면 네트워크의 모든 노드는 서로 연결되어 있다. 양자 간 이원 효과성과 이질 선호성은 다음과 같이 정의될 수 있다:

$$D = \frac{m_{11}}{\overline{m}_{11}}$$
$$H = \frac{m_{10}}{\overline{m}_{10}}$$

$D > 1$일 경우 네트워크는 이원적이며, 이는 부정 노드가 무작위 구성에서의 기대치보다 부정 노드끼리 더 밀접하게 연결되는 경향이 있음을 나타낸다. $H < 1$인 경우 네트워크는 이질 혐오적(heterophobic, 이질 선호적의 반대)이며, 이는 부정 노드가 무작위 구성에서 기대치보다 합법적 노드에 연결되는 수가 적음을 의미한다(Park and Barabasi, 2007). 그림 5.12에 나타나 있는 네트워크가 바로 그런 경우이며 동질 선호적이라고 볼 수 있다. 반대인 경우는 역-동질 선호적(inverse-homophilic)이다.

동질 선호성의 증거를 보여주는 네트워크는 더 철저하게 조사하는 것이 의미가 있다. 관심 있는 각 사례에 대해 관계형 구조를 기반으로 그 특성을 뽑아 특징화한다.

3. 이웃의 영향: 측정 지표

이 3절에서는 관심 있는 노드에 대해 사회적 환경이 미치는 영향을 측정하기 위한 주요 측정 지표(metrics)에 대해 설명한다. 일반적으로 분석기법의 세 가지 유형으로 구분한다:

- 근접 지표(Neighborhood metrics)
- 중심성 지표(Centrality metrics)
- 집합 추론 알고리즘(Collective Inference algorithms)

*근접 지표*는 직접 관계를 기반으로 *관심 대상*을 특징짓는다. 노드 주위의 n단계 이웃은 그 노드와 n단계만큼 떨어져 있는 노드로 구성된다. 확장성 문제로 인해 많은 적발 모형은 에고넷(egonet) 또는 1차적 이웃(first-order neighborhood)에서 도출된 특성을 통합한다(이 책 251쪽 네트워크 구성요소 절 참조). 즉, 노드와 아주 가까운 노드이다. 근접 지표에는 차수(Degree), 삼각형(triangles), 밀도(density), 관계형 이웃(relational neighbor) 및 확률적 관계형 이웃(probabilistic relational neighbor)이 포함된다.

*중심성 지표*는 사회적 네트워크에서 개인의 중요성을 수치화한다(Boccaietti, 2006). 중심성 지표는 일반적으로 전체 네트워크 구조 또는 하위 그래프를 기반으로 산출된다. 측지선 경로(geodesic path), 중간성(betweenness), 근접성(closeness) 및 그래프 이론 중심(graph theoretic center)을 논의한다.

알려진 부정 노드를 가진 네트워크가 주어진 경우, 어떻게 이 지식을 사용하여 라벨이 없는 모든 노드(즉, 현재 합법 노드)에 대한 기본 부정 가능성을 추론할 수 있는가? 근접 지표 및 중심성 지표와는 달리 *집합 추론 알고리즘*은 노드가 부정에 노출될 확률을 계산하여 특정 노드에 영향을 미칠 가능성을 계산한다. 집합 추론 알고리즘은 전체 네트워크가 동시에 업데이트되도록 설계된다. 그 결과, 장거리 확산이 가능해진다(Hill, Provost, Volinsky, 2007). 우리는 페이지랭크(PageRank)를 고려하며, 깁스 샘플링(Gibbs sampling), 반복 분류(iterative classification), 이완 라벨링(relaxation labeling) 및 순환 신뢰 전파(loopy belief propagation)를 간단히 설명한다.

1) 근접 지표

근접 지표(neighborhood metrics)는 노드의 *n*단계 이웃에서 도출된다. 우리는 차수(degree), 삼각형(triangles), 밀도(density), 관계형 이웃(relational neighbor), 확률 관계형 이웃(probalilistic relational neighbor)에 대해 논의한다. *N*개의 노드와 *M*개의 간선에 대한 그래프의 경우 표 5.2는 각 측정 지표를 요약한다. 그림 5.13은 각 측정 지표가 이 네트워크에서 파생되는 방법을 설명하는 데 사용되는 단순 예시를 보여준다. 이 절에서는 에고넷을 사용하여 특성을 추출한다. 이는 목표 노드의 1단계 이웃이다.

▌차수

노드의 차수(degree)는 노드가 가진 이웃의 수를 말한다. 부정에서는 부정

표 5.2 근접 지표 개요

차수	연결된 노드(직접 연결되었다면 들어오는 것 대비 나가는 노드)의 수	
삼각형	3개 노드로 구성된 완전하게 연결된 하위 그래프의 수	
밀도	서로에게 연결된 노드의 범위(서로 간의 거리)	$d = \frac{2M}{N(N-1)}$
관계형 이웃	등급 C(예를 들어 부정등급)에 속하는 관계가 있는 이웃의 수	$P(c\|n) = \frac{1}{Z}\sum_{\{nj\in Neighborhood_n \| class(nj)=c\}} W(n, n_j),$
확률 관계형 이웃	이웃의 사후 등급확률이 등급 C에 속하는 확률	$P(c\|n) = \frac{1}{Z}\sum_{\{njINNeighborhood_n\}} W(n, n_j)P(c\|n_j)$

그림 5.13 표본 네트워크

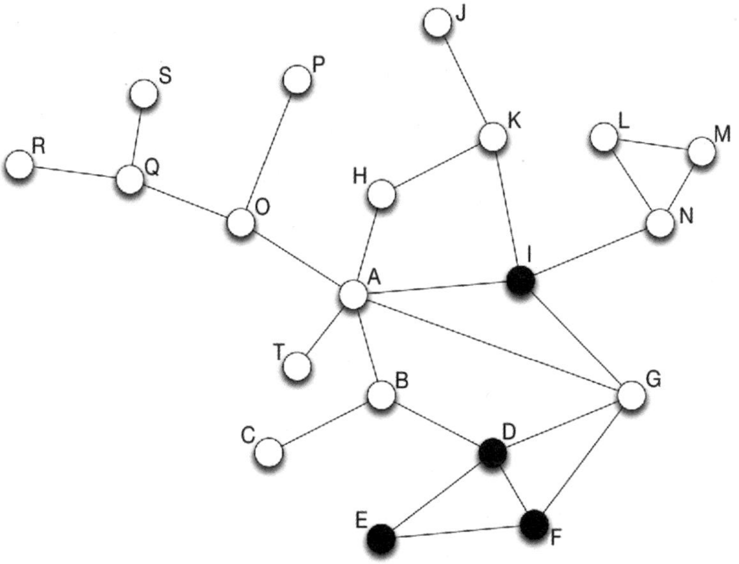

관련 이웃과 합법적인 이웃들의 수를 구별하는 것이 유용하다. 이것을 부정 차수(fraudulent degree)와 합법 차수(legitimate degree)라고 한다. 그림 5.13의 단순 예시에서 노드 A는 네트워크에서 가장 높은 차수인 6차수를 가진다. 우리

표 5.3 총차수, 부정 관련 차수, 합법 차수의 요약

노드	A	B	C	D	E	F	G	H	I	J
총차수	6	3	1	4	2	3	4	2	4	1
부정 차수	1	1	0	2	2	2	3	0	0	0
합법 차수	5	2	1	2	0	1	1	2	4	1
노드	K	L	M	N	O	P	Q	R	S	T
총차수	3	2	2	3	3	1	3	1	1	1
부정 차수	1	0	0	1	0	0	0	0	0	0
합법 차수	2	2	2	2	3	1	3	1	1	1

그림 5.14ⓐ 차수 분포

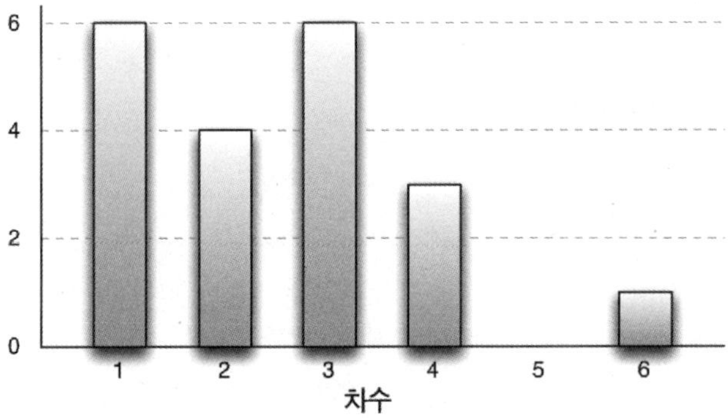

는 각 노드의 에고넷에 대한 차수를 산출한다. 노드 G는 부정 차수가 3이므로 부정의 영향을 크게 받는다. 각 노드의 차수들은 표 5.3에 나와 있다.

유방향 네트워크(directed network)의 경우, 우리는 *진입차수*(in-degree)와 *진출차수*(out-degree)를 구별할 수 있다. 진입차수는 관심 대상을 가리키는 노드의 수를 지정한다. 진출차수는 관심대상으로부터 도달할 수 있는 노드 수를 나타낸다.

네트워크의 차수 분포는 네트워크에서 차수의 확률분포를 나타낸다. 실제 네트워크의 차수 분포는 일반적으로 멱법칙(power law)을 따른다. 즉, 대부분의 노드는 몇 개의 다른 노드에만 연결되어 있는 반면, 네트워크에서는 몇몇 노드만이 여러 다른 노드에 연결된다. 그림 5.14ⓐ는 사회 보장 기관(social

그림 5.14ⓑ 사회 보장 부정의 실생활 네트워크에 대한 차수 분포. 차수 분포는 멱법칙 (Power Law)(로그 - 로그 축)를 따름.

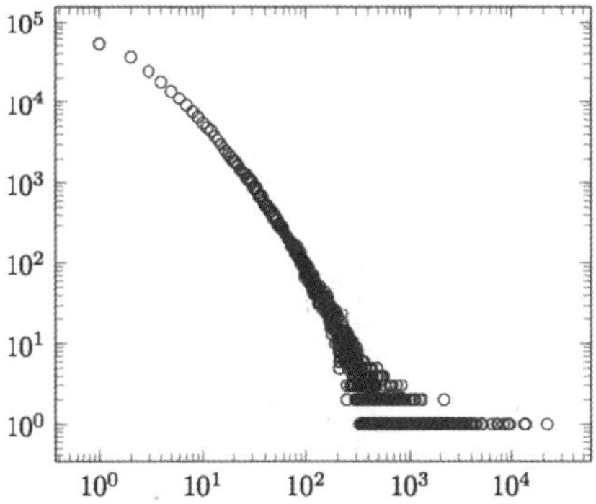

그림 5.15 4-정규 그래프

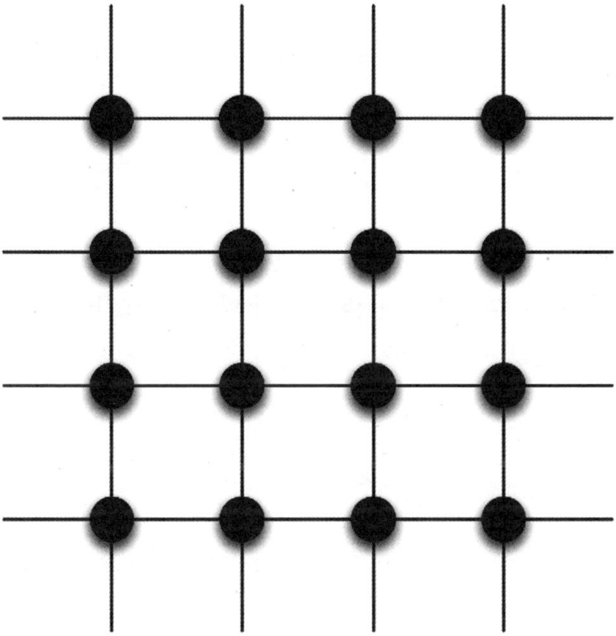

security institution) 의 실제 부정 네트워크의 차수 분포(log-log scale)의 예를 보여준다(Van Vlasselaer et al., 2015a).

일정한 차수 분포를 갖는 네트워크는 k-정규그래프(k-regular graph)이다. 네

표 5.4 합법, 부정, 준부정 삼각형의 개수 요약

노드	A	B	C	D	E	F	G	H	I	J
총	1	0	0	2	1	2	2	0	1	0
부정	0	0	0	1	1	1	1	0	0	0
합법	0	0	0	0	0	0	0	0	1	0
준부정	1	0	0	1	0	1	1	0	0	0
노드	K	L	M	N	O	P	Q	R	S	T
총	0	1	1	1	0	0	0	0	0	0
부정	0	0	0	0	0	0	0	0	0	0
합법	0	1	1	1	0	0	0	0	0	0
준부정	0	0	0	0	0	0	0	0	0	0

트워크의 각 노드는 동일한 차수를 가진다. 4 - 정규그래프의 예제는 그림 5.15에 나와 있다.

▌삼각형

네트워크의 삼각형(Triangles)은 3개의 노드로 서로 연결된 하위 그래프이다. 삼각형 네트워크는 밀접하게 연결된 그룹의 영향력을 조사한다. 그룹의 부분인 노드들은 그룹의 신념, 관심사, 의견 등에 의해 큰 영향을 받는다. 에고넷에서 삼각형은 자아와 다른 두 노드를 포함한다. 두 노드가 모두 부정(합법)인 경우, 그 삼각형은 부정(합법)이라고 한다. 두 노드 중 하나만 부정이라면 삼각형은 준부정(semi-fraudulent)이다. 네트워크에는 A - G - I, L - M - N, D - F - G 및 D - E - F라는 4개의 삼각형이 있다. 삼각형에 관한 에고넷 분석은 표 5.4에 나와 있다. 삼각형 분석은 사각형, 오각형, 육각형 등으로 쉽게 확장될 수 있다.

▌밀도

또 다른 근접 지표는 네트워크의 *밀도*이다. 밀도(Density)는 네트워크에서 노드들이 서로에게 얼마나 많이 연결되어 있는가를 측정한다. N개 노드의 *완*

표 5.5 밀도 요약

노드	A	B	C	D	E	F	G	H	I	J
밀도	0.33	0.5	1	0.6	1	0.83	0.6	0.66	0.5	1
노드	K	L	M	N	O	P	Q	R	S	T
밀도	0.5	1	1	0.66	0.5	1	0.5	1	1	1

전히 연결된 네트워크(fully connected network)는 $\binom{N}{2}=\frac{N(N-1)}{2}$개의 간선을 갖는다. 즉, 각 노드는 네트워크의 다른 모든 노드에 연결된다. 밀도는 그래프에서 가능한 최대 간선에서 연결된 간선 수로 측정한다:

$$d=\frac{M}{\binom{N}{2}}=\frac{2M}{N(N-1)}$$

M과 N은 각 네트워크 내의 간선 및 노드의 수이다. 삼각형은 1의 밀도를 가진 하위 그래프이다. 차수가 1인 에고넷도 1의 밀도를 갖고 있다. 밀도는 그룹이 얼마나 밀접하게 연결되어 있는지를 나타낸다. 높은 밀도란 노드 간의 집중적인 정보 흐름을 말하며, 이는 노드가 서로에 대해 광범위하게 영향을 미친다는 것을 나타낸다. 이것은 부정 분석에서 중요할 수 있다. 높은 부정 차수와 높은 밀도의 조합은 향후에 부정을 저지를 노드의 확률이 대폭 높아질 수 있다. 단순 예시(그림 5.13 참조)의 각 노드에 대한 밀도는 표 5.5에 나와 있다.

▌관계형 이웃 분류법

관계형 이웃 분류법(Relational Neighbor Classifier)은 연결된 노드가 동일한 등급에 속하는 성향을 갖는다는 *동질 선호*성 가정을 사용한다. 이 아이디어는 또한 연좌제로 언급된다. 두 노드가 연관되어 있으면, 비슷한 행동을 하는 경향이 있다. 노드 n이 등급 c에 속하는 사후 등급 확률(posterior class probability)은 다음과 같이 계산된다.

$$P(c|n)=\frac{1}{Z}\sum_{\{n_j\in Neighborhood_n|class(n_j)=c\}} w(n,\ n_j),$$

그림 5.16 관계형 이웃 분류법에 대한 소셜 네트워크 예시

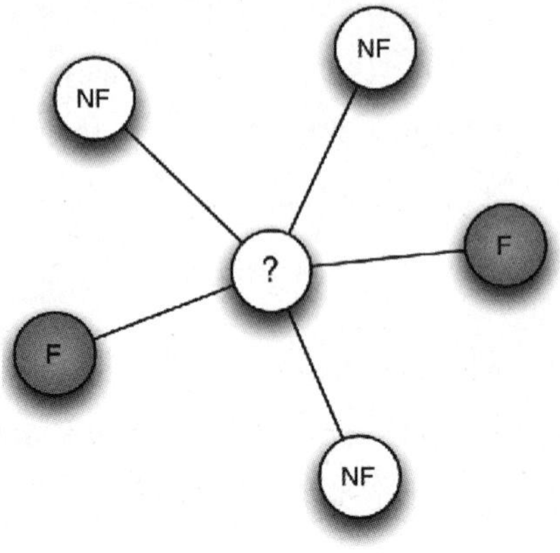

Neighborhood$_n$은 노드 *n*의 이웃을 나타내고, $w(n, n_j)$는 *n*과 n_j 사이의 연결 가중치이며, *Z*는 모든 확률이 1이 되도록 하는 정규화 요인(normalization factor)이다.

예를 들어, 그림 5.16에 표시된 표본 네트워크를 보자. 여기서 *F*와 *NF*는 각각 부정 노드와 합법 노드를 나타낸다.

계산은 다음과 같다:

$$P(F|?) = \frac{1}{Z}(1+1)$$
$$P(NF|?) = \frac{1}{Z}(1+1+1)$$

*Z*가 5와 같고 두 확률이 더해지면 모두 1이 되어야 하므로 확률은 다음과 같다:

$$P(F|?) = \frac{2}{5}$$
$$P(NF|?) = \frac{3}{5}$$

그림 5.13에서 네트워크에 대한 관계형 이웃 확률은 표 5.6에 나와 있다. 이 확률은 네트워크 변수를 사용하지 않는 적발 모형과 같은 로컬 모형에 부가된 특성으로 추가될 수 있다. 또 다른 가능성은 관계형 이웃을 분류법으로 사용하

표 5.6 관계형 이웃 확률 요약

노드	A	B	C	D	E	F	G	H	I	J
P(NF | ?)	0.80	0.66	1	0.50	0	0.33	0.25	1	1	1
P(F | ?)	0.20	0.33	0	0.50	1	0.66	0.75	0	0	0
노드	K	L	M	N	O	P	Q	R	S	T
P(NF | ?)	0.66	1	1	0.66	1	1	1	1	1	1
P(F | ?)	0.33	0	0	0.33	0	0	0	0	0	0

그림 5.17 확률적 관계형 이웃 분류법에 대한 소셜 네트워크 예시

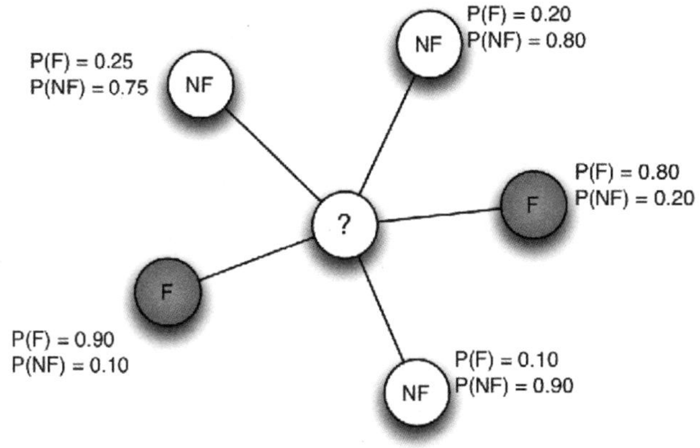

는 것이다. 최종 확률은 부정과 합법을 구별하는 데 사용된다. 높은 값은 노드가 부정을 저지를 가능성이 높다는 것을 나타낸다. 한계 값(cut-off value)은 합법 노드와 부정 노드를 구분한다.

▌확률적 관계형 이웃 분류법

확률적 관계형 이웃 분류법(Probabilistic Relational Neighbor Classifier)은 관계형 이웃 분류법을 간단하게 연장한 것으로, 노드 c가 속하는 노드 n에 대한 사후 등급 확률은 다음과 같이 계산된다:

$$P(c|n)=\frac{1}{Z}\sum_{\{n_j\in Neighborhood_n\}} w(n,\ n_j)P(c|n_j).$$

이제 합계는 노드의 전체 이웃을 포함한다. 확률 $P(c|n_j)$는 로컬 모형이거나 이전에 적용된 네트워크 모형의 결과일 수 있다. 그림 5.17의 네트워크를 참고하라.

계산은 다음과 같다:

$$P(F|?)=\frac{1}{Z}(0.25+0.20+0.80+0.10+0.90)$$
$$P(NF|?)=\frac{1}{Z}(0.75+0.80+0.20+0.90+0.10)$$

Z가 5와 같고 두 확률이 더해지면 모두 1이 되어야 하므로 확률은 다음과 같다.

$$P(F|?)=\frac{2.25}{5}=0.45$$
$$P(NF|?)=\frac{2.75}{5}=0.55$$

관계형 이웃과 비슷하게 확률적 관계형 이웃으로 산출된 확률은 로컬 모형에서 추가변수로 사용되거나 분류법으로 사용될 수 있다.

▌관계형 로지스틱 회귀분석 분류법(Relational Logistic Regression Classifier)

관계형 로지스틱 회귀분석은 루와 게투(Lu and Getoor, 2003)에 의해 소개되었다. 기본적으로 로컬 노드 특정 특징(local node-specific characteristic)을 갖는 데이터 집합으로부터 시작된다.

이러한 노드별 특징은 소위 내재 변수라고 한다. 사회 보장 부정에서 내재적 특성의 예로는 기업의 나이, 분야, 법적 형식 등이 있다. 데이터 집합은 다음과 같은 네트워크의 특성이 포함될 수 있다:

- 가장 빈번하게 발생하는 이웃 등급[모드 링크(mode-link)]
- 이웃 등급의 빈도[카운트 링크(count-link)]
- 등급 존재를 나타내는 이항 지표[이항 링크(binary-link)]

그림 5.18 관계형 로지스틱 회귀분석 분류법에 대한 소셜 네트워크 특성 예시

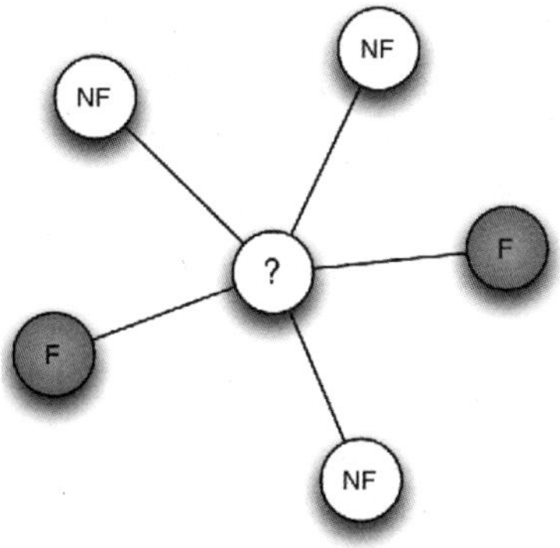

ID	나이	업종	…	모드 링크	부정의 수	비부정의 수	이항 부정	이항 비부정
6357	2.4	운송	…	NF	2	3	1	1

네트워크의 특징은 그림 5.18에 나와 있으며, 개수는 차수와 같다.

그런 다음 내재적 특성과 네트워크 특성을 모두 포함하는 데이터 집합을 사용하여 로지스틱 회귀분석 모형을 추정한다. 입력 선택 절차(input selection procedure)(예: 단계적 로지스틱 회귀분석, stepwise logistic regression) 동안 걸러지는 추가된 네트워크의 특징에는 상관관계가 있다. 이 개념은, 네트워크의 특징은 기본적으로 데이터 집합에 특수한 특성으로 추가되기 때문에 특성화(featurization)라고도 한다. 이러한 특성은 목표변수(즉, 부정 또는 합법) 또는 내재된 특징(예를 들어 나이, 분야, 소득)의 관점에서 이웃의 행동을 측정할 수 있다. 그림 5.19는 부정 기업을 적발하기 위한 사회 보장 부정의 예제를 보여준다. 목표 행위(즉, 부정)를 설명하기 위해 내재적 특성과 네트워크 특성이 모두 추가되었다. 표 5.7은 그림 5.13의 단순 예시에 대해 루와 게투(Lu and Getoor, 2003)가 제안한 접근 방식을 사용하여 네트워크에서 추출한 특성을 요약한 것이다.

관계형 로지스틱 회귀분석 분류법에서 제안한 네트워크 특성의 집합은 이 절과 다음 절(근접 지표, 중심성 지표 및 집합 추론 알고리즘)에서 설명하는 다른 측정 지표를 사용하여 쉽게 확장할 수 있다.

그림 5.19 내재적 행동과 이웃의 행동을 설명하는 특성을 가진 특성화 예시

회사 ID	내재 변수								네트워크 변수				부정?
	지역별		업종별		역사		기업		에고넷		2차 네트워크		
	주(州)	…	업종	…	연혁	…	형태	…	부정 관련자와의 연락(차수)	…	부정 관련자와 내통하는 사람과의 연락	…	
3904	P4	…	케이터링	…	3	…	Corp.	…	0	…	0	…	아니요
6357	P7	…	운송	…	2.4		PLLC	…	2	…	0	…	아니요
3041	P5	…	클리닝	…	0.7		LLC	…	5	…	14	…	예
7932	P2	…	케이터링	…	8		Corp.	…	1	…	3	…	예

표 5.7 루와 게투의 관계형 특성 요약

노드	A	B	C	D	E	F	G	H	I	J
모드 링크	NF	NF	NF	NF/F	F	F	F	NF	NF	NF
부정의 수	1	1	0	2	2	2	3	0	0	0
비부정의 수	5	2	1	2	0	1	1	2	4	1
이항 부정	1	1	0	1	1	1	1	0	0	0
이항 비부정	1	1	1	1	0	1	1	1	1	1
노드	K	L	M	N	O	P	Q	R	S	T
모드 링크	NF	NF	NF	NF	NF	NF	NF	NF	NF	NF
부정의 수	1	0	0	1	0	0	0	0	0	0
비부정의 수	2	2	2	2	3	1	3	1	1	1
이항 부정	1	0	0	1	0	0	0	0	0	0
이항 비부정	1	1	1	1	1	1	1	1	1	1

2) 중심성 지표

중심성 지표(centrality metrics)는 향후의 부정행위 확장을 예방하기 위해 유용하다. 중심성 지표는 다른 노드들에게 영향을 줄 수 있는 *중앙* 노드를 찾는 경향이 있다. 이러한 측정 지표에는 측지선 경로(geodesic path), 차수(degree: 근접 지표 절 참조), 친밀도(closeness), 중간성(betweenness), 그래프 이론 중심

표 5.8 중심성 지표

측지선 경로	네트워크에 있는 두 노드 간 최단거리	$d(v_i, v_j)$
차수	노드 간 연결된 수(직접 연결되어 있다면 들어오는 것 대비 나가는 차수)	
친밀도	네트워크에서 노드와 모든 다른 노드들과의 평균거리	$\left[\frac{\sum_{j=1(j \neq i)} d(v_i, v_j)}{n-1}\right]^{-1}$
중간성	노드 또는 연결이 네트워크의 두 노드 사이의 최단 경로에 있는 횟수 계산	$\sum_{j<k} \frac{g_{jk}(v_i)}{g_{jk}}$
그래프 이론 중심	네트워크에서 모든 다른 노드들과 최소의 최대 거리를 가진 노드('측지선 경로' 항목 참조)	

(graph theoretic center)이 포함된다. n개의 노드 v_i, $i=1, ..., n$을 가진 네트워크를 가정해 보자. 측지선은 두 노드 간의 최단 경로를 나타낸다. g_{jk}는 노드 j에서 노드 k까지의 측지선 수를 나타내는 반면, $g_{jk}(v_i)$는 노드 j에서 노드 k를 지나 노드 k까지의 측지선 수를 나타낸다. 중심성 지표는 표 5.8에 요약되어 있다. 수식은 매번 노드 v_i에 대한 측정 지표를 계산한다. 그림 5.13에 단순 예시가 나와 있다.

▌측지선 경로

측지선 경로(Geodesic Path) 또는 *최단 경로*는 노드에서 목표 노드까지 도달하는 데 필요한 최소한의 거리를 계산한다. 부정의 핵심 질문은 다음과 같다. 네트워크의 부정 노드가 목표 노드에서 얼마나 멀리 떨어져 있는가? 부정 노드가 가까운 이웃에 있으면, 부정이 그 노드에 더 집중적으로 영향을 끼치고 관심 대상을 오염시킬 수 있다.

그럼에도 측지선 경로 계산은 시간도 오래 걸리고 다루기 어렵다. 다익스트라(Dijkstra, 1959)는 1개의 노드에서 다른 모든 노드까지의 최단 경로를 계산하는 솔루션을 공식화했다.

그림 5.20은 유방향 그래프에서 노드 A에서 다른 노드까지의 최단 경로를

초기설정

① 원천 노드에 0의 라벨을 배정하고 (노드 v_1이라고 가정), 네트워크의 다른 모든 노드를 임시 라벨인 ∞ 으로 초기화하라.

② 영구적으로 분류된 노드들의 집합은 $P = (v_1)$이며, 배정되지 않은 노드들의 집합인 U는 네트워크의 다른 모든 노드들을 포함한다.

③ $u := v_1$

주요 순환

U가 비어 있지 않을 때, 다음을 수행하라.

① 업데이트. 영구적 노드 u에 인접한 각 노드에 대해 노드 v_1의 임시 라벨은 다음으로 대체한다.

$$\text{최솟값}\begin{cases}\text{노드}v_1\text{의 현재 임시 라벨}\\ \text{노드}u\text{의 영구 라벨}+\text{간선 가중치}e(u,v_i)\end{cases}$$

② 영구 라벨 집합에 추가. 가장 작은 임시 라벨 v_을 가진 노드를 영구 라벨 집합 P에 추가한다.

③ u 재배정 $u := v\_$

끝

산출하는 다익스트라(Dijkstra)의 알고리즘을 보여준다. 네트워크의 두 노드 사이의 최단 경로의 가중치는 다음과 같다.

$$\text{Shortest paths} = \begin{pmatrix} 0 & 2 & 4 & 4 & 8 & 13 & 7 \\ 4 & 0 & 2 & 3 & 6 & 11 & 5 \\ 2 & 4 & 0 & 1 & 4 & 9 & 3 \\ 1 & 3 & 5 & 0 & 9 & 11 & 4 \\ 5 & 7 & 3 & 4 & 0 & 5 & 1 \\ 6 & 8 & 4 & 5 & 1 & 0 & 2 \\ 4 & 6 & 2 & 3 & 6 & 7 & 0 \end{pmatrix}$$

유사하게, 무방향 그래프(undirected graph)에서 임의의 두 노드 사이의 최단 경로가 산출될 수 있다. 다익스트라의 알고리즘은 부의 음(−) 간선 가중치(non-negative edge weights)가 아닌 네트워크에만 적용할 수 있다.

측지선 경로와 밀접하게 관련된 것은 그래프 이론 중심(graph theoretic center)이다. 그래프 이론 중심은 최소의 노드로 다른 모든 노드에게 최장의 거리를 갖는 노드이다. 이는 네트워크에서 가장 중앙이 되는 노드이다. 정보 확산 측면에서 그래프 이론 중심은 다른 노드에 가장 빠른 속도로 영향을 미치는 노드이다. 그림 5.20의 예에는 2개의 그래프 이론 중심이 있다. 노드 *B*와 *G*는 네트워크에서 다른 노드와 각각 최대 7단계 거리를 두고 있다.

네트워크의 평균 경로 길이는 한 노드에서 다른 노드로 도달하기 위한 평균적인 이동 길이이다. 그림 5.20의 평균 경로 길이는 4.1이다. 평균 경로 길이는 소셜 네트워크 절의 '분리 차수'에 해당한다.

부정에서, 부정 노드와 합법 노드 사이에 경로가 존재하는지 아닌지를 아는 것은 종종 흥미롭다. 두 노드 사이에 더 많은 경로가 존재할 경우, (부정의) 영향이 결국 목표 노드에 도달할 확률이 높아진다. 네트워크의 인접 행렬로부터 시작하여, 임의의 두 노드 사이의 연결 경로의 개수는 지수행렬(matrix exponentiation)을 통해 쉽게 계산된다.

그림 5.21에 나타난 작은 네트워크를 살펴보자. 해당 인접 행렬은 다음과 같다:

$$A = \begin{pmatrix} 0 & 1 & 0 & 1 \\ 1 & 0 & 0 & 1 \\ 0 & 0 & 0 & 1 \\ 1 & 1 & 1 & 0 \end{pmatrix}$$

인접 행렬은 2개의 노드 사이에 1단계 경로가 얼마나 있는지를 나타낸다. 예를 들어 노드 *A*는 정확히 1단계의 경로로 노드 *D*에 도달할 수 있다. 행렬을 x의 제곱으로 올리면 결과 행렬에는 2개의 노드 사이에 x - 단계 경로가 몇 개 있는지가 포함된다. 이것은 자이델(Seidel)의 알고리즘이다(Seidel 1995). 예를 들어,

그림 5.20 다익스트라의 알고리즘

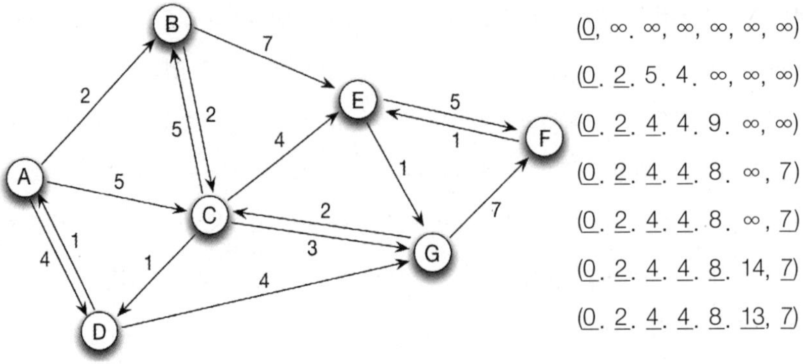

그림 5.21 두 노드 간 연결 경로 수

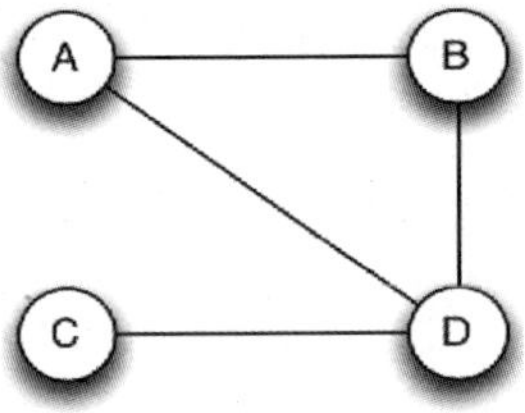

$$A^2 = \begin{pmatrix} 0 & 1 & 0 & 1 \\ 1 & 0 & 0 & 1 \\ 0 & 0 & 0 & 1 \\ 1 & 1 & 1 & 0 \end{pmatrix} \begin{pmatrix} 0 & 1 & 0 & 1 \\ 1 & 0 & 0 & 1 \\ 0 & 0 & 0 & 1 \\ 1 & 1 & 1 & 0 \end{pmatrix} = \begin{pmatrix} 2 & 1 & 1 & 1 \\ 1 & 2 & 1 & 1 \\ 1 & 1 & 1 & 0 \\ 1 & 1 & 0 & 3 \end{pmatrix}$$

$$A^3 = \begin{pmatrix} 0 & 1 & 0 & 1 \\ 1 & 0 & 0 & 1 \\ 0 & 0 & 0 & 1 \\ 1 & 1 & 1 & 0 \end{pmatrix} \begin{pmatrix} 2 & 1 & 1 & 1 \\ 1 & 2 & 1 & 1 \\ 1 & 1 & 1 & 0 \\ 1 & 1 & 0 & 3 \end{pmatrix} = \begin{pmatrix} 2 & 3 & 1 & 4 \\ 3 & 2 & 1 & 4 \\ 1 & 1 & 0 & 3 \\ 4 & 4 & 3 & 2 \end{pmatrix}$$

그림 5.21의 단순 예시에는 노드 *A*와 노드 *D*(노드 *B*를 통하여) 사이에 2-단계 경로가 정확히 1개 있다. 노드 *B*와 노드 *D*(노드 *A*를 통하여) 사이에는 2-단계 경로가 1개, 노드 *D*와 노드 *D*에는 2-단계 경로가 3개(D - A - D, D - B - D 및 D - C - D) 있다. 노드 *C*와 노드 *D*를 연결하는 2-단계 경로는 없다. 이것은 정확히 A^2에 나타난 것이다. 두 노드 사이의 3-단계 경로의 개요는 A^3에 나와 있다.

표 5.9 부정 노드로 향하는 측지선 경로 요약

노드	A	B	C	D	E	F	G	H	I	J
측치선 경로	1	1	2	0	0	0	1	2	0	2
1단계 경로	1	1	0	2	2	2	<u>3</u>	0	0	0
2단계 경로	4	3	1	8	4	7	<u>5</u>	2	6	1
3단계 경로	18	13	3	19	15	17	<u>25</u>	4	9	0
노드	**K**	**L**	**M**	**N**	**O**	**P**	**Q**	**R**	**S**	**T**
측지선 경로	1	2	2	1	2	3	3	4	4	2
1단계 경로	1	0	0	1	0	0	0	0	0	0
2단계 경로	0	1	1	0	1	0	0	0	0	1
3단계 경로	9	1	1	8	4	1	1	0	0	4

그림 5.13의 표본 네트워크에서, 표 5.9는 각 노드에서 부정 노드까지의 측지선 경로 길이와 부정 노드로의 *n*-단계 경로의 수를 포함한다. 그림 5.13의 그래프 이론 중심은 노드 *A*이며, 네트워크에서 다른 모든 노드로부터 최대 3-단계 떨어져 있다. 이는 노드 *A*가 네트워크의 가장 영향력 있는 노드이며 이 노드 *A*가 부정을 저지르는 것을 예방하기 위해 주의를 기울여야 한다는 것을 의미한다. 그래프 이론 중심이 부정으로 오염될 때마다 부정은 네트워크의 나머지 부분에 빠르게 흘러갈 수 있다.

▎근접성(Closeness)

*근접성*은 네트워크에서 노드와 다른 노드까지의 평균 거리를 측정한다. 노드와 다른 노드 사이의 거리 $d(v_i v_j)$는 측지선 경로 또는 최단 경로에 해당한다(아래 참조). 노드가 *n*개인 네트워크가 주어지면, 노드 *i*에서 다른 노드까지의 평균 측지선 거리 또는 원거리 $g(v_i)$는 다음과 같이 계산된다:

$$g(v_i) = \frac{\sum_{j=1(j \neq i)} d(v_i v_j)}{n-1}$$

네트워크에서 노드가 다른 노드에게 쉽게 도달하는 원거리성(Farness)의 낮은 값은 그로 인해 다른 노드에 더 큰 영향을 준다. (하위) 그래프의 부정 노드가 가진 $g(v_i)$ 값이 낮다면, 부정은 (하위) 네트워크를 통해 쉽게 확산되어 다른 노드를 오염시킬 수 있다. 노드에서 같은 노드까지의 거리는 원거리성 계산에는 포함되지 않는다.*

$$\text{근접 중심성}(v_i) = \left(\frac{\sum_{j=1(j \neq i)} d(v_i v_j)}{n-1} \right)^{-1}$$

근접 중심성은 원거리성의 반의어이다. 노드가 더 높은 값의 근접 중심성을 갖고 있다면 노드는 더욱 네트워크의 중심에 위치한다.

일반적으로 두 가지 문제가 발생한다. 첫 번째, 네트워크의 모든 노드에 대한 근접 중심성 값이 서로 밀접하게 놓여 있어 그로 인해 값의 소수점까지 살펴보는 것이 중요하다. 두 번째, 두 노드 사이의 측지선 거리가 무한하다면, 두 노드의 근접 중심성은 $\lim_{x \to \infty}\left(\frac{1}{x}\right) = 0$가 된다는 점이다. 이 문제들을 극복하기 위해 근접 중심성에 도달하지 못하는 노드까지의 거리가 종종 제외된다.

그림 5.13의 노드에 대한 근접 중심성은 표 5.10에 요약되어 있다. 노드 *A*는 네트워크에서 다른 모든 노드에 가장 가까운 노드이다. 노드 *R*과 *S*는 다른 모든 노드에서 가장 멀리 떨어져 있다.

▍중간성(Betweenness)

중간성은 노드가 네트워크에서 두 노드를 연결하는 측지선 경로에 있는 정도를 측정한다. 이는 이 노드를 통하여 정보가 흘러가는 정도라고 해석될 수 있다. 높은 중간성 값을 지닌 노드는 커뮤니티(즉, 네트워크의 하위 그래프)를 서로 연결할 수 있다. 그림 5.22에 설명되어 있으며, 회색으로 음영 처리된 노드는 3개의 커뮤니티를 서로 연결하고 높은 중간성 값을 지니고 있다. 이 노드가

* 노드의 근접성은 노드 자체를 포함함으로써 때때로 계산된다.

표 5.10 그림 5.13에서 설명하는 네트워크의 각 노드에 대한 근접성과 근접 중심성 요약

노드	A	B	C	D	E	F	G	H	I	J
원거리성	2	2.57	3.53	2.89	3.79	3.00	2.32	2.74	2.21	3.89
근접 중삼성	0.50	0.39	0.28	0.35	0.26	0.33	0.43	0.37	0.45	0.26
노드	K	L	M	N	O	P	Q	R	S	T
원거리성	2.95	3.84	3.84	2.95	2.53	3.47	3.26	4.21	4.21	2.95
근접 중삼성	0.34	0.26	0.26	0.34	0.40	0.29	0.31	0.24	0.24	0.34

한 커뮤니티로부터 부정에 감염된다면 부정은 연결된 다른 커뮤니티로 쉽게 옮겨갈 수 있다. 예를 들어 하나의 옵션은 부정이 다른 커뮤니티를 오염시키지 않도록 네트워크에서 이 노드를 제거하는 것이다.

g_{jk}는 노드 j와 노드 k 사이의 최단 경로의 수이고, $g_{jk}(v_i)$는 노드 v_i를 통과하는 노드 j와 노드 k 사이의 최단 경로 수이다. 그러면 중간성의 공식은 다음과 같다.

$$\frac{\sum_{J<k} g_{jk}(v_i)}{g_{jk}}$$

표 5.11은 그림 5.13의 네트워크에서 노드의 중간성 중심을 포함한다. 노드 A가 가장 중앙이 되는 노드이다.

3) 집합 추론 알고리즘

소수의 합법 및 부정 노드와 다수의 정체를 알 수 없는 노드로 이루어진 준라벨 네트워크(semi-labeled network)가 주어지면, 집합 추론 절차(collective inference procedure)는 노드에 관한 추론이 다른 노드에 서로 영향을 줄 수 있다는 사실을 고려하여 정체를 알 수 없는 노드에 대한 일련의 등급 라벨/확률을 추론하게 된다. 집합 추론 절차의 대표적인 예는 다음과 같다.

그림 5.22 노드 커뮤니티 간 중간성

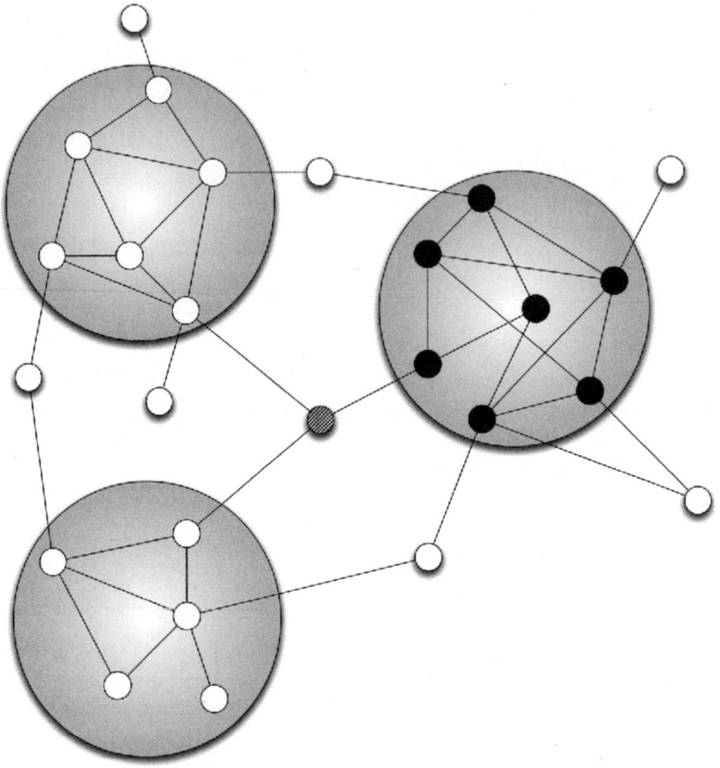

표 5.11 그림 5.13에서 설명하는 네트워크의 각 노드에 대한 중간 중심성 요약

노드	A	B	C	D	E	F	G	H	I	J
중간성	104	24.67	0	13.83	0	6.167	35.33	29	65	0
노드	K	L	M	N	O	P	Q	R	S	T
중간성	20	0	0	34	63	0	35	0	0	0

- 페이지랭크(PageRank) (Page and Erin, 1999)
- 깁스 샘플링(Gibbs sampling) (Geman and Geman, 1984)
- 반복적 분류 알고리즘(Iterative classification algorithm) (Lu and Getoor, 2003)
- 이완 라벨링(Relaxation labeling) (Chakrabarti et al., 1998)

➲ 순환 신뢰 전파(Loopy belief propagation) (Pearl, 1986)

▌페이지랭크 알고리즘

페이지랭크 알고리즘(PageRank Algorithm)은 1999년 페이지(Page)와 브린(Brin)에 의해 소개되었고, 웹 페이지 순위를 매기기 위한 구글(Google)의 유명한 검색 엔진 알고리즘의 기반이다(Page and Erin, 1999). 페이지랭크 알고리즘은 인터넷 서핑 행위를 시뮬레이션하고자 한다. 그림 5.23은 서로 연결되는 웹 페이지의 네트워크를 나타낸다. 이 그림에서 인터넷 이용자가 웹 페이지 *A*를 방문할 확률은 얼마인가? 인터넷 이용자가 현재 방문 중인 웹 페이지의 링크만 따라 웹 페이지를 검색한다고 가정하자. 이 그림에서 웹 페이지 *A*에 수신 링크(incoming link)가 3개 있다는 것을 보여준다. 현재 웹 페이지 *B*를 방문 중인 사용자 중 다음번에 웹 페이지 *A*를 방문하는 확률은 20%(= 1 / 5)이다. 이는 웹 페이지 *B*가 웹 페이지 *A*와 함께 링크를 총 5개 가지고 있기 때문이다. 마찬가지로, 사용자가 각각 현재 웹 페이지 *C* 또는 *D*에 있는 경우 웹 페이지 *A*를 방문할 확률은 33.33%와 50%이다. 웹 페이지를 방문할 확률을 해당 웹 페이지의 페이지랭크라고 부른다. 웹 페이지 *A*의 페이지랭크를 알기 위해서는 웹 페이지 *B*, *C* 및 *D*의 페이지랭크를 알아야 한다. 이것은 집합 추론이다: 1개의 웹 페이지랭크는 다른 웹 페이지의 순위에 달려 있다: 1개의 웹 페이지 순위의 변경은 다른 모든 웹 페이지의 순위에 영향을 미칠 수 있다.

구체적으로, 주요 아이디어는 중요한 웹 페이지(즉, 검색결과의 제일 상단에 위치한 웹 페이지)들은 다른(중요한) 웹 페이지로부터 많은 링크를 받고 있다. 웹 페이지의 순위는 ① 해당 웹 페이지를 가리키는 웹 페이지의 순위와 ② 링크하는 웹 페이지의 진출차수(out-degree)에 따라 다르다. 그러나 현재 웹 페이지 상에서 무작위 링크를 따라 웹 페이지를 방문하는 것은 현실적인 가정이 아니다. 사용자의 행동은 더욱 예측할 수 없다: 웹 페이지의 링크 중 하나를 따르는 대신 무작위로 다른 웹 페이지를 방문할 수도 있다. 그러므로 페이지랭크 알고리즘에는 사용자가 지루해하며 임의로 다른 웹 페이지로 이동한다고 가정하는

그림 5.23 페이지랭크 알고리즘

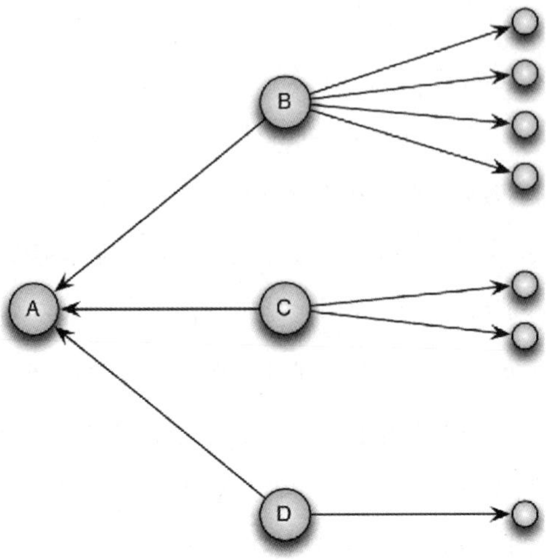

랜덤 서퍼 모형(Random surfer model)이 포함된다. α라는 확률을 가지고 사용자가 현재 방문하고 있는 웹 페이지에 링크를 따라갈 것이다. 그러나 $1-\alpha$ 확률로 사용자는 임의로 다른 웹 페이지를 방문한다.

페이지랭크 알고리즘은 다음과 같이 표현된다.

$$PR(\mathrm{A}) = \alpha \sum_{i \in N_A} \frac{PR(i)}{D_{out,\, i}} + (1-\alpha) \cdot e_A$$

$PR(i)$를 웹 페이지 i의 순위, $D_{out,i}$를 웹 페이지 i의 진출차수, $(1-\alpha)$를 재시작확률(restart probability) 그리고 모든 웹 페이지들에게 균일하게 분포된 e_A는 웹 페이지 A에 대한 재시작 값이다. 이 방정식은 인접 웹 페이지의 순위를 필요로 한다. 하나의 옵션은 모든 웹 페이지에 대해 임의의 페이지랭크 값으로 시작하고 미리 정한 반복 횟수에 도달하거나 중단 기준(stopping criterion)이 충족될 때까지 페이지랭크 점수를 지속적으로 업데이트하는 것이다(예: 순위 변경이 적은 경우).

위의 방정식은 모든 웹 페이지에 대해 순위가 동시에 계산되도록 다시 작성될 수 있다.

$$\vec{r} = \alpha \cdot \boldsymbol{A} \cdot \vec{r} + (1-\alpha) \cdot \vec{e}$$

$\vec{r}$은 모든 n개의 웹 페이지의 페이지랭크를 포함하는 크기 n의 벡터를 나타내고, A는 크기 $n \times n$의 열-정규화(Column-normalized)된 인접 행렬, $(1-\alpha)$은 재시작 확률(restart probability) 그리고 $\vec{e}$는 재시작 벡터(restart vector)를 말한다. 재시작 벡터는 일반적으로 모든 웹 페이지 사이에서 균일하게 분포되고, 이후 정규화된다.

이 방정식은 역행렬(matrix inversion)로만 해결되는데, 실제로는 불가능하다. 알고리즘을 실행하는 가장 널리 사용되는 방법 중 하나는 위의 공식을 수렴(convergence)될 때까지 반복하는 파워 반복 방법(power-iteration method)이다(Tong et al., 2007). 중요성 점수에서의 변경이 유의미하지 않거나 최대 반복 단계가 경과한 경우 수렴에 도달한다. 그림 5.24는 페이지랭크의 반복적인 절차를 나타낸다.

첫 번째 반복 동안 노드 A의 순위는 다음과 같이 산출된다.

$$r(A)_i = 0.85\left(\frac{1}{3} \cdot \frac{1}{9} + 1 \cdot \frac{1}{9} + \frac{1}{2} \cdot \frac{1}{9} + \frac{1}{3} \cdot \frac{1}{9}\right) + 0.15 \cdot \frac{1}{9}$$

페이지와 브린(Page and Brin, 1999)은 사용자가 검색을 개인화하도록 함으로써 페이지랭크 알고리즘을 확장시켰다. 이것은 재시작 벡터 $\vec{e}$를 균일한 분포에서 사용자의 검색 관심사를 따르는 벡터로 변경함으로써 진행된다. 재시작 벡터의 i번째 값의 높은 점수는 사용자가 i번째 웹 페이지에 대해 갖는 높은 관심도와 같다.

페이지랭크 알고리즘은 네트워크를 통해 웹 페이지가 전파되는 것으로 볼 수 있다. 동일한 이유로 네트워크를 통해 부정을 전파할 수 있다. 즉, 부정으로 순위 알고리즘을 개인화한다. 웹 페이지를 대신하여, 인접 행렬 A는 부정 네트워크를 나타낸다(예: 사람-사람 네트워크). 부정 적발은 표시된 그래프(labeled graph)(즉, 어떤 노드가 부정인지 알 수 있음)를 추론하기에, 재시작 벡터를 통해 네트워크에 부정을 주입한다. 즉, i번째 노드가 부정이라면 벡터 $\vec{e}$의 i번째 입력

그림 5.24 페이지랭크 알고리즘의 반복 절차

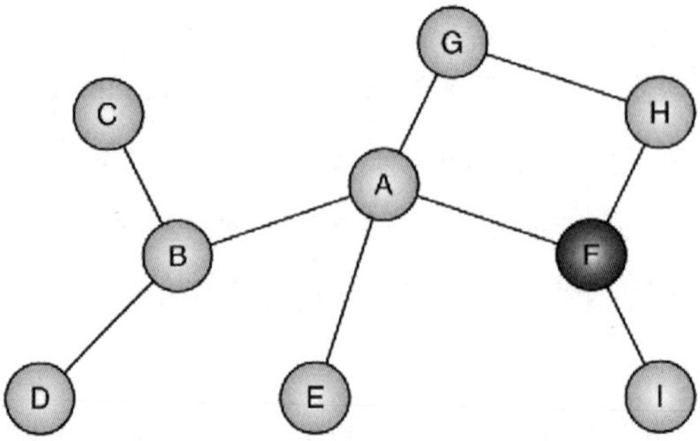

시작 벡터는 일률적으로 모든 노드에 분포되어 있음

반복	A	B	C	D	E	F	G	H	I
0	0.1111	0.1111	0.1111	0.1111	0.1111	0.1111	0.1111	0.1111	0.1111
1	0.2213	0.2292	0.0481	0.0481	0.0403	0.1819	0.0875	0.0954	0.0481
2	0.2046	0.1455	0.0816	0.0816	0.0637	0.1452	0.1042	0.1054	0.0481
3	0.1975	0.0816	0.0579	0.0579	0.0601	0.1629	0.1049	0.1020	0.0578
4	0.2149	0.0579	0.0730	0.0730	0.0586	0.1511	0.1020	0.1074	0.0628
5	0.1972	0.0730	0.0612	0.0612	0.0623	0.1614	0.1080	0.1028	0.0595
…									
100	0.2063	0.1714	0.0652	0.0652	0.0605	0.1579	0.1057	0.1063	0.0614

시작 벡터는 부정에 개인화되었음(노드 F)

반복	A	B	C	D	E	F	G	H	I
0	0.1111	0.1111	0.1111	0.1111	0.1111	0.1111	0.1111	0.1111	0.1111
1	0.2046	0.2125	0.0315	0.0314	0.0236	0.3153	0.0708	0.0787	0.0315
2	0.1997	0.0970	0.0602	0.0602	0.0434	0.2537	0.0769	0.1194	0.0893
3	0.1690	0.1448	0.0275	0.0275	0.0424	0.3191	0.0932	0.1046	0.0719
4	0.2071	0.0826	0.0410	0.0410	0.0359	0.2915	0.0804	0.1300	0.0904
5	0.1707	0.1138	0.0234	0.0234	0.0440	0.3261	0.0993	0.1167	0.0826
…									
100	0.1897	0.0778	0.0220	0.0220	0.0403	0.3254	0.0970	0.1334	0.0922

은 1이고, 그렇지 않으면 0이다. 벡터 $\vec{e}$는 이후에 정규화된다. 벡터 $\vec{r}$는 각 노드의 부정 순위를 포함한다. 순위가 높을수록 다른 노드에 비해 부정의 영향을 많이 받는다. 방정식은 반복을 통해 해결된다. 이 경우 벡터 $\vec{r}_k$는 k회 반복된 후 부정 순위와, $\vec{r}_0$는 [0, 1] 사이의 값을 갖는 임의의 벡터를 포함한다.

각 노드에 배정된 최종 순위는 점수가 아닌 순위로 해석되어야 한다. 최상위 순위 노드들은 부정의 영향을 크게 받는다.

그림 5.13의 단순 예시에 대한 페이지랭크 점수는 ① 부정 라벨들(페이지뱅크$_{\text{fraud}}$)을 강조하지 않고 ② 부정(페이지뱅크$_{\text{fraud}}$)에 중점을 두고 계산된다. 첫 번째 경우에서, 재시작 벡터 $\vec{e}$는 모든 노드들 사이에 균일하게 분포된다. 페이지뱅크$_{\text{fraud}}$의 경우, 재시작 벡터 $\vec{e}$는 각 합법 노드에 대해 0 값을 가지며 부정 노드에 대해서는 0이 아닌 값을 갖는다. 결과는 표 5.12에 나와 있다. 가장 높은 순위는 페이지뱅크$_{\text{fraud}}$를 적용할 때 노드 A에 배정된다. 노드 A가 네트워크에서 가장 높은 차수를 갖는 것은 그다지 놀라운 일이 아니다. 연구에 따르면 노드의 차수와 페이지랭크 점수에 상호 작용이 존재한다는 것을 증명했다(Fortunato et al., 2008). 결과에서 볼 수 있듯이, 기본적인 페이지랭크 알고리즘은 부정 적발에 유용하지 않다. 부정(또는 부정의 영향)과 순위 사이에는 상관관계가 없다. 그러나 수정된 페이지랭크 알고리즘인 페이지뱅크$_{\text{fraud}}$를 사용하여 재시작 벡터를 부정으로 개인화할 때 순위가 가장 높은 노드는 D, F, E 노드이다. 이러한 노드들은 직접적으로 부정으로 인한 결과이기에 놀랍지 않다. 노드 G는 또한 높은 부정 순위를 받으며, 이것은 이 노드가 이웃에 있던 부정 노드에게 영향을 받았다는 것을 나타낸다. 합법 노드 G는 부정 노드 I보다 높은 순위를 갖고 있다.

깁스 샘플링(Gibbs Sampling)

깁스 샘플링(Geman and Geman, 1984)은 네트워크에서 노드 라벨들을 초기화하기 위하여 사후 등급 확률을 추론할 로컬 분류법을 사용하는 집합 추론 절차이다. 구체적으로, 원래의 준라벨된 그래프(semi-labeled graph)는 로컬 분류

표 5.12 페이지랭크 알고리즘

노드	A	B	C	D	E
페이지랭크_ 기본	0.1084	0.0577	0.0238	0.0684	0.0367
페이지랭크_ 부정	0.0877	0.0635	0.0180	0.1685	0.1144
노드	F	G	H	I	J
페이지랭크_ 기본	0.0519	0.0671	0.0400	0.0706	0.0246
페이지랭크_ 부정	0.1452	0.1094	0.0236	0.0941	0.0112
노드	K	L	M	N	O
페이지랭크_ 기본	0.0604	0.0415	0.0415	0.0578	0.0667
페이지랭크_ 부정	0.0396	0.0169	0.0169	0.0344	0.0206
노드	P	Q	R	S	T
페이지랭크_ 기본	0.0264	0.0755	0.0289	0.0289	0.0229
페이지랭크_ 부정	0.0058	0.0112	0.0032	0.0032	0.0124

법의 사후 확률을 샘플링함으로써 (완전하게) 표시된 그래프로 변환된다. 로컬 분류법의 예측 특성들은 내재 변수로만 구성된다(274쪽 관계형 로지스틱 회귀분석 분류법 항목 참조). 그래프에서 알 수 없는 노드의 라벨은 실제 등급 값(true class value)에 대한 기대치를 나타낸다. 반복 절차는 알 수 없는 노드의 예상 등급 라벨을 지속적으로 업데이트한다. 반복 절차의 첫 번째 $iter_b$ 단계는 고정 분포(stationary distribution)에 접근한다. 이것은 소위 통계가 기록되지 않는 번인(burn-in) 기간이라고 한다. 마지막 단계에서 알고리즘은 각 노드에 배정된 등급 라벨을 계속 추적한다. 최종 등급 확률 추정치(final class probability estimate)는 각 등급이 특정 노드에 배정된 횟수의 정규화된 수치로 계산된다.

알고리즘은 아래에서 자세히 설명한다.

입력

알려진 노드와 알 수 없는 노드들의 준라벨된 그래프 $\mathcal{G}$

초기 설정

로컬 분류법을 사용하여 각 알 수 없는 노드에 사후 확률 $P(c=k)$를 $k \in$ {부정, 합법}으로 배정한다. 사후 확률 $P(c = k)$는 주어진 상태이며, 각 알 수 없는 노드 j의 등급 값 $L_j \in \{Fraud, Legitimate\}$를 샘플화한다. 그래프에서 각 노드에는 라벨이 배정된다.

주요 순환 ———

i = 0 to $iter_b + iter_c$일 때 다음을 수행하라.

① 학습 단계: 관계적 학습자(관계형 이웃, 확률적 관계형 학습자 등)을 네트워크의 각 알 수 없는 노드에 새로운 사후 확률 $P(c = k)$을 얻기 위해 적용한다.

② 샘플링 단계: 사후 확률 $P(c = k)$이며, 각 알 수 없는 노드 j의 등급 값 $L_j \in \{Fraud, Legitimate\}$를 샘플화한다.

끝 ———

각각의 알 수 없는 노드에 대해 $iter_b$ + 1과 $iter_c$가 반복되는 동안, 각 노드 라벨에 배정된 횟수를 세어야 한다. 정규화된 개수는 최종 등급 확률 추정치를 나타낸다.

반복적 분류 알고리즘(Iterative Classification Algorithm)

깁스 샘플링과 마찬가지로, 반복 분류는 로컬 분류법을 사용하여 준라벨된 그래프를 초기화한다(Lu and Getoor, 2003). 로컬 모형의 결과를 기반으로 가장 가능성 있는 등급 라벨이 알 수 없는 노드에 각각 배정된다. 이것이 부트스트랩 단계이다. 반복 단계 동안 관계적 학습자(relational learner)는 관계적 로지스틱 회귀분석 모형의 결과를 기반으로 각 알 수 없는 노드의 등급 라벨을 업데이트한다[관계적 로지스틱 회귀분석 분류법(Relational Logistic Regression Classifier) 참조]. 입력 특성(input feature)은 현재 라벨 배정의 링크 통계량(link statistics)으로 산출된다. 예를 들어 링크 통계량에는 *mode*(이웃 노드의 가장 많이 나타나는 라벨), *count* (이웃 부정 노드의 수), *binary*(이웃 노드들의 최소 하나는 부정), 아직 분류되지 않은 노드는 제외된다. 가장 큰 사후 확률에 기초하여 알 수 없는 각각의 노드에게 새로운 등급 라벨이 배정된다. 이 단계는 정지 기준이 충족될 때까지 반복된다. 최종 등급 라벨은 마지막 반복 단계에서 생성된 등급 라벨과 같다.

▌이완 라벨링

이완 라벨링(Relaxation Labeling)은 로컬 분류법에서 시작하여 노드의 등급 라벨을 초기화한다. 이전의 접근법은 각 노드에 하드 라벨(hard label, 즉 합법 또는 부정)을 배정했다. 이완 라벨링은 노드가 특정 등급에 속할 가능성을 나타내는 확률을 각 노드에 배정하는 것으로 시작한다. 이것은 소프트 라벨링(soft labeling)이다. 다음으로, 확률 등급 라벨은 관계적 모형을 사용하여 등급 확률을 반복적으로 업데이트에 사용된다. 마지막 반복 단계에서 생성된 등급 추정치는 최종 등급 라벨 추정치이다.

▌순환 신뢰 전파

순환 신뢰 전파(Loopy Belief Propagation)는 반복적인 메시지 전달을 기반으로 한 집합 추론 절차이다(Pearl, 1988). 주요 아이디어는 각 노드가 x 상태(부정이라 하자)에 있다는 믿음은 이웃 노드로부터 받는 메시지에 달려 있다. 상태 x에 속할 노드의 믿음은 수신된 메시지의 정규화된 산출물이다. 메시지와 신념은 알고리즘 동안 지속적으로 업데이트된다.

4) 특성화: 개요 요약

앞서 언급한 모든 측정 지표가 주어진 경우 관심 있는 모든 노드에 대해 네트워크에서 특성들을 추출할 수 있다. *특성화 절차*(Featurization process)는 네트워크와 같은 비정형 데이터 원천을 각 노드의 유용하고 의미 있는 특징으로 매핑하는 작업을 수반한다. 그림 5.25의 네트워크에서 각 노드에 대한 모든 측정 지표들을 산출하였다. 표 5.13은 다양한 변수를 요약한 것이다. 대부분의

그림 5.25 표본 네트워크

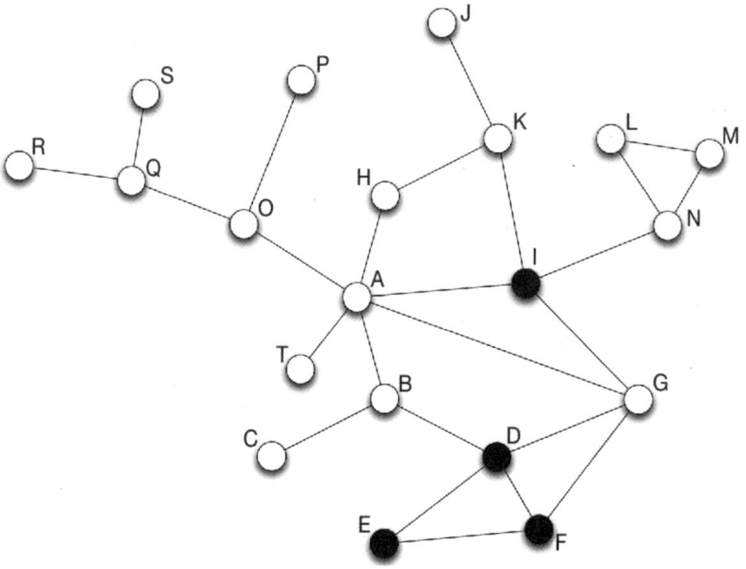

네트워크 기반 특성들은 이미 노드가 향후에 부정이 될지를 구별하는 방법을 제공하고 있지만, 이러한 네트워크 기반 특징들은 이전 제4장에서 정의한 것처럼, 분류모형으로 로컬 (또는 내재) 특성과 결합할 수 있다.

4. 커뮤니티 마이닝: 부정 관련 집단의 발견

소셜 네트워크는 네트워크상에서 링크를 통해 사람들 간의 개별적인 관계를 나타내는 강력한 시각화 기술이다. 이전 절에서, 이웃한 노드는 분리된 개체(entity)로 취급되었으며 이웃 간의 관계는 무시되었다.

이런 개별적인 관계는 개인을 통해 영향을 미치는 많은 흥미로운 흐름을 발견할 수 있는 반면, 네트워크에서 노드 그룹들은 부정 관련 영향과 같은 정보 교환 측면에서 더 높은 영향을 미칠 수 있다. 예를 들어 친구 그룹이란 친구의

표 5.13 특성화 절차. 비정형 네트워크가 정형 데이터 변수에 매핑

노드	A	B	C	D	E	F	G	H	I	J
총차수	6	3	1	4	2	3	4	2	4	1
부정 차수	1	1	0	2	2	2	3	0	0	0
합법 차수	5	2	1	2	0	1	1	2	4	1
총삼각형	1	0	0	2	1	2	2	0	1	0
부정 삼각형	0	0	0	1	1	1	1	0	0	0
합법 삼각형	0	0	0	0	0	0	0	0	1	0
준부정 삼각형	1	0	0	1	0	1	1	0	0	0
밀도	0.33	0.5	1	0.6	1	0.83	0.6	0.66	0.5	1
관계적 이웃 (비부정확률)	0.80	0.66	1	0.50	0	0.33	0.25	1	1	1
관계적 이웃 (부정확률)	0.20	0.33	0	0.50	1	0.66	0.75	0	0	0
모드 링크	NF	NF	NF	NF/F	F	F	F	NF	NF	NF
부정 수	1	1	0	2	2	2	3	0	0	0
비부정 수	5	2	1	2	0	1	1	2	4	1
이항 부정	1	1	0	1	1	1	1	0	0	0
이항 비부정	1	1	1	1	0	1	1	1	1	1
측지선 경로	1	1	2	0	0	0	1	2	0	2
1단계 경로	1	1	0	2	2	2	3	0	0	0
2단계 경로	4	3	1	4	4	7	5	2	6	1
3단계 경로	18	13	3	19	15	17	25	4	9	0
원거리성	2	2.57	3.53	2.89	3.79	3.00	2.32	2.74	2.21	3.89
근접 중심성	0.50	0.39	0.28	0.35	0.26	0.33	0.43	0.37	0.45	0.26
중간성	104	24.67	0	13.83	0	6.167	35.33	9	65	0
페이지링크_ base	0.1084	0.0577	0.0238	0.0684	0.0367	0.0519	0.0671	0.0400	0.0706	0.0246
페이지링크_ fraud	0.0877	0.0635	0.0180	0.1685	0.1144	0.1452	0.1094	0.0236	0.0941	0.0112

노드	K	L	M	N	O	P	Q	R	S	T
총차수	3	2	2	3	3	1	3	1	1	1
부정 차수	1	0	0	1	0	0	0	0	0	0
합법 지수	2	2	2	2	3	1	3	1	1	1
총삼각형	0	1	1	1	1	0	0	0	0	0
부정 삼각형	0	0	0	0	0	0	0	0	0	0
합법 삼각형	0	1	1	1	0	0	0	0	0	0
준부정 삼각형	0	0	0	0	0	0	0	0	0	0

밀도	0.5	1	1	0.66	0.5	1	0.5	1	1	1
관계적 이웃 (비부정확률)	0.66	1	1	0.66	1	1	1	1	1	1
관계적 이웃 (부정확률)	0.33	0	0	0.33	0	0	0	0	0	0
모드 링크	NF	NF	NF	NF	NF	NF	NF	NF	NF	NF
부정 수	1	0	0	1	0	0	0	0	0	0
비부정 수	2	2	2	2	3	1	3	1	1	1
모드 링크	NF	NF	NF	NF	NF	NF	NF	NF	NF	NF
이항부정	1	0	0	1	0	0	0	0	0	0
이항비부정	1	1	1	1	1	1	1	1	1	1
측지선 경로	1	2	2	1	2	3	3	4	4	2
1단계 경로	1	0	0	1	0	0	0	0	0	0
2단계 경로	0	1	1	0	1	0	0	0	0	1
3단계 경로	9	1	1	8	4	1	1	0	0	4
원거리성	2.95	3.84	3.84	2.95	2.53	3.47	3.26	4.21	4.21	2.95
근접 중심성	0.34	0.26	0.26	0.34	0.40	0.29	0.31	0.24	0.24	0.34
중간성	20	0	0	34	63	0	35	0	0	0
페이지링크_base	0.0604	0.0415	0.0415	0.0578	0.0667	0.0264	0.0755	0.0289	0.0289	0.0229
페이지링크_fraud	0.0396	0.0169	0.0169	0.0344	0.0206	0.0058	0.0112	0.0032	0.0032	0.0124

친구가 서로의 친구인 소셜 네트워크의 커뮤니티이다. 친구들로 이루어진 그룹에서 나온 비슷한 의견은 오직 한 친구의 의견보다는 더욱 설득력이 있다. *커뮤니티*는 네트워크에서 임의의 다른 하위 그래프보다 구성원들 사이에 더 많고 더 집중적인 관계를 가진 하위 그래프이다. 이런 커뮤니티는 영향 분산(influence dispersion)에 중요한 역할을 할 수 있다. 그룹들은 부정을 저지르는 방법에 대한 대안과 관련 아이디어를 공유하고 강화하며 보완한다. 네트워크에서 커뮤니티 분석 또는 마이닝은 *동료 압력*(peer pressure)과 관련된 영향을 파악한다. 부정 환경에서 동료 압력은 부정을 저지르는 경향을 강화시킬 수 있다. 즉, 부정 맥락에서 커뮤니티 마이닝은 그래프의 나머지 부분보다 더 높은 확률로 발생하는 하위 그래프를 식별하기 위해 네트워크에서 부정 관련자 그

그림 5.26 신용카드 부정에 대한 커뮤니티 적발

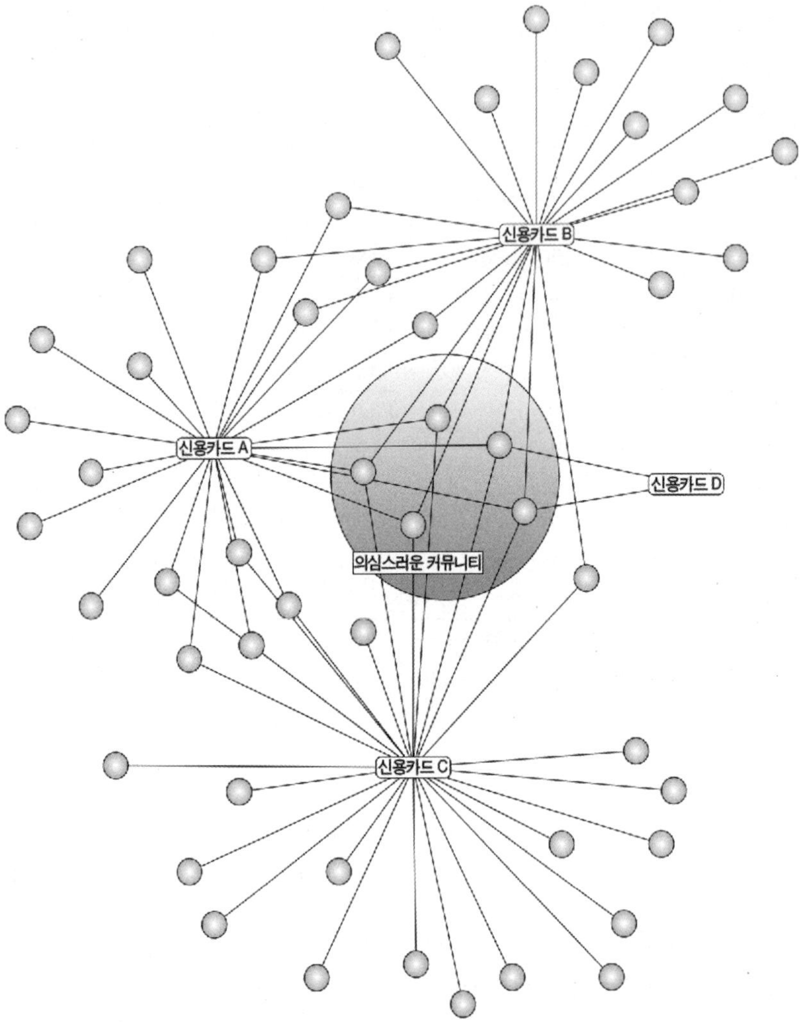

룹을 발견하고 다음 질문들에 답하는 절차이다: 만약 사람들이 한 명의 부정 관련자에게만 영향을 받는 것보다 전체 커뮤니티에 의해 영향을 받는다면 그들이 부정을 저지를 가능성이 더 높은가? 대부분의 응답은 '그렇다'이다. 많은 적용 분야에서, 이런 커뮤니티의 발견은 숨겨진 부정구조를 적발하거나 현존

하는 부정 관련 그룹의 축소를 초래할 수 있다.

그림 5.26은 신용카드 부정행위에서 부정그룹 적발의 유용성을 나타낸다. 그림에서 원들은 상점들을 나타낸다. 상점들과 신용카드들 간의 모든 거래는 부정이다. 부정 관련자도 동일한 방식으로 행동하는 경향이 있다. 종종 부정 관련자는 동일한 상점에서 도난당한 신용카드를 사용한다. 결과적으로 일부 상점은 상점 자체의 부정 관여와는 관계없이 부정에 더 민감하다. 개별 상점 수준에서 부정행위를 적발하기보다는 커뮤니티 마이닝은 어떤 상점이 종종 도난당한 동일한 신용카드와 관련이 있는지를 드러낸다. 이미 알려진 신용카드 부정 패턴은 도난당한 카드가 여러 상점에서 소액으로 결제된다는 것이다. 커뮤니티 적발은 동일한 신용카드로 부정과 관련된 상점의 집합을 식별할 수 있다. 관련 상점들 중 한 곳 이상에서 신용카드를 사용하면 신용카드 도난의 위험이 크게 증가할 수 있다.

커뮤니티 마이닝에서 널리 사용되는 기술 중 하나는 *그래프 분할*(graph partitioning)이다. 그래프 분할 접근법은 커뮤니티 내 간선과 커뮤니티 간 간선 간의 비율을 최적화하여 전체 그래프를 미리 정해진 수의 군집(cluster)으로 분할하려고 한다. 특정 커뮤니티에 대한 커뮤니티 내 간선은 해당 커뮤니티 안에서 발생한 간선들이다. 커뮤니티 간 간선은 서로 다른 커뮤니티를 연결하는 간선을 지정한다. 그래프 내에서 최적 절단(optimal cut)을 달성하기 위해서는 여러 가지 기술이 있다. 그러한 기술 중 하나는 *반복 이분법*(Iterative Bisection)이다. 이분법은 주어진 그래프를 최소절단 크기를 사용하여 두 그룹으로 나눈다. 분할 크기는 커뮤니티 간의 간선을 정량화한다. 절단 크기는 커뮤니티 간 간선을 정량화한다. 최소 커뮤니티 간 간선으로 연결된 두 그룹은 유지된다. 그 이후 각 그룹은 두 그룹으로 세분화된다. 절차는 요구되는 수의 커뮤니티가 나올 때까지 지속적으로 반복된다. 그래프 분할 방법은 한 노드를 다른 노드와 가장 낮은 차수로 분리하지 않도록 동일한 크기의 군집을 끌어낸다. 또 다른 기술은 *스펙트럼 군집화*(spectral clustering)로서, 연결 행렬(connectivity matrix)의 라플라스 고유벡터(Laplacian eigenvector)와 고윳값을 사용하여 네트워크를 군집 또는 커뮤니

티로 분할하는 최적의 분할을 찾는 것이다. 단일 분할을 측정하기 위해 일련의 평가 측정 기준이 제시된다:

최소절단(MinCut): 가능한 모든 분할을 감안할 때, 최소절단 평가의 측정 기준은 그래프 $\mathscr{G}$를 커뮤니티 간 간선의 가중치가 최저인 커뮤니티 $\mathscr{S}$와 $\mathscr{T}$로 분할하는 것이다. 목적 함수는 다음과 같다.

$$\Gamma_{Min\,Cut} = \min \mathrm{Cut}(\mathscr{S}, \mathscr{T})$$

$\mathrm{Cut}(\mathscr{S}, \mathscr{T})$는 커뮤니티 간 간선의 가중치 합계를 나타낸다. 이 측정 기준은 군집의 크기를 고려하지 않는다는 점에 유의해야 한다. 가장 극단적인 경우에는 최적의 절단이 한 노드를 다른 노드와 분리하는 것일 수 있다.

비율절단(RatioCut): 비율절단 측정 기준은 군집의 크기를 포함하여 절단하는 것으로, 최소절단 평가 측정기준의 개선으로 볼 수 있다. 결국, 구해진 군집은 더욱 균형 있게 된다. 이것을 구하는 목적 함수는 다음과 같다.

$$\Gamma_{Min\,Cut} = \min \mathrm{Cut}(\mathscr{S}, \mathscr{T}) \left(\frac{1}{|\mathscr{S}|} + \frac{1}{|\mathscr{T}|} \right)$$

$|\mathscr{S},|$과 $|\mathscr{T}|$는 각 커뮤니티의 크기이며 비슷한 크기를 가진 커뮤니티를 선호하므로 더욱 균형 있게 된다.

최소최대절단(MinMaxCut): 이전 측정 기준들의 단점은 커뮤니티 내 간선이 무시되는 것이다. 최소최대절단은 커뮤니티 간 및 커뮤니티 내 간선들을 모두 고려한다. 그래프 $\mathscr{G}$은 양쪽 커뮤니티가 커뮤니티 간 간선의 가중치가 낮으며 커뮤니티 내 간선의 가중치가 높을 경우 커뮤니티 $\mathscr{S}$와 $\mathscr{T}$로 분할된다. 이것을 구하는 목적함수는 다음과 같다.

$$\Gamma_{Min\,Cut} = \min \mathrm{Cut}(\mathscr{S}, \mathscr{T}) \left(\frac{1}{\mathrm{Cut}(\mathscr{S}, \mathscr{S})} + \frac{1}{\mathrm{Cut}(\mathscr{T}, \mathscr{T})} \right)$$

$\mathrm{Cut}(\mathscr{S}, \mathscr{S})$는 커뮤니티 내 간선의 가중치 합계이다. 비율절단 측정 기준과의 차이점은 최소최대절단 측정 기준이 간선 수를 사용하여 군집 크기를 결정하는 반면, 비율절단 측정 기준은 노드의 수를 사용한다는 점이다.

그림 5.27 반복 이분법

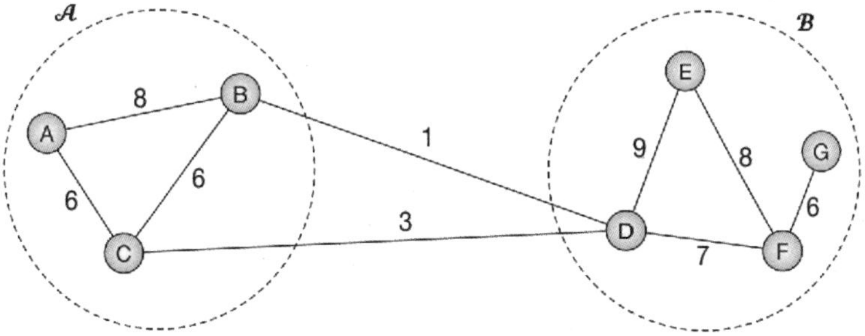

그림 5.27에 소규모 예제가 있다. 앞서 언급한 모든 측정기준에 대해 최적의 절단은 그림 5.27에 나온 것처럼 커뮤니티를 𝒜와 ℬ 네트워크로 나눈다. 최소절단(𝒜, ℬ), 비율절단(𝒜, ℬ), 그리고 최소최대절단(𝒜, ℬ)은 각각 4, 7/3, 1/3과 같다.

네트워크에서 커뮤니티를 찾는 또 다른 알고리즘은 **기르반-뉴먼 알고리즘**(Girvan-Newman algorithm)이다. 이 알고리즘은 점진적으로 원본 그래프에서 간선을 점진적으로 제거하므로 분할 계층 군집화 알고리즘(divisive hierarchical clustering algorithm)이다. 가장 높은 중간성을 갖는 간선이 우선적으로 제거된다. 중심성 지표 절에서 중간성은 노드 수준에서 측정된다. 간선의 중간성은 관심 있는 간선을 포함하는 쌍 노드 사이의 최단 경로의 수로 산출된다. 이는 네트워크의 커뮤니티가 단지 몇 개의 간선으로 연결되어 있다는 생각에서 시작한다. 다른 커뮤니티로부터 노드 사이의 모든 최단 경로는 이러한 간선을 따라 가야 하며, 그 결과 높은 중간성이 나타난다. 알고리즘은 다음과 같이 진행된다.

① 전체 네트워크 안에서 모든 간선의 중간성을 산출한다.
② 높은 중간성을 지닌 간선을 제거한다.
③ 영향을 받는 간선들의 중간성을 재산출한다.
④ 남는 간선이 없을 때까지 2단계와 3단계를 반복한다.

군집화와 마찬가지로, 기르반-뉴먼(Girvan-Newman) 알고리즘의 결과는 덴

그림 5.28 기르반 - 뉴먼(Girvan-Newman) 알고리즘에 의한 그림 5.27 군집화 덴드로그램. 모듈화 Q는 네트워크를 2개의 커뮤니티 ABC – DEFG로 분할할 때 극대화됨.

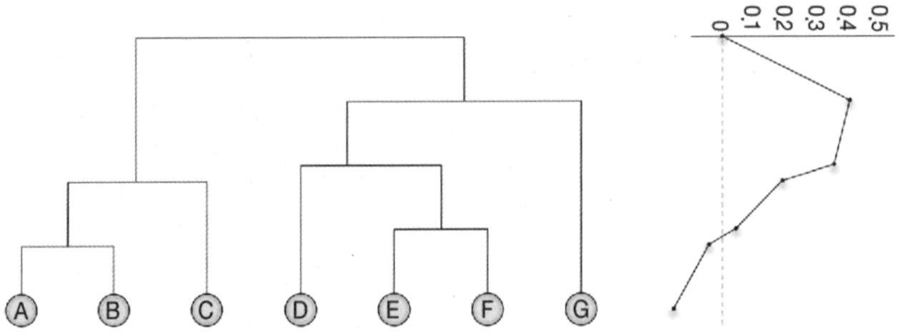

드로그램(dendrogram)이다. 그림 5.27에 적용된 기르반 - 뉴먼 알고리즘의 덴드로그램이 그림 5.28에 나와 있다.

그래프 분할 방법의 한 가지 주요 단점은 군집의 수를 미리 결정할 필요가 있다는 것이다. 이는 대규모 네트워크에서는 종종 불가능한 경우가 많다. 최적의 커뮤니티 수를 평가하는 데 매우 유용한 측정 기준은 모듈화 Q(modularity Q)이다. 최상의 커뮤니티 분할은 모듈화 Q가 최대화될 때 달성된다. 모듈화 Q는 각 커뮤니티 내 노드가 다른 커뮤니티보다 더 높은 수준으로 '소통'하는지 아닌지를 구별하여 커뮤니티 분할을 평가한다. 모듈화 Q는 다음과 같이 계산된다. 네트워크를 k개의 커뮤니티로 분할한다고 가정하자. 이제 $k \times k$ 대칭 행렬 E를 정의한다.

여기서 e_{ij}는 커뮤니티 i의 노드와 커뮤니티 j의 노드를 연결하는 네트워크에서의 모든 간선 비율을 나타낸다. 이 행렬의 결과(Trace)는 대각선 요소들의 합이다.

$$\text{Trace}\ (E) = \sum_{ii} e_{ii}$$

그리고 동일 커뮤니티에서 노드를 연결하는 네트워크 간선들의 비율을 나타낸다. 커뮤니티 또는 모듈화로의 좋은 분할은 높은 값의 대각선 합을 가져야 한다. 모든 노드가 한 커뮤니티에 배치될 경우, 대각선 합의 최댓값은 1로 산출되어야 한다. 분명히 이것은 바람직하지 않다. 따라서 행(또는 열) 합을 정의해 보자.

$$a_i = \sum_j e_{ij}$$

이는 커뮤니티 *i*의 노드에 연결하는 네트워크에서 간선 비율을 나타낸다. 커뮤니티가 무작위로 연결될 경우 $e_{ij} = a_i \cdot a_j$가 된다. 모듈화 *Q*는 다음과 같다.

$$\mathrm{Q} = \sum_i (e_{ii} - a_i^2)$$

따라서 이는 Trace(E)인 네트워크의 커뮤니티 내 간선 비율에서 동일 커뮤니티를 가지지만 노드 간 임의 연결인 네트워크의 커뮤니티 내 간선 비율을 차감하여 측정한다. 강력한 커뮤니티의 경우에는 *Q* 값은 1에 가까울 것이다. 그림 5.27의 커뮤니티 분할은 0.41인 모듈화 *Q*를 가지며 다음과 같이 계산된다:

$$Q_{\mathscr{A}\mathscr{B}} = \underbrace{\left(\frac{40}{108} - \left(\frac{44}{108}\right)^2\right)}_{\text{커뮤니티 } \mathscr{A}} + \underbrace{\left(\frac{60}{108} - \left(\frac{64}{108}\right)^2\right)}_{\text{커뮤니티 } \mathscr{B}}$$

모듈화 *Q*는 그림 5.28에서 기르반 - 뉴먼 알고리즘의 각 커뮤니티 분할에 대해 산출된다.

커뮤니티 마이닝을 부정 상황에 적용하는 경우, 모든 커뮤니티를 추출하는 대신 부정 커뮤니티에 관심을 둔다. 여기서 상향식 접근 방식(top-down approach)은 위에서 논의된 *하향식* 접근 방식(bottom-up approach)과 달리 더 적합할 수 있다. 상향식 군집화에서, 1개의 노드(예, 부정 노드)에서 시작해 노드의 링크에 기초하여 더 많은 노드를 커뮤니티에 추가한다. 추출된 커뮤니티는 *완전한* 커뮤니티이거나 *부분* 커뮤니티일 수 있다. 완전한 커뮤니티는 각각의 노드가 서로 연결되어 있는 네트워크에서의 하위 그래프이다. 완전한 커뮤니티를 구성할 때, 노드가 커뮤니티의 모든 노드에 대한 링크를 가진 경우 그 노드가 커뮤니티에 추가된다. 완전한 커뮤니티의 예시는 그림 5.29ⓐ에 나타나 있다. 부분 커뮤니티는 더 느슨하게 정의되며 하위 그래프의 각 노드가 서

그림 5.29 전체(ⓐ) 및 부분(ⓑ) 커뮤니티

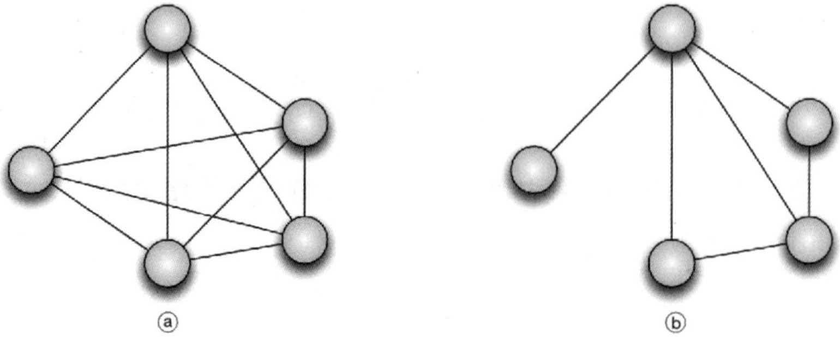

로 다른 노드에 연결될 필요는 없다. 노드가 커뮤니티의 모든 노드의 최소 x% 만큼 연결된 경우 부분 커뮤니티에 추가된다. 부분 커뮤니티는 그림 5.29ⓑ에 나타나 있다.

그래프 분할 알고리즘은 중복된 커뮤니티를 생성하지 않는다. 완전한 커뮤니티는 하위 그래프에서 각각의 노드가 서로 연결되어 있는 네트워크에서의 하위 그래프이다. 그래프 분할에서, 그래프는 모두 고유한 노드 집합을 가진 작은 하위 그래프로 반복적으로 나누어진다. 이들은 최대한의 커뮤니티(Maximal communities)라고 한다. 최대 또는 중복되지 않는 커뮤니티에서 네트워크를 분할하는 것은 현실적이지 않다. 사람들은 일반적으로 다양한 배경과 신념을 가진 다른 동료그룹들(예: 고등학교, 스포츠 팀, 동료)과 연관되어 있다. 중복 커뮤니티는 특정 인물이 속한 여러 공동체를 보여준다. 상향식 접근법은 중복되는 커뮤니티를 생성할 수 있다. 그림 5.30은 노드 A가 다른 커뮤니티에 속한 예제를 보여준다. 커뮤니티 $\mathscr{A}$와 $\mathscr{C}$는 '무죄(정상의)' 커뮤니티이지만 커뮤니티 $\mathscr{B}$는 부정과 연관성이 높다. 회원 함수(membership function)는 노드(여기서는 사람)가 커뮤니티를 통해 부정적 영향을 받는 정도를 설명한다.

$$M_A = \frac{1}{|\mathscr{C}_\mathrm{A}|}\sum_{\mathrm{I} \in \mathscr{C}_\mathrm{A}} \mathscr{E}_\mathrm{i}$$

그리고 M_A는 노드 A의 부정에 대한 노출을 나타내며, $\mathscr{C}_A$는 노드 A가 속한 커뮤니티를 나타내고, $\mathscr{E}_i$는 커뮤니티 i의 부정영향을 나타낸다. 노드가 여러 합

그림 5.30 중복 커뮤니티

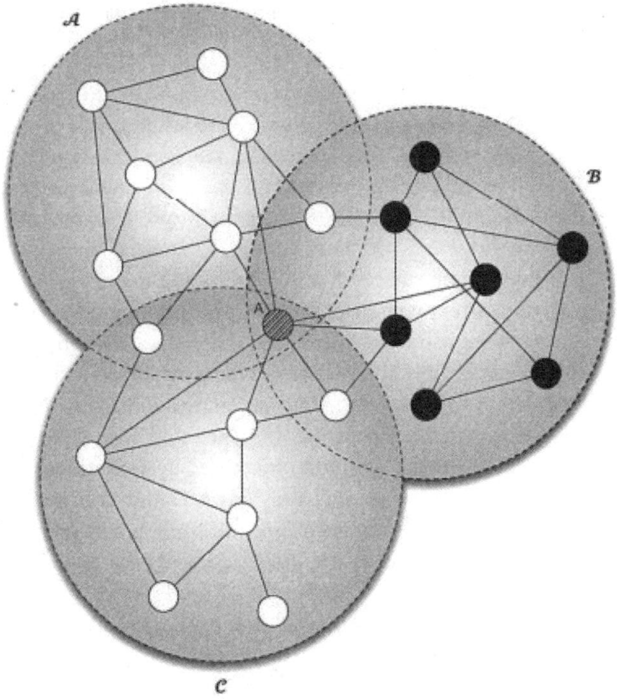

법적인 커뮤니티에 속하는 경우, 노드에 대한 하나의 부정 커뮤니티의 영향이 줄어든다. 회원 노출 점수(membership exposure score)는 분석 모델링 분야에서 별도의 특성으로 사용될 수 있다.

5. 그래프 확장: 이원적 관계의 도표화

이전 절의 모든 네트워크는 동료 관계라는 의미로 다른 사람들과 연결된 사람들을 나타내는 1개의 노드 유형으로만 구성되었다. 그러한 네트워크는 일원적 그래프(unipartite graph)이다. 일원적 그래프에서 노드 간 관계의 강도는 공유되는 이벤트 수에 따라 달라진다. 예를 들어 통화 습관 데이터에서, 두 고객이 서로 통화를 자주한다면, 그 둘은 더 강력히 연결되어 있다. 같은 연구원들이 함께 공동으로 여러 논문을 작성한다면 그들 간의 관계가 더 강함을 알 수 있다. 기업은 더 많은 정보를 공유할 때 더욱 서로에게 의지한다. 일원적 그래프에서는 이러한 정보가 링크 가중치에 집계된다. 가중치가 높을수록 서로의 관계는 더 강하다. 링크 가중치는 두 개체가 서로에게 주는 영향과 종종 관련되어 있다. 두 노드는 관계가 더 강하면 서로에게 더 영향을 주므로 링크 가중치가 높다. 사람 - 사람 네트워크(people-to-people network)의 일원적 그래프는 그림 5.31에 나와 있다. 링크의 두께는 간선의 가중치를 나타낸다. 특히 폴과 로리안의 관계는 예를 들어 아나와 마리아의 관계보다 강력하다. 또한 이 네트워크에는 아나 - 마리아 - 엘사와 로리안 - 에밀리오 - 개비로 이루어진 2개의 삼각형이 있다. 현재 그림에서 두 삼각형 모두 영향에 동일하게 민감하다.

다양하게 적용하는 경우, 네트워크에서 두 번째 노드 유형을 통합하는 것은 유용할 수 있다. 소속(Affiliation) 혹은 이원적(bipartite) 네트워크는 사람들이 서로 연결되는 이유를 나타내며 네트워크 개체(기업 혹은 사람)가 참석하거나 공유하는 이벤트를 포함한다. 예를 들어 이벤트들은 문서(과학적 부정), 자원(사회보장 부정), 보험 청구(보험 부정), 상점(신용카드 부정) 등을 나타낼 수 있다. 네트워크에서 새로운 유형의 노드를 추가하는 것은 그래프의 상상력을 풍부하게 할 뿐만 아니라 네트워크 구조에 새로운 통찰력을 부여하고 이전에 무시된 추가 정보들을 제공할 수 있다. 그와 반대로, 두 번째 유형의 노드를 포함하면 분석의 복잡성이 증가한다. 그림 5.31의 확장된 네트워크 표현은 그림 5.32에 나타나 있다. 폴과 로리안은 모두 두 가지 공유된 이벤트에 참석하기에 서로 더 밀접하게 연결되어 있다. 마리아 - 아나 - 엘사의 삼각형 관계는 이벤트 1을 통하여 손쉽게 부정을 확산시키는 데 충분하며 그들은 빠르게 영향을 받을 수 있다. 로리안 - 에밀리오 - 개비의 삼각형 관계에 영향을 주기 위해서는 최소 2개의 이벤트가 부정으로 인해 오염되어 있어야 한다.

수학적으로, 이원적 그래프(bipartite graph)는 연결 행렬(connectivity matrix) M에서 $n \times m$로 표현되고, 여기서 n과 m은 각각 사람과 이벤트의 총합이다. 행

그림 5.31 일원적 그래프

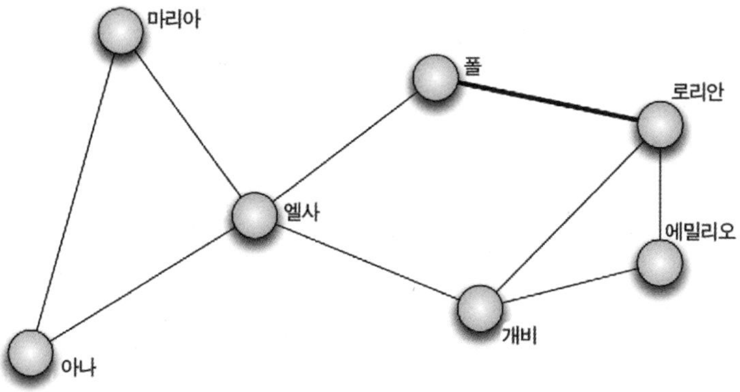

그림 5.32 이원적 그래프

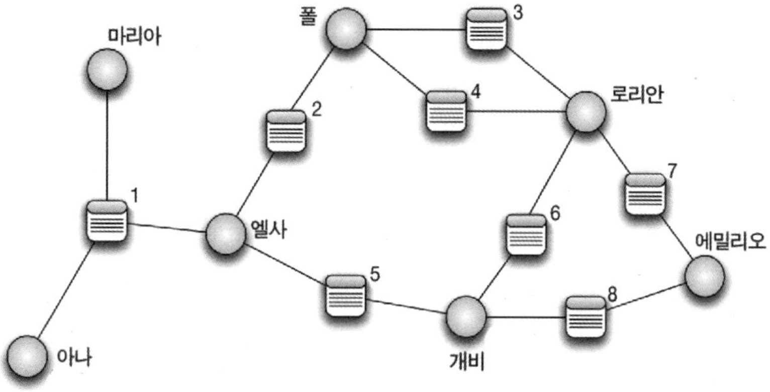

은 유형 - 1 노드를 나타내며 열은 유형 - 2 노드를 나타낸다. 그림 5.32의 이원적 네트워크에 해당하는 연결 행렬은 그림 5.33에 나와 있다.

그림 5.31의 일원적 그래프의 간선 가중치는 두 노드가 동일한 이벤트와 관련된 빈도를 집계한다는 점을 기억하라.

이원적 그래프에서는 이는 새롭게 도입된 노드 유형에 의해 암묵적으로 지정된다. 이원적 그래프에서 두 노드 유형 간 이항링크(binary link)를 사용하는 (예: 참석 혹은 불참) 대신에, 간선 가중치는 사람과 이벤트들 사이의 관계에 대

그림 5.33 이원적 그래프의 연결 행렬

	1	2	3	4	5	6	7	8
엘사	1	1	0	0	1	0	0	0
마리아	1	0	0	0	0	0	0	0
아나	1	0	0	0	0	0	0	0
폴	0	1	1	1	0	0	0	0
로리안	0	0	1	1	0	1	1	0
에밀리오	0	0	0	0	0	0	1	1
개비	0	0	0	0	1	1	0	1

한 최신성(recency), 강도(intensity), 정보 교환(information exchange) 등과 같은 추가 정보로 네트워크를 강화한다. 예컨대 그림 5.32의 간선 가중치는 이벤트 y에서 사람 x가 소비하는 시간을 나타낸다. 이벤트 1이 부정 이벤트이고, 마리아가 아나보다 더 긴 시간 동안 참석했다고 가정하자. 마리아는 아나보다 이벤트 1에서 더욱 영향을 받게 된다. 또 다른 예제는 신용카드 소지자가 상점에 연결되어 있는 신용카드 부정 네트워크이다. 신용카드 소지자가 해당 상점에서 구매한 경우, 신용카드 소지자와 상점 간의 링크가 존재한다. 링크 가중치는 거래가 수행된 이후 경과된 시간에 비례할 수 있으며 시간이 지남에 따라 점차 감소한다. 집합 추론 알고리즘 절에서 논의된 것과 같이 부정과 같은 영향의 확산(혹은 전파)은 시간이 흐름에 따라 가중된다. 노드와 부정 노드 간의 관계가 최근일수록 부정 노드와 인접한 노드는 부정으로 인해 더 크게 영향을 받는다.

1) 다원적 그래프

네트워크가 여러 노드 유형을 통합할 때마다 네트워크가 다원적 그래프

(multipartite graph) 또는 다중 그래프(multigraph)라고 한다. 이러한 네트워크는 실제 현실을 자세하게 반영하지만, 그와 동시에 네트워크에 많은 복잡성을 초래한다. 네트워크는 엄청나게 커질 수 있으며 거대한 비정형 데이터 원천을 처리하기 위한 확장 가능하고 효율적인 알고리즘이 필수적이다. 네트워크를 관심 있는 각 노드에 하나씩 작은 에고넷(Egonet)으로 분할함으로써 네트워크 샘플링은 확장성 문제를 해결하는 데 도움이 될 수 있는 솔루션이다. 이러한 네트워크의 처리는 어려울 수 있지만, 시각화는 새로운 부정 패턴을 밝혀내고 네트워크를 통한 부정 확산에 중요한 역할을 하는 영향력 있는 요인들에 대한 가치 있는 통찰력을 제공한다. 그림 5.34에 다중 그래프의 예제가 있다.

내재적 특성은 소위 *사실적 데이터 집합* 및 *역사적 데이터 집합*이라고 부르는 곳에서 추출된다. 사실적 데이터 집합은 각 관찰치의 현재 상황을 반영한다. 사회 보장에서의 사실적 데이터 집합은 각 기업의 현재 상태를 기술한다:

기업은 어떤 분야에서 현재 활동 중인가? 기업은 얼마나 오래 존재하였는가? 사실적 데이터 집합에서의 변경사항은 역사적 데이터 집합에 보관된다. 역사적 데이터 집합은 사실적 데이터 집합의 이전 상태를 기록한다. 각 기업에 대해 다음과 같은 과거의 행동이 기록되어 있다: 이전에 기업이 다른 분야에서 운영했는가? 지난 x년 동안 기업이 성장했는가? 만일 그렇다면 얼마나 많이 성장했는가? 이러한 특성은 마치 기업이 독립된 개체인 것처럼 기업의 특성을 나타낸다.

*거래 데이터 집합*은 기업이 자원을 사용하여 다른 기업과 상호 작용한 내용을 구성한다. 어느 기간에 특정 기업에 어떤 자원이 배정되었는가? 거래 데이터 집합은 시간 관련 데이터를 제공한다. 자원은 t_2 연도에는 특정 기업과 관련될 수 있지만, t_1 연도에는 다른 기업에서 활용할 수 있다. 거래 데이터 집합은 기업과 자원의 네트워크를 생성하는 데 사용된다. 데이터 집합에서 시간 정보를 사용할 수 있기 때문에, 자원과 기업 간의 링크 가중치는 [0, 1]의 사이에서 변화하는 관계의 최신성을 나타낼 수 있다. 1의 링크 가중치는 기업과 자원의 현재의 관련성을 나타낸다. 기업과 자원 간의 과거 연결을 직접 제거하는 것보

그림 5.34 다중 그래프

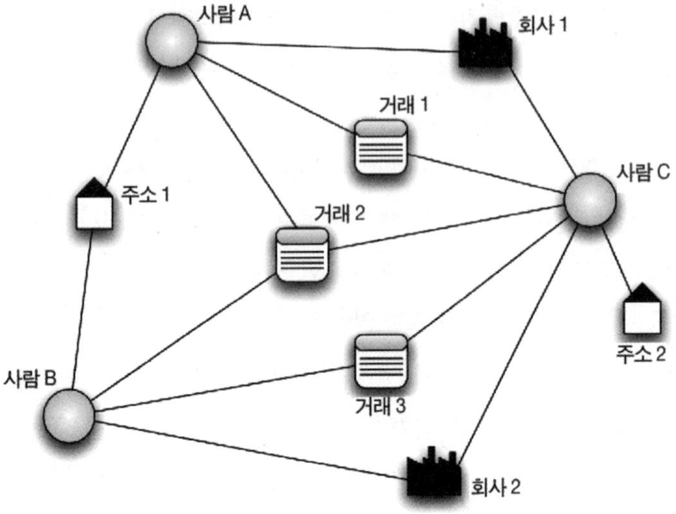

다는, 선형 또는 지수함수형 감소와 같이, 시간이 지남에 따라 링크 가중치는 감소한다. 예를 들어 링크 가중치가 0.8이면 자원은 6개월 전에 해당 기업과 관련되었음을 나타낼 수 있다. 이것은 *일시적인 가중*으로, 네트워크는 시간이 지남에 따라 동태적으로 조정된다.

기업과 자원의 시간적 가중 네트워크가 주어지고 기업의 제한된 집합이 부정으로 분류된 것을 알고 있다면, 확산 알고리즘은 표시되지 않은 네트워크 개체에 대한 노출 점수를 추론한다. 각 자원과 기업이 동시에 부정을 퍼뜨리고 흡수하는 반복적 접근 방식을 구현한다. 네트워크가 이분적으로 되어 있다는 것을 기억하라. 모든 부정 기업은 근접한 자원 쪽으로 부정을 확산시킨다. 각 자원은 근접한 기업으로부터 부정을 흡수한다. 다음 단계에서는 각 자원이 근접한 기업 쪽으로 부정을 확산하고 각 기업은 근접한 자원 쪽에서 부정을 흡수한다. 이 절차는 수렴되거나 혹은 정지 기준이 충족될 때까지 반복된다(집합 추론 알고리즘 절 참조). 결과적으로, 네트워크에서 표시되지 않은 모든 노드는 노출 점수를 받는다. 자원의 노출 점수는 그림 5.35에 나타나 있다. 그림은 관련

그림 5.35 확산 알고리즘에서 파생된 자원의 노출 점수. 결과는 사회 보장 부정의 실제 데이터 집합을 기반으로 함.

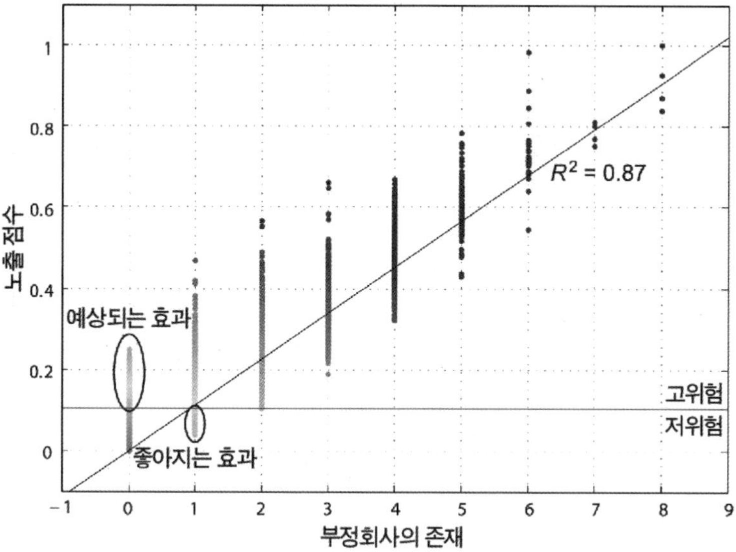

된 부정 기업 수와 관련하여 자원의 노출 점수를 나타낸다. 도출된 노출 점수와 부정 기업 간의 관계는 양의 상관관계를 가진다. 그러나 일부 자원은 부정 기업과는 연결되어 있지 않지만 다소 높은 노출 점수를 받는다. 이는 *예상되는 효과*이며 부정이 자원 노드에 접근하고 있음을 알 수 있다. 반면에, 부정과 관련된 일부 자원들은 낮은 노출 점수를 받는다. 이는 *좋아지는 효과*로 네트워크에 시간이 통합되기 때문이다. 기업의 노출 점수는 간접적 네트워크 특성으로 사용될 수 있다. 자원의 노출 점수는 직접적 네트워크 특성을 추론하기 위하여 각 기업의 근접한 이웃을 특성화하는 데 사용된다.

직접적 네트워크 특성은 기업의 근접한 이웃이나 에고넷을 토대로 기업을 특징화한다. 이분적 네트워크에서 이들은 기업과 관련된 자원들이다. 기업의 에고넷 예제는 그림 5.36에 나타나 있다. 에고넷에서 파생된 특성에는 기업에 연결된 의심스러운 자원의 수 또는 비율이 포함된다. 그림 5.36에서는 의심스러운 자원이 음영 처리되어 있다. 기업은 2개의 의심스러운 자원과 1 : 3의 의

그림 5.36 사회 보장 부정의 에고넷(Egonet). 회사는 그들의 자원과 관련됨.

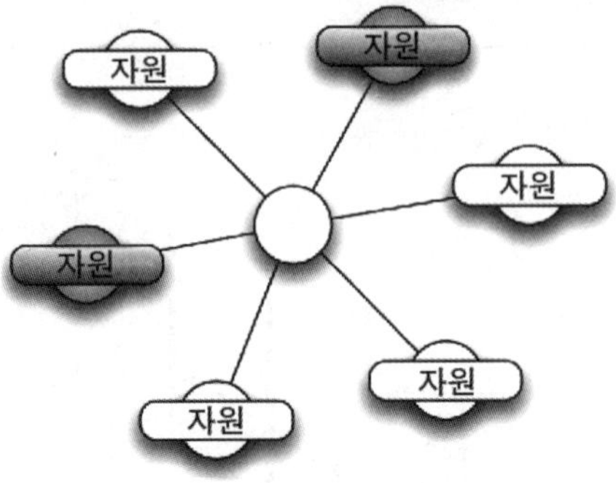

그림 5.37 내재적이고 관계형 특성을 결합한 갓차(Gotcha)! 모형의 ROC 곡선

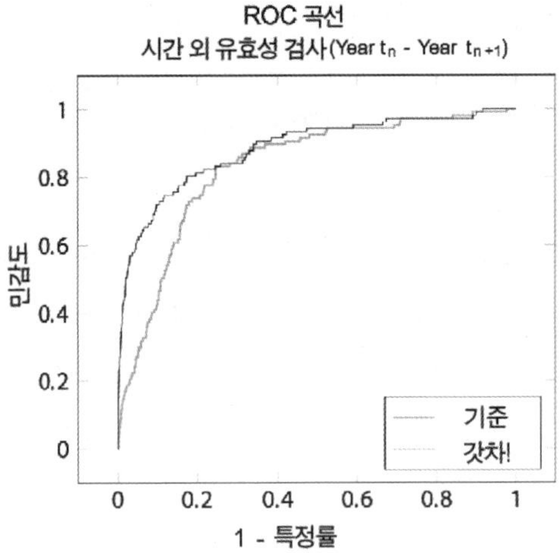

심 비율을 갖고 있다.

모든 특성(내재적 및 네트워크 특성들)의 조합은 머신 러닝 알고리즘에 공급된다. 이것을 갓차(Gotcha)! 모형이라고 한다.

네트워크 특성을 생성하면 학습할 특성의 수가 크게 증가하므로, 랜덤 포레스트(Random Forest)와 같은 앙상블 기법(Ensemble Method)을 사용하여 모형을 학습할 수 있다. 그림 5.37은 모형의 시간외 유효성 검사를 위한 ROC 곡선을

■ 사례 연구: 갓차(Gotcha)!

그림 5.38 갓차(Gotcha)! 의 표본 네트워크!

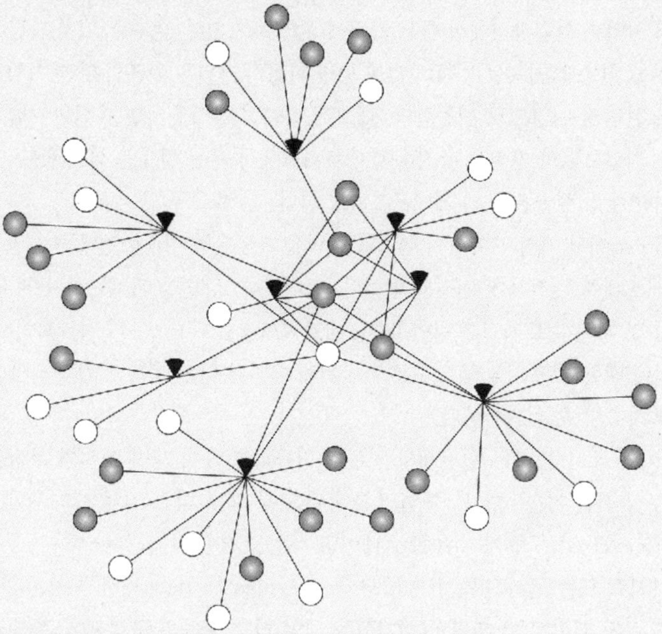

이 절에서는 부정 적발을 위한 네트워크 분석의 현실 적용에 대해 논의한다(Van Vlassetaer et al., 2015a). 고려 중인 데이터는 기업들이 세금 의무를 피하려는 정부 세금 데이터이다. 기업은 그들의 활동을 수행하기 위해 자원을 사용한다. 예를 들어 자원은 구매자, 공급자, 고객, 직원, 기계, 회계사 등이 될 수 있다. 해석 능력의 이유로, 분석에서 다른 유형의 자원들을 구분하지 않는다.

표본 네트워크는 그림 5.38에 나와 있다. 기업과 자원은 각각 원과 쐐기 모양(검정색)으로 표시된다. 예제 속 네트워크는 이원적 네트워크이다. 그들이 공유하는 자원을 이용해 기업들을 서로에게 직접 연결하는 대신, 자원들은 네트워크에 별도의 실체로 포함된다. 그렇게 함으로써, 네트워크는 자세히 현실을 반영하게 되며 기업과 그들의 자원 간의 연결 강도에 대한 자세한 세부정보를 제공한다. 또한 이 절의 나머지 부분에서는 일부 자원이 부정의 중요한 촉발요인이기도 한다.

전문가들의 인식에 비추어, 기업들은 세금 납부를 피하기 위해 불법 건축물을 만들고 부정을 저지르기 위해 긴밀히 협력한다. 일반적으로, 부정 조직에 속한 기업들은 정부에 세금 채무를 상환하기에 충분한 이익을 얻지 못하는 방식으로 조직된다.

실제 이익은 설립과정에서 다른 기업에 의해 제거된다. 일단 기업이 파산 신청을 하고 활동을 지속할 능력이 없게 되면 기업의 자원은 기존의 다른 기업 또는 새로 설립된 기업으로 이동한다. 네트워크 분석을 사용하면 파산한 기업에서 다른 기업으로의 자원을 추적하여 네트워크에서 부정 설정을 파악할 수 있다. 이러한 부정 설정은 소위 거미구조라고 한다.

거미구조에서 기업은 부정의 *거미줄*을 만들고 공유하거나 이전하는 자원을 통해 서로에게 밀접하게 연결되어 있다. 그런 다음 당면한 과제는 다음과 같다: 기업 및 자원 네트워크를 감안할 때, 네트워크에서 다른 (아직 정상적인) 모든 기업에 대한 부정 가능성을 추론하기 위해 이미 확인된 부정 기업의 라벨을 어떻게 사용할 수 있는가이다.

갓차(Gotcha!)는 다른 원천에서 얻은 증거를 취합하여 개별 기업의 부정을 찾는 부정 적발 기술이다: ① 기업의 고립된 환경 및 ② 다른 기업 간의 관계.

갓차(Gotcha)!는 세 가지 유형의 데이터 특성을 결합한다.

① **내재적 또는 국지적 특성**(Intrinsic or local features): 이러한 특성은 관찰이 고립된 것처럼 각 관찰치(여기서는 기업)의 특징들을 구성한다. 특성의 예로는 기업의 나이, 기업의 영업 분야, 재무제표, 주소 등이 있다.

② **직접적 네트워크 특성**(Direct network features): 이러한 특성은 기업의 직접적인 이웃 혹은 에고넷을 특징화한다. 사회 보장 네트워크는 기업과 자원의 이원적 그래프라는 점을 상기하라. 기업의 직접적인 이웃은 그들의 현재 (그리고 과거의) 자원과 함께한 기업이다. 그러나 부정은 오직 기업에만 해당되며, 자원과 (아직은) 합법적인 기업들은 처음에는 표시되지 않는다는 점을 기억하라. 간접적 네트워크 특성(아래 참조)은 각 네트워크 개체의 부정에 대한 주요 지표를 추출한다.

③ **간접적 네트워크 특성**(Indirect network features): 확산 알고리즘은 표시가 되지 않은 자원과 기업에 대한 부정 가능성을 추론하기 위해 사용된다. 확산 알고리즘은 구글(Google)의 페이지랭크(285쪽 페이지랭크 알고리즘 항목 참조)를 기반으로 하며 부정을 네트워크를 통해서 옮겨 다니는 바이러스로 생각한다. 부정에 노출된 네트워크의 노드는 높은 노출 점수를 받는다.

표 5.14 적발 모형에 의한 결과로서 가장 높은 점수를 받은 100개 회사 개요

		총합	단기 부정	중기 부정	장기 부정	총부정	파산	휴폐업	영업 중
Year t_1	기존모형	100	10	5	9	24%	24	16	48%
	특성	100	24	7	13	44%	27	5	71%
Year t_2	기존모형	100	6	2	11	19%	14	16	33%
	특성	100	18	5	14	37%	24	7	61%
Year t_3	기존모형	100	11	1	1	13%	4	4	17%
	특성	100	29	9	6	44%	15	4	59%

보여준다. 즉, 모형은 타임 스탬프 t_n에서 학습되고 타임 스탬프 t_{n+1}에서 평가된다. 이것은 모형이 실제로 구현되는 방법이다. ROC 곡선은 내재적 특성(기준, Baseline)에만 의존할 때보다는 네트워크 특성(갓차(Gotcha)! 모형)을 포함할 때 모형이 더 잘 수행되는 것을 나타낸다. 이후에 부정이 수작업으로 검사되는 경우가 많으므로, 모형에 의해서는 부정 기업들이 제한된 개수만 나올 수 있다. 각 타임 스탬프에서 도메인 전문가가 기업을 오직 100개만 조사할 수 있다고 한다면, 모형은 얼마나 많은 숫자의 부정 기업을 적발할 수 있을까? 이것은 모형의 정밀도에 해당한다(제3장 참조). 시간 외 유효성 검사의 결과는 표 5.14에 포함되어 있다. 각 모형은 단기(ST —6개월 이내의 부정), 중기(MT —현재부터 6개월에서 1년 사이의 부정) 및 장기(LT —1년 이후의 부정)에 대해 부정을 적발할 수 있는 정도에 따라 평가된다. 갓차(Gotcha)! 모형은 분석의 각 시간대별 기준을 능가한다. 게다가 결과 목록에는 많은 파산 기업들이 포함되어 있다. 기업의 이익을 제거하고 파산 신청을 함으로써 부정이 어떻게 진행되는지 기억하라. 결과적으로, 전문가들은 확인된 기업들이 적발되지 않은 부정 기업이라고 예상한다.

나머지 기업들은 그들이 여전히 영업을 하고 있는지에 대해 조사를 진행한다. 휴폐업(nonactive)은 기업이 공식적으로 정지되고 모든 채무가 상환됨을 의미한다. 이 기업들에 의한 부정은 없다. 확인된 모든 부정 기업과 발견된 파산에 대한 전문가들의 기대를 감안할 때, 이 표는 기존의 모형(기준)이 네트워크

특성(갓차!)을 갖추어 강화됨으로써 최대 71%의 부정 기업을 적발할 수 있음을 나타낸다.

갓차(Gotcha)!는 신용카드 부정 적발과 같은 다른 부정 적발 프로그램에 쉽게 매핑될 수 있다. 신용카드 부정에서 부정 적발 모형의 요건은 더욱 엄격하다. 충분한 서비스 품질(QoS) 수준을 달성하기 위해 신용카드 발급 기관은 '6초 내 판정 규칙'을 적용한다. 이는 신용카드 거래 처리를 처리하는 데 최대 6초가 걸릴 수 있음을 의미한다. 대부분의 신용카드 거래에는 확인 의무가 두 가지 있다. 승인 확인 및 정상거래 점검이 그것이다. 첫 번째 단계에서 거래절차 시스템은 신용카드 사용자가 올바른 비밀번호를 입력했는지 또는 지출가능 금액이 충분한지를 확인한다. 정상거래 점검은 오프라인 및 온라인 요소로 구성된다. 오프라인 점검은 '6초 내 판정 규칙'에 대한 의무가 없으며, 거래가 이미 수행될 때 완료된다. 온라인 점검은 실시간으로 발생하며 거래가 의심스러운 행동의 징후를 포함하는지를 결정한다. 네트워크 효과는 적발 모형 성능에 큰 영향을 줄 수 있다.

신용카드 거래 부정에서 네트워크는 상점과 신용카드 소지자와 거래를 통하여 연결된 이분적 그래프이다. 몇몇의 부정 거래가 있을 때, 네트워크를 통해 어떤 방법으로 부정을 확산할 수 있을까? 집합 추론 알고리즘은 네트워크의 노드를 초기화한다. 신용카드 부정에서 간선들은 표시된다. 네트워크에서 부정을 도입하기 위해서는 한 가지 가능성은 새로운 노드 유형인 거래를 포함하는 방법이 있다. 네트워크에서 모든 간선(거래)은 거래 노드와 두 간선으로 대체되고, 상점과 신용카드 소유자 간의 연결을 유지한다. 결과적으로, 표시된 거래 노드는 부정 전파를 시작한다. 부정전파는 네트워크의 모든 노드에 영향을 미치며, 모든 상점과 신용카드 소유자와 거래에 대한 노출 점수를 산출한다.

네트워크 특성은 내재적 특성으로 강화된다. 신용카드 부정의 흥미로운 접근법은 RPM 프레임 워크(최신성, 빈도 및 금전적 가치)를 사용하여 특성을 얻는 것이다. 특정 고객의 과거 거래 행동을 감안할 때(예를 들어 마지막 날에), RFM

은 각 거래에 대해 ① 이전 거래 이후의 경과 시간 혹은 *최신성*, ② *빈도* 또는 결제된 거래 횟수, ③ *금전적 가치* 혹은 과거 거래의 평균 금액을 살펴본다. 좋은 접근법은 RPM 변수를 상점 수준, 상점 카테고리 수준, 글로벌 수준, 국가 수준 및 통화 수준 등 다양한 집계 수준에서 도출한다. 빈도에 적용하면, 한 번의 거래가 상점, 상점 카테고리(예: 식료품), 전체, 국가(예: 벨기에) 및 통화(예: 유로)에서 이루어진 거래 수를 세는 것을 의미한다. 내재적 변수와 네트워크 변수의 조합은 갓차(Gotcha)! 모형을 추론한다. 그 결과는 결합된 모형이 최고의 성능을 달성했다는 사실을 보여준다(Van Vlasselaer et al., 2015b).

참고문헌

Koutra, D., Ke, T. Y., Kang, U., Chau, D. H. P., Pao, H. K. K., & Faloutsos, C. (2011). Unifying Guilt-by-Association Approaches: Theorems and Fast Algorithms. In D. Gunopulos, T. Hofmann, D. Malerba, and M. Vazirgiannis (Eds.), *Machine Learning and Knowledge Discovery in Databases*. Berlin: Springer Berlin Heidelberg, pp. 245-260.

Kwak, H., Lee, C., Park, H., & Moon, S. (2010, April). What Is Twitter, a Social Network or a News Media? *In Proceedings of the 19th international conference on World Wide Web*. ACM, PP. 591-600.

Boccaletti, S., Latora, V., Moreno, Y., Chavez, M., & Hwang, D. U. (2006). Complex Networks: Structure and Dynamics. *Physics Reports 424* (4): 175-308.

Gupte, M., Eliassi-Rad, T. (2012). Measuring Tie Strength in Inplicit Social Networks. In Proceedings of the *3rd Annual ACM Web Science Conference*. ACM, pp. 109-118.

Newman, M. (2010). *Networks: An Introduction*. New York: Oxford University Press.

Park, J., & Barabasi, A. L. (2007). Distribution of Node Characteristics in Complex Networks. *Proceedings of the National Academy of Sciences 104* (46): 17916-17920.

Hill, S., Provost, F., & Volinsky, C, (2007, August). Learning and inference in massive social networks. In: *The Fifth International Workshop on Mining and Learning with Graphs*. Florence, Italy.

Dijkstra, E. W. (1959). A Note on Two Problems in Connection with Graphs. *Numerische Mathematic 1* (1): 269271.

Seidel, R. (1995). On the All-Paris-Shortest-Path Problem in Unweighted Undirected Graphs. *Journal of Computer and System Sciences 51* (3) 400-403.

Page, L., Brin, S., Motwani, R., & Winograd, T. (1999). *The PageRank citation ranking:*

Bringing order to the web (Technical Report, Standford Digita Library Technologies Project. Retrieved from http://ilpubs.stanford.edu:8090/422/1/1999-66.pdf.

Geman, S., & Geman, D. (1984). Stochastic Relaxation, Gibbs Distributions, and the Bayesian Restoration of Images. *IFEE Transactions on Pattern Analysis and Machine Intelligence* (6): 721-741.

Lu, Q., & Getoor, L. (August 2003). Link-based Classification. In *ICML 3*: 49-503.

Chakrabarti, S., Dom, B., & Indyk, P. (1998, June). Enhanced Hypertext Categorization Using Hyperlinks. In *ACM SIGMOD Record* 27 (2): 307-318. ACM.

Pearl, J. (1986). Fusion, Propagation, and Structuring in Belief Networks. *Artificial Intelligence*, 29 (3): 241-288.

Tong, H., Faloutsos, C., & Pan, J. Y. (2007). Fast Random Walk with Restart and Its Applications. Knowledge and *Information System: An International Journal* (KAIS).

Fortunato, S., Boguna, M., Flammini, ., & Menczer. F. (2008). Approximating PageRank from in-degree. In *Algorithms and Models for the Web-Graph*. Berlin: Springer Berlin Heidelberg, pp. 59-71.

Van Vlasselaer, V., Eliassi-Rad, T., Akoglu, L., Snoeck, M., & Baesens, B. (2015a). Gotcha! Network-based Fraud Detection for Social Security Fraud. Under review.

Van Vlasselaer, V., Bravo, C., Caelen, O., Eliassi-Rad, R., Akoglu, L., Snoeck, M., Baesens, B. (2015b). APATE A Novel Approach for Automated Credit Card Transaction Fraud Detection Using Network-Based Extensions. *Decision Support Systems* 75 (2015): 38-48.

제6장

부정 애널리틱스

후처리

1. 서론

분석 단계의 결과물은 기술적, 예측적 기법 그리고 소셜 네트워크 또는 이를 결합한 기법을 사용하여 구축된 분석적 부정 모형(analytical fraud model)이다. 기본적으로 분석 모형은 부정의 발생 여부 혹은 부정 금액을 예측하는 수학 공식으로 귀결된다. 다음 단계에서 이 모형 또는 공식은 현존하는 비즈니스 환경 또는 ICT(Information and Communication Technologies) 시스템에 통합되어야 한다. 이 과정을 성공적으로 완수하기 위해서는 필요조건을 완벽하게 이해하는 것이 중요하며, 이는 주로 분석 모형의 최종 사용자들에 의해 지정된다. 더 나아가 모형을 작동시킨 이후에도 부정행위의 변화에 맞춰 성능의 저하를 적시에 탐지하고 그에 상응하는 적절한 조치를 취할 수 있도록 면밀하게 모니터링해야 한다. 이번 제6장은 특정 비즈니스 상황에서 분석적 부정 모형을 구축하고, 사용하며, 모니터링을 하는 경우에 일어나는 여러 가지 문제를 논의한다.

2. 분석적 부정 모형의 생애주기

앞 장에서 우리는 어떻게 기술적, 예측적, 그리고 소셜 네트워크의 분석을 이용해 분석적 부정 모형을 개발할 수 있는지에 대해 알아보았다. 일단 모형 개발이 완료되면, 분석 모형은 모형의 생애주기(그림 6.1 참조)에 있는 다음 단계로 옮겨가야 한다.

모형 테스트 중에 먼저 모형이 비즈니스 문제를 해결하는 데 필요한 모든 요구 사항을 충족할 수 있는지 확인한다. 예를 들어 신용카드 부정 적발 상황에서 모형이 적절한 시간 내에(예: 5초 이내) 부정 점수를 도출해 낼 수 있는지를 검증해야 한다. 또한 결측값 또는 극단적인 입력값이 존재하는 경우 모형이 어떻게 대처하는지 또한 검사해야 한다. 결과를 검증하기 위해 임의의 부정 사례(dummy fraud cases)를 이용할 수도 있다.

그림 6.1 분석적 모형의 생애주기

모형 테스트가 성공적으로 이루어지면 도입 단계(staging step)로 넘어간다. 이 단계에서 모형은 특정 기간(예를 들어 1개월)에 한해 이전 모형과 병행하여 운영될 수 있다. 챔피언 - 도전자 전략(Champion-Challenger Strategy)인데 챔피언이란 기존 모형, 도전자란 새로운 모형을 의미하며 현재 챔피언을 대신할 수 있는지를 검증하는 것이다.

성능 면에서 도전자가 챔피언보다 낫다는 점이 증명될 경우, 기존의 모형이 새로운 모형으로 교체되면서 운영 단계(production step)로 넘어갈 수 있다. 분석가는 여러 대체 전략을 사용할 수 있다. 직접적인 교체 전략으로는 기존의 모형을 즉시 새로운 모형으로 교체해 버리는 방법이 있다. 당연히 모든 이해관계자에게 적절하게 정보를 제공하고, 학습을 시키고, 백업 시설을 준비하는 등 세심하게 계획되어야 한다. 또 다른 방법으로는 단계적 도입 전략(phased-implementation strategy)이 있다. 이 전략은 새로운 모형을 단계적으로 도입하는 것이다. 예를 들어 차량 보험 부정 환경에서 새로운 분석 모형은 5.000유로 이하의 청구 금액에 대한 모든 청구에 대해 스코어링을 하는 데 사용될 수 있는 반면, 5.000유로 이상의 청구 금액에 대에서는 기존의 모형으로 스코어링한다. 만약 새로운 모형이 낮은 금액들에 대한 청구를 제대로 처리할 수 있다면, 단계적으로 모든 청구 금액에 대해 처리할 수 있도록 영역을 넓혀간다.

마지막으로 평행 전략(parallel strategy) 또한 채택될 수 있다. 새로운 모형과 기존 모형이 나란히 실행되어 일정한 기간(예: 3개월) 동안 함께 운영되는 것이다. 전반적인 부정 점수는 두 모형에서 생성된 점수들을 통합한 후 가중한 것으로 점차적으로 새로운 모형에서 생성된 점수들에 더 가중치를 부여한다. 따라서 일정 기간 경과 후에 기존의 모형에서 생성된 점수들은 완전히 새로운 모형에서 생성된 점수로 대체된다.

모형의 생애주기의 마지막 단계는 만료로 모형을 운영 환경에서 모형 보관소로 옮겨 저장한 후 훗날 쉽게 조회할 수 있도록 하는 것이다. 만료된 모형들은 벤치마킹 혹은 탐색·추적 목적으로 유용하게 쓰일 수 있다.

3. 모형 표현

분석적 부정 모형을 구축할 때 사용되는 표현은 쉽게 이해되고 읽을 수 있어야 하는 것이 매우 중요하다. 분석 모형이 구축된 방식에 따라 다양한 표현을 사용할 수 있다. 이어서 신호등 지표 접근법(traffic light indicator approach)과 의사결정 테이블(decision tables)에 대해 소개하겠다.

1) 신호등 지표 접근법

분석 모형의 결과값을 나타내는 첫 번째 방법은 신호등 지표 코딩에 기반을 둔다(Van Gestel, Baesens and Martin, 2015). 이 방법은 분석 모형의 결과값에 색을 할당한다. 이는 고객이 부정 관련자일 확률을 직접적으로 반영하는 색들이다. 로지스틱 회귀분석을 사용할 때 결과값의 확률은 범주화되고 각 범주들에 해당하는 색을 지정할 수 있다(그림 6.2 참조). 초록 불은 고객의 낮은 위험성을 나타내고, 빨간 불은 높은 부정 확률을 나타낸다. 그 사이의 색들은 그에 맞게 해석된다. 화살표는 왼쪽에서 오른쪽으로 움직이고, 연구 대상 고객에게 할당된 색을 나타낸다. 색들의 수와 그들의 부호화는 부정 분석가와 비즈니스 전문가에 의해 결정될 수 있다.

여러 상황에서 관찰대상이 부정 관련성을 띠는지 아닌지를 분류하기 위한 명쾌한 결정이 필요하다. 첫 번째 대안으로는 엄격한 컷오프 방법(hard cut-off method)이다. 예를 들어 부정일 확률이 0.5를 넘으면 관찰대상이 부정 관련자라고 간주하고 그렇지 않으면 부정 무관련자라고 판정한다. 또 다른 방법으로

그림 6.2 신호등 지표 접근법

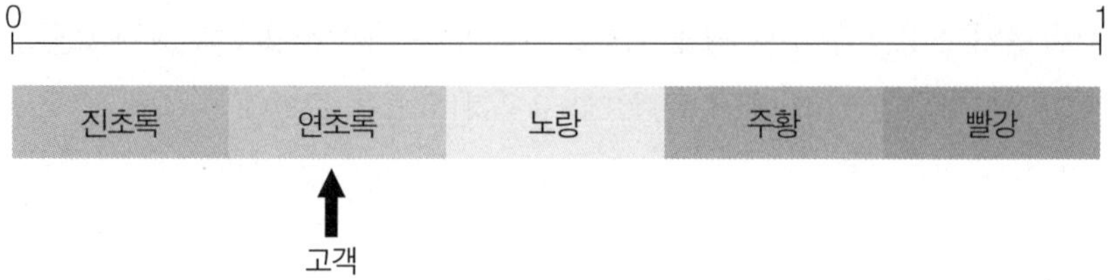

는 부정 점수 모형(fraud-scoring model)이 반자동 모드로 사용될 수 있다. 진초록, 연초록, 주황, 빨강 구역에 해당되는 관찰치들은 자동적으로 부정 무관련자들과 부정 관련자들로 자동으로 분류된다. 노랑색 영역은 부정 분석가들에 의해 수작업으로 평가된다. 부정 분석가들은 부정 점수 카드에 대한 기각을 결정할 수도 있다.

2) 의사결정 테이블

의사결정 테이블(Decision Tables: DTs)은 규칙 기반 패턴을 나타내는 또 다른 방법이다(Baesens et al., 2003; Mues, 2002). 비즈니스 전문가들은 IF-THEN 비즈니스 규칙이나 의사결정나무 알고리즘을 통해 추출한 데이터를 이용해 이런 패턴들을 도출해 낼 수 있다.

의사결정 테이블은 부정 적발과 같은 의사결정 상황을 설명하고 분석하는 데 사용되는 표 형식의 표현으로서, 여러 복합적인 조건의 상태가 일련의 행동을 공동으로 결정한다. 조건들은 IF-THEN 규칙의 선행조건이며, 조치는 결과 등급(예를 들어 고객 = 부정 관련자 혹은 부정 무관련자)에 해당한다.

기본적으로 DT는 4개의 분면을 갖고 있다. 테이블을 수평으로 하여 조건부분(상단)과 조치부분(하단)으로 나눈다. 수직선을 기준으로 대상(좌측)과 입력항목(우측)으로 분리한다. 조건 대상은 의사 결정과 관련된 기준이다. 각 조건 입력항목은 주어진 조건부 대상(속성: attribute)에 대한 값(상태: state)들의 하위 집합을 설명한다. 각 조건 입력항목은 해당 값이 그 행의 맥락과 관계가 없는 경우 하이픈(-) 기호를 포함한다. 따라서 DT 입력 부분에서 모든 열은 조건 상태의 특정 조합에 어떤 조치가 적용되는지를 나타내는 분류 규칙으로 구성된다. 만약 각 열이 간단한 상태만 포함하고 있다면 *확장된 의사결정 테이블*(expanded DT)이라고 불린다. 그렇지 않은 경우 *축약된 의사결정 테이블*(contracted DT)로 불린다. 열들을 결합시키면서 테이블을 단축시킬 수 있는데 이로써 동일한 조치 구성으로 유도할 수 있다. 그런 다음, 단축된 테이블 열의 개수는 조건의 순서를 바꿈으로써 추가적으로 최소화시킬 수 있다. 최소의 열의 수를 가진 DT는 추출된 지식을 더 간결하고 이해하기 쉽게 나타내기 때문에 확장된 DT보다 선호된다는 것은 명백하다. 부정 적발 상황을 예로 살펴보자.

우리가 신용카드 부정 적발을 위해 다음과 같은 IF-THEN 규칙이 8개 있다고 가정해 보자.

- IF 의심스러운 상점 = Yes AND 거래금액 1000 AND 카드 수령 여부 = Yes THEN 부정 = No
- IF 의심스러운 상점 = Yes AND 거래금액 1000 AND 카드 수령 여부 = No THEN 부정 = YES
- IF 의심스러운 상점 = Yes AND 거래금액 1000 AND 카드 수령 여부 = Yes THEN 부정 = Yes
- IF 의심스러운 상점 = Yes AND 거래금액 1000 AND 카드 수령 여부 = No THEN 부정 = Yes
- IF 의심스러운 상점 = No AND 거래금액 1000 AND 카드 수령 여부 = Yes THEN 부정 = No
- IF 의심스러운 상점 = No AND 거래금액 1000 AND 카드 수령 여부 = No THEN 부정 = Yes
- IF 의심스러운 상점 = No AND 거래금액 1000 AND 카드 수령 여부 = Yes THEN 부정 = No
- IF 의심스러운 상점 = No AND 거래금액 1000 AND 카드 수령 여부 = No THEN 부정 = Yes

표 6.1 확장된 의사결정 테이블

의심스러운 상점	Yes				No			
거래량	≤ 1000		>1000		≤ 1000		>1000	
카드 존재 여부	Yes	No	Yes	No	Yes	No	Yes	No
부정 = Yes		×	×	×		×		×
부정 = No	×				×		×	
	1	2	3	4	5	6	7	8

표 6.2 축약된 의사결정 테이블

의심스러운 상점	Yes			No	
거래량	≤ 1000		>1000	-	
카드 존재 여부	Yes	No	-	Yes	No
부정 = Yes		×	×		×
부정 = No	×			×	
	1	2	3	4	5

표 6.3 최소화된 의사결정 테이블

카드 존재 여부	Yes			No
의심스러운 상점	Yes		No	-
거래량	≤ 1000	>1000	-	-
부정 = Yes		×		×
부정 = No	×		×	
	1	2	3	4

이 규칙은 표 6.1에서와 같이 확장된 의사결정 테이블로 나타낼 수 있다.

확장된 의사결정 테이블을 면밀히 살펴보면 3~4열과 5~8열이 축약될 수 있다는 것을 알 수 있다. 따라서 표 6.2와 같은 축약표를 도출해 낼 수 있다.

의사결정 테이블의 크기는 조건의 순서를 재배치함으로써 표 6.3과 같이 추가적으로 축소될 수 있다.

위와 같이 최소화된 의사결정 테이블은 열 혹은 분류 규칙이 단지 4개라는 것을 주목하자. 이는 열 또는 분류 규칙이 8개이던 기존의 원본 테이블과 비교

표 6.4 규칙 검증 의사결정 테이블

나이	< 25				> 25			
실업 여부	Yes		No		Yes		No	
최근 청구	≤ 3	> 3	≤ 3	> 3	≤ 3	ㅊ3	≤ 3	> 3
부정 = Yes		×	×	×		×		×
부정 = No	×				×		×	
	1	2	3	4	5	6	7	8
	R4	R1	R2; R4	R2	R3	R3		

했을 때 상당히 축소된 것이다. 축소된 의사결정 테이블은 원본의 규칙 집합에서는 찾을 수 없던 흥미로운 추가 통찰력을 제공한다. 그 예로 IF 카드의 존재 = No일 경우 거래는 항상 부정으로 분류된다는 것이 명백해졌다. 비슷하게 IF 카드의 존재 = Yes이고 의심스러운 상점 = No인 경우 거래는 항상 부정 관련성이 없다고 고려될 것이다.

이로써 의사결정 테이블이 규칙 집합을 직관적이고 사용자에게 쉽게 시각화하여 도움이 된다는 것이 명백해졌다. 의사 결정 테이블은 규칙 집합의 완성도와 이상 여부를 확인하기 위해서도 사용될 수도 있다. 예로 다음의 보험 부정 상황의 규칙 집합을 고려해 보자:

- R1. IF 나이 < 25 AND 실업 여부 = Yes AND 최근 청구 > 3 THEN 부정 = Yes
- R2. IF 나이 < 25 AND 실업 여부 = No THEN 부정 = Yes
- R3. IF 나이 ≥ 25 AND 실업 여부 = Yes THEN 부정 = No
- R4. IF 나이 < 25 AND 최근 청구 ≤ 3 THEN 부정 = No

이 규칙들은 표 6.4와 같이 의사결정 테이블로 나타낼 수 있다.

이 의사결정 테이블에서는 이상치가 다양하게 나타난다. 네 번째 열에서 규칙 R2와 R4가 모두 적용이 되어 부정 관련성 = Yes이면서 부정 관련성 = No가 동시에 해당되는 상충적 결과를 유발한다. 의사결정 테이블은 7열과 8열에서 나이 ≥ 25와 실업 여부 = No의 경우, 어떠한 특별 조치도 취해지지 않는 결측값을 나타낸다. 이러한 이상치들은 의사결정 테이블이 운영 단계(production environment)에서 사용되기 전에 해결해야 한다.

의사결정 테이블이 강력한 규칙 시각화와 특징의 검증을 도와주는 것은 맞지만 여기에는 테이블을 만들 수 있는 상업적 도구들이 존재하지 않는다. 가장 많이 사용되는 도구로는 프롤로가(Prologa)를 꼽을 수 있다. 추가적인 정보를 위해서 https://feb.kuleuven.be/prologa/를 참고하길 바란다.

4. 조사대상 표본 선정

기업에서 부정 적발 시스템은 앞서 논의한 신호등 지표 시스템과 같이 추가적인 조사를 필요로 하는 의심 가는 경우의 선정 혹은 결정을 돕는 시스템으로 많이 쓰인다. 다시 말해서 부정 적발 시스템은 추가적인(수작업의) 조사가 필요한 케이스에 제한적인 자원을 투입하는 것을 도와주고, 제1장에서 논의한 대로 해당 사례들이 실제 부정인지 아닌지를 확인하는 데 도움이 된다.

기업의 자원은 주로 제한적이고 정성적 또는 준정량적인 근거를 토대로 경영진에 의해 정해진다. 따라서 모든 의심 가는 사례에서 일부만이 추가적으로 조사가 진행된다. 데이터 기반의 부정 적발 시스템을 수용하는 목적은 제한적인 자원을 더 효율적으로 배분하기 위함이다. 다시 말해 적중률을 향상시키는 것을 목적으로 한다. 이 맥락에서 적중률이란 추가 조사된 모든 사례 중 실제 부정 관련 사례의 비율을 의미한다. 적중률 100%는 조사된 모든 사례가 부정 관련성이 있다는 것을 의미하고, 자원이 부정과 관련이 없는 사례에 낭비되지 않았기 때문에 주어진 자원들의 효율적인 사용을 나타낸다. 하지만 높은 적중률은 아주 적은 사례만 추가로 조사된 것일 수도 있는데, 이는 모든 의심 가는 사례에 대해 효과적 조사를 시행하기에는 자원의 양이 불충분하다는 뜻이다.

보통 부정 적발 시스템은 모든 사례에 점수를 부여하여 혐의를 기준으로 순위를 결정하는 데 사용된다. 그 후, 조사자들은 이 순위를 기반으로 추가적인 조사가 필요한 목록의 초안을 제공받는다. 다음 단계로는 조사자의 경험과 전문성, 상식을 기반으로 하여 추가적인 수작업 검토와 선정이 이루어진다.

조사자들은 목록의 몇 가지 익숙한 사례들의 경우 왜 높은 점수를 받았는지 이해할 수 있다. 가령 기업이 최근에 조사를 받으면서 부정을 저지른 흔적이 발견되지 않았다면, 어떠한 변화도 일어나지 않았기 때문에 여전히 높은 순위에 들어가 있을 수 있다. 이는 기존에 해당 부정 점수를 받게 한 동인(예: 위험 점수 계산을 위한 부정 적발 모형에 쓰인 데이터 값)에 변화가 없었기 때문이다.

첫 번째 심사는 예비 조사를 기반으로 할 수 있는데, 시스템이 특정 사례에 높은 부정 점수를 준 동인들에 대한 신속한 조사가 이루어진다. 이 예비 조사는 어떤 정보로 인해 적발 시스템이 특정 사례가 혐의성이 짙다고 순위를 매겼는지를 면밀히 살펴본다. 다시 정리하자면 왜 특정 사례에서 점수가 높은지를 살펴보고 그 이후 높은 점수가 실제로 효과적으로 혐의 여부를 결정하는지를 분석한다. 특정 사례에 대한 특별한 속성 혹은 우연의 일치로 혐의가 짙다고 판정되었을 수도 있다. 예비 조사는 이런 경우를 밝혀내고 불필요한 의문을 미연에 방지할 수 있다. 이로써 조사자들은 정말로 혐의가 가는 사례에만 집중할 수 있고 조사의 적중률, 효율성, 효과성을 향상시킬 수 있다. 점수를 해석할 수 있기 위해서는 적발 모형이 예비 조사와 심사를 용이하게 하고 지원하는 방식으로 표현되고 도입되어야 한다.

높은 점수를 받은 사례 중 다수가 실제로는 무혐의일 때는, 제공된 순위가 더는 정밀하지 않은 것으로 보이므로 시스템이 재교정 및 업데이트되거나 혹은 다시 완전히 재훈련되어야 한다. 사실상 예비 조사와 심사에 조사자들이 사용하는 전문성과 경험은 시스템에 의해 가능한 한 많이 수집하거나 모형 안에 자체적으로 구축되어야 한다. 이는 모형 구축 혹은 분석을 위한 데이터 집합에서 심사하는 도중에 사용된 정보를 포함함으로써 가능할 수 있다.

더 많은 정보를 찾기 위해 조사자들이 특정한 사례나 모형 점수 관련 정보를 파고들어 탐색[이하 '드릴다운(drill down)']하게 하는 동적 인터페이스(dynamic interface) 혹은 대시보드(dashboard)는 시스템의 점수 부여를 토대로 유의미한 심사를 실행하고 추가적인 조사가 필요한 사례들을 선정할 수 있도록 돕는다. 그러므로 시스템은 진정한 의미에서 의사결정을 지원하는 시스템이 된다.

기업이 의심스러운 사례를 추가로 조사하고 부정을 방지하기 위해 할당해야 할 자원의 양을 결정하는 것과 관련하여 몇 가지 요소를 고려해야 한다. 이 결정에 대한 방향을 제시하기 위해 정량적 접근법이 수용될 수 있는데, 정량적 접근법의 처음이자 중요한 단계는 각 가능한 결과 또는 사건에 대한 금전적인 가치 혹은 효용이 귀속되는지와 관련된다. 사례의 복잡성과 조사에 필요한 자원의 양에 따라 특정 비용(예: 조사자의 시간)이 사례마다 다를 수 있다.

부정 관련성이 없는 사례를 조사하는 경우는 부정이 고려되는 사례를 조사할 때보다 더 적은 가치나 효용을 창출해 내는 것은 분명하다. 그럼에도 공포 효과를 만들고, 부정 관련자들에게 조사는 실제로 진행된다는 사실을 인지시켜 주는 것과 같은 몇 가지 효용이 발생할 것이다. 어려움이 있을 수 있지만, 금전적 가치는 그러한 결과뿐만 아니라 효과적으로 부정 사건을 적발하고 조사하기 때문에 생길 수 있고 또 그래야 한다. 그러한 긍정적인 결과에 따라 효용은 다음과 같은 여러 요소들의 합과 동일한 것으로 간주할 수 있다:

- 부정 금액
- 법적 비용, 조사 비용, 부정 적발 인프라 관련 비용 등 관련된 모든 비용
- 벌금
- 부정 적발에 따른 비경제적 가치로 부정 감소로 인한 사회적 이득

이러한 요소 혹은 다른 가능한 요소 중 어떤 것이 적발된 부정에 대한 효용을 계산하는 데 고려되어야 하는지 그리고 배정될 정확한 값이 얼마인지는 특정 상황과 적용에 따라 다르다.

반면에, 효용은 부정 관련성이 없는데 조사하지 않는 경우[양의 효용(positive utility)]와 부정 관련성이 있는데 조사하지 않는 경우[강한 음의 효용(strongly negative utility)]에 배정되어야 한다. 사례 조사에 사용되는 자원의 양은 얼마나

많은 사례를 할 것인지, 그럼으로써 결과의 네 가지 유형이 얼마나 발생할 것인지를 결정할 것이다. 그렇기 때문에 결과의 수와 결과와 관련된 효용을 곱함으로써 할당된 자원의 각 가능한 양에 대한 총효용을 계산할 수 있다. 총효용을 극대화시킬 수 있는 자원의 양이란 효용성 관점에서 최적의 양을 의미하며, 이는 기업이 조사 자원에 얼마나 투자를 해야 하는지를 결정하는 지침을 제공할 수도 있다.

결과와 관련된 효용의 가치는 최적의 양이나 자원에 직접적인 영향을 미친다. 따라서 비경제적인 가치나 효용이 유의미할 경우 포함해야 한다는 점은 강조되어야 한다. 하지만 이런 비경제적 효용은 금전적 단위로 표현되어야 한다(예를 들어 부정 사례를 적발하지 않는 것에 대한 효용은 사회적인 관점에서 용납할 수 없는 문제이기 때문에 매우 가치가 높다). 그런데 이 방법은 항상 단순명료하지 않고, 고위 경영진들에 의해 결정되어야 한다.

다른 결과들과 관련된 효용 다음으로는 모형의 적발능력이 투자할 최적 자원의 양을 결정한다. 순위가 더 정확할수록, 그리고 부정 관련 사례들을 높은 순위로 걸러내는 능력이 강할수록 더 많은 실제 부정 사례가 처리되기 때문에 조사를 통해 더 많은 이득이 창출될 것이다.

부정을 조사함으로써 얻을 수 있는 이득을 최대화시키는 이 방법은 추정된 수익, 관련된 효용과 비용, 캠페인에 반응하는 확률의 예측, 제공되는 인센티브와 그에 따른 효과, 그리고 모형의 예측적 성능을 기반으로 하여 마케팅 캠페인을 위한 최적의 고객층을 타깃으로 결정하는 마케팅 방법과 유사하다(Verbeke, Dejaeger, Martens, Hur & Baesens, 2012).

어떤 경우를 추가로 조사해야 할지 결정하는 보완적 접근법은 부정을 저지를 확률(fraud probability: 이하 FP)과 부정 강도 혹은 부정 금액과 결합하고 기대되는 부정 금액을 계산하여 평가하는 것이다. 부정 확률은 높지만(예: 90%) 관련 금액이 낮다면(예: 10유로) 기대 부정 금액이 낮기 때문에(예: 90%×10유로 혹은 9유로) 조사의 가치가 없다. 반대로, 부정 확률이 낮은데(예: 25%) 관련 금액이 높다면(예: 1만 유로) 기대 부정 금액은 높게 되어(예: 2500유로) 추가적인 조

표 6.5 추가 조사 결정을 위한 기대 부정 금액의 사용

		부정 발생 확률				
		0~0.2	0.2~0.4	0.4~0.6	0.6~0.8	0.8+
부정 금액	0~100	추가 조사 불필요	추가 조사 불필요	추가 조사 불필요	추가 조사 불필요	추가 조사 불필요
	100~500	추가 조사 불필요	추가 조사 불필요	추가 조사 불필요	추가 조사 불필요	추가 조사 필요
	500~2,000	추가 조사 불필요	추가 조사 불필요	추가 조사 불필요	추가 조사 필요	추가 조사 필요
	2,000~5,000	추가 조사 불필요	추가 조사 불필요	추가 조사 필요	추가 조사 필요	추가 조사 필요
	5,000+	추가 조사 불필요	추가 조사 필요	추가 조사 필요	추가 조사 필요	추가 조사 필요

사를 고려해 보아야 한다. 청구 금액과 부정 확률이 나와 있는 표 6.5에 이것이 잘 나타나 있다. 검은 선의 계단은 추가 조사의 필요 여부에 의해 분리되는 경계선이다.

5. 부정 경보 및 사례 관리

분석 모형이 거래 혹은 관찰치에서 의심스러운 건을 표기하는 경우 그에 해당하는 경보가 작동되어야 한다. 경보의 우선순위는 분석적 부정 모형이 예측한 부정의 심각도에 따라 설정된다. 경보는 1년 365일 연중무휴로 생성 가능하다. 상황에 따라 우선순위에 있는 경보들은 비즈니스 조사 전문가에 의해 수작업으로 추가로 조사되고 처리될 수 있다. 조사자들에게 추가 조사 대상 경보들을 배정하고 전달하는 과정은 미리 정해놓은 규칙을 이용해 자동화할 수 있다. 잠재적인 부정의 강도(예: 청구 또는 거래 금액)가 특정 임계치보다 낮은 경우 추가 조사 비용을 정당화할 수 없으므로 추가적인 후속조치가 필요 없다고 결정될 수 있다.

추가적인 후속조치가 바람직한 경우, 부정을 완화시키기 위해 신용카드 사용 혹은 금전 거래 차단, 자원에 대한 접근 금지, 계좌 동결과 같은 필요한 모든 조치가 먼저 행해져야 하고 그 후 관련된 당사자들에게 알려야 한다. 이 후 부

정 피해자에게 전화, SMS 또는 이메일을 통해 부정에 대한 정보를 전달해야 한다. 완전히 자동화된 다중 채널 전략(automated multichannel strategy)을 채택할 수 있다. 예를 들어 이메일을 먼저 보내고 반응이 없으면 5분 후 SMS를 보낸다. 그 또한 10분간 반응이 없다면 전화를 거는 방식이다. 마지막으로, 부정 관련자들을 상대해야 한다. 법적 조치가 쉽지만은 않고 기업의 공적인 이미지에 타격을 입힐 수 있기에 많은 기업들이 기피하는 방법이기는 하지만 강력한 증거가 있는 경우 부정 관련자들은 검찰에 고소할 수 있다. 대안으로 기업은 부정 관련자들과의 합의를 고려할 수도 있다.

모든 부정 경보는 조사의 진행과정, 관련 문서, 관련된 당사자들과의 의사소통, 취해진 조치사항 등을 정확하게 기록하는 사례 관리 환경(case management environment)을 활용하여 적절히 기록되어야 한다. 이상적인 방법은 브라우저 기반의 디지털 대시보드(digital dashboard)를 이용해서 실시간으로 부정 경보를 모니터링하고 관리에 대한 감독을 행하는 것이다. 조사자들은 사례 관리 환경에 각자 로그인해서 자신의 전문영역에 따라 수행할 활동의 맞춤형 목록을 확인할 수 있다. 요약 및 세부 보고서를 생성할 수 있다. 흔히 사용되는 예시로는 일별/월별 확인된 부정 사례 보고서, 의심활동 보고서(Suspicious Activity Report: SAR), 누적 부정 경보 관련 보고서(fraud alert year-to-date activity report), 부정 복구 보고서(fraud recovery report), 부정 추세 보고서(fraud trends report), 조사자 성과 보고서(investigator performance report), 지역별로 부정이 빈번하게 일어나는 곳을 보여주는 히트맵(heat map) 등이 있다. 또한 각 조사자가 어떤 조치를 취했는지의 개요를 포함하여 각 경보 또는 사례에 대한 감사 추적도 요청할 수 있다. 다양한 보고서를 생성하기 위해서는 사례 관리 환경은 고급 시각화 및 요약 기능을 제공해야 한다. 사례 관리 환경은 데이터 전처리와 관련하여 언급하였던 롤업(roll-up), 드릴다운(drill-down), 슬라이싱(Slicing), 다이싱(Dicing) 방식의 다차원적 분석을 위해서 온라인 분석 처리(OnLine Analytical Processing: OLAP) 기능을 제공해야 한다. 이상적으로는 다양한 경보와 개체들, 거래들, 그 이외의 것들 사이의 관련성을 시각적으로 매핑하고 분석하기 위한 링크 분석(link analysis)도 구현해야 한다.

그림 6.3은 SAS 프로그램 내 차량 보험 부정 적발과 관련된 소셜 네트워크 분석 대시보드를 예시로 보여준다. 청구ID, 경보의 종류, 그리고 청구 점수 등과 같은 다양한 특징을 보여준다.

그림 6.4에 표시된 것처럼 모든 청구는 링크된 문서, 링크된 사람 또는 기관, 관련 의심 규칙 등의 측면에서 추가적으로 조사될 수 있다.

그림 6.5에 표시된 것처럼 링크분석을 통해 조사를 강화할 수 있다.

링크 분석은 청구, 청구인, 자택주소, 차량, 은행 계좌, 전화번호 등과 같은 다양한 종류의 노드 사이의 연관성을 보여준다. 이전 링크가 유지되는 누적 방법과 오직 새로운 링크만을 시각화하는 한계적 방법 두 가지로 시간의 경과에 따라 네트워크가 어떻게 성장하는지를 보여주는 기능이 제공될 수 있다. 이렇게 한다면 복잡한 형태의 부정 및 관련 그룹의 적발이 가능하다. 그 예로 청구인 A가 청구인 B와 같은 주소, 차량, 은행계좌, 그리고 전화번호를 공유한다고 가정해 보자. 만약 청구인 A가 부정 관련성이 있는 청구를 한 경력이 있다면 청구인 A와 청구인 B가 동일 인물일 가능성이 상당히 높기 때문에 청구인 B가 하는 모든 새로운 청구사실들은 혐의가 있다고 판정되고 경보가 울려야 한다. 이런 복잡한 부정 유형들은 링크 분석을 통해 손쉽게 시각화될 수 있다. 더 나아가, 링크 분석은 구글 스트릿 뷰(Google Street View)와 같은 다른 애플리케이션들로 보완되어야 한다. 청구인의 집주소나 차량 사고 발생 지역을 클릭함으로써 조사자는 청구 건의 부정 여부를 검증할 수 있다.

사례 관리 환경은 자동 메시지(예: 이메일, SMS, 음성 전화)를 발송하기 위한 미리 구성된 양식을 제공해야 한다. 예시로 자금 세탁과 관련해서는 당국 혹은 연방수사국에 보낼 수 있는 규제 준수 보고서의 생성이 가능해야 한다. 이는 특히 기소가 되고 법적인 조치가 진행되는 경우에 유용할 수 있다.

마지막으로, 특정 부정 경보 건이 종결되면 조사 결과가 분석 모형에 반영되어야 한다. 이로써 분석적 부정 모형에 어떤 조정이나 변화가 필요한가를 판단할 수 있다.

그림 6.3 SAS 소셜 네트워크 분석 대시보드

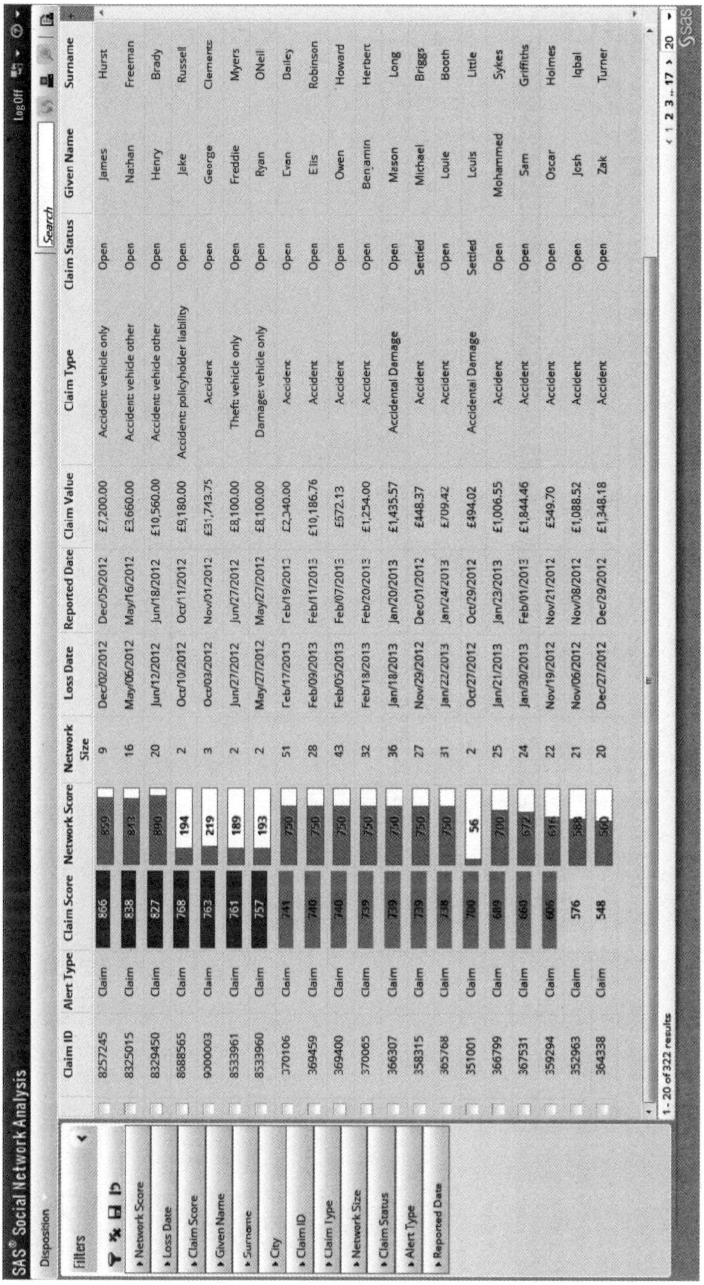

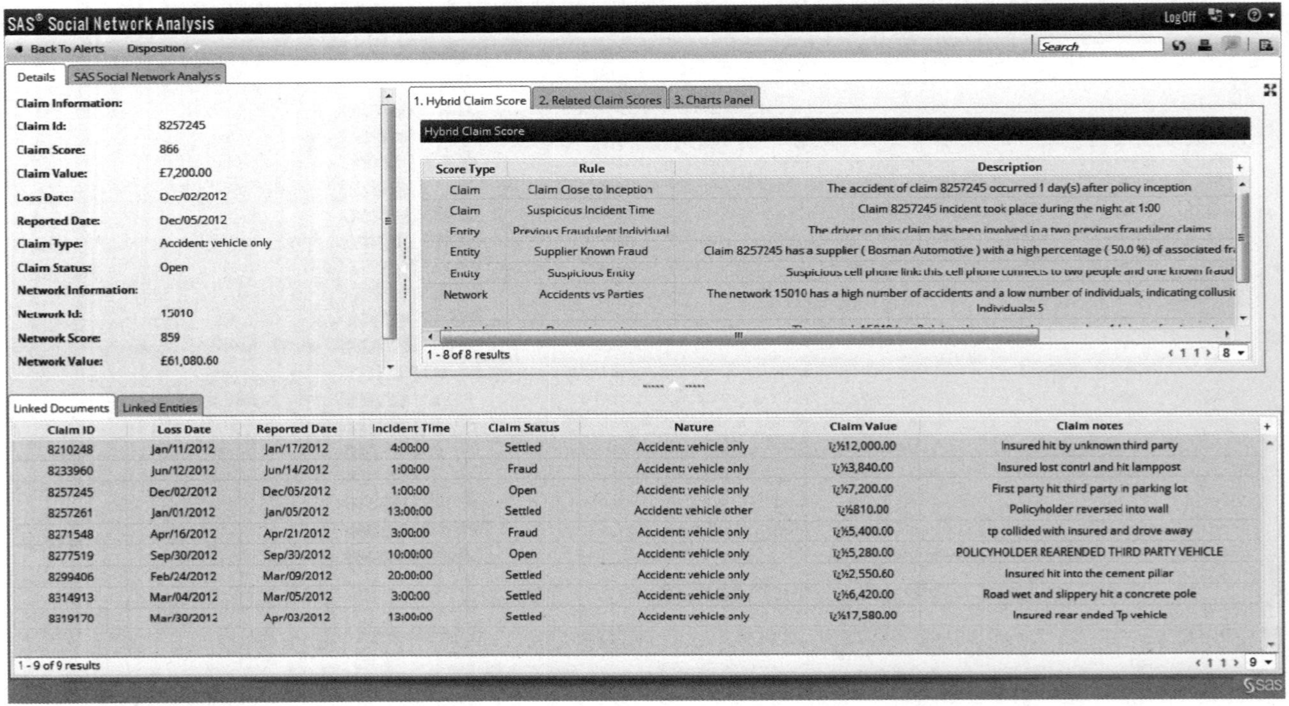

그림 6.4 SAS 소셜 네트워크 분석 청구 세부 조사

그림 6.5 SAS 소셜 네트워크 분석 링크 적발

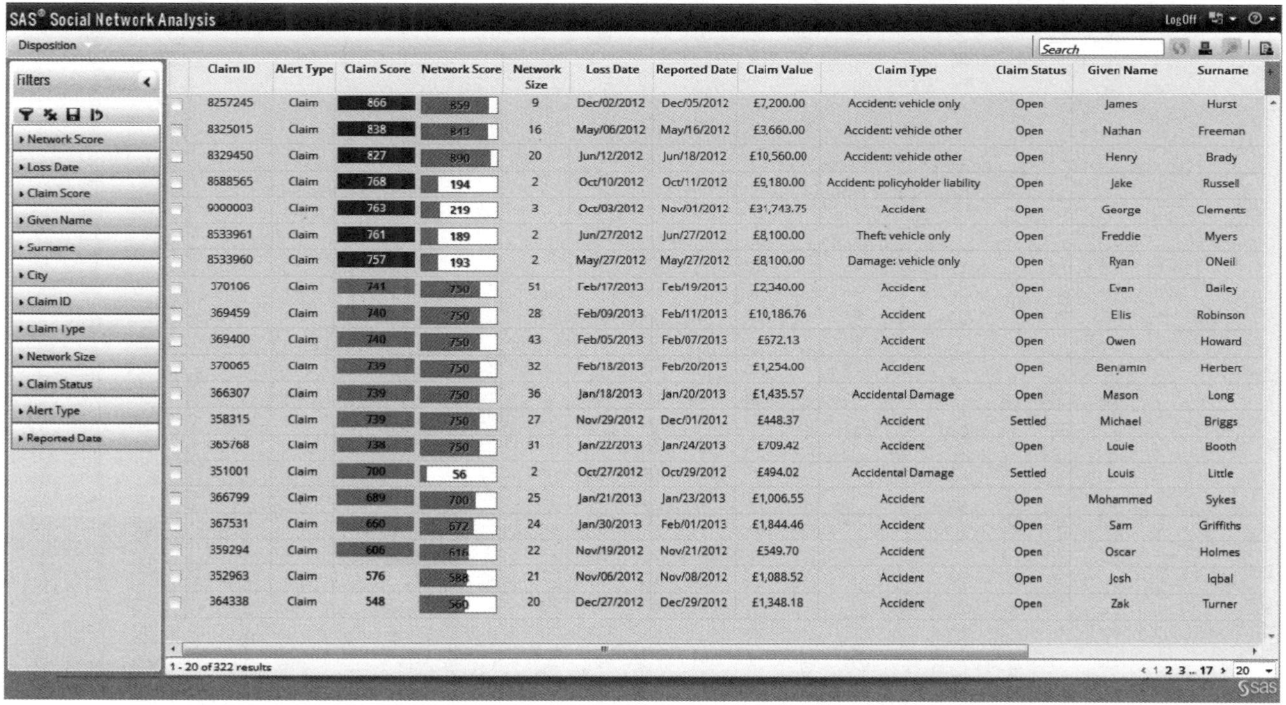

6. 시각적 분석

시각적 분석(visual analytics)은 분석 모형의 개발, 구현 및 모니터링 프로세스의 다양한 단계를 용이하게 하기 위해 상호 작용하는 인터페이스가 지원하는 고급 시각화 메커니즘의 사용을 의미한다. 이는 탐구적인 데이터 분석, 온라인 분석 처리과정(OLAP) 또는 다차원적인 데이터 분석을 실행하기 위한 데이터 전처리 과정에서 처음으로 소개되었다. 최근에는 분석 모형을 만들거나 후처리 작업을 지원하는 데 적극적으로 사용되기도 한다. 시각적 분석은 부정 분석가들이 복잡한 부정 패턴을 분리함으로써 추가적인 통찰력을 제공하기 때문에 상당한 잠재력이 있으며, 이는 향후 발생 가능한 부정 예방 전략으로 적절히 해석될 수 있다. SAS 프로그램의 시각적 분석의 예를 살펴보자. 그림 6.6은 2012년 10월 어느 특정 보험 회사의 청구 건수와 평균 청구 금액에 대한 분포를 보여준다. 20일에 청구가 정점을 찍었다는 것을 즉시 알 수 있을 것이다. 이 특정 일자를 선택할 때, 다음 그림 6.6의 좌측 하단에 있는 파이 차트에서 알 수 있듯이 대부분의 청구는 홍수 또는 폭풍우로 인한 것으로서, 오른쪽 파이 차트에서 볼 수 있듯이 청구 중 미해결 건이 절반 정도를 차지하여, 추가적인 절차가 필요하다.

이제 홍수 또는 폭풍우와 관련된 청구들을 자세히 살펴보고 지리적 분포를 살펴볼 수 있다. 그림 6.7은 프랑스와 그 이웃 국가들의 지도이다. 점들은 홍수와 폭풍우에 대한 청구가 집중되는 지형들을 나타내고 평균 청구 금액에 따라 다르게 색칠되어 있다.

이제 드릴다운(drill down)하여 그림 6.8에서 볼 수 있듯이 특정 지역과 도시들을 더 자세하게 들여다 볼 수 있다.

우리는 부정 적발 절차의 효율성을 평가하고 성능 병목현상을 확인하기 위해서도 시각적 애널리틱스를 사용할 수 있다. 그림 6.9는 조사된 부정 청구의 총건수와 함께 2012년도의 조사 대비 적중률, 청구 종류별 부정 통계치와 조사결과에 대한 파이차트(확인된 부정 건, 의심 건, 조사결과 부정이 아닌 건)이다.

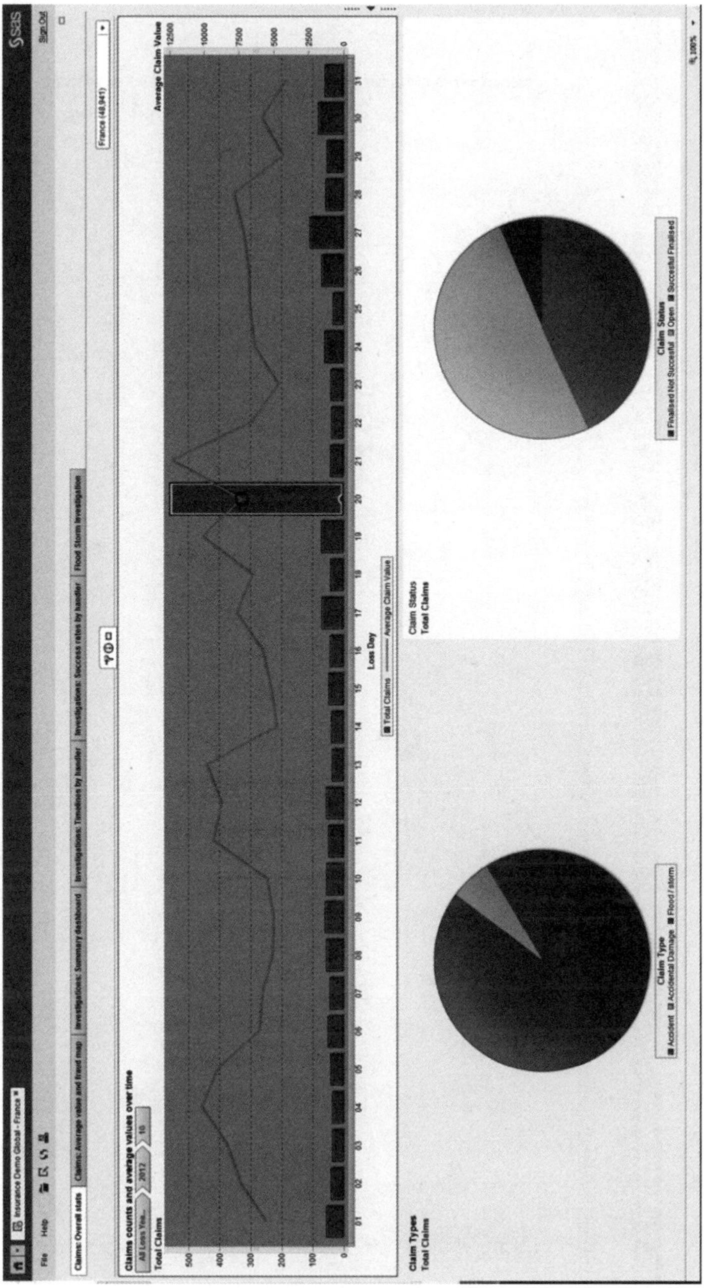

그림 6.6 청구 금액 분포 및 평균 청구 값

그림 6.7 청구의 지리적 분포

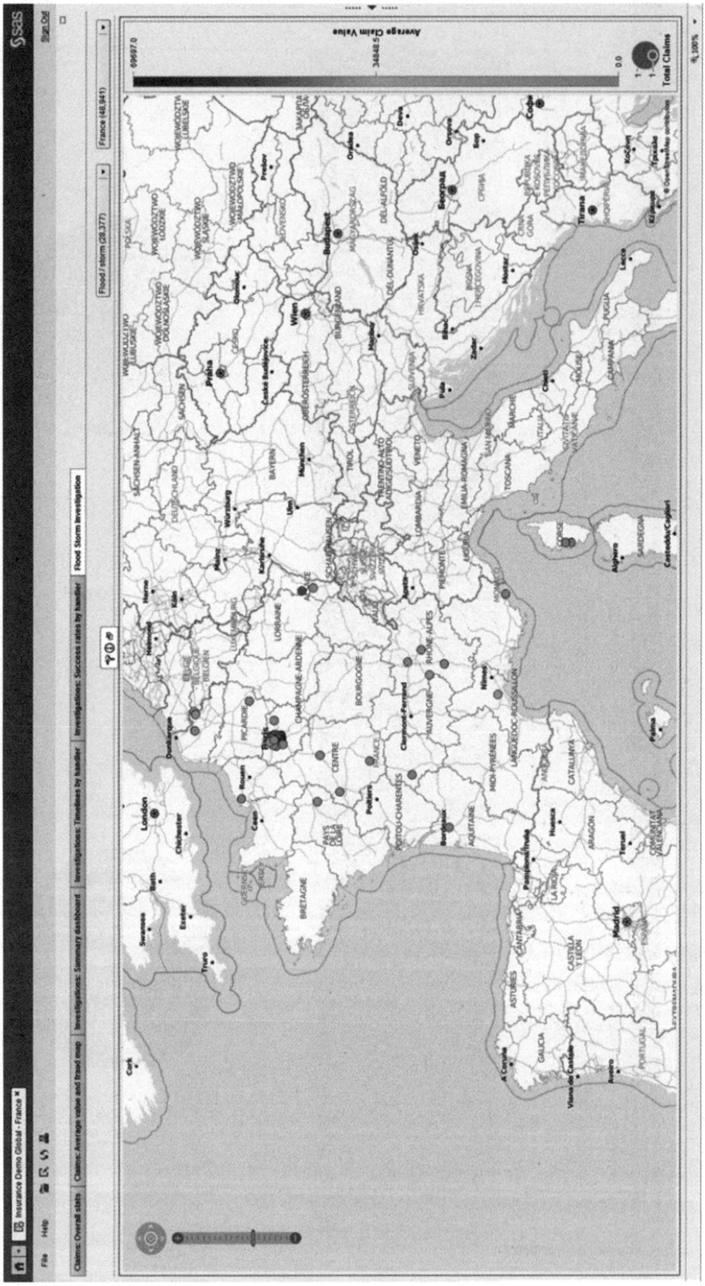

그림 6.8 청구의 지리적 분포의 확대

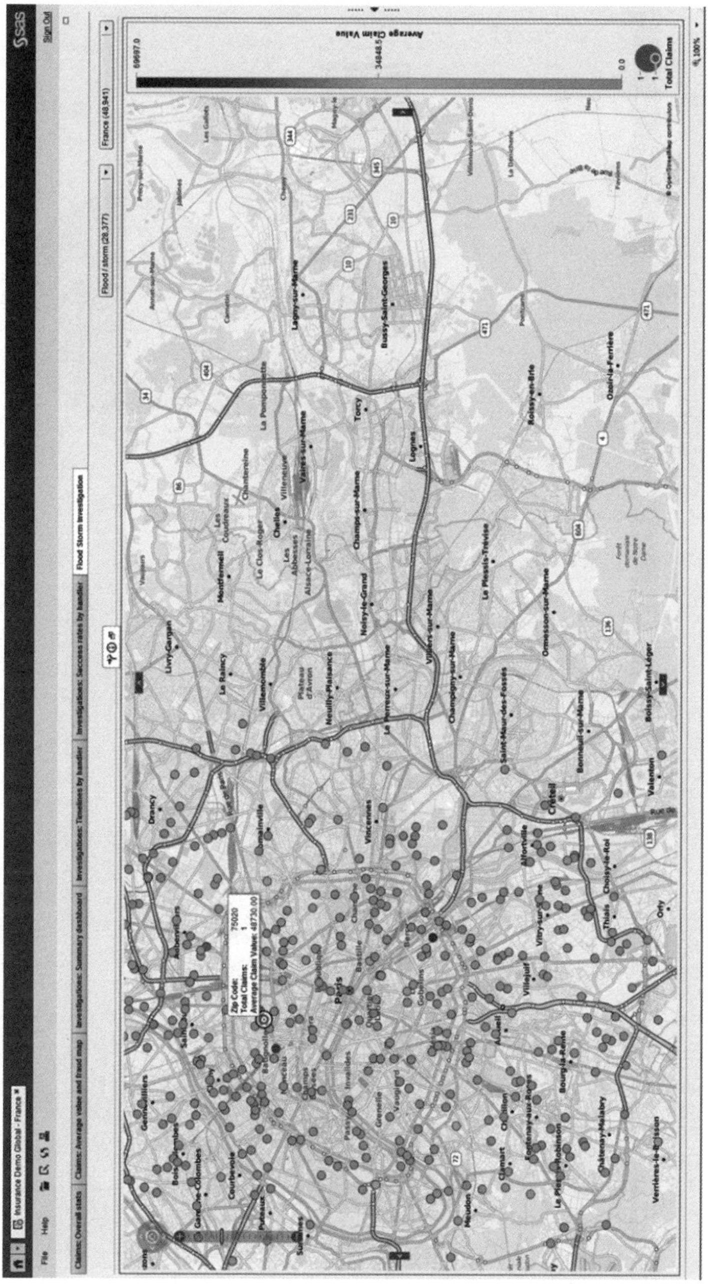

그림 6.9 부정 적발 절차의 효율성 측정

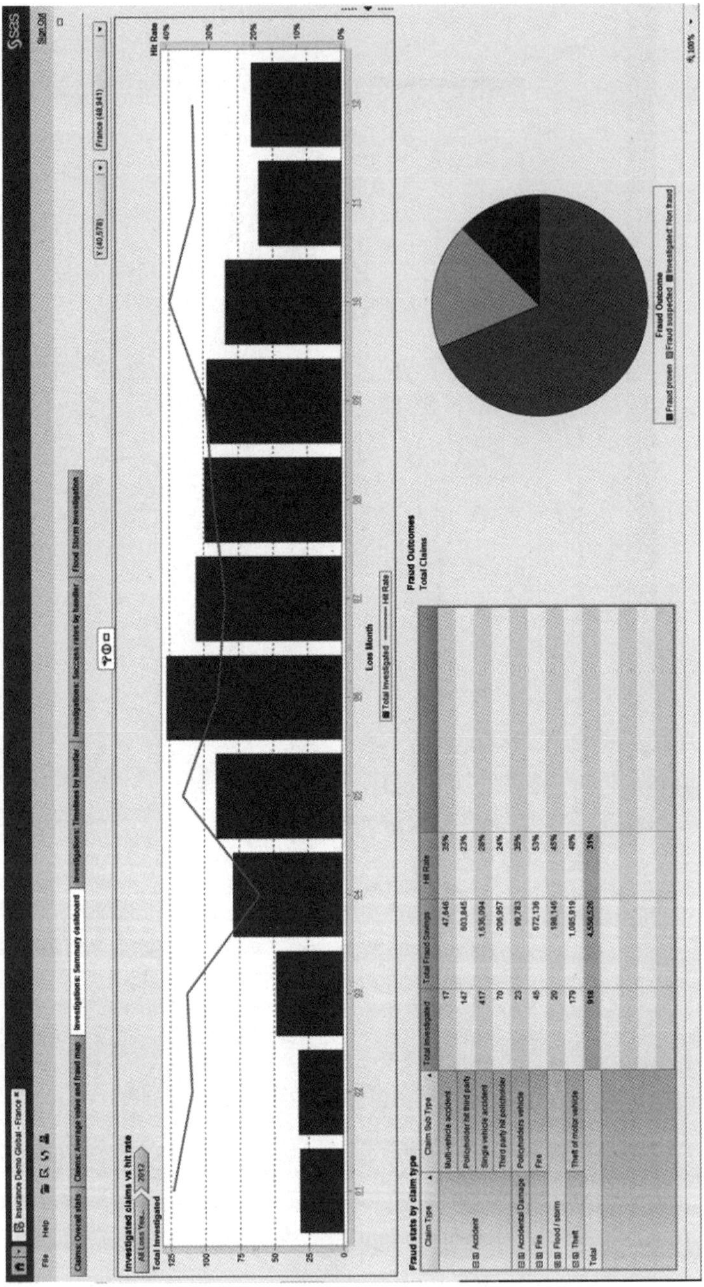

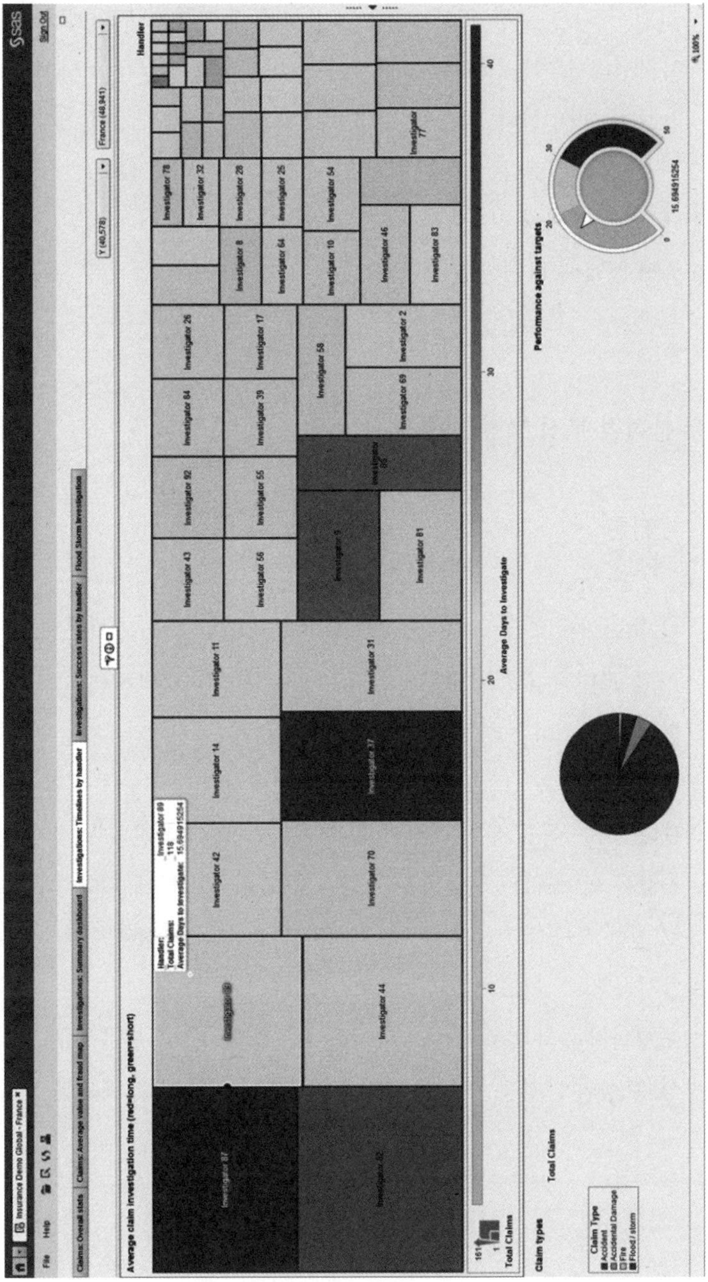

그림 6.10 부정 조사자의 효율성 평가

그림 6.10은 부정 조사자들의 효율성을 보여주는 트리맵(tree map)*이다. 직사각형의 크기는 처리된 청구 건수에 비례하고 색상은 조사에 필요한 평균 시간(일)을 반영한다. 색상을 토대로 조사자 87번과 37번이 조사하는 데 가장 오랜 시간이 걸렸다는 것을 쉽게 알 수 있다. 조사자 89번은 118개의 청구를 평균 15일 안에 처리했으며, 이는 우측 하단 모서리에 표시된 게이지에 따라 훌륭한 성과에 해당된다.

7. 분석적 부정 모형의 평가

1) 서론

평가(backtesting)는 전후 실현된 결과와 예측한 내용을 대조하기 위한 중요한 모형 모니터링 활동이다(Baesens, 2014). 확인하고자 하는 주요 사항은 부정 모형이 만족스러운 성능을 보이는지를 검증하는 것이다. 부정 관련자들은 끊임없이 전략을 변경하면서 분석적 부정 모형보다 우위를 유지할 수 있도록 노력한다. 이는 목표 부정 지표와 활용 가능한 데이터 간의 관계가 지속적으로 변경함을 의미하는 개념 표류(concept drift)를 생성하게 된다. 따라서 개념 표류로 인한 성능의 저하를 신속하게 탐지하기 위해 분석 모형을 세심하게 계속 관찰하는 것이 중요하다.

모형의 종류와 목적에 따라 다양한 평가 방법이 사용될 수 있다. 데이터의 안정성, 모형의 안정성, 모형의 교정을 평가하는 법에 대해 배워볼 것이다.

* 각각의 데이터가 전체 자료와 어떻게 연결되는지 확인할 수 있는 차트로서, 서로 중첩된 직사각형을 순차적으로 사용하여 계층적인 데이터를 전체에 대한 비율로 표시한다.

2) 데이터 안정성 평가

데이터의 안정성을 평가하는 경우 내·외부 환경적 변화가 분석 모형에 영향을 미치는지 우선 확인해야 한다. 외부 환경적 변화의 예로는 경제, 정치, 혹은 법적 환경의 새로운 국면이나 상법이나 부도와 관련된 절차의 변화 등이 있다. 내부적 환경 변화의 예로는 경영 전략의 변화, 새로운 시장 탐색, 또는 인수 및 합병 등으로 인한 조직 변화가 있다. 또한 부정 패턴의 변경은 불안정성 문제를 야기할 수도 있다. 데이터 안정성을 평가하기 위해서는 다음과 같은 2단계 접근법이 제안될 수 있다:

- 1단계: 모형의 대상이 되는 모집단이 모형 개발 시 사용되었던 모집단과 유사한지를 확인한다.
- 2단계: 1단계에서 두 모집단이 다르다고 판정되면 개별 변수들의 안정성을 검증한다.

1단계에서 시스템 안정성 지수(System Stability Index: SSI)는 다음과 같이 계산될 수 있다:

표 6.6 시스템 안정성 지수(SSI) 계산

점수 범위	기대치(학습) 비율	관찰치(실제) 비율	SSI
0~169	6%	7%	0.0015
170~179	10%	8%	0.0045
180~189	9%	7%	0.0050
190~199	12%	9%	0.0086
200~209	12%	11%	0.0009
210~219	8%	11%	0.0096
220~229	7%	10%	0.0107
230~239	8%	12%	0.0162
240~249	12%	11%	0.0009
250+	16%	14%	0.0027
	100%	100%	0.0605

표 6.7 시간을 통한 SSI 모니터링

범위	기대치(학습) 비율	t 시점의 관찰치 (실제) 비율	t+1 시점의 관찰치 (실제) 비율
0~169	6%	7%	6%
170~179	10%	8%	7%
180~189	9%	7%	10%
190~199	12%	9%	11%
200~209	12%	11%	10%
210~219	8%	11%	9%
220~229	7%	10%	11%
230~239	8%	12%	11%
240~249	12%	11%	10%
250+	16%	14%	15%
SSI 대비 기대치			0.0494
SSI 대비 t−1			0.0260

$$SSI = \sum_{i=1}^{k}(observed_i - \text{expected}_i).\,In\,\frac{observed_i}{\text{expected}_i}.$$

이는 표 6.6에 설명되어 있다.

분류 또는 회귀분석의 경우, 첫 번째 열은 예측된 부정 점수 또는 금액과 같은 범주형 목표 값을 포함한다. 군집화의 경우 첫 번째 열은 여러 군집들을 표기한다. 두 번째 열은 학습 또는 모형 개발 과정 중 관찰된 표본의 분포를 나타낸다. 세 번째 열은 현재 기준의 관찰치나 실제 모집단을 나타낸다. SSI는 두 번째 열과 세 번째 열 사이의 차이를 측정한다. SSI가 높을수록 모집단의 변화와 불안정성을 의미한다. 실용적인 경험법칙은 다음과 같다:

- SSI < 0.10: 유의미한 이동 없음(초록색 신호등)
- $0.10 \leq$ SSI < 0.25: 적당한 이동(노란색 신호등)
- SSI > 0.25: 유의미한 이동(빨간색 신호등)

SSI는 편차 지수(deviation index)라고도 불린다. 이는 제2장에서 변수 선택을

표 6.8 개별 변수에 대한 SSI 계산

	범위	기대치(학습) 비율	t 시점의 관찰치 (실제) 비율	t+1 시점의 관찰치(실제) 비율
부정 금액	0~1,000	16%	18%	10%
	1,001~2,000	23%	25%	12%
	2,001~3,000	22%	20%	20%
	3,001~4,000	19%	17%	25%
	4,001~5,000	15%	12%	20%
	5,000+	5%	8%	13%
	SSI Ref.		0.029	0.208
	SSIt-1			0.238
고객과의 관계를 유지한 년수	알 수 없음	15%	10%	5%
	0~2세	20%	25%	15%
	2~5세	25%	30%	40%
	5~10세	30%	30%	20%
	10세+	10%	5%	20%
	SSI Ref.		0.0975	0.304
	SSIt-1			0.362

위해 설명된 정보 가치 측정치(information value measure)와 동일하다.

표 6.7과 같이 일정 시간을 가지고 SSI를 모니터링하는 것을 추천한다. 이는 불안정성 문제가 언제부터 발생했는지를 쉽게 검증할 수 있게 한다.

모집단 불안정성이 판별되면 조사자는 개별 변수들의 안정성을 검증할 수 있다. SSI는 표 6.8에서 나와 있듯이 각 변수 수준에서 산출될 수 있으며, 이를 위해서는 히스토그램이나 t - 검정이 사용될 수 있다.

3) 모형 안정성 평가

데이터의 안정성 외에도 모형의 안정성 또한 평가 대상이 된다. 모형의 안정성은 모형 성능의 변동성을 의미한다. 표 6.9에 나타난 것처럼 보고서를 이용

표 6.9 부정모형의 성능 측정치 모니터링

	성능 측정치(PM)	관찰 건수	부정 건수	신호등
PM 모형				
PM year t				
PM year t+1				
PM year t+2				
…				
평균 PM 기간 1				
평균 PM 기간 1				

해 모형 성능을 추적하는 개념으로 첫 번째 행은 성능 측정치(performance metric: 이하 PM), 계산이 이뤄진 관찰치 건수, 부정 건수, 모형 개발 중에 얻은 신호등 색상이 포함된다. 그 아래 행들에는 시간의 경과에 따라 이러한 수치들이 바뀌는지를 기록한다. 충분한 수준의 기간 동안 모니터링이 되고 나면 맨 아래 두 행과 같이 (스튜던트 *t* - 검정을 사용하여) 평균이 산출되고 비교된다. 이러한 표를 생성하는 목적은 모형의 성능저하가 언제 시작되고 새로운 모형의 개발이 필요한지를 확인하는 것이다.

당연하게도 성능 측정치는 모형의 목적이 무엇인지에 달려 있다. 분류 모형의 성능은 ROC 곡선 하단의 면적, 정확도 비율, 콜모고로프 - 스미노프(Kolmogorove-Smirnov) 통계량, 상위 10분위수 등으로 측정될 수 있다. 회귀 모형의 경우 평균제곱근오차(MSE), 절대평균편차(MAD), 상관관계, REC 곡선 상단 면적 등으로 측정할 수 있다. 군집화 모형의 경우 새로운 관찰치에서 거리 측정이 어떻게 변화하는지를 모니터링하면 되는데, 이는 군집 내 유사성(intra-cluster similarity)과 군집 간 유사성(inter-cluster similarity)을 비교하는 *F* - 통계량으로 요약될 수 있다. 연관 규칙(association rules)의 경우 새로운 관찰치에 대한 규칙의 지지도와 신뢰도를 계산하고 추적할 수 있다.

신호등 코딩 절차는 다양한 방법으로 실행될 수 있다. 첫 번째 방법으로는 성능 측정치의 절대적 변화를 확인하는 것이다. 그 예로 다음과 같은 절차를

적용할 수 있다:

➲ 성능 측정치가 5% 이하의 변화를 보인다면 초록색 신호등

➲ 성능 측정치가 5%와 10% 사이의 변화를 보인다면 노란색 신호등

➲ 성능 측정치가 10% 이상의 변화를 보인다면 빨간색 신호등

다른 방법으로는 부트스트래핑 절차가 있다. 대부분 성능 측정치의 이론적인 분포(예: ROC 곡선 하단면적, MSE, MAD, R-squared)는 알려지지 않았거나 지정이 어렵기 때문에 평가를 위한 통계적인 방법으로 사용하는 것은 쉽지 않다. 부트스트래핑을 사용한다는 개념은 학습 또는 모형 개발 데이터 집합으로 계산된 성능 측정치와 시간 경과 테스트 집합에서 계산한 동일한 성능 측정치의 측정값 간의 차이를 통계적으로 테스트하는 것이다. 다시 말해서, 귀무가설 H_0 : $PM_{\text{train}} = PM_{\text{out-of-time}}$이 되고 양측 대립가설은 H_A : $PM_{\text{train}} \neq PM_{\text{out-of-time}}$이 된다. 부트스트래핑 절차는 다음과 같이 진행된다(Loternman et al., 2014):

➲ 예측된 성능 측정치를 사용하여 학습과 시간 경과 테스트 관찰치를 하나의 큰 표본에 합친다.

➲ 원래의 학습과 시간 경과 테스트 집합과 동일한 크기의 학습과 시간 경과 테스트 집합 부트스트랩 표본을 도출한다. 앞에서 설명한 것처럼 부트스트랩 표본은 대체 표본임을 기억하라. 따라서 같은 관찰치가 부트스트랩 표본 안에서는 여러 번 발생할 수 있다.

➲ 부트스트랩 학습과 부트스트랩 테스트 표본 사이의 성능 측정치의 차이를 계산한다.

➲ 분포를 구하고 차이가 0이 되는지 통계적 테스트를 하기 위해 1000번 또는 그 이상을 반복한다.

이 절차를 통해 부정 분석가는 성능 측정치의 분포를 얻게 된다. 그다음에는 신호등 절차를 아래와 같은 방식으로 적용할 수 있다:

➲ 만약 95% 수준에서 유의한 차이가 없다면 초록색 신호등

➲ 만약 95% 수준에서 유의한 차이가 있지만 99% 수준에서 유의한 차이가 없다면 노란색 신호등
➲ 만약 99% 수준에서 유의한 차이가 있다면 빨간색 신호등

현업의 요구조건과 적용 기준에 따라 더 많거나 적은 색상이 사용될 수 있다.

4) 모형 보정 평가

분류 모형 혹은 회귀 모형의 경우 부정발생 확률 혹은 금액에 대한 잘 보정된 추정치를 만드는 데 목적이 있을 수 있다. 그렇기 때문에 보정 절차 또한 모니터링이 필요하다.

다양한 그룹(pool)의 고객에게 부정발생 확률을 배정하는 분류 모형이 있다고 가정해 보자. 각 그룹은 의사결정나무의 잎사귀 노드일 수도 있고 로지스틱 회귀분석이나 다른 예측 모형의 예측치들을 분류한 결과일 수도 있다. 각 그룹은 모형 개발 중 계산된 것과 같이 그에 해당되는 보정된 확률이 있다. 모형 보정을 평가하는 개념은 해당 확률들이 시간이 경과함에 따라 어떻게 진화하는지와 안정적으로 유지되는지를 확인해 보는 것이다. 이는 표 6.10에서 확인할 수 있다. 첫 번째 행은 각 그룹의 모형 개발 과정 중 보정된 부정 확률을 나타낸다. 그 아래 행들은 각 그룹의 후속년도 동안 관찰된 부정 확률을 나타낸다. 맨 아래 두 행은 장기 평균값을 나타낸다.

이항 검정(binomial test)은 부정 확률 보정의 평가 용도로 자주 쓰이는 통계 검정 방법이다. 오로지 두 가지 결과(예: 부정 혹은 합법)만 있는 실험, 반복적으로 수행되는 실험이며, 개별 결과는 독립적이라는 가정이 주어진다. 이 책의 예시의 경우, 소셜 네트워크 효과로 인해 마지막 가정은 완벽하게 충족되지 않지만 앞서 언급되었듯이 이항 검정은 보정의 질(quality)을 평가하기 위한 경험적(heuristic) 방식으로 사용된다.

이항 검정은 다음과 같은 가설을 평가한다:

표 6.10 분류 모형의 교정 모니터링

	그룹 A	그룹 B	그룹 C	그룹 D	그룹 E	그룹 F
모형 부정확률						
t년의 관찰된 부정 비율						
t+1년의 관찰된 부정 비율						
t+2년의 관찰된 부정 비율						
…						
1기에 평균 관찰된 부정비율						
2기에 평균 관찰된 부정비율						

H_0: 보정된 부정발생 확률 $\hat{P}$는 실제 부정발생 확률 P와 동일하다.

H_A: 보정된 부정발생 확률 $\hat{P}$는 실제 부정발생 확률 P보다 크다/작다/동일하지 않다.

신뢰수준 α가 주어지고(예: $\alpha = 99\%$) 우측검정(right-tailed test)의 형태를 가정했을 때, 부정의 수가 k^*보다 크거나 동일할 경우 H_0는 기각된다. k^*는 다음과 같이 구해진다:

$$k^* = \min\left\{k \mid \sum_{i=k}^{n} \binom{n}{k} \widehat{P}^i (1-\hat{P})^i \leq 1-\alpha\right\}.$$

n의 값이 큰 경우, $n\hat{P} > 5$ 그리고 $n(1-\hat{P}) > 5$이다. 이항 분포는 정규분포를 통해 $N(n\hat{P}, n\hat{P}(1-\hat{P})$로 근사될 수 있다. 따라서 다음과 같은 결과를 얻는다:

$$P\left(z \leq \frac{k^* - n\hat{P}}{\sqrt{n\hat{P}(1-\hat{P})}}\right) = \alpha,$$

z는 표준정규화 분포된 변수를 나타낸다. 임계 값 k^*는 다음과 같이 얻을 수 있다:

$$k^* = n\hat{P} + N^{-1}(\alpha)\sqrt{n\hat{P}(1-\hat{P})},$$

$N^{-1}(\alpha)$는 역누적표준정규분포(inverse cumulative standard normal distribution)

를 나타낸다. 임계부정발생 확률 p^*로 말하자면:

$$p^* = \hat{P} + N^{-1}(\alpha)\sqrt{\frac{\hat{P}(1-\hat{P})}{n}}$$

만약 관찰된 부정발생 확률이 p^*보다 높다면 신뢰수준 α일 때 H_0는 기각될 수 있다. 이항 검정은 모든 관찰치는 독립되어 있다고 가정함을 기억하자. 만약 관찰치들이 상관관계가 있다면, 이항 검정이 H_0를 잘못 기각할 확률이 높다는 것을 의미하기 때문에(type I error: 제1종 오류) 종종 조기 경보 시스템으로 사용된다. 신호등을 이용해 다음과 같이 코딩될 수 있다:

- 초록색: 90%에서 통계적 차이가 없다.
- 노란색: 90%에서 통계적 차이가 있지만 95%에서 통계적 차이가 없다.
- 주황색: 95%에서 통계적 차이가 있지만 99%에서 통계적 차이가 없다.
- 빨간색: 99%에서 통계적 차이가 있다.

호스머 - 레메쇼 검정(Hosmer-Lemeshow test)은 여러 그룹의 부정발생 확률에 대한 보정값과 관찰값을 동시에 테스트하는 방법이다. 이 검정법 또한 사건들의 독립성을 가정하고 검정 통계량은 다음과 같이 정의된다:

$$\chi^2(k) = \sum_{i=1}^{k} \frac{(n_i\hat{P}_i - \theta_i)^2}{n_i\hat{P}_i(1-\hat{P}_i)},$$

n_i는 그룹 i에서 관찰치의 수, $\hat{P}$는 그룹 i의 보정된 부정발생 확률, 그리고 θ_i는 관찰된 부정 건수를 나타낸다. 검정 통계량은 k 자유도를 가진 카이 제곱 분포를 따른다. 이항 검정과 비슷하게 신호등을 이용해 코딩할 수 있다.

회귀 모형의 교정을 평가하기 위해서는 매개변수적 스튜던트 t - 검정(parametric Student's t-test)을 사용할 수 있다. 표 6.11은 부정 금액을 예측하는 모형의 모니터링에 대한 예시적 보고서이다. 다시 말하면 회귀 모형의 결과물들은 각 그룹들로 범주화되었다. 이전과 같이 이들은 회귀 모형의 잎 노드(leaf node)가 될 수도 있거나 선형 회귀 모형이나 다른 분석 모형의 결과물들을 분류한 결과일 수도 있다.

표 6.11 회귀 모형의 교정 모니터링

	그룹 A	그룹 B	그룹 C	그룹 D	그룹 E	그룹 F
모형 부정금액						
t년에 관찰된 부정금액						
t+1년에 관찰된 부정금액						
t+2년에 관찰된 부정금액						
…						
1기에 관찰된 평균 부정금액						
2기에 관찰된 평균 부정금액						

매개변수적 스튜던트 t - 검정은 예측 금액과 실제 관찰된 금액의 차이로 정의된 오류의 유의성을 평가하는 데 사용될 수 있다. t - 검정은 평균 시간 경과 오류 μ_E의 값이 0인지 아닌지를 검증한다. 따라서 귀무가설은 $\mu_E = 0$, 대립가설은 $\mu_E \neq 0$이 된다. 검정 통계량은 다음과 같이 정의된다:

$$T = \frac{\bar{e}}{\frac{S_e}{\sqrt{n}}}$$

그리고 n - 1의 자유도를 가진 스튜던트 t - 분포를 따른다. $\bar{e}$는 오류 평균, S_e는 그에 해당하는 표준오차를 나타낸다. P - 값이 산출될 수 있고 앞에서 언급된 것처럼 신호등으로 표현될 수 있다.

8. 모형 설계 및 문서화

부정 모형 설계는 모든 측면에서 잘 정의되고 문서화되어야 한다. 모형 설계 관점에서 대답이 필요한 몇 가지 질문에 대한 예시는 다음과 같다:

- 모형은 언제 누가 설계하였는가?
- 모형의 경계는 무엇인가?(예: 대상 유형, 지역, 업종 등)

- ➲ 모형의 주요 입력값과 결과값은 무엇인가?
- ➲ 모형의 강점과 약점은 무엇인가?
- ➲ 모형을 만들기 위해 어떤 데이터가 사용되었는가? 표본은 어떻게 형성된 것인가? 표본 기간은 언제부터 언제까지인가?
- ➲ 사람의 판단이 개입되었는가? 만약 그렇다면 어떤 부분이 어떻게 판단되었는가?

모형의 설계, 사용, 그리고 모니터링에 관한 모든 것이 적절하게 문서화되는 것은 중요하다. FAQ를 포함한 모형의 매뉴얼 또한 완비되어야 한다. 모든 문서는 불분명하지 않고 이해하기 쉬워야 한다. 버전 관리 기능을 갖춘 문서 관리 시스템을 사용할 것을 권고한다. 만약 분석팀을 새로 갖추게 된다면 기존의 문서를 사용하여 현재 분석적 부정 모형의 운영이나 개발을 계속할 수 있는지를 확인하는 것이 문서 테스트의 목표여야 할 것이다.

참고문헌

Baesens, B. (2014). *Analytics in a Big Data World: The Essential Guide to Data Science and Its Applications*. Hoboken, NJ: John Wiley & Sons.

Baesens, B., Setiono, R., Mules, C., & Vanthienen, J. (March 2003). Using Neural Network Rule Extraction and Decision Tables for Credit-Risk Evaluation. *Management Science 49* (3): 312-329.

Loterman, G., Debruyne, M., Vanden Branden, K., Van Gestel, T., & Mues C. (2014). A Proposed Framework for Backtesting Loss Given Default Models. *The Journal of Risk Model Validation 8*.

Mues, C. (2002). *On the Use of Decision Tables and Diagrams in Knowledge Modeling and Verification*. PhD thesis. Katholieke Universiteit Leuven.

Van Gestel, T., Baesens, B., & Martens, D. (2015). *Predictive Analysis, Techniques and Applications in Credit Risk Modelling*. Oxford: Oxford Unvierity Press, forthcoming.

Verbeke, W., Dejaeger, K., Martens, D., Hur, J., & Baesens, B. (2012). New Insights into Churn Prediction in the Telecommunication Secotr: A Profit Driven Data Mining Approach. *European Journal of Operational Research* 218: 211-229.

제7장

부정 애널리틱스에 대한 더 넓은 견해

1. 서론

이 장에서는 부정 애널리틱스를 확대하여 보다 광범위한 관점에서 몇 가지 문제를 논의할 것이다. 고객과 기업 간의 교류와 이로 인한 다양한 채널로부터의 데이터 가용성에 따라, 데이터 품질과 개인정보라는 두 가지 주요 문제에 대한 철저한 검토가 필요하게 되었다. 이는 특히 부정 적발과 같은 중요한 상황과 관련이 있다. 분석적 부정 적발 모형은 기대되거나 비기대 부정 손실을 계산하여 기업이 충당금과 자본금 유보를 결정하는 데 도움이 된다. 경영과 투자 관점에서 분석적 부정 모형의 총소유비용과 투자 수익률에 깊이 있는 통찰 또한 요구된다. 두 가지 관점에서의 견해가 기업 내에서 분석 역량을 보유할 것인지 아니면 대안으로 아웃소싱을 하여 외부 전문가를 활용할지에 대한 결정에 영향을 미친다. 또한 텍스트 애널리틱스 및 예측과 같은 모델링 확장을 간단하게 살펴보고 사물인터넷이 부정에 미치는 영향에 대해 들여다볼 것이다. 이 장은 부정에 대처하기 위한 기업의 지배구조에 대한 논의로 끝을 맺는다.

2. 데이터 품질

1) 데이터 품질 문제

데이터 품질(Data-Quality)에 대한 광범위한 관점은 의도된 사용에 대한 데이터의 적합성과 실제의 기업이나 사건을 정확하게 나타내고, 묘사하고, 측정하는 것에 관한 정확성을 모두 포함한다. 데이터 적합성은 앞서 표본 추출법과 입력값 선정 절차에서 이미 다뤄졌기 때문에 이 절에서는 자세하게 다루지 않는다.

또한, 데이터 정확성은 데이터 전처리 장에서 추가적인 분석 처리과정을 위한 데이터 준비 방법과 결측값, 이상치 등과 같은 문제를 처리하는 방법에 대해 논의하면서 이미 다루어졌다. 사실 결측값 또는 이상치와 같은 문제들은 데이터 품질이 저조함을 나타내는 징후이다.

데이터 품질은 부정 적발능력과 같은 분석 결과의 품질에 직접적이고 측정 가능한 영향을 끼치기 때문에 분석 모형의 성공을 위해 매우 중요하다. 본질적으로 데이터 품질이 얼마나 중요한지는 *쓰레기가 들어가면 쓰레기가 나온다는* *GIGO* 법칙(garbage in, garbage out principle)으로 표현할 수 있다.

데이터 품질의 중요성과 빅데이터와 애널리틱스 활용을 통한 잠재적 이득에 대해 대부분의 기업이 점점 더 인지해 가면서 데이터 품질 향상을 위해 고군분투하고 있다. 그러나 데이터 품질을 향상시키고 관리하는 것은 종종 예상보다 어렵고 계획했던 것보다 더 비용이 들어가는, 일시적이지 않은 지속적인 문제이다.

데이터 품질 문제의 원인은 주로 핵심 조직의 프로세스와 문화, 그리고 IT 인프라나 아키텍처에까지 깊이 뿌리를 내리고 있다. 보통은 데이터 분석가들만이 직접적으로 저품질 데이터의 결과에 직면하지만, 이러한 문제와 원인을 해결하기 위해서는 기업 내 거의 모든 직급과 부서 간 협력과 협조가 필요하다. 데이터 품질 문제를 지속적이며 효과적인 방법으로 해결하고 조직 내 구성원들이 책임을 지고 업무를 수행하도록 동기부여를 하기 위해서는, 의식 향상과 데이터 품질 관리 구조 확립을 위한 경영진의 지원과 후원이 필요하다.

2) 데이터 - 품질 프로그램 및 관리

결측값을 다루는 것과 같은 데이터 전처리 과정은 데이터 품질 문제를 다루는 *보정* 방법이다. 하지만 이는 지속되는 질병에 대한 단기적인 처방일 뿐이고 데이터 분석가들은 그들이 직면한 문제의 근본적인 원인들이 해결될 때까지 이러한 해결방안을 계속 적용해야 할 것이다. 근본적 문제의 해결을 위해서는 데이터 품질 프로그램들을 개발할 수 있는데, 이는 질병의 잠재적 증상을 찾는 것처럼 문제를 적발하는 것을 목표로 한다. 논리적인 다음 단계는 이러한 문제들을 조사하는 것으로, 더 정확하게는 어떻게 이런 문제들이 발생하게 되었는지와 근원지가 어디인지를 파악하여 문제의 근본 원인을 찾아 해결하고 시정 조치를 보완하여 미연에 *방지*할 수 있는 대책을 수립하고자 하는 것이다.

데이터와 관련된 가능한 문제점을 탐지하기 위해서 광범위한 데이터 품질 지표를 설계하고 평가할 수 있으며, 이는 넓은 개념의 *품질*에 대한 다양한 측면을 다룰 수 있을 뿐만 아니라 데이터의 적절한 특성과 특정 맥락을 고려할 수 있다. 좋은 지표들은 적발력이 높고 오경보율이 낮게 나타날 것이다. 적발력이 높으면 데이터가 가진 대부분의 잠재적 문제들을 적발해 낼 수 있게 되고, 오경보율이 낮으면 지표들이 존재하지 않는 문제들에 대한 잘못된 경고를 하지 않게 된다. 좋은 지표들을 통해 우리는 데이터 품질의 근본적인 문제들을 효율적인 방법으로 찾아내서 조사할 수 있다. 하지만 최적의 지표 집합의 선택과 정확한 지표 정의는 데이터와 특정 상황에 대해 사용자에 맞게 정의되어야 하기 때문에 그러한 훌륭한 지표 집합을 설계하는 것은 어려운 과제이다.

정확성, 완전성, 시기적절성과 같은 데이터 품질의 다양한 측면에 관한 문헌이 많이 있다. 추가적인 정보를 원한다면 메이단치크(Maydanchik)가 2007년에 작성한 데이터 품질 평가에 관한 세미나 관련 저서를 참고하길 추천한다. 강력한 적발 시스템 자체만으로는 강력하지도 않을 뿐만 아니라 데이터 품질 문제를 해결할 수 없다. 데이터 품질 문제의 해결을 위해서는 데이터 관리 구조가 정립되고 데이터 품질에 관한 명확한 역할 및 책임이 배정되어야 한다. 이 장에서는 데이터 품질 프로그램과 구조를 도입하는 데 중요한 두 가지 역할인 '*데이터 관리자*(data stewards)'와 '*데이터 소유자*(data owners)'에 대해 간단히 짚고 넘어갈 것이다.

데이터 관리자는 광범위하고 정기적인 데이터 품질 검사를 수행하여, 데이트 품질 평가를 책임지는 데이터 품질 전문가이다. 이러한 데이터 품질 점검 과정에는 데이터 품질 지표의 적용이나 계산을 통한 평가 단계가 포함된다. 데이터 관리자는 주도적으로 평가를 수행해야 하며 평가 결과들에 대한 추가적 조치를 취해야 한다. 가장 먼저 취해야 하는 업무는 보정 측정치의 적용이다.

그러나 데이터 관리자는 데이터 자체를 보정하지 않는다 — 이는 데이터 소유자의 업무이다. 조직의 모든 데이터베이스에 있는 모든 데이터 필드는 실제로 데이터 소유자가 *소유*해야 하며, 데이터 소유자가 해당 값을 채우거나 업데이트할 수 있는데, 이는 데이터 소유자가 필드의 의미에 대한 지식을 갖추고 고객에게 연락을 취하거나 파일을 확인함으로써 현재의 정확한 값을 검색할 수 있다는 것을 의미한다. 데이터 관리자는 데이트 소유자에게 필드 값을 확인하거나 완료하도록 요청하여 문제를 해결할 수 있다.

데이터 관리자의 두 번째 업무는 데이터 품질 평가를 통해 적발된 데이터 품질 문제의 근본 원인에 대해 자세히 조사하는 것이다. 근본적인 원인을 이해하면 데이터 품질 문제의 근절을 목표로 하는 예방조치를 설계할 수 있다. 예방조치로는 일부 필드의 값 입력 필수화, 가능한 입력값의 드롭다운 리스트 제공, 인터페이스의 합리화 등과 같은 데이터가 생성되는 운영 시스템의 수정이 포함될 수 있다. 또한 시스템에 값을 입력하는 경우 즉시 유효성을 확인하여 사용자에게 수정을 요구하도록 만들 수도 있다. 예를 들어 법인세 포탈은 실시간으로 주민등록번호 데이터베이스에 접속하여 직원들의 주민등록번호를 기준으로 신원 확인을 요구할 수 있다. 이러한 예방조치들을 실행하기 위해서는 해당 프로그램을 관할하는 IT 부서와의 긴밀한 협조가 필요하다.

예방조치들을 설계하고 구현하는 것은 보정조치를 적용하는 것보다 초기의 더 많은 투자와 헌신 및 참여를 요구하지만, 예방조치만이 지속가능한 방식으로 데이터 품질을 개선하는 방법이며, 애널리틱스와 빅데이터에 대한 투자 대비 수익률을 고려한다면 더 나은 방법이다.

3. 프라이버시

데이터의 프라이버시(privacy)는 부정 적발 모형의 개발, 도입, 이용, 유지에 중요한 고려사항이다. 일반적으로 프라이버시에는 현업과 데이터 과학자들

두 집단이 연관되어 있다. 데이터의 소유권은 현업에 의해 획득된다. 이는 현업이 데이터가 어떻게 수집되고 데이터 속성 값들을 어떻게 해석해야 하는지 등에 대한 전체적인 감을 갖고 있다는 뜻이다. 데이터 과학자들은 데이터 집합의 전부가 아닌 적발 모형에 유용할 만한 데이터만을 제공받을 뿐이다. 데이터 과학자들에게 어떤 데이터를 어느 수준으로 얼마 동안 제공하고 사용하게 해줄지에 대한 결정은 현업의 몫이다.

1) RACI 매트릭스

모형 개발에서 다양한 역할들은 RACI 매트릭스(The RACI Matrix)에서 구분될 수 있다(그림 7.1). 드루게스쿠와 엣게스(Drugescu and Etges, 2006)가 만든 RACI는 다음의 약자이다:

- 개발 책임(Responsible): 부정 적발 모형 개발의 책임자로 데이터 과학자를 의미한다. 데이터 과학자는 다른 관련자들로부터 필요한 정보를 얻어야 한다.
- 업무수행 책임(Accountable): 업무를 각 담당자에게 배분하고 어떤 업무가 완료되어야 하는지를 결정하는 사람이다. 이들은 현안을 승인하고 데이터 과학자들에게 필요한 데이터를 제공한다. 대개 현업에 의해 수행되는 영역이다(예: 관리, 경영).
- 컨설팅 제공(Consulted): 적발 모형을 조정하고 다듬기 위해서는 특정분야의 전문가가 필요할 수 있다. 전문가나 실무 조사자는 현업과 데이터 과학자에게 전문성과 통찰력을 갖고 조언을 제공한다.
- 정보 제공(Informed): 어떤 사람들은 작업 과정에 영향을 미칠 수 있기 때문에 작업 산출물의 최신 상태를 유지해야 한다. 예컨대 고객 서비스는 부정 적발 및 조사에서 변화가 있는 경우 이에 대한 정보를 제공받아야 한다.

일부 인원의 업무는 겹칠 수 있고(예를 들어 현업 담당자들이 컨설턴트 역할을 수

그림 7.1 RACI 매트릭스

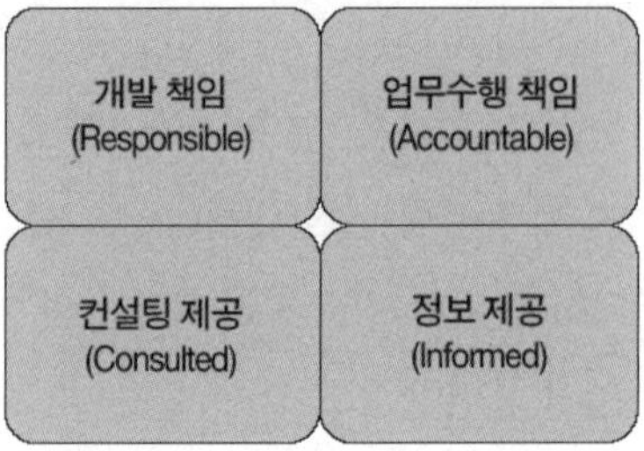

행할 수도 있다) 시간이 경과하면서 변할 수도 있다(예를 들어 일부 조사자들은 모형 개발의 초기 단계에서는 컨설턴트 역할을 하고 이후 단계에서는 정보를 제공받는다)는 점에 주목해야 한다. RACI 매트릭스가 가변적인 만큼 각 역할들은 주기적으로 재평가되어야 한다. RACI 매트릭스는 RASCI 또는 CAIRO 매트릭스로 확장할 수 있다. RASCI 매트릭스는 지원 제공(Support(S))의 역할을 추가한 것인데 이는 부정 적발 모형의 완성을 돕는 인물들을 가리킨다. CAIRO 매트릭스의 순환 제외(Out-of-the-loop(O))는 모형 개발 과정에서 특정 사람들을 제외시킨다.

2) 내부 데이터 접근

부정 적발 모형 개발을 위한 분석을 시작하기 전에 데이터 과학자는 데이터에 대한 접근권한 요청을 해야 한다. 데이터 접근권한 요청은 어떤 목적을 위해 얼마의 기간 동안 어떤 데이터가 필요한지를 명시해야 한다. 내부 데이터 접근 권한은 기업의 내부 프라이버시 위원회(internal privacy commission)에 의해 승인된다. 프라이버시 위원회는 요청의 허용 여부를 조사하고 다음의 질문들에 대해 답한다:

- *어떤 변수들이 민감한가?*
  - 조치사항: 익명화(Anonymization)
- *어떤 변수들*(열)*과 건*(행)*들이 공유되어야 하는가?*

- 조치사항: SQL 뷰(views) 생성

➲ *데이터 접근권한을 어느 사용자 또는 그룹에 제공해야 하는가?*

- 조치사항: LBAC(Label-based Access Control)

▌익명화

익명화(anoynymization)는 민감한 데이터의 속성을 변환하여 정확한 값들을 데이터 과학자와 같은 다른 관련자들이 알 수 없도록 하는 절차이다. 고유하거나 주요한 속성은 주로 다른 종류의 값(숫자)으로 변환된다. 주요 속성(key attributes)들은 여러 데이터베이스들을 서로 연결하는 데 필요한 값이다. 예를 들어 다양한 기업은 데이터베이스에서 기업의 VAT 번호를 기준으로 식별될 수 있다. VAT 번호는 기업의 웹사이트나 등기부등본과 같은 다른 데이터 출처들에서도 획득 가능한 공적 정보이다. VAT 번호를 제공한다는 것은 익명성을 취소하고 특정 기업을 식별 가능하게 한다. VAT 번호를 다른 임의의 숫자(ID)로 변환하는 것은 데이터의 오용을 방지한다. 변환되지 않은 키 값(untransformed key)은 *본래의 키 값*(natural key)으로 기업이나 관련자의 신원을 드러낸다. *기술적 키 값*(technical key)은 본래의 주요 속성을 변환한 것으로 데이터베이스를 서로 연결하는 데 사용될 수 있지만 실제 신원은 보호해 준다. 데이터베이스 간의 일관성을 유지하는 점은 극도로 중요하다. A 데이터베이스의 본래의 키 값(예: VAT 번호)을 변환한다면 B 데이터베이스의 본래의 키 값(VAT 번호) 변환과 같은 결과로 일치해야 한다. 또한 변환은 랜덤이어야 하며 데이터가 데이터베이스에 나타난 순서를 따르면 안 된다. 보통 신규 데이터는 데이터베이스의 가장 하단에 삽입되는 식으로 추가된다. 만약에 가장 오래된 기업들은 리스트는 가장 상단에 위치하고 신규 기업들은 리스트의 가장 하단에 위치한다면 변환된 ID 값을 순서대로 증가시키면 기업들이 설립된 순서를 알 수 있기 때문에 강력히 거부된다.

기타 속성들을 익명화시킬 때는 여러 기법을 사용할 수 있다:

➲ 통합화(Aggregation)

- ➲ 이산화(Discretization)
- ➲ 값 왜곡(Value distortion)
- ➲ 일반화(Generalization)

만약 프라이버시 위원회가 접근권한 요청을 허용한다면 미가공되거나 통합된 데이터를 제공할지를 결정해야 한다. *통합* 데이터는 개인의 정보를 손상시키지 않고 데이터에 대한 통계 정보를 요약한다. 요약본은 최솟값, 평균, 최댓값, 표준 편차, p번째 백분위(pth percentile), 개수 등을 포함한다. 미가공 데이터는 데이터 집합 내에 각 개인/건에 대한 데이터를 갖고 있다. 미가공 데이터 항목의 프라이버시를 유지하기 위해서 데이터는 추가적으로 익명화되어야 한다.

수치적 속성은 *이산화*를 통해 익명화될 수 있다. 각 속성의 정확한 값을 명시하는 대신 속성은 상호 배타적인 일련의 분열된 등급들로 구분된다(Agrawal and Srikant, 2000). 예를 들어 어떤 개인의 정확한 소득을 제공하는 것보다는 해당 소득이 속하는 구간(interval)을 명시함으로써 이산화하는 방법이 있다. 이 구간들(평균, 4분위 수, 5분위 수, 10분위 수 등)은 내부적인 매핑 도식화(internal mapping schema)나 지역적, 전국적, 국제적 요약 통계를 이용해 정의될 수 있다.* 다른 방법으로는 민감한 데이터 속성에 잡음(noise)을 추가함으로써 데이터를 익명화시키는 방법이 있다. 값 왜곡은 x_i 대신에 $x_i + e$ 값을 돌려줌으로써 달성된다(Agrawal and Srikant, 2000). 값 e는 미리 정의된 분포(예: 균일 분포, 정규 분포…)에서 랜덤하게 선택된다. 또 다른 방법으로는 특정 값에 대한 설명을 덜 특정하지만 일관된 의미를 지닌 설명으로 일반화시키는 것이 있다(Fung et al., 2007). 예를 들어 주소를 부정 적발 모형에 사용하는 것은 긍정적인 영향을 줄 수 있지만 특정 인물 또는 기업의 신원이 확인될 수 있다. 따라서 주소는

* EU에 속한 국가의 요약 통계치는 http://appsso.eurostat.ec.europa.eu/nui/show.do?dataset=ilc_di01&lang=en 에서 찾을 수 있다.

그림 7.2 데이터베이스 익명화

기업 통계치

VAT	이름	주소	규모	설립일자	매출	업종
532.581.34	Mony Bank	Main Street 1943, Brussels	592	09/05/1989	€ 9,900,000	banking
532.582.26	Villa Bella	Av. Elisa 66, Liege	6	12/08/1990	€ 25,000	cleaning
532.582.49	The Green Lawn	Lawnstreet 1, Ghent	63	24/02/2004	€ 185,000	agriculture
532.585.71	Salad Palace	Main Street 1472, Brussels	18	25/02/2007	€ 235,000	catering
532.586.52	Bart&Co.	Main Street 239, Brussels	37	04/03/2009	€ 1,700,000	transport
532.586.55	Elisa's Bar	Shortstreet 5, Antwerp	12	07/12/2011	€ 5,000	catering
532.590.00	Transport John	Av. Lovanias 31, Antwerp	104	18/12/2013	€ 34,000	transport
...	...	...	...	...	...	...

natural key

인사 기록

VAT	이름	소득	규모	퇴직 일자
532.586.52	Gurry Hill	€ 1,600	14/08/2012	-
532.586.52	Niel Tenson	€ 1,500	07/12/2009	-
532.586.52	Daisy Astalos	€ 1,800	26/03/2009	22/12/2009
532.586.52	William Wheately	€ 2,000	20/04/2014	-
532.586.52	Tom Book	€ 1,600	03/05/2010	14/01/2011
532.586.52	John Angeles	€ 1,750	17/05/2009	04/02/2015
...	...	...	...	...

익명화된 보기

ID	주(州)	규모	성숙도	매출	업종	1분기 퇴사자	2분기 퇴사자	3분기 퇴사자	4분기 퇴사자	5분기 퇴사자
19649524	P7	3	A	€ 200,000	agriculture	2	4	0	0	€ 1,550
27499423	P2	4	Y	€ 30,000	transport	-5	-5	-3	-5	€ 1,650
31865139	P1	2	A	€ 2,000,000	transport	5	5	5	-5	€ 1,600
39174842	P1	2	A	€ 250,000	catering	-1	2	0	2	€ 1,500
59135796	P5	1	M	€ 30,000	cleaning	0	0	0	0	€ 1,400
73591084	P1	5	M	€ 10,000,000	banking	10	10	5	-5	€ 1,800
91245075	P2	2	Y	€ 10,000	catering	0	-2	0	1	€ 1,350
...	...	...	...	...	...	...	...	...	...	...

해당 도시, 지역, 국가 등으로 일반화될 수 있다. 판 블라셀라르 등(Van Vlasselaer et al., 2015)에 따르면 신용카드 부정 적발 모형은 거래의 위치정보를 세 가지 수준으로 나타내기 위해 세 가지 더미 속성을 부여하였다. 거래는 다음 세 가지 수준에서 이루어진다: ① 신용카드 발행국, ② 유럽연합(European Union: EU), ③ 그 외 국가들(the Rest Of the World: ROW).

그림 7.2는 사회보장연금 부정(예: 기업의 탈세) 적발 과정에서의 익명화 절차를 보여준다. 현업은 데이터베이스를 2개 갖고 있다. 하나는 기업의 임직원과 관련된 통계치 그리고 또 다른 하나는 기업의 인사 기록이다. 두 데이터베이스는 VAT 번호로 연결되어 있다. 데이터 과학자들에 의해 안전하게 사용되려면 데이터베이스들은 사용 전 익명화 과정을 거쳐야 한다. 기업의 임직원과 관련된 통계는 다음과 같이 변환된다: VAT는 새로운 ID로 변환되고 임의로 선택된다. 기업명은 데이터 과학자들에게는 제공되지 않도록 제거된다. 기업 규모는

1과 5 사이의 이산 구간으로 분류된다. 설립일자에 따라 신규기업(young), 성장기업(adolescent), 성숙기업(mature)의 세 가지 범주로 분류된다. 규모와 기업의 나이의 매핑은 현업에 의해 정의되지만 데이터 과학자들에게는 숨겨진다. 기업 매출은 전문가 지식을 이용해 반올림함으로써 왜곡된다. 주소는 주(province)로 일반화된다. 기업의 업종은 변동 없이 보이게 된다. 인사 기록은 기업 수준에서 통합된다. 이로써 분기별 임직원들의 퇴사율과 평균 임금이 명시된다. 익명화를 거친 표에서 각 행은 임의로 생성된 ID 순서대로 정렬되며, 기존 표의 정렬 순서를 따르지 않는다는 점을 명심해야 한다.

SQL 뷰(SQL Views)

SQL 뷰는 데이터 테이블의 일부를 추출하는 기능으로 조직 내 프라이버시 위원회에 의해 승인받은 데이터를 공유할 수 있도록 해준다. SQL 뷰는 그림 7.3과 같이 실제 데이터가 존재하지는 않는 가상 테이블로 간주될 수 있다. 뷰의 정의는 뷰가 호출될 때 기본 테이블에서부터 어떤 속성이 나타나는지를 결정하는 공식들로 이루어져 있다. 뷰에서 보이는 내용들은 호출 시에 생성된다. 그림 7.2에 해당하는 SQL 뷰는 다음과 같이 만들어진다:

```
CREATE VIEW  FRAUD_INPUT
AS SELECT  C.ANON_VAT, C.PROVINCE, C.ANON_SIZE,
C.ANON_REVENUE, C.SECTOR, C.ANON_AGE, AVG(P.WAGE),
COUNT(*)
FROM  COMPANIES C, PERSONNEL P
WHERE  C.ANON_VAT = P.ANON_VAT
GROUP BY  C.ANON_VAT;
```

특정 뷰의 경우 사용자(이 경우는 데이터 과학자)에 의해 업데이트될 수 있다. 그런 경우, 뷰는 업데이트 정보들을 기본 테이블로 전파하는 창(window) 역할을 한다. 업데이트 가능한 뷰들은 INSERT, UPDATE, DELETE 지시가 기본 테

그림 7.3 데이터베이스에 대해 정의된 다른 SQL 뷰

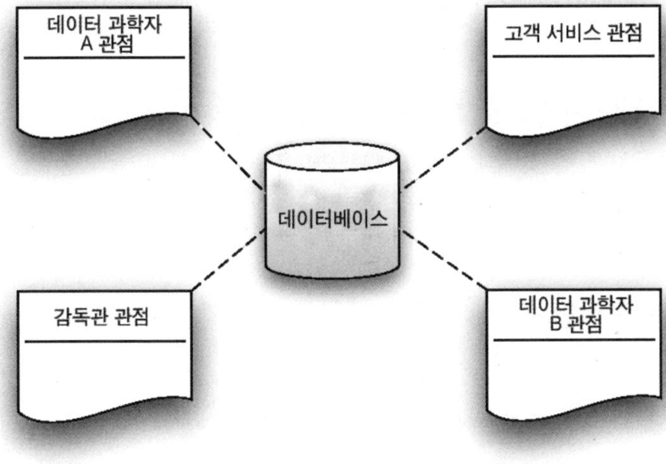

이블에 분명하게 INSERTs, UPDATEs, DELETEs로 반영되는 것을 요건으로 한다. 만약 이 분명한 매핑이 성립되지 않는다면 뷰는 읽기만 가능한 상태이다. 만약 업데이트 가능한 뷰를 통해 새로운 행을 추가하거나 업데이트하는 경우 해당 행이 업데이트 이후에 뷰 정의를 충족하지 못할 수 있다(예: 뷰를 통해 해당 행들을 불러낼 수 없다). WITH CHECK 옵션을 통해 사용자들이 기대하지 않았던 효과들을 회피할 수 있도록 해준다: UPDATE와 INSERT 구문과 뷰 정의가 서로 일치하는지를 확인한다. 가령 데이터 과학자들이 운송 업종 데이터에만 접근 권한을 갖고 있다고 가정해 보자. 그렇다면 그에 상응하는 뷰 WITH CHECK 옵션은 다음과 같다:

```
CREATE VIEW FRAUD_INPUT
AS SELECT C.ANON_VAT, C.PROVINCE, C.ANON_SIZE,
C.ANON_REVENUE, C.SECTOR, C.ANON_AGE, AVG(P.WAGE),
COUNT(*)
FROM COMPANIES C, PERSONNEL P
WHERE C.ANON_VAT = P.ANON_VAT AND C.SECTOR = 'TRANSPORT'
```

```
GROUP BY  C.ANON_VAT
WITH CHECK OPTION;
```

만약 사용자가 업종을 '건설'로 바꾼다면, 행은 WITH CHECK 옵션 없이 뷰에서 사라지게 될 것이다. WITH CHECK 옵션은 이런 종류의 행위를 방지할 수 있다.

3) 라벨 기반 접근 통제

라벨 기반 접근 통제(Label-Based Access Control: LBAC)는 승인되지 않은 접근을 막음으로써 데이터를 보호하는 통제 방법으로, 사용자들에게 부여된 여러 권한의 수준을 구별해 낼 수 있다. LBAC은 특정 테이블, 열, 행에 대한 읽기와 쓰기 권한을 부여하는 데 사용될 수 있다. 예를 들어 높은 보안 수준의 사용자가 추가한 데이터 아이템(각 행)은 낮은 보안 수준의 사용자에게는 보이지 않는다. LBAC의 사용은 테이블에 대한 많은 뷰(view)가 생성되어 있을 때와 특정 사용자들이 동일하거나 더 낮은 보안 수준의 데이터에만 접근할 수 있게 하는 경우 굉장히 유용하다. LBAC은 데이터를 민감도에 따라 기밀(CONFIDENTIAL), 비밀(SECRET), 일급비밀(TOP SECRET)과 같이 계층적 분류를 하는 많은 기업과 정부기관의 데이터베이스에 도입되어 있다.*

데이터에 관한 내부 접근 통제를 관리하기 위해 LBAC은 *보안 라벨 요소*(security label components), *보안규정*(security policies), *보안 라벨*(security labels)을 구분한다. 보안 라벨이란 보안 라벨 요소의 집합이다. 각 보안 라벨 요소는 사용자가 데이터(또는 데이터의 일부)에 접근할 때 충족되어야 하는 요건에 대해 정의하고 있다. 예를 들면 보안 라벨 요소는 각 행들의 민감도를 구별할 수 있다. 다음의 보안 라벨 요소는 SECRET과 CONFIDENTIAL 사이의 계층적 순서

---

* http://www.drdobbs.com/understanding-label-based-access-control/199201852.

를 나타낸다:

```
CREATE SECURITY LABEL COMPONENT LEVEL
ARRAY [SECRET, CONFIDENTIAL]
```

SECRET 보안 라벨을 부여받은 사용자에 의해 추가된 행들은 SECRET 보안 라벨을 가진 다른 유저들에게만 보인다. CONFIDENTIAL 보안 라벨을 부여받은 사용자들이 추가한 행들은 CONFIDENTIAL 보안 라벨이나 SECRET 보안 라벨을 받은 모든 사용자들이 볼 수 있다.

보안규정은 테이블별로 지정되어 해당 테이블이 어떻게 보호되어야 하는지를 지시한다. 보안규정은 보안 라벨 요소들로 구성되어 있다. 만약 테이블이 LBAC을 통해 보호되고 있다면 각 테이블은 정확히 하나의 보안규정을 갖게 된다. 동일한 보안규정으로 여러 테이블을 보호할 수 있다. 다음의 보안규정 sec_policy는 하나의 보안 라벨 요소로 이루어져 있고, SECRET 역할을 갖고 있는 모든 사용자는 모든 데이터에 접근할 수 있음을 명시한다. CONFIDENTIAL 지위를 갖고 있는 사용자들은 다른 CONFIDENTIAL 사용자들이 만든 데이터에만 접근할 수 있다.

```
CREATE SECURITY POLICY  sec_policy
COMPONENTS  LEVEL
WITH DB2LBACRULES;
```

이러한 보안규정은 create 구문에 포함되어 있다.

보안 라벨은 사용자별로 지정되며 어떤 사용자들이 보호된 데이터를 확인하거나 수정할 수 있는지를 나타낸다. 다음 구문을 확인해 보자:

```
CREATE SECURITY LABEL  data_access.ds
COMPONENTS  LEVEL CONFIDENTIAL;
GRANT SECURITY LABEL data_access.ds TO USER
data_scientist 1 FOR ALL ACCESS;
```

```
CREATE SECURITY LABEL data_access.bs
COMPONENT LEVEL SECRET;
GRANT SECURITY LABEL data_access.bs
COMPONENT LEVEL SECRET;
GRANT SECURITY LABEL data_access.bs TO USER manager 1
FOR READ ACCESS;
```

테이블이 sec_policy에 의해 보호된다고 가정한다면, 데이터 과학자 1은 CONFIDENTIAL이라고 표기된 모든 데이터에 대해 읽기/쓰기 권한이 주어진다. 매니저 1은 SECRET 또는 CONFIDENTIAL 라벨이 붙은 모든 데이터에 대해 읽기 권한은 있지만 쓰기 권한은 없다.

4) 외부 데이터 접근

외부 데이터의 이용과 공유는 국가의(때로는 국제적인) 프라이버시 위원회의 승인이 반드시 필요하다. 프라이버시 위원회는 기업이 어떤 데이터를 저장하고 어떻게 보호해야 하는지를 감독한다. 또한 개개인들이 본인의 개인정보를 요청, 변경, 검색할 수 있도록 보장한다.

EU 프라이버시 위원회에 의해 집행된 가장 중요한 EU 규제 중 하나는 *잊힐 권리*(the right to be forgotten)이다. 잊힐 권리란 1995년으로 거슬러 올라가며 개인이 본인의 개인정보의 제거를 요청할 수 있다고 명시하고 있다. 1995년 제정된 프라이버시 규제는 EU 기업들에게만 적용 가능하다. 온라인 판매의 급증과 함께 유럽 사람들이 더욱더 많은 비유럽 서비스들을 이용함에 따라 1995년의 규제는 시대에 뒤떨어지게 되었다. 최근 EU 사법 재판소는 유럽국가의 고객들에게 서비스를 제공하는 비EU 기업들에게까지 적용이 가능한 새로운 프라이버시 규제를 제정하였다.

새로운 EU 규제들이 EU 내 프라이버시 규제들을 통일시키는 중이지만 현재

프라이버시에 관해 국제적으로 합의된 규제는 없다. 국가 간 규제들은 서로 매우 상이하기 때문에 유럽의 (국제적인) 프라이버시 규제는 매우 분열되어 있다. 따라서 통합과 투명성에 초점을 맞춰 국경에 상관없이 데이터 보호와 프라이버시를 규제하는 통일된 조직체가 절실히 필요하다.

4. 부정 손실의 자본 산정

부정은 기업에 막대한 금전적 손해를 안길 수 있고 이러한 사안은 기업에게 상당히 큰 위협으로 작용될 수 있다. 이러한 손해, 그리고 사실상 기업이 노출된 모든 종류의 리스크를 계획하고 회복하기 위해 자본은 완충재로서 역할을 하고 금융 충격을 흡수하기 위해 따로 확보될 수 있다. 리스크를 보완하기 위해 자본을 확보하는 것은 법안으로 인한 엄격한 요구사항일 수도 있다. 이는 정교한 규제(예: Basel and Solvency accords)의 대상이자 국가 또는 초국가적 규제 기관에 의해 모니터링되고 통제되며 노출된 다양한 리스크를 평가 및 측정하기 위해 진보된 분석능력이 요구되는 은행이나 보험사와 같은 금융 기관에 해당된다. 이런 규제들은 체계적인 위험에 취약한 전체 금융 시스템 내 각 금융 기관이 금융 위험으로부터 보호되고 이로 인해 발생할 비기대 손실(Unexpected Loss: UL)에 대비할 수 있도록 충분한 수준의 자본을 추정하여 미리 확보할 수 있도록 하는 것을 목표로 한다. 충분한 수준인지를 결정하는 것은 매우 어렵고 복잡한 업무로 다양한 접근법이 있지만 다음 단락에서 그중 한 가지 방법에 대해 자세하게 다룰 것이다.

1) 기대 또는 비기대 손실

기대 손실(Expected Loss: EL)은 한 조직이 특정 기간 동안 겪는 평균 손실이고 비기대 손실(Unexpected Loss: UL)은 예상손실을 넘어서는 손실금액을 의미

한다. 기대 손실은 간단한 방법으로 계산될 수 있는데 적절한 기간 내 관찰된 값의 평균으로 산정될 수 있다. 상업적 활동으로 인한 정기적인 손실에 직면한 조직은 기대 손실을 서비스나 판매 물품의 가격을 결정할 때 이를 비용으로 포함하는 것을 고려해야 한다.

하지만 임의적인 효과뿐만 아니라 기업이 기대 손실을 계산하는 데에서 예상하지 못하고 있거나 고려할 수 없는 비무작위적 효과 때문에 손실은 정해진 기간의 범위(예: 1개월 혹은 1년) 내에서 기대 손실의 수준을 초월하여 발생할 수 있다. 예상 수준을 아주 살짝 초과하는 수준의 소액의 비기대 손실은 생각보다 빈번하게 일어나고 손쉽게 처리될 수 있지만, 역대 최고치의 손실이 발생하는 경우도 있다. 이런 예외적이지만 심각한 수준의 비기대 손실을 처리하기 위해 충분한 수준의 자본이 미리 계산되어야 한다. 이런 손실들은 예외성으로 인해 손실금액과 필요한 충당금을 계산하는 것이 어렵고 더 복잡한 방법을 요구한다.

경영환경에서 리스크는 경제적 손실의 가능성이나 *확률*로 간단하게 정의될 수 있다. 잠재적 손실의 원인들은 본질적으로 다를 수 있으며 일반적으로 리스크의 발생 원인과 처리에 따른 접근법에 관한 구별을 하기 위해 분류된다. 부정으로 인한 손실은 대개 운영 리스크로 분류되는데 기업이 상품을 생산하거나 서비스를 제공하는 일상적인 업무 또는 활동에 의해 발생하는 리스크라는 의미이다.

리스크에 대처하는 첫 번째 단계는 연관된 불확실성(예: 손실 발생 확률)을 분석하는 것이다. 이는 확실히 자명한 것이 아니며 일반적으로 시계열(time-series) 데이터를 수집하여 이루어진다. 시계열 데이터란 손실의 발생과 특징에 관한 과거의 관찰치들을 의미한다. 이런 데이터들을 통해 분석가들은 관찰된 데이터에 확률 분포를 대응시켜 손실 발생 가능성을 설명할 수 있도록 한다. 확률 분포의 함수 형식의 모양은 선택할 수 있다. 다시 말해서, 분석하고자 하는 불확실한 현상의 통계적 본질을 고려한 지식을 기반으로 적절한 이론적 확률 분포가 선택될 수 있다. 선택된 분포의 매개변수들은 관찰된 데이터에 최대한 적합해질 수 있도록 추정된다. 시계열 부정 데이터에 대한 분석은 분포 적합 프로세스를 설명하기 위해 이 절에서 추가적으로 설명될 것이다.

연관된 불확실성을 설명하기 위한 또 다른 방법으로는 관찰된 과거 빈도 히스토그램을 기반으로 하는 경험적 확률 분포를 수용하는 방법을 생각해 볼 수 있다. 하지만 이런 경험적 확률 분포는 손실 관찰치들이 제한된 과거 기간과 관련된 경우 발생가능성이 낮은 극단적인 사건이나 값들의 확률을 심각하게 과소추정할 수 있다. 또한 경험적 분포를 적용한다면 빈도(frequency)와 심각성(severity)을 분리하여 설명하기보다는 전반적인 손실 분포를 즉각적으로 설명해야 한다.

운영 리스크로 인한 비기대 손실을 계산하기 위해서는 일반적으로 전반적인 손실 분포의 빈도와 심각성 구성요소들을 별도로 평가해야 하는데, 이는 빈도와 심각성 구성요소를 설명하기 위해 별도의 확률 분포를 적용하는 것을 의미한다. 손실의 빈도 분포는 정해진 시간 단위별 발생한 손실사건의 수로 표현되고 얼마나 손실이 자주 발생하는지를 알려준다. 손실 사건의 심각성은 통화단위로 측정될 수 있는 실제 재무적 영향이다. 빈도와 심각성은 독립적으로 간주되는데 이는 특정 기간 내에 발생한 손실 건수는 해당 건들의 금액과는 관계가 없다는 뜻이다. 따라서 개별 확률 분포가 만들어지며 총손실 분포(aggregated loss distribution)를 나타내기 위해 결합된다.

빈도 구성요소는 이산 확률 분포(discrete probability distribution)로 설명될 수 있는데, 특정 기간 내 부정으로 인해 발생한 손실 건수는 이산 확률 변수(discrete stochastic variable)이기 때문이다. 일반적으로 푸아송 분포(Poisson distribution)가 사용되는데, 이는 시간 경과에 따른 평균 사건 수를 감안할 때 채택된 시간 단위 동안 여러 사건을 관찰할 확률을 설명하는 이론적 확률 분포이다. 평균적인 발생 사건 수만이 분포의 정확한 실제 모양을 결정하는 유일한 매개변수이다. 반면 심각성 구성요소는 부정 발생으로 인한 화폐단위로 표현되는 손실이 연속적 확률 변수(continuous stochastic variable)로 간주되기 때문에 연속분포로 설명된다.

2) 총손실 분포

충분한 자본 수준을 계산하기 위해서는 특정 기간 내 특정 손실을 야기할 확률을 설명하는 확률 분포가 필요하다. 이 종합적인 총손실 분포(aggregate loss distribution)는 손실의 빈도 및 심각성의 확률 분포를 결합함으로써 구해질 수 있다. 하지만 빈도는 이산적이고 심각성은 연속적이므로 본질적으로 굉장히 달라서, 결합과정이 단순하지만은 않다.

기본적으로 총손실 분포를 얻기 위한 두 분포의 결합에는 폐쇄형 솔루션(closed-form solution)과 개방형 솔루션(open-form solution)의 두 가지 접근법이 있다(Navarette, 2006).

폐쇄형 솔루션은 복잡한 분석 공식을 풀어야 한다. 주어진 특정 문제를 해결하기 위한 가장 직접적인 폐쇄형 솔루션은 *컨볼루션*(convolution)이라고 불리는 수학적 연산을 사용하여 분포들을 결합하는 것이다. 하지만 이 방법을 정교하게 하기 위해서는 복잡한 적분을 계산해야 한다. 폐쇄형 솔루션의 다른 접근법은 더 효율적인 결합을 위해서 빈도와 심각성 분포들을 조작할 수 있도록 해주는 푸리에 변환(Fourier transformations)을 사용하는 것이다. 역푸리에 변환(inverse Fourier transformation)을 통해 분포들을 *빈도 영역*에서 결합하고 총손실 분포의 폐쇄형에 도달할 수 있다. 이 폐쇄형 솔루션은 통계 및 수학 전문가들의 도움을 필요로 한다.

대안으로 몬테카를로 시뮬레이션(Monte Carlo simulation)을 사용하여 총손실 분포를 구하는 **개방형 솔루션**이 있다. 몬테카를로 시뮬레이션이란 위에서 말한 폐쇄형 솔루션보다 좀 더 간단하고 도입하기 쉬운 접근법이다. 몬테카를로 시뮬레이션의 핵심은 무차별적인 계산 대입을 통해 시스템을 시뮬레이션하는 것으로, 특정 결과값의 확률을 관찰하기 위해 입력값이 (정해진 확률 분포에 따라) 임의적으로 선택된 다수의 값들에 어떻게 반응하는지를 관찰하는 것이다. 이 경우의 입력값이란 빈도와 심각성이고 결과값은 시간 단위 안에 발생한 부정 사건의 수와 각 사건과 관련된 손실로 인한 총손실이다.

그림 7.4 99.9% 신뢰 수준에서의 기대 손실, 위험가치(VaR) 및 비기대 손실로 표시하는 총손실 분포

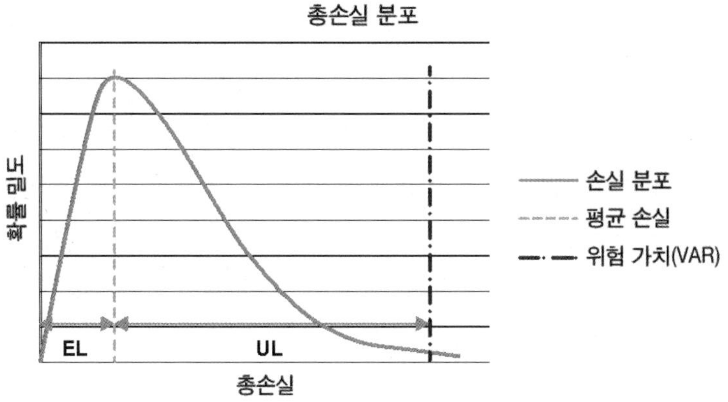

몬테카를로 시뮬레이션은 다수의 인위적 손실 관찰치를 생성해 낸다. 빈도와 심각성 구성요소의 확률 분포는 이러한 분포와 일치하는 확률을 사용하여 *임의*의 손실 관찰치들을 생성하는 데 사용될 수 있다. 충분한 수의 관찰치들이 생성되었을 때, 관찰치들로부터의 경험적 분포의 단순한 편차가 총손실 분포가 된다. 이 설정에서 충분성은 분포를 생성하기 위해 사용된 관찰치의 숫자와 상관없이 총손실 분포가 안정적인 상태를 유지함을 의미한다.

총손실 분포가 구해지고 나면 비기대 손실 값은 선택된 신뢰 수준의 함수로 결정될 수 있다. 신뢰 수준은 자본으로 보호될 수 있는 가장 큰 손실 최대치(loss peak)를 수정함으로써 보호의 수준을 결정하는데, 자본이 충분하지 않을 더 높은 손실 최대치(loss peak)를 관찰할 확률도 나타낸다. 선택된 신뢰 수준과 연관된 총손실 값은 위험에 처한 영업가치(operational value at risk: VaR)라고 불린다. 그림 7.4에서 보여주듯이 선택된 신뢰 수준(그림 속에서는 99.9%)의 VaR과 기대 손실의 차이가 바로 비기대 손실이다.

적절한 신뢰 수준과 자본 수준을 결정하는 것은 자명하지 않다. 직관적으로 이 신뢰 수준은 극도의 손해로 인해 기업이 파산하지 않을 확률에 해당된다. 이런 관점으로 볼 때 100% 혹은 그에 가까운 신뢰 수준이 선호된다. 하지만

100% 혹은 그에 근접한 신뢰 수준은 매우 높은 VaR와 결과적으로 매우 높은 비기대 손실과도 관련될 수 있기 때문에, 심각한 손실을 보완하기 위해 필요한 자본을 마련하는 것은 불가능하거나 바람직하지 않을 수 있다. 모든 경제활동에는 리스크가 내재적으로 존재한다. 모든 종류의 리스크를 제거하고 대비하는 것은 충격에 대비하는 자본 적립의 목적이 아니다. 따라서 신뢰 수준을 100% 아래로 결정하는 것은 수용 가능하다. 문제는 정확히 어떤 수준인가이다. 하지만 특정 기업, 업종, 국가, 경영진 등 다수의 요인에 따라 결정되기 때문에 일반적으로 답할 수 없는 문제이다. 그러나 일반적으로 리스크 관리에서의 신뢰 수준은 95~99% 사이에 있거나 더 높은 수준으로 설정된다.

3) 몬테카를로 시뮬레이션을 이용한 부정 손실에 대한 자본 계산

이 단락에서는 몬테카를로 시뮬레이션을 이용해 자본을 계산하는 실용적인 방법을 논의할 것이다. 라바레테(Navarette, 2006)의 사례 연구를 기반으로 예시를 보여줄 것이다. 그림 7.5는 과거 1년간 신용카드 부정 사례들을 설명하는 2개의 변수(부정 발생 일자와 관련 부정 금액(€))를 가진 시계열 데이터 집합에 대한 스냅샷을 보여준다.

일자 정보(the date information)는 분석가들이 푸아송 분포를 빈도 데이터에 활용할 수 있도록 한다. 그러기 위해서 추정 또는 계산되어야 하는 유일한 매개변수는 평균 사건 발생률 λ로, 이는 매달 발생하는 부정 사건의 평균 건수로서 41.67이다. 따라서 몬테카를로 시뮬레이션에서 41.67의 값을 가지는 푸아송 매개변수를 가진 푸아송 분포를 사용해 임의적이지만 현실적인 월별 사건 발생률을 생성해 낸다(예: 월별 부정 사건의 수). 이 분석에서는 한 달을 시간의 기본 단위로 정하였다. 따라서 몬테카를로 시뮬레이션에서 도출된 총손실 분포는 우리에게 관련된 확률 밀도와 함께 월별 잠재적 손실에 대한 분포를 제공한다.

두 번째로 연속적 분포는 발생한 손실의 심각성을 설명하기 위해 주어진 데이터에서 추정되어야 한다. 로그 정규 분포(lognormal), 지수 분포(exponential),

그림 7.5 신용카드 부정 시계열 데이터 집합 및 부정 금액의 관련 히스토그램의 스냅샷

일자	부정 금액
2/01/2014	€ 963.82
2/01/2014	€ 618.02
3/01/2014	€ 549.45
4/01/2014	€ 1.732,30
8/01/2014	€ 1.929,02
…	
29/12/2014	€ 748,33
29/12/2014	€ 672.70
30/12/2014	€ 2.104,16
30/12/2014	€ 529,57
30/12/2014	€ 858,13

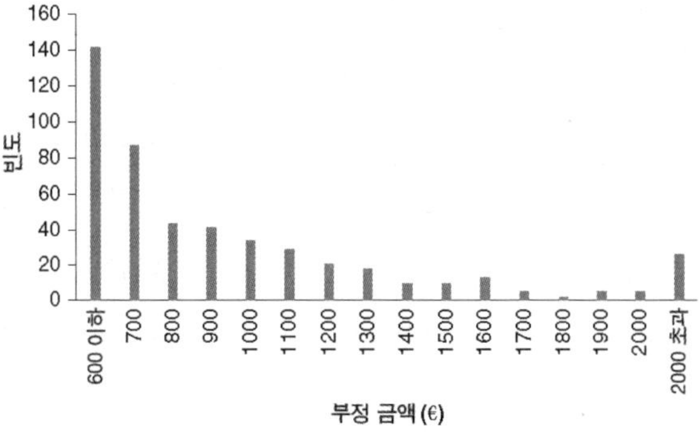

그림 7.6 푸아송 분포의 월별 부정행위 빈도와 관련 파레토 분포의 부정 손실인 몬테카를로 시뮬레이션 결과의 총손실 분포

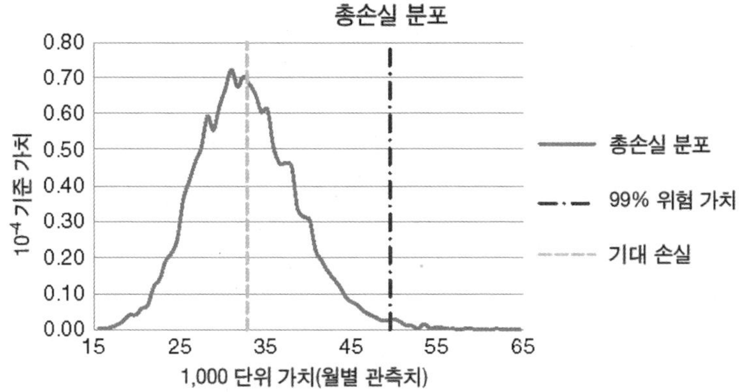

그리고 그 이외의 여러 이론적 분포들이 적합할 수 있다. 이 경우에는 그림 7.5에서 보여주는 과거 손실 분포를 관찰하기 위해서는 (카이 제곱 검증 통계량에 따른 순위의) 파레토 분포(Pareto distribution)가 가장 적합하다. 파레토 심각성 분포의 추정 매개변수들은 $a = 500$, $b = 2.75$이다.

추정된 푸아송 빈도 분포와 파레토 심각성 분포는 임의로 생성된 사건 발생률과 추정된 분포를 따르는 개별 부정 사건과 관련된 손실금액을 가지고 분석

가들이 다량의 시뮬레이션된 월별 관측치를 생성할 수 있도록 한다(해당 사례의 경우 1만 개의 관찰치 생성). 이와 같이 인위적이지만 현실적인 월별 부정 총손실 금액의 관찰치와 함께 광범위한 시계열 데이터를 만들어낼 수 있게 된다. 월별 손실에 대한 빈도 히스토그램은 그림 7.6과 같이 분석가들이 총손실 분포를 도출해 낼 수 있도록 한다.

그림 7.6은 기대 손실(부정로 인한 월별 손실의 평균: EL = 32,730€)과 99% VaR의 값(신뢰 수준이 99%일 때의 부정 손실: 99% VaR = 49,449€)을 모두 나타낸다. 99% VaR과 EL(기대 손실)은 UL(비기대 손실)로 확보해 놓은 자본으로 충당될 수 있다(UL = 16,718€). 신뢰 수준을 99.9%로 올리면 관련 VaR 값은 99.9% VaR = 57,542€로 상승하고, UL은 24,812€로 상승한다.

5. 부정 애널리틱스에 대한 경제적 관점

이 절에서는 분석적 부정 모형의 경제적 측면을 살펴볼 것이다. 우선 총소유비용에 대해 논의한 후 투자수익률에 대해서 이야기할 것이다.

1) 총소유비용

분석적 부정 모형의 총소유비용(Total Cost Of Ownership: TCO)이란, 분석 모형을 개시에서 퇴출시키기까지 예상 수명기간 동안 소유 및 운영에 들어가는 총비용을 의미한다. 정량적 비용과 정성적 비용을 모두 고려해야 하며 부정 애널리틱스에 최적의 투자를 어떻게 할 것인지에 대한 전략적 의사 결정을 하는 경우에도 주요 고려 사항이다. 총소유비용은 표 7.1에 보이는 예시처럼 취득원가(acquisition costs), 소유 및 운영비용(ownership and operation costs), 소유후비용(post ownership costs)의 세 가지로 나눌 수 있다.

총소유비용을 분석하는 목적은 연관된 모든 비용에 대한 포괄적인 관점을

표 7.1 총소유비용(TCO) 계산을 위한 비용 예시

취득원가	소유 및 운영비용	소유 후 비용
• 초기 구입비, 업그레이드, 지적재산권 • 라이센스 비를 포함한 소프트웨어 비용 • 초기 구입비, 유지비를 포함한 하드웨어 비용 • 네트워크 보안 비용 • 데이터 구매를 포함한 데이터 비용 • 급여 및 인력의 훈련과 같은 모형 개발 비용	• 모형 전환 및 변화관리 비용 • 모형 셋업 비용 • 모형 실행 비용 • 모형 모니터링 비용 • 지원비용(troubleshooting, helpdesk, etc) • 보험료 • 모형에 대한 투입 인력비 및 훈련비 • 모형 업그레이드 비용 • 모형 다운타임 비용	• 해체 및 폐기비 • 교환비

얻기 위함이다. 경제적인 관점에서 가중평균자본비용(WACC)과 같은 할인요소로 사용하여 적절하게 할인하기 위해서 비용 시점에 대한 고려도 포함해야 한다. 더불어 잠재적으로 숨겨진 비용이나 매몰비용의 식별에도 도움을 줄 수 있다. 많은 부정 분석 프로젝트에서 하드웨어나 소프트웨어 비용은 분석 모형들의 개발과 사용으로 인한 인건비(예: 인력의 훈련, 고용, 관리)에 종속되어 있다. 총소유비용 분석을 통해 비용 문제를 중요해지기 전에 정확하게 파악할 수 있다. 예시로 기존의 레거시 부정 모형에서 새로운 분석적 부정 모형으로 전환하면서 발생하는 변화 관리 비용은 대체로 과소평가된다. 총소유비용 분석의 결과는 벤더 선정, 구매/리스의 결정, 인소싱/아웃소싱, 예산안 작성, 자본 계산과 같은 전략적 의사 결정에서 중요한 사항이다. 이러한 투자 결정을 할 때 총소유비용은 비용적인 측면만 고려하기 때문에 분석 시 이 점을 포함하는 것도 매우 중요하다.

2) 투자수익률

투자수익률(Return On Investment: ROI)은 수익을 창출한 자원에 대한 투자 대비 수익(효익 또는 순수익)의 비율로 정의된다. 보통 수익과 투자 금액 모두 화폐단위로 표현되는 반면 ROI는 백분율로 계산된다. 금융상품의 ROI를 계산하는 것보다는 더 복잡하지만 조직에 유용한 통찰력을 제공할 수 있는 부정 적발 ROI를 계산하는 법에 대해서 배워보자.

부정 적발 시스템의 수익은 제6장에서 조사 표본의 선택을 논의하면서 언급한 바 있다. 부정 조사에 할당할 최적의 자원 양과 조사할 표본은 표본을 검사하는 데 연관된 총효용을 극대화할 수 있는 자원의 양으로 정의되었다. 해당 표본은 적발 모형에 의해 가장 높은 점수를 받았거나 *가장 높은 기대 부정 금액*(부정 가능성과 추정된 부정 금액을 곱하여 계산)을 갖고 있는 사례들, 즉 가장 의심스러운 사례들로 선택이 되었다.

상이한 결과물들의 효용은 순화폐가치(net monetary value)로 나타낼 수 있는데 양 또는 음의 값으로 부정과 관련되어 있거나 무관한 사례의 조사 여부에 대한 의사결정과 관련된 조직에 미치는 효익과 비용을 나타낸다. 효익과 비용은 경제적, 비경제적인 면을 모두 포함하지만 화폐단위로 표시된다.

총수익 또는 총효용을 생성하기 위해 필요한 투자는 총소유비용과 같다고 가정할 수 있다. 총소유비용은 비용의 여러 특성을 포함하는데, 부정 적발 시스템을 만들고 운영하고 유지하는 데 필요한 총투자를 다룬다. 하지만 총소유비용은 적발 시스템의 결과값에 대해 추가적인 조치(예: 의심스러운 경우들을 조사하고 다루는 것)를 취하는 데 필요한 자원과 관련된 비용은 포함하지 않는다. 이 모든 비용은 함께 *총부정처리비용*(Total Cost of Fraud Handling)으로 표시되고 조사 비용, 법적 비용 등을 포함한다. 명백하게도 부정을 다루는 총비용을 산출하는 것은 다루기 힘든 일이지만 ROI를 계산하기 위해서는 반드시 필요한 계산이다.

따라서 다음과 같은 최종 ROI 공식을 얻는다:

$$\text{투자수익률} = \frac{\text{총효용}}{\text{총소유비용} + \text{총부정처리비용}}$$

6. 인소싱 vs. 아웃소싱

빅데이터와 애널리틱스에 대한 관심과 필요성의 대두 및 서유럽과 미국의 실력 있는 데이터 과학자들의 부족한 공급은 분석에 대한 아웃소싱과 관련된 의문을 제기했다. 이 필요성은 시간 단축과 원가 절감에 대한 압박으로 인해 증폭되었다. 기업들은 분석을 위한 역량을 내부적으로 기업 전체 또는 부서별로 키우는 인소싱과 모든 분석 활동을 아웃소싱하거나 부분적으로만 아웃소싱하는 방법 중 선택을 해야 한다. 아웃소싱 애널리틱스의 강점을 보이는 곳은 인도, 중국, 동유럽, 그리고 그 외 필리핀, 러시아, 남아프리카공화국이 있다.

데이터 수집, 정제, 전처리, 분석 플랫폼(하드웨어 및 소프트웨어) 구성, 훈련 및 교육, 복잡한 분석 모형의 개발, 시각화, 평가, 모니터링, 유지에 이르기까지 다양한 분석활동은 아웃소싱의 대상이 될 수 있다. 기업은 분석 활동을 단계별로 아웃소싱하는 보수적인 방법을 선택할 수도 있고, 즉시 분석 패키지 서비스를 사용할 수도 있다. 당연하게도 후자가 더 많은 위험이 따르기 때문에 조심스럽게 평가되어야 한다.

여러 가지 이점이 있음에도 아웃소싱은 분명한 전략적 청사진과 연관된 모든 리스크에 대해 심사숙고하는 방식으로 접근해야 한다. 우선 아웃소싱 애널리틱스와 전통적인 ICT 서비스의 차이를 보면, 애널리틱스는 기업의 전면 전략(front-end strategy)으로 고려되는 반면 ICT 서비스들은 기업의 후면 운영(back-end operation)의 부분이라는 점이다. 또 다른 중요한 리스크는 기밀 정보의 교환이다. 지적 재산권(IP) 및 데이터 보안 문제는 확실히 조사 및 합의가 되어야 한다. 또한 아웃소싱을 하는 기업이 동일한 분석 기술을 사용하게 되면서 제공하는 데이터에 의해서만 차이가 발생할 수 있는데, 아웃소싱 제공 기업은 개별 기업의 지적 재산권과 데이터가 어떻게 관리되고 (암호화 방식과 방화벽 등으로) 보호될 것인지에 대한 정확한 가이드라인과 보증을 제공해야 한다. 또 다른 중요한 리스크는 파트너십의 계속 여부에 관한 것이다. 아웃소싱 기업이 타 기업에 인수되거나 합병이 되며 경쟁자와 협업을 하는 경우도 더러 있는데, 이

럴 때 경쟁우위가 희석되는 경우가 많다. 나아가 아웃소싱 기업은 임직원의 업무 강도가 높고, 직원은 업무 수준이 낮아 지루하며, 헤드헌터들이 공격적으로 이직을 권하는 등의 이유로 이직률이 높다. 이러한 소모적인 문제는 고객의 분석 비즈니스 프로세스 및 요구에 대한 장기적인 이해를 심각하게 저해한다. 자주 언급되는 또 다른 복잡한 문제로는 구매자와 아웃소싱 기업 간의 시간 관리, 언어의 차이, 현지/국제적 문제 등의 문화적 불일치가 있다. 또한 만기 시 조건에 대해서도 분명하게 합의가 되어야 한다. 여러 분석 아웃소싱 계약들은 3~4년을 주기로 한다. 계약 만기 시, 분석 모형들과 지식들이 어떻게 구매자에게 전달될지에 대해서도 분명히 합의되어야 한다. 마지막으로 미국과 서유럽에서 발생 중인 데이터 과학자들의 부족 현상은 아웃소싱 서비스를 제공하는 국가들에게도 (어쩌면 더 심각하게) 적용되고 있다. 이 국가들은 훌륭한 통계 교육과 훈련 프로그램을 가진 대학들을 보유하고 있지만 졸업생들은 애널리틱스를 통해 전략적인 기여를 할 수 있는 현업 역량, 통찰력 및 경험이 부족하다.

이와 같은 고려사항들로 인해 다수의 기업이 현재 부분적인 아웃소싱 전략을 취하고 있다. 쿼리, 리포팅, 다차원 데이터 분석, OLAP과 같은 기본적인 운영 관련 분석 활동은 아웃소싱을 하고 고급 수준의 기술적, 예측적, 소셜 네트워크에 대한 분석 역량은 내부에서 개발·관리하는 시스템이다.

7. 모델링의 확장

1) 예측

제4장에서는 목표변수를 추정하는 예측적 학습 기법(predictive learning techniques)을 살펴보았다. 예측적 애널리틱스는 목표변수의 종류에 따라 회귀분석(regression)과 분류(classification)로 구별되었다. 회귀분석의 경우 연속형 목표변수가 추정되고 (제한적이거나 무제한적 구간) 분류의 경우에는 범주형 목

표변수가 추정된다. 예측적 애널리틱스의 세 번째 유형은 예측(forecasting)이라는 시계열 회귀분석으로 연속형 목표변수를 시간의 함수로 예측한다. 예측분석 시 목표변수의 값은 시간의 경과에 따라 이동 또는 변동되기 때문에 풀어야 하는 문제가 더 추가된 셈이다. 시간 의존적인 추정을 하기 위한 기술은 다양하지만 현재까지 논의된 기술들과는 본질적으로 상이하며 다양한 난제들이 있다. 시계열 모델링을 추가로 알고 싶다면 예측과 관련된 서적 및 논문을 참고할 것을 추천한다(Armstrong, 2001; Petropoulos, Makridakis, Assimakopoulos & Nikolopoulos, 2014). 일반적이지 않고 단순하지 않지만, 부정 적발에서 예측은 특정한 사례나 목적을 위해 직접적으로 또는 간접적으로 사용될 수 있다.

부정 적발에서 예측 기법을 쓸 수 있는 예로는 예상/기대(forecasted) 값과 관찰값 사이의 편차를 탐지하는 것이다. 편차 또는 차이가 크다면 부정의 지표일 수 있다. 원산지에서 도착지까지 물품을 발송할 때 제3국을 거침으로써 관세를 회피하는 유형의 부정을 예시로 살펴보자. 마치 동일한 상품이 제3국에서 생산되고 수출된 것같이 라벨링 작업을 다시 하는데, 이유는 제3국에 부과되는 관세가 원산지보다 더 낮은 이유로 관세를 회피하거나 낮출 수 있기 때문이다. 각 물품 카테고리별로 기대수입량을 예측해 봄으로써 진짜 원산지 국가와 제3국으로부터 기록된 수입량의 편차가 크다면 부정을 의심할 수 있다.

부정에서 예측 방법의 사용에 관한 두 번째 예는 시간의 함수로서, 시간이 경과함에 따라 부정으로 인한 손실금액이 어떻게 발전하는지를 추정해 보는 것이다. 부정으로 인한 손실은 시간의 흐름에 따라 달라질 수 있는데, 이는 임의의 효과로 인한 것일 수도 있지만 구조적인 효과로 인한 것일 수도 있다. 이는 특정 요인들이 관찰된 부정의 손실이 어떻게 변동되고 진화하는지를 부분적으로 설명해 줄 수 있음을 의미한다. 가령 경기 순환은 중요한 요인이 될 수 있는데 경기가 호전될 때보다는 저조할 때 더 많은 부정이 관찰될 것을 기대할 수 있기 때문이다. 계절적 요인도 특정 부정에 영향을 끼칠 수 있는데, 신용카드 부정으로 인한 손실액이 12월에 가장 클 수 있다. 이는 크리스마스와 연말연시를 앞둔 사람들의 쇼핑 패턴으로 신용카드 사용금액이 증가하기 때문이다. 또한 보험 청구금과 부정 청구금액도 계절이나 날씨의 영향을 받을 수 있는데, 부정 손실금액이 계절적이라는 의미를 가질 수 있다. 이러한 계절적 영향도는 예측 기술을 통해 쉽게 모형화될 수 있다.

2) 텍스트 분석

부정 적발 시스템을 구축할 때 탐색할 수 있는, 추가로 분석해 볼 만한 아주 풍부한 정보의 출처는 텍스트 데이터이다. 보고서, 이메일, 문자, 트윗, 인터넷상 문서, 블로그, 리뷰, 재무제표 등과 텍스트는 *비정형*(unstructured) 데이터이다. 비정형 데이터는 제3·4장에서 소개한 기술로 분석할 수 있는 행과 열로 구성된 표에는 잘 배치되거나 정리되지 않는다. 그렇기 때문에 텍스트 데이터는 잠재적으로 유용한 정보를 포함하고 있지만, 부정 적발이나 예측을 위한 분석에 포함시켜야 할지는 불분명하다. 반어법, 동의어, 동음이의어 등을 인식하고 해석하는 문제점과 같이 텍스트 분석에는 여러 가지 난관이 있다.

비정형 데이터의 다른 원천 혹은 유형으로는 사진, 그림과 같은 이미지, 동영상, 오디오 데이터, 그리고 소셜 네트워크 데이터 등이 포함된다. 사실 네트워크 정보 또한 정형 데이터 테이블 형식으로 정리할 수 없기 때문에 본질적으로는 비정형 데이터로 분류 가능하다. 제5장에서 논의되었던 것처럼 네트워크는 어느 정도의 노력과 지식을 갖고 정형 데이터로 변환될 수 있으며 이 책에서 다루어진 기술들을 활용하여 분석할 수 있다. 네트워크 데이터의 특성과 형식에 대한 처리 기술들은 제5장에 나와 있다.

텍스트 데이터의 처리를 위한 동일한 접근법이 두 가지 있다. 두 가지 접근법은 단어와 구문 간의 패턴과 상호 관계를 발견하는 것을 목표로 한다. 텍스트를 간파하여 패턴을 인식하는 특정 기술이 개발되어 왔다. 그러나 이런 기술들은 텍스트 데이터를 정형 데이터로 변환하여 이후 정형 데이터 분석을 하도록 설계된 기법의 적용을 위해 채택된다. 이와 같이 텍스트 마이닝의 통찰이 정형 데이터 분석에 추가되어 의사결정에 도움을 줄 수 있다.

텍스트는 문서의 집합을 요약한 숫자적 표현으로 매핑될 수 있으며, 예측 및 데이터 마이닝 기술의 입력값이 된다. 가령 텍스트 데이터는 먼저 텍스트 문서를 집합적으로 나타내는 단일값 분해(singular value decomposition: SVD) 구성요소라고 불리는 숫자적 구성요소로 변형될 수 있다. SVD 요소들은 기존 모형의 예측력이 개선될 수 있도록 다른 정형 입력값 속성들과 함께 추가적인 입력값으로 사용될 수 있다.

부정 적발 환경에서 텍스트 분석의 활용 예시로는 보험 청구 부정을 적발하기 위해 차량 사고 보고서와 청구 서류의 분석과 관련된 것이다(제1장 참조). 사실 청구와 관련된 데이터는 비정형 데이터가 약 80%를 차지한다. 비정형 데이터에서 얻은 정보는 조사비용 절감과 보상업무 최적화에 사용할 수 있다. 일부 보험사들은 사고 보고서와 관련하여 사용된 특정 형용사의 사용 빈도, 격한 감정의 표현이나 아주 상세한 방식의 사고 설명 등 보고서에 있는 감정 및 상세한 수준과 청구 건의 부정 확률 사이에 U자형 상관관계가 있음을 인지하고 있다. 이는 부정 관련자들이 허위 진술이나 왜곡된 보고를 하는 경우 *적당한 수준*의 감정과 상세함을 흉내 내는 것이 어렵기 때문에 가능한 분석이다.

해당 예시를 통해 텍스트 데이터에는 *모호성*과 *복잡성*이 있으며, 이로 인해 자동화된 접근법으로는 분석이 아주 어렵다는 것을 알 수 있다. 그러나 이런 점이 텍스트 데이터를 흥미로운 분석 대상으로 만든다. 텍스트를 분석하는 것은 높은 수준의 섬세한 기술과 접근법을 요구하는 어려운 문제이기 때문에 훌륭한 소프트웨어의 지원이 필수적이다. 텍스트 분석의 특수성으로 인해 이 책에서는 추가적으로 다루지 않는다. 추가적인 정보를 위해서는 차크라보티 등(Chakraborty et al., 2013)을 참고하길 바란다.

8. 사물인터넷

사물인터넷(the Internet of Things: IoT)은 제조기업, 서비스 기업, 고객 및 다른 기기 등과 Wi-Fi, IPv6 등의 기술을 활용해서 정보를 교환함으로써 가치를 창출하는 상호 연결된 전자기기, 센서, 소프트웨어, IT시스템 등의 네트워크를 의미한다. 예를 들면 심박수 모니터, 움직임/소음/온도 센서, 전기나 수도계량기 등의 기기를 생각해 보면 된다. 사물인터넷의 예시는 다음과 같다:

- 스마트 주차(Smart Parking): 도심 속 무료 주차 공간을 자동으로 찾아주는 시스템
- 스마트 라이팅(Smart Lighting): 날씨 조건에 따라 가로등 빛을 자동으로 조절해 주는 시스템
- 스마트 교통(Smart Traffic): 교통상황 및 정체 여부에 따라 운전과 산책 길을 최적화시켜 주는 시스템
- 스마트 그리드(Smart Grid): 에너지 소비를 자동적으로 모니터링해 주는 시스템
- 스마트 공급망(Smart Supply Chians): 공급망을 따라 상품의 이동을 자동적으로 모니터링해 주는 시스템

IoT로 인해 생성되는 데이터의 양은 방대하며 분석의 적용 면에서는 유례가 없는 가능성이 존재한다. 다른 모든 신규 기술과 마찬가지로 IoT는 부정 관점에서 새로운 위협과 기회를 제공한다.

다음은 새로운 부정과 관련된 위협의 예이다:

- 웹 접속이 가능한 기기(예: ATMs)에 강제로 접근하고 부정 거래 설정
- 기기의 운영 매개변수들을 변경하는 해킹으로 실제 사용량보다 더 적은 양을 사용한 것처럼 스마트 미터 조작
- 연결된 기기에 대규모 공격을 감행하여 운영과 서비스 중단(DoS)
- 사용자의 로그인 정보를 부당한 방법으로 취득하여 신원을 도용하는 데이터 유출
- 새로운 기기의 수령이나 무료 업그레이드를 위한 기기 관련 부당 청구
- 데이터 도청을 통한 사이버 스파이 행위 또는 상업적 목적으로의 활용

IoT라는 개념에서 부정은 이전보다 더 역동적이고 지속적으로 변화한다. 분석 관점에서 이는 부정 패턴이 과거의 알려진 데이터 집합을 기반으로 하는 학습된 기법들이 계속해서 뒤처진다는 것이다. 따라서 학습된 감시 모형(예: 분류 또는 회귀 모형)은 추정되자마자 즉시 생산과정에 사용되기도 전에 쓸모가 없어진다. 따라서 비정상 행위 적발, 동료그룹 분석, 중단점 분석과 같은 비지도 방법의 중요성이 더 커진다. 이러한 방법들은 진화하는 데이터 스트림을 분석할 수 있어야 하고 개념 변화에 대응하기 위해 점진적 학습을 실시해야 한다. (근) 실시간 부정 적발을 실행하기 위해서 데이터와 알고리즘은 속도가 느린 보조기억 장치에 의존하기보다는 메모리 내부에서 처리되어야 한다. 더 나아가 이런 분석 모형들의 결과를 토대로 스마트 미터나 ATM을 정지시키는 것과 같은 완전히 자동화된 작업이 가능해져야 한다.

이러한 위협 이외에 IoT는 부정 적발의 개선 위한 새로운 기회들도 제공한다. 텔레매틱스(telematics)는 보험 분야에서 IoT 애플리케이션의 한 예이다. 텔레매틱스란 차량에 블랙박스를 장착하여 데이터를 수집함으로써 운전 습관을 모니터링하고 그 정보를 보험사에 제공한다. 이 데이터의 예로는 주행거리, 운전 시간, 하루 중 운전을 하는 시간대, 위치, 속도, 브레이크를 부드럽게 밟았는지 갑자기 세게 밟았는지, 공격적인 가속 또는 감속 행위, 코너링 및 주차 기술 등이 있다. 이 데이터들은 도로 지도, 날씨와 교통정보 등을 통해 추가적으로 확장될 수 있다. 이러한 데이터 요소들을 세심하게 분석함으로써 보험사는 더 나은 위험 평가를 제공할 수 있고 개인의 운전 데이터를 기반으로 보험료를 측정할 수 있다. 또한 차량과 사고 위치를 기반으로 잦은 사고 위험지역에 대한 분석이 가능하다. 하지만 텔레매틱스 데이터는 부정 적발을 위해 사용될 수도 있다. 보험 청구를 하고 나면 이미 알고 있는 사실을 더 세심하게 확인해 볼 수 있다(예를 들어 운전자가 제한 속도를 지켰는가? 사고가 정말 주장하는 장소에서 발생한 것인가? 운전자가 적절한 시점에 브레이크를 밟았는가? 최근의 운전 행동과 비교했을 때 사고당시의 운전자의 행동이 다른 점이 있는가? 다른 운전자가 운전했을 가능성 또는 음주 운전의 가능성이 있는가?). 더 나아가 텔레매틱스 데이터를 사용하면 사고의 재현이 가능해진다. 이는 누구의 잘못인지를 정의하는 데만 유용한 것이 아니라 부정 관련 보험 청구를 위한 허위 사고를 식별하는 데에도 큰 도움이 된다.

9. 기업 부정 거버넌스

부정은 기업의 수익과 존재에 중대한 위협이기 때문에 경영진과 이사회가 부정 적발, 예방 및 관리를 위해 적극적으로 참여하는 것은 중요하다. 다시 말하자면 그들은 적극적인 참여를 꾸준하게 보여주어야 하고 책임감을 갖고 조직 구조, 절차, 그리고 규정들을 만들어 적절한 방법으로 부정행위를 관리해야 한다. 반드시 인지해야 하는 문제들은 다음과 같다:

- 부정 적발과 예방을 위해 사후적, 사전적 혹은 결합된 전략을 채택하고 있는가?
- 부정을 줄일 수 있도록 지원하는 내부 부정 방지 통제는 무엇인가?
- 부정과 관련된 교육과 훈련을 계속적으로 실시하는가?
- 적절한 제보(whistle blowing)나 핫 라인(hotline)을 제공하고 있는가, 그리고 어떻게 관리하고 있는가?
- 부정 취약점에 대해 정기적으로 검토를 수행하고 있는가?
- 피드백이 자동적으로 반영되는 부정 관리 전략(closed-loop fraud-management strategy)을 채택하고 있는가?
- 규제 준수 관점에서 부정을 어떻게 관리하고 있는가?

이 모든 질문들을 해결하려면, 부정에 대한 포괄적이고 기업 전체적인 관점을 얻기 위해 다양한 부서와 직급의 임직원으로 구성된 반부정 관리 그룹을 만드는 것을 추천한다. 이사회에서는 임원을 지정하여 해당 그룹의 활동을 감독하고 경영진에게 주기적으로 브리핑하도록 해야 할 것이다.

부정 관리에 애널리틱스가 중심적인 역할을 한다는 것은 분명하다. 만약에 기업이 분석 역량을 아웃소싱하기보다 사내에서 구축하고자 한다면 분석 팀이 어떻게 조직에 통합되어야 하는지를 결정하는 것은 중요한 사항이다. 첫 번째 옵션은 분석 팀과 자원을 전문가 조직(Center of Excellence: CoE)으로 중앙집중화시키는 것이다. 이렇게 하면 기업 내 다양한 인력과 자원을 효율적으로 활용할 수 있고 빠르게 성장할 수 있다. 그러나 데이터 과학자들과 현업 간에 긴밀한 관계 유지가 필요하기 때문에 중앙집중화된 구조는 최선이 아니다.

다른 대안으로는 자회사를 설립하여 현업 부서에 의해 수행될 수 없는 애널리틱스 업무만을 수행하는 조직을 구성하는 것이다. 만약에 부정 문제가 발생한 부서가 있다면 2~5명의 데이터 과학자로 이뤄진 소규모 팀을 파견하는 것이다. 이렇게 하면 새로운 부정행위 과제에 신속·적절히 대응하는 데 필요한 지속적인 관계를 용이하게 할 수 있다. 그런 다음 소프트웨어, 프라이버시, 모형 관리, 문서화 등과 같은 문제점을 처리하기 위한 회사 전체의 횡단 표준을 만들 수 있다. 예를 들어 모형의 관리 측면에서 본다면 사내 부정 모형들은 모형의 개발, 사용, 모니터링을 책임지는 모형 위원회에 의해 관리되어야 함을 명시할 수 있다.

애널리틱스는 기업을 운영하는 모든 측면에서 스며들고 있기 때문에 임원진 및 경영진의 관리를 받는 것이 타당하다. 일부 기업들은 고위경영진에 이미 애널리틱스 총책임자(Chief Analytics Officer: CAO)를 추가하였다. CAO는 기업 내 모든 분석 모형 개발과 모니터링에 대한 감독 책임이 있다.

참고문헌

Agrawal, Rakesh, and Ramakrishman Srikant (2000). "Privacy-Preserving Data Mining." *ACM SIGMOD Record 29* (2).

Armstrong, J. S. (2001). Selecting Forecasting Methods. In J.S. Armstrong (ed.) Principles of Forecasting: *A Handbook for Researchers and Practitioners*. New York: Springer Science + Business Media, pp. 365-386.

Chakraborty, G., Murali, P., & Satish, G. (2013). *Text Mining and Analysis: Practical Methods, Examples, and Case Studies Using SAS.* Cary, NC: SAS Institute.

Drugescu, Cezar, and Rafael, Etges (200). "Maximizing the Return on Investment on Information Security Programs: Program Governance and Metrics." *Information Systems Security 15* (6): 30-40.

Maydanchik, A. (2007). *Data Quality Assessment.* Bradley Beach, NC: Technics Publications.

Navarette, E. (200). Practical Calculation of Expected and Unexpected Losses in Operational Risk by Simulation Methods (Banca & Finanzas: Documentos de Trabajo, 1 (1), pp.1-12).

Petropoulos, F., Makridakis, S., Assimakopoulos, V., & Nikolopoulos, K. (2014). "Horses for courses" in demand forecasting. *European Journal of Operational Research* 237 (1): 152-163.

Van Vlasselaer, V., Eliassi-Rad, T., Akoglu, L., Snoeck, M., & Baesens, B. (2015). Gotcha! Network-based Fraud Detection for Social Security Fraud. *Management Science*, Submitted.

찾아보기

ㄴ

ㄷ

ㅅ

ㅇ

ㅈ

ㅊ

ㅋ

ㅌ

ㅍ

ㅎ

지은이_

바르트 바선스(Bart Baesens)

벨기에 루벤대학교(KU Leuven)와 영국 사우샘프턴대학교(University of Southampton)의 교수이다. 빅데이터 & 애널리틱스, 부정 적발, CRM, 웹 분석, 신용리스크 관리와 같은 다양한 분야의 연구를 수행했다. 머신 러닝 및 경영과학 분야에 대한 그의 연구가 미국 전기전자학회에서 발간하는 《IEEE 트랜잭션스 온 뉴럴 네트웍스(IEEE Transactions on Neural Networks)》, 《IEEE TKDE》(데이터베이스), 《IEEE EC》(컴퓨터), 《머신 러닝 리서치(Machine Learning Research)》 등 국제적으로 유명한 저널에 등재되거나, 권위 있는 컨퍼런스에서 발표된 바 있다. 저서로는 『신용리스크 관리: 기본개념』(옥스퍼드대학교 출판부, 2008)', 『Big Data World 분석』(John Wiley & Sons, 2014), 『자바 프로그래밍 입문: 오브젝트 기반 접근』(John Wiley & Sons, 2015)'이 있으며, 그는 또한 국제적 기업에 빅데이터와 분석전략에 대해 정기적으로 교육, 자문 및 컨설팅을 제공하고 있다. www. dataminingapps.com에 그의 연구가 요약되어 있다.

베로니크 판 블라셀라르(Véronique Van Vlasselaer)

벨기에 루벤대학교 경영경제대학 정보시스템 엔지니어 석사 과정을 상위 10%(magna cum laude)로 마치면서 석사 학위논문 주제인 "Mining Data on Twitter"를 통해 교수진이 선정하는 최우수 논문상을 수상했다. 2012년에는 루벤대학교 경제경영대학 의사결정과학 및 정보관리(Decision Sciences and Information Management) 학부에서 바르트 바선스 교수의 PhD 과정을 진행하며 연구원으로 재직했으며, 재직 기간 동안 정부기관과 금융기관을 위해 고도화된 네트워크 기반 부정 적발 접근법을 개발했다. 주요 연구 주제는 소셜 네트워크 분석, 부정 적발, 넷 리프팅 모델링이다.

바우터 베르베케(Wouter Verbeke)

벨기에 루벤대학교 경영정보학 및 경영분석 학부의 부교수이다. 에딘버러 비즈니스스쿨(Edinburgh Business School) 강사 및 덱시아(Dexia) 은행 리스크 경영 분석가를 역임했다. 2007년에 토목기술(Civil Engineer)학과를 졸업하고 2012년 루벤대학교에서 응용경제학 박사학위를 받았다. 주요 연구 주제는 예측 분석과 복합 네트워크 분석이며, 이는 마케팅, 신용리스크, 공급망 관리, 모빌리티, 인적자원 관리와 같은 실제 비즈니스 문제를 응용한 분석이다. 그는 정보시스템과 의사결정을 위한 고급(advanced) 모델링을 학생들에게 가르치며 부정 애널리틱스, 신용리스크 모델링, 고객 분석 등을 통해 경영 전문가들에게 자문을 제공하고 있다. 그의 연구는 국제 과학 저널인 《IEEE TKDE》, 《IEEE 트랜잭션스 온 소프트웨어 엔지니어링(IEEE Transactions on Software Engineering)》, 《유러피언 저널 오브 오퍼레이셔널 리서치(European Journal of Operational Research)》, 《인터내셔널 저널 오브 포어캐스팅(International Journal of Forecasting)》, 《익스퍼트 시스템스 위드 애플리케이션스(Expert Systems with Applications)》 등에 등재되었다.

옮긴이_

김성수

서강대학교 경제학과를 졸업하고 동 대학원에서 재무관리 석사 학위를 받았으며, 현재 중앙대학교에서 회계학 박사 과정을 밟고 있다. 공인회계사로 삼일회계법인과 PwC컨설팅에서 근무했으며, 현재 한영회계법인 파트너로 재직하면서 컨설팅 업무를 담당하고 있다. 많은 글로벌 한국 기업과 그룹의 내부감사 개선 및 부정 위험 관리 방안을 위한 프로젝트 등을 수행하고 있다.

김정훈

인디애나대학교에서 회계학과 기술경영학을 전공했다. 미국공인회계사로 삼일회계법인 포렌직팀과 한영회계법인 감사본부 FAAS 부문에서 다수의 부정 적발, 상시감사, 내부감사 지원, RPA 업무 등을 수행했다. 현재 한국씨티은행 내부감사팀의 검사역으로 재직하고 있다.

한울아카데미 2163

부정 적발 애널리틱스

조직 내 부정 위험 관리를 위한 데이터 과학 지침서

지 은 이 바르트 바선스 · 베로니크 판 블라셀라르 · 바우터 베르베케
옮 긴 이 김성수 · 김정훈
펴 낸 이 김종수
펴 낸 곳 한울엠플러스(주)
편집책임 최진희

초판 1쇄 인쇄 2019년 6월 28일
초판 1쇄 발행 2019년 7월 10일

주 소 10881 경기도 파주시 광인사길 153 한울시소빌딩 3층
전 화 031-955-0655
팩 스 031-955-0656
홈페이지 www.hanulmplus.kr
등록번호 제406-2015-000143호

Printed in Korea.
ISBN 978-89-460-7163-6 93320

* 책값은 겉표지에 표시되어 있습니다.

R를 이용한 텍스트 마이닝

사회학, 심리학, 언론학, 경제·경영학, 문화인류학, 보건의료학 등 사회과학 연구자와 학생을 위한 R 텍스트 마이닝 워크북!

최근 가장 각광받는 프로그래밍 언어이자 오픈소스 프로그램인 R을 이용해 텍스트 마이닝을 해내는 실제적인 방법을 제시한다. R은 각종 통계분석기법들이 패키지로 공개되어 있고, 텍스트 데이터를 직관적이고 효율적으로 처리할 수 있는 뛰어난 라이브러리들이 계속해서 추가되고 있다. 통계 결과를 그래프나 단어구름 등으로 손쉽게 시각화할 수도 있다. 그리고 이 모두가 무료다. 이런 까닭으로 R은 사회과학 연구에 텍스트 마이닝을 적용하는 데 더없이 좋은 새 도구로 사용되고 있다.

이 책에서 다루는 텍스트 처리기법들은 타당한 근거 위에서 학문적 신뢰성을 획득한 방법이다. 현재 언론학, 정치학, 사회학, 컴퓨터공학, 통계학 등의 학술논문에서 소개되거나 해당 분과의 학술적 주장을 뒷받침하는 자료로서 효용을 인정받고 있다. 빠르게 변화하는 디지털시대 학문 환경 속에서 더욱 새롭고 효율적인 분석기법이 속속 제안되겠지만, 이 책에서 소개하는 기본 개념과 모형 구성의 기본 패러다임은 크게 바뀌지 않을 것으로 전망된다.

다양한 데이터 마이닝 기법과 데이터 처리 방법을 소개하고 이를 구현하는 R 프로그래밍 코드를 첫 줄부터 마지막 줄까지 세심하게 설명했다. 기초 개념과 프로그래밍을 요령 있게 습득할 수 있는 이 책은 나날이 새로워지는 데이터 분석기법을 익히는 데 견고한 바탕이 될 것이다.

지은이
백영민

2017년 8월 10일 발행
크라운판
296면

SPSS를 활용한 사회과학 통계분석

사회과학 분야의 연구자와 학생을 위한
통계분석 실전 지침서

컴퓨터와 정보기술이 비약적으로 발전함에 따라 방대한 자료를 단시간에 유용한 정보로 변환시킬 수 있게 되었다. 이러한 하드웨어 발전에 발맞추어 더욱 발전하고 있는 학문이 '통계학'이다. 특히 통계학이 학자들과 연구자들에게서 더욱 갈채를 받게 된 데는 SPSS(Statistical Package for the Social Sciences)와 같은 통계분석 소프트웨어의 등장에 힘입은 바 크다.

통계학 역사에서 가장 괄목할 만한 사건 중 하나로 기록될 SPSS의 등장으로 이용자들은 이제 간단한 지식만으로도 방대한 자료를 손쉽고 빠르게 처리할 수 있게 되었다. 특히 연구 대상에 관한 통계적 추론이 연구조사의 큰 몫을 차지하는 사회과학의 경우 SPSS는 더욱 큰 역할을 담당하고 있다.

이 책은 주로 심리학, 사회학, 행동과학, 언론학, 문화인류학, 종교학, 경제학, 경영학 등 사회과학 분야의 연구자들과 학생들, 그리고 컨설팅이나 리서치 분야에 종사하는 사람들에게 요긴한 참고서가 되도록 구성했다. 이뿐 아니라 교육학, 인문학, 간호학 등 여타의 다양한 학문 분야에서도 훌륭하게 활용될 수 있을 것이다.

지은이
이상만·김원식·김주안

2015년 10월 15일 발행
크라운판
360면